U0872034

刑事司法公信力评估指数研究

Research on the Evaluation Index of Criminal Justice Credibility

2014年度国家社科基金项目『刑事司法公信力评估指数研究』（14BFX059）

曾　赟／著

法律出版社
LAW PRESS · CHINA
北京

图书在版编目（CIP）数据

刑事司法公信力评估指数研究 / 曾赟著. -- 北京 : 法律出版社, 2025. -- ISBN 978 -7 -5244 -0663 -1

Ⅰ. D925.210.4

中国国家版本馆 CIP 数据核字第 202570TJ17 号

刑事司法公信力评估指数研究
XINGSHI SIFA GONGXINLI PINGGU ZHISHU YANJIU

曾　赟　著

策划编辑 张　珺
责任编辑 张　珺
装帧设计 汪奇峰

出版发行 法律出版社
编辑统筹 法商出版分社
责任校对 郭艳萍
责任印制 胡晓雅
经　　销 新华书店

开本 710 毫米 × 1000 毫米　1/16
印张 22.5　　**字数** 290 千
版本 2025 年 8 月第 1 版
印次 2025 年 8 月第 1 次印刷
印刷 北京科信印刷有限公司

地址：北京市丰台区莲花池西里 7 号（100073）
网址：www.lawpress.com.cn
投稿邮箱：info@lawpress.com.cn
举报盗版邮箱：jbwq@lawpress.com.cn

销售电话：010 - 83938349
客服电话：010 - 83938350
咨询电话：010 - 63939796

版权所有 · 侵权必究

书号：ISBN 978 - 7 - 5244 - 0663 - 1　　**定价**：88.00 元

凡购买本社图书，如有印装错误，我社负责退换。电话：010 - 83938349

前　言

法学是一门实证科学，刑事司法公信力评估指数研究属于实证法学的范畴。“实证”（positive）一词源于拉丁语“positivus”，有“明确”“肯定”之意。由此出发，构成实证法学的三个基本准则包括：

一是经验主义。在认识论上实证法学主张经验主义立场。在经验主义看来，只有被感官直接感知的知识才是肯定的、明确的，故而“实证”这一术语指涉可观察的实体或事物。那么，法学研究中的“实证”又指涉何物呢？笔者认为，实证法学研究中的“实证”指涉经验数据。例如，根据《刑事诉讼法》第 156 条，设计问卷调查题“你觉得侦查羁押超限的问题严重吗?”，题项为：①很严重；②严重；③一般；④不严重；⑤很不严重。实证法学研究中的实证并不指涉法律规范。因为尽管法律规范是肯定的、明确的知识，但它们不是感官能直接感知到的。由是，若一项研究从经验数据出发，则这项研究就具有了实证的颗粒；若从法律规范出发，则具有法教义学的成分。例如，基于《刑事诉讼法》第 156 条“禁止超期羁押”的规范性，论证建立针对侦查羁押合法性的审查和监督机制的必要性。

二是自然主义。在本体论上实证法学坚持自然主义立场。实证主义坚持社会现象犹如自然现象，有着自身固有的、不以人的意志为转移的客观规律。例如，实证哲学的开拓者孔德认为，“社会的现象是自然的现象，是受自然规律制约的”①。在实证主义看来，社会现象外在于我们，有着

---

① 参见[法]埃米尔·迪尔凯姆：《社会学方法的规则》，胡伟译，华夏出版社 1999 年版，第 17 页。

一种主宰个人意愿的力量，像模具一般制约着我们的行为。[①] 基于自然主义立场，实证法学声称，如同“自然现象受制于自然法则”“社会现象受制于社会法则”一般，[②]法律现象受制于法的规律。[③] 实证法学研究孜孜以求的就是法的规律。质言之，引起法律现象的法的规律是肯定的、明确的，即据此发现引起法律现象的原因是肯定的、明确的，因此，依据对法的规律的发现，即依据对原因的解释而提出的对策建议和趋势预测也是肯定的、明确的。

三是客观主义。在方法论上实证法学坚持客观主义立场。实证法学研究的客观主义是指研究者必须排除先验的思想观念，而将法律现象当作外在物件来看待。那么，究竟如何才能做到客观呢？按照迪尔凯姆的观点，对社会现象的研究不能靠头脑中的思维想象出来，而必须按照事物内部的性质来表征现象。[④] 由是，为保持实证法学研究的客观性，首先，研究者必须采用独立于研究者自身的爱好、情感、道德态度来观察法律现象，而将社会现象当作社会事物来看待。其次，通过观察来描述、定义社会事物的外部共同特征。再次，解释一事物引起另一事物发生的原因。最后，预测一事物引起另一事物发生的可能性，并据此预测事物的变化趋势。

上述实证法学研究的三个基本准则中最不受质疑的是方法论上的客观主义，因为任何研究都要排除自己的先验观念。例如，理性主义的集大

---

① 参见[法]埃米尔·迪尔凯姆:《社会学方法的规则》，胡伟译，华夏出版社 1999 年版，第 24 页。

② 迪尔凯姆指出:“社会法则与支配自然的其他法则并没有区别，发现社会法则的方法与其他科学的方法是一致的，只有形成上述看法，并正确维护了归纳法的首要地位，才有可能的进步。”参见[法]爱弥尔·涂尔干:《孟德斯鸠与卢梭》，李鲁宁、赵立玮、付德根译，上海人民出版社 2003 年版，第 57 页。

③ 例如，孟德斯鸠将法定义为:法是由事物的性质产生出来的必然关系。参见[法]孟德斯鸠:《论法的精神》，张雁深译，商务印书馆 1963 年版，第 1 页。

④ 参见[法]埃米尔·迪尔凯姆:《社会学方法的规则》，胡伟译，华夏出版社 1999 年版，第 28 页。

成者笛卡尔坚持方法论上的怀疑论,认为在研究之前应将所有的观念置于怀疑的地位。笛卡尔认为,研究者只有在采用怀疑主义方法排除其所有先验的思想观念,并经过科学检验之后,才可以使用这一方法。① 韦伯认为,无论何时如果搞科学的人引进他的个人价值判断,那么对事实的完整理解就停止了。②

上述三个准则中经验主义备受质疑。原因在于:其一,经验是个别的、偶然的,因此从个别研究出发,无从得到普遍必然的法律知识。质言之,将个别的、偶然的知识上升为普遍的、必然的知识是不合法的。其二,经验是对现象的反映,故将通过对法律现象的反映获得的知识上升为法的规律是不合理的。其三,经验是主观的,故从经验出发得出的结论不具有客观性。实证法学研究的自然主义立场亦受质疑,反对者认为社会现象中并不存在一种如同自然现象一样的普遍、一致的法则或者规律。对前述质疑,笔者作如下回答:

其一,通过统计科学理论、概率论的运用,可以克服经验的个别性、偶然性。例如,根据贝叶斯概率原理,首先提出先验假设,然后根据经验数据,计算在给定证据 E 的情况下,假设 H 为真的概率。又如,根据经典统计估计原理,计算在原假设为真时抽样结果为实际样本的概率。由于先验的假设具有理性主义的普遍必然性,故而可克服经验的个别性、偶然性。当然,在由实际观察到的有限事件归纳推出涉及潜在无穷的全称判断是否合理的问题上,前有休谟之问,现有大数据研究的质疑。若是,实证法学通过大数据方法的采用,如采用全样本数据,则可以逐步消解对经验的个别性、偶然性的质疑。

其二,用对相关关系的研究取代对因果关系的研究,即通过对一事物

---

① 参见[法]埃米尔·迪尔凯姆:《社会学方法的规则》,胡伟译,华夏出版社 1999 年版,第 26 页。

② 参见[德]马克斯·韦伯:《社会科学方法论》,杨富斌译,华夏出版社 1999 年版,第 22 页。

与另一事物的相关程度的概率计算来发现一事物引起另一事物的可能性大小。据此逐步计算，则可以实现对事物本质的追求。

其三，对于经验是主观的还是客观的这一问题，笔者认为，应在区分本体论和认识论两种不同意义上的客观性的基础上来回答。从本体论层面考察，若一事物的存在不依赖于你的或者我的爱好、评价或者道德态度，则这一事物是客观的；反之，则为主观的。从认识论层面考察，若一个判断的真假不依赖于任何人对它的态度或者情感，则这个判断是客观的；反之，则为主观的。对本体论上主观存在的东西，我们可做认识论上客观的陈述。例如，"我的腰疼"这个陈述，在本体论上是主观的，但在认识论上则是客观的，因为"我的腰疼"这个陈述是否真实是可以客观判断的。由此出发，一个经验的陈述在本体论意义上是主观的，但是在认识论意义上则可以是客观的。例如，"我觉得侦查羁押超限的问题很严重"这个陈述是否真实是可以客观判断的。

其四，对于社会现象中是否存在一种普遍、必然的法则或者规律这个问题，笔者认为，这只是一个程度的问题，而不是一个是否存在的问题。诚然，社会现象中似乎并不存在一种如同万有引力定律一般放之四海而皆准的普遍的、必然的规律。但是，社会是不断进化的，就如同自然进化一般，因而社会现象显然并不是杂乱无章的，而是有规律可循的。退一步说，自然科学中许多关于存在的概念也仍然处在争论之中，例如，有关宇宙起源的大爆炸理论其实并没有得到清楚证明。① 因此，对于学者提出的关于社会现象某一普遍、必然规律的理论有争论也属正常。

综上，笔者认为，实证法学是一门基于假设检验，通过对法律数据的统计分析，发现关于法律现象规律的科学，或者通过对不便于统计分析的态度调查、个案访谈和定性法律数据的分析，发现关于法律现象规律的科

① 参见[美]约翰·R. 塞尔：《社会实在的建构》，李步楼译，上海人民出版社 2008 年版，第 7 页。

学。前者是指定量实证法学,后者是指定性实证法学。[①] 总的来说,只要从经验数据出发,而非从法律规范出发得出结论,就是实证研究。[②] 需要指出的是,国外有学者反对将定性研究归于实证法学的知识形态,因为在社会科学领域,基于定量研究的实证主义与基于定性研究的诠释主义是两种完全对立的社会科学方法。[③] 美国法学者一般持此种观点,例如,被誉为"新常春藤"的范德堡大学法学教授特雷西·E. 乔治(Tracey E. George)认为,实证法学的核心是定量分析或统计分析。[④] 笔者认为,从认识论层面考察,定性研究也是客观研究,而非规范研究,因此,可将定性研究归于实证法学的序列。

刑事司法公信力是指社会公众对刑事司法公正、公平、效率、民主和效果的信任和信赖程度。尽管公众对刑事司法的信任和信赖是一种感觉经验,但仍然可以通过实证调查和数理统计与分析,对刑事司法公信力加以客观测量。根据对我国东部地区的浙江、广东,中部地区的湖南,西部地区的四川,东北部地区的黑龙江 5 省 10 个城市(杭州、宁波、温州、广州、珠海、长沙、永州、成都、绵阳、哈尔滨)的问卷调查,基于提出的 11 个研究假设,采用因素分析方法,创建刑事司法公信力评估指数结构方程模型、二阶因素模型。通过刑事司法公信力专家评估指数二阶因素模型,得出刑事司法公信力专家评估 23 个三级指标权重和 5 个二级指标权重;通过刑事司法公信力公众评估指数二阶因素模型,得出刑事司法公信力普

---

① 《牛津实证法律研究手册》所界定的"实证"包括定性方法。See William T. Gallagher, *Book Review: Oxford Handbook of Empirical Legal Research*, Law & Society Review, Vol. 46 (2012), p. 460; Lisa Webley, *Chapter 38 Qualitative Approaches to Empirical Legal Research*, in Peter Cane and Herbert M. Kritzer, eds., Oxford Handbook of Empirical Legal Research, Oxford Oxford University Press, 2010, p. 926 – 950.

② See Deborah R. Hensler, *Reflections on the Use of Empirical Research in Legal Policy Reform*, The Newcastle Law Review 1, Vol. 7, No. 2(2003 – 04), p. 2.

③ 参见曾赟:《犯罪学中的定性与定量研究》,载《山东警察学院学报》2015 年第 3 期。

④ See Tracey E. George, *An Empirical Study of Empirical Legal Scholarship: The Top Law Schools*, Indiana Law Journal, Vol. 81(2006), p. 141.

通公众评估 17 个三级指标权重和 3 个二级指标权重。然后,将指标权重乘以指标标准值,算出任一调查对象刑事司法公信力三级评估指标、二级评估指标得分。据此,采用算术平均法,计算刑事司法公信力专家评估指数、公众评估指数。按照法律专家评估和普通公众评估各占 50% 比例,计算刑事司法公信力各级指标的综合得分、刑事司法公信力综合指数。

根据计算,得出如下结论:一是社会公众对刑事司法基本具有信任和信赖感,我国刑事司法基本具有公信力;二是社会公众对警察平等执法强烈具有信任和信赖感,我国警察平等执法十分具有公信力;三是社会公众对刑事司法效果具有信任和信赖感,我国刑事司法效果具有公信力;四是社会公众对刑事司法廉洁、刑事司法公正、刑事司法效率、监狱罪犯教育改造效率基本具有信任和信赖感,我国刑事司法廉洁、刑事司法公正、刑事司法效率、监狱罪犯教育改造效率基本具有公信力;五是社会公众对警察廉洁、检察官廉洁、法官廉洁、公安机关公正执法、被告人权利保障、法官依法独立办案、法院公正司法基本具有信任和信赖感,我国警察廉洁、检察官廉洁、法官廉洁、公安机关公正执法、被告人权利保障、法官依法独立办案、法院公正司法基本具有公信力。

如同温度计测量温度,刑事司法公信力评估指数可据以测量一个地区、一个国家的刑事司法公信力。根据刑事司法公信力评估指数测量结果,我们可提出有关提高刑事司法公信力的对策及机制。由于本书侧重于如何科学建立刑事司法公信力评估指数,故对如何依据评估结果提出提高刑事司法公信力的对策的研究有待后续完善。

目　录 Contents

第一章　刑事司法公信力评估指数创建的基础理论

习近平总书记在首都各界纪念现行宪法公布施行30周年大会上深刻指出,要“坚持人民主体地位,切实保障公民享有权利和履行义务”,“在全社会牢固树立宪法和法律的权威,让广大人民群众充分相信法律、自觉运用法律”。习近平总书记的讲话明确表明司法要具有公信力。显然,司法公正、公平是司法具有公信力的前提。党的十八大报告3次提到“司法公正”相关内容,党的十八届三中全会通过的《中共中央关于全面深化改革若干重大问题的决定》明确提出“让人民群众在每一个司法案件中都感受到公平正义”。随着我国第三阶段司法改革的启动,坚持以“司法公信力为根本尺度”的司法改革正在稳步推进。在刑事司法领域刑事司法公正、公平是保障刑事司法具有公信力的前提。那么究竟如何才能保障和提高刑事司法公信力呢?答案显然是唯有通过科学评估测量方能找到保障和提高刑事司法公信力的有效路径。由是观之,刑事司法公信力评估指数研究无疑有着重要的实践意义。基于此,我们首先需要回答的问题是刑事司法公信力可以评估测量吗?其次,如何开展对刑事司法公信力的评估测量。对于第一个问题,笔者试图从刑事司法公信力的概念及其所具有的特征角度来回答;对于第二个问题,则基于刑事司法公信力评估指标的理论构设来回答。

第一节 刑事司法公信力的概念和特征

何谓刑事司法公信力,不同的学者会有不同的理解。基于对"公信"一词本体论意义上的理解,刑事司法公信力概念可界定为公众对刑事司法公正、公平、效率、民主和效果的信任和信赖程度。那么需要追问的是公众对刑事司法的信任和信赖程度可加以评估测量吗?基于此,就需要展开对刑事司法公信力特征的考察。换言之,研究者需要回答:为何通过调查获得的公众对刑事司法信任和信赖的感觉经验是可以测量的,因为个体的感觉经验无疑具有主观性、个别性。兹从刑事司法公信力的概念及其特征角度来回答前述问题。

一、刑事司法公信力的概念

顾名思义,刑事司法公信力即刑事司法所具有的公信力,故公信力可谓刑事司法公信力概念的核心组件。基于此,何谓"信",何谓"力",何谓"公",此需要明确加以界定。20 世纪末,我国一些较早提及公信力的法律学者将"信"理解为"信任"。例如,学者孙笑侠将程序公开与当事人对法律公正的信任联系起来,认为公开的程序能提升当事人对法律公正的信任;[①]学者徐益初认为,法官不偏不倚、秉公断案才能取得当事人的信任;[②]学者甘雯认为,司法腐败引起公众对司法公正的信任危机。[③] 显然,此时,学者所说的"信",仅指"信任",且实际上一些学者亦尚未提及"公",因为其仅将信任的主体局限于"当事人",而非"公众"。总的来说,在司法公信力研究的初始阶段,司法公信力不是一个学者独立加以研究

① 参见孙笑侠:《两种程序法类型的纵向比较——兼论程序公正的要义》,载《法学》1992 年第 8 期。

② 参见徐益初:《论司法公正与司法人员》,载《中国法学》1999 年第 4 期。

③ 参见甘雯:《关于司法公正的几个基本问题》,载《中国法学》1999 年第 5 期。

的范畴,而只是在学者论及司法公正问题时被附带提及。大致来说,此时所提及的司法公信力概念,主要特征有:一是司法公信力概念的内涵被界定为对司法公正的信任。质言之,初始阶段的司法公信力概念仅具有外指性,即仅指对司法公正的信任,而不具有内指性,即未涵盖司法自身所具有的赢得信任的信用力量。二是司法公信力概念的外延较为狭窄。在界分司法公正信任的主体时,多数学者将其仅局限于"当事人",而非"公众",此其一;在界分"司法"一词的外延时,多数学者仅将其限定于法院的裁判活动,此其二;在界分司法公信力的基本范畴时,多数学者仅将其囿于司法公正范畴内,即将司法公信力仅理解为对司法公正的信任。

至21世纪初,我国学者关于司法公信力的研究逐渐趋向繁盛。此时,法律学者开始明确提出"司法公信力"这一术语,并将其作为一个独立范畴来研究。较早提出"司法公信力"这一术语的学者,其所关注的焦点是如何提高司法公信力,而对其概念却并不太在意。① 尔后,学者试图对这一术语进行明确界定。在界分司法公信力概念的内涵方面,我国学者之间主要存有以下三种不同的观点:一是基于概念的内指性,有学者将司法公信力界定为国家司法所具有的一种公共信用力。例如,黄娟认为,所谓司法公信力是指一定社会的司法机构通过其职权活动使国家司法在整个社会生活当中所建立起来的一种公共信用。② 又如,郑成良、张英霞认为,司法公信力是司法赢得社会公众信任和信赖的能力。③ 二是基于概念的外指性,有学者将司法公信力界定为公众对国家司法的信任程度。例如,毕玉谦认为,司法公信力是社会公众对司法制度和该司法制度下的法官履行其审判职责的信心与信任程度。④ 三是基于概念的内指与外指

---

① 参见迟凤生:《提高司法公信力》,载《江淮法治》2001年第5期。

② 参见黄娟:《在"应然"与"实然"之间——司法的公信力及司法权运行过程中的"信息失真"》,载《湘潭大学社会科学学报》2002年第3期。

③ 参见郑成良、张英霞:《论司法公信力》,载《上海交通大学学报(哲学社会科学版)》2005年第5期。

④ 参见毕玉谦主编:《司法公信力研究》,中国法制出版社2009年版,第3页。

双重性来界分司法公信力概念的内涵。持这一观点的一些学者认为，司法公信力是司法与公众之间的动态、均衡的信任交往与相互评价。[①] 另有学者认为，司法公信力集中体现了司法赢得社会公众认同、信任和尊重的能力、资格，以及社会公众对司法的尊重及信任程度。[②] 目前，学者一致主张从概念的内指与外指双重性来理解司法公信力概念内涵。在界分司法公信力外延方面，学者明确将司法公正信任的主体界定为社会公众，同时亦关注广义上的司法公信力概念。[③] 在界定司法公信力概念范畴方面，学者不仅关注司法公正，还关注司法效率、司法公开和司法效果。[④] 基于上述理解，刑事司法公信力概念中的“公”可界定为“公众”；“信”可界定为“信赖、信用”，“信赖”具有外指性，而“信用”则是内指的；“力”即为“能力、力量”。需要特别指出的是，就刑事司法公信力评估指数研究来说，此处“公众”具有较为宽泛的意义，既包括法律专家这一特别公众，也包括社会普通公众。

国外没有创设类似于我国学者所论及的刑事司法公信力概念，但在公众对司法的信任方面的研究成果却较为丰富。具体来说，主要体现在以下四个方面：一是对何谓“公众”有明确的界分。在何谓公众方面，国

---

① 关玫认为，从权力运行角度分析，司法公信力是司法权在其自在运行的过程中以其主体、制度、组织、结构、功能、程序、公正结果承载的获得公众信任的资格和能力；从受众心理角度分析，司法公信力是社会组织、民众对司法行为的一种主观评价或价值判断，它是司法行为所产生的信誉和形象在社会组织和民众中所形成的一种心理反映，包括民众对司法整体形象的认识、情感、态度、情绪、兴趣、期望和信念等，也体现为民众自愿配合司法行为，减少司法的运行成本，以提高司法效率。参见关玫：《司法公信力初论——概念、类型与特征》，载《法制与社会发展》2005 年第 4 期。

② 参见谭俊峰：《司法公信力研究》，华中师范大学 2014 年博士学位论文，第 I 页。

③ 例如，学者在论述司法腐败对于司法公信力的影响时往往将公、检、法、司四机关的腐败涵盖于内；也有学者单独对检察公信力展开讨论。参见黄云波、张晓玲：《论刑事司法的公众认同》，载《湖南警察学院学报》2012 年第 2 期；天津市人民检察院第二分院课题组：《检察维度的司法公信力问题研究》，载《法学杂志》2011 年第 9 期。

④ 参见马怀德：《提升司法公信力的关键》，载《人民司法》2013 年第 9 期；公丕祥：《司法公开：提升司法公信力的重要保证》，载《中国党政干部论坛》2012 年第 7 期；马兆婧：《论司法公信力的生成——兼论司法公开的推动作用》，中共中央党校 2015 年博士学位论文，第 40—43、73—104 页。

外学者认为,公众是指整个社会群体,其不能被多数或者媒体所代表。二是在界分"公众对司法的信任"的基本范畴方面,学者之间未取得完全一致的观点。对于何谓"司法",学者一般认为司法是指依法解决争端的法律适用活动。[①] 但多数学者认为,"公众对司法的信任"如同"公共利益""公共政策"一般,其概念外延很难有一个清晰的边界。有学者在界分这一概念时追溯至罗斯科·庞德于 1906 年作出的有关论述,庞德认为,司法应关注"人民对司法运行普遍不满的原因"[②]。乔治华盛顿大学法学教授米勒认为,从最宽泛的意义上看,公众对司法的信任可理解为公众对法院公平、公正裁判的信任与对法官及时依法裁判的信任。借用霍姆斯大法官的话,所谓公众对司法的信任亦可理解为公众对规范法院居中裁判外部规则的信任。[③] 三是研究方法主要遵循实证主义研究的基本路径。根据美国学者的有关调查,公众对法院的信任程度为中等,但法官对法治状况却极为满意。[④] 此外,还有学者专注于公众对法院裁判信任程度方面的研究。[⑤] 在公众对刑事司法的信任程度方面,实证调查主要围绕警察侦查、法院审理和监狱刑罚三个方面展开。例如,根据澳大利亚学者的有关研究,只有 48% 的受访者相信警察会预防犯罪,54% 的受访者相信警察会对犯罪作出快速及时反应,74% 的受访者相信警察会秉公办案;52% 的受访者相信法院会公正审理刑事案件,70% 的受访者相信被告人

---

① See Susan Kenny, *Maintaining Public Confidence in the Judiciary: A Precarious Equilibrium*, Monash University Law Review, Vol 25, No. 209(1999), p. 209.

② Pound, *The Causes of Popular Dissatisfaction with the Administration of Justice*, 40 AM. L. Rev. 729(1906).

③ See Arthur Selwyn Miller, *Public Confidence in the Judiciary: Some Notes and Reflections*, 35 Law and Contemporary Problems 69 – 93 (Winter 1970).

④ See David B. Rottman, Alan Tomkins, *Public Trust and Confidence in the Courts: What Public Opinion Surveys Mean to Judges*, Court Review, Vol. 36(1999), p. 24 – 25.

⑤ See Geraldine Mackenzie et al., *Rod Broadhurst and Thierry Bouhours*, *Sentencing and Public Confidence: Results from a National Australian Survey on Public Opinions Towards Sentencing*, Australian & New Zealand Journal of Criminology, 45(1)(2012), p. 46 – 64. Stephen A. Gerst, *Fairness and Public Confidence in Sentencing*, Judges' Journal-Winter(2009), p. 23 – 26.

的权利会受到尊重；88%的受访者不相信监狱会预防再犯罪。[①] 四是在研究范畴方面，国外学者除关注司法公正、司法效率之外，还关注公众参与度、公众满意度等主题。[②] 基于前述理解，刑事司法公信力概念中的“公”是指社会公众整体，“信”仅具有外指性，即仅涵盖“信任”之意，“刑事司法”的外延涵盖警察侦查、法院审理和监狱刑罚。

综合前述，我们究竟应如何来界定刑事司法公信力的概念呢？首先，根据对司法公信力概念界定的理论梳理，刑事司法公信力概念的内涵仅具有外指性，即仅指公众对刑事司法的信任，而不包括刑事司法自身所具有的信用能力或资格。其次，刑事司法公信力概念的外延涵盖刑事调查、刑事裁判和刑罚执行诸方面。最后，刑事司法公信力概念范畴涵盖刑事司法公正、公平、效率、民主和效果诸内容。基于此，所谓刑事司法公信力是指公众对刑事司法公正、公平、效率、民主和效果的信赖和信任程度。所谓信赖（trust）一般是指社会中的个体在同另一个体、组织、机构交往过程中对他人将以可预测的方式行事的期望。就对刑事司法的信赖来说，其意指个体在同警察、检察官、法官、矫正官员或其他司法官员互动交往过程中对后者将以法律规定的方式行事的期望。在这种互动交往过程中警察、检察官、法官、矫正官员或其他司法官员的行为显然最大限度地表征法治，故国外有学者认为，在同司法官员面对面的互动中个体对他们的认同、抱怨或者与其的合作代表了个体对刑事司法体系合法性的感觉。[③] 因此公众对刑事司法的信赖程度一定意义上也体现为公众对刑事法治的信赖程度。所谓信任（confidence）所指向的是刑事司法体系的总体，是对

---

① See David Indermaur & Lynne Roberts, *Confidence in the Criminal Justice System*, Trends & Issues in Crime and Criminal Justice, No. 387 (November 2009), p. 3－4.

② See Margot Lindsay, *Public Involvement as the Key to Public Trust and Confidence: A View from the Outside*, Court Review, Vol. 36 (1999), p. 20－23; William H. Rehnquist, *On Doing the Right Thing and Giving Public Satisfaction*, Court Review, Vol. 36 (1999), p. 8－9.

③ See Ben Bradford et al., *Trust and Confidence in Criminal Justice: A Review of the British Research Literatur* (November 18, 2008), in Ilcheva M., eds., Review of Need: Indicators of Public Confidence in Criminal Justice, p. 2－3.

普遍意义上刑事司法过程或活动的反映和评价。[①] 公众对刑事司法具有信任感即意指公众对刑事司法活动的制度性建构具有信心。信任的这一含义明显不同于信赖,因为信赖所基于的是个体与司法官员之间的互动交往关系。同样地,普遍意义上的刑事司法过程或刑事司法活动均是刑事法治的体现,因此公众对刑事司法有信任也就体现了公众对刑事法治有信心。

基于上述,刑事司法公信力评估指数研究中的"公众"既指同警察、检察官、法官、矫正官员或其他司法官员有过互动交往的特定群体,也指社会公众的整体。就此而论,刑事司法公信力评估指数研究中的调查对象就可以区分为两类:一是特定群体,包括但不限于嫌疑人、被告人、被害人、罪犯、刑满释放人员及其家庭成员。当然,从一定程度上看,一个与刑事司法机构有过密切接触的人对刑事司法信赖程度的评价也是一个国家、地区、区域最低程度司法公信力的客观反映。例如,国外有学者通过对犯罪人的调查发现,警察对家庭暴力嫌疑人实施逮捕的程序正当性程度对再犯罪具有显著影响。那些认为在被执行逮捕过程中程序正义低的犯罪人,再犯罪率达到40%,而那些认为程序正义高的犯罪人,再犯罪率则只有25%。根据访谈,这些所谓的程序正义往往并不限于一种抽象的形式正义,而是一些具体的刑事司法行为。通过对家庭暴力犯罪人的访谈,研究者发现所谓的程序正义包括不当着被害人的面戴上手铐,听取他们的陈述,不使用物理强制力。[②]又如,通过对被告人与被害人的调查发现,刑事审理方式与公众对刑事司法的信任和信赖之间具有显著关联。据此调查,社区圆桌会议(community justice conference)远比开庭审理更

---

① See Ben Bradford et al., *Trust and Confidence in Criminal Justice: A Review of the British Research Literatur* (November 18,2008), in Ilcheva M., eds., Review of Need: Indicators of Public Confidence in Criminal Justice, p. 2 – 3.

② See Lawrence W. Sherman, *Trust and Confidence in Criminal Justice*, NIJ Journal, No. 248, 2002, p. 27.

能让法院赢得公众对刑事司法的信任和信赖。[①] 二是社会公众整体。基于对“信任”一词的理解，刑事司法公信力评估指数研究中社会公众整体调查对象究竟如何选取呢？由于不存在所谓抽象的社会公众，故调查中必须选取作为社会公众整体的具体部分。由于社会公众中的绝大多数未有任何刑事司法方面的经历，故而刑事司法公信力评估指数调查中宜抽取具有一定司法经验的律师、检察官、法官、警察等作为社会公众整体调查部分的对象。

二、刑事司法公信力的特征

刑事司法公信力是公众对刑事司法公正、公平、效率、民主和效果的信任和信赖，那么公众对刑事司法的信任和信赖究竟具有什么特征呢？基于辩证唯物主义认识论，公众对刑事司法的信任来自公众关于刑事司法的间接经验，公众对刑事司法的信赖来自公众对刑事司法的感觉经验。当然，在西方近代认识论思潮中关于认识的来源向来有理性主义和经验主义之争。前者认为，人的认识的根本源泉是先天观念，后者则认为是感觉经验。但是理性主义者也并不否认经验是认识的一个来源，经验主义者也在一定限度内承认理性演绎的必要性。鉴于此，从信任和信赖的来源看，经验性是刑事司法公信力的一个显著特征。同时公众关于刑事司法信任和信赖方面的经验又是可加以客观判断的，故从事物判断的真假来看，刑事司法公信力又具有客观性。那么研究者采用问卷调查和大数据调查方法所获取的公众关于刑事司法状况的经验究竟是否是科学的知识呢？答案显然是肯定的，通过问卷调查和大数据调查获得的关于刑事司法公信力的知识无疑是科学的。因此作为一种知识存在方式的刑事司法公信力又具有科学性特征。

---

① See Lawrence W. Sherman, *Trust and Confidence in Criminal Justice*, NIJ Journal, No. 248, 2002, p. 27.

(一)经验性

经验性是刑事司法公信力的显著特征。经验区分了直接经验和间接经验,前者是指一种感觉材料,后者则指一种先验观念。美国经院哲学家、概念实用主义创始人刘易斯(Lewis)总结了人类认知经验中两种完全不同的经验成分:一是诸如感觉之类的直接材料,它们呈现于心;二是诸如形式的、建构的、诠释理解的间接材料,它们表征思想活动。① 显然,前一种经验乃为经验主义的经验概念元素。在朴素唯物主义哲学家培根看来,人类的知识只能来自感觉材料。② 经验主义认识论集大成者洛克认为,人的心灵直接作用的对象是观念,而观念又来自经验。在洛克那里,经验仅指感觉经验和反省,而不包括判断,因此洛克哲学中的经验仅能产生他所界分的简单观念。后一种经验则为理性主义的经验概念元素。理性主义者笛卡尔认为,经验即人的思想的集合。伟大的哲学家康德认为,经验是指与思想原则相一致的知识的所有功能的结合,它包括知识的方法与对象。③

当遭遇刑事调查、检察起诉、法院审判、刑罚执行诸事件时,个体与司法官员之间的互动交往便形成特定公众关于刑事司法状况的感觉经验。基于此,刑事司法公信力评估指数研究中可通过对嫌疑人、被告人、被害人、罪犯、刑满释放人员及其家庭成员关于警察调查、审查起诉、法院审判

---

① See Richard Rorty, *Philosophy and the Mirror of Nature*, Princeton University Press, p. 149; Clarence Irving Lewis, Mind and the World Order: Outline of a Theory of Knowledge, Dover Publications, p. 38.

② 经验主义认识论主要有两个显著的特征:一是知识只来自感觉材料;二是我们所知道的事物只是感觉媒介所呈现的表象,而对于事物自身的实在却全然不知。从经验主义的第一个特征看,培根显然属于经验主义者。但是培根哲学不具有经验主义的第二个特征。培根认为,人的心灵自身具有一种对实在的能动建构特征。他将这种基于心灵建构得到的关于实在的结构称为"形式"。See Guido Giglioni, *Learning to Read Nature: Francis Bacon's Notion of Experiential Literacy*, Early Science and Medicine 18 (2013) 422, p. 408.

③ See Richard Rorty, *Philosophy and the Mirror of Nature*, Princeton University Press, p. 150.

和刑罚执行方面感觉经验的调查来获得他们关于刑事司法公正、公平、效率、民主和效果方面的信赖程度。至于对刑事司法信任程度的调查,研究者可以通过对法律专家关于法律案件或事件的间接经验的调查来测量他们对刑事司法公正、公平、效率、民主和效果方面的信心程度。总而言之,从信任和信赖的来源看,刑事司法公信力来自经验。

（二）客观性

基于经验的两种不同成分元素,可区分两种不同的调查:一是针对特定公众的普通调查(popular poll)。基于经验的经验主义元素成分,研究者对特定公众关于刑事司法公正、公平、效率、民主和效果诸方面直接经验的调查可谓一种普通调查。调查对象主要包括犯罪嫌疑人、被告人、被害人、罪犯、刑满释放人员及其家庭成员。当然,基于经验的经验主义成分创设针对社会普通公众的调查问卷时,一般还需就其对刑事司法各指标的满意度展开调查。二是针对法律专家的专门调查(qualified respondent questionnaires)。基于经验的理性主义元素成分,研究者对法律专家关于刑事司法公正、公平、效率、民主和效果诸方面间接经验的调查评估可谓专业调查,调查对象主要包括警察、检察官、法官、律师、法学教育和研究者等。为获得一种客观真实的经验资料,专业调查亦以律师为主要调查对象。那么对通过调查所获得的公众关于刑事司法公信力信任和信赖方面的经验可加以客观判断吗?所谓客观性是指感性直观之所予或者心灵所表征的外部世界及外部世界的广延性。显然,基于经验的经验主义元素,研究者所获得的公众关于刑事司法公信力的直接经验资料,其客观性毋庸置疑,因为他们关于刑事司法公信力的经验来自直接感知,即来自感性直观之所予。

那么基于经验的理性主义元素,研究者所获得的法律专家关于刑事司法公信力的间接经验资料究竟是否具有客观性呢?由于法律专家关于刑事公信力方面的间接经验需要通过法治形式的整理才能形成,故要回答这一问题,就要先回答法治形式究竟是客观的,还是主观的?法治的形式是一种普遍必然性的先天观念。对于普遍必然性的先天观念，黑格尔认为，既然在认识对象之外还有一个绝对不可被认识的自在之物，那么，康德的主体性、先验范畴之类就只能是封闭在自我之内的东西，在现实面前软弱无力，因此是主观的。[①] 我国学者邓晓芒亦认为，康德的先天范畴是主观的。[②] 基于此，对于个体关于刑事司法公信力感觉材料的法治形式，其当然是主观的。然而如果将康德哲学中的先天观念仅仅理解为主观的，那么我们就无法理解康德提出的"只有被纳入普遍必然性的东西才是客观有效的"这一命题。其实在康德哲学中，客观性还指与思维的快速性(exigencies)之所予相一致的普遍必然性。[③] 质言之，虽然先天观念来自人类的认知思维或理性，但从其对所有人于任何时候均适用这一意义上看，其又是客观的。康德认为，无论个体的思维如何稍纵即逝，所有人的思维都必须遵循先天的直观形式。由此出发，康德哲学中的先天观念当然是客观的。就此而论，法治形式亦具有客观性。总的来说，康德所指的客观性既包括一般意义上的客观性，即经验上的客观性，又包括纯粹类型上的客观性，即感性直观的先天形式。详言之，前者的客观性是指感觉经验之所予的最原初实在，后者的客观性是指理性之所予的先天观念。综上，无论是关于刑事司法公信力直接经验的普通调查，还是关于刑事司法公信力间接经验的专业调查，通过调查所获得的经验材料均具有客观性特征。

如果说上述回答仍然令人费解，那么还可以从不同层面上的"主观性""客观性"之区分来理解刑事司法公信力的客观性特征。一般来说，关于究竟什么是主观的，什么是客观的这一问题的回答，至少有两种意义是极为重要的：一是本体论意义上的主观与客观之分，二是认识论意义上

---

① 参见沈明明：《康德"客观性"论证的启示》，载《理论学习月刊》1988年第5期。

② 邓晓芒先生认为认识主体的先天观念是主观的。参见邓晓芒：《康德论因果性问题》，载《浙江学刊》2003年第2期。

③ See Catherine Colliot-Thélène, *The Experience of Thinking*, The Philosophical Forum, Volume XXXI, Nos. 3 – 4 (Fall-Winter 2000), p. 359.

的主观与客观之分。根据美国当代最具活力的语言哲学家之一约翰·塞尔的观点,本体论意义上的"主观的""客观的"主要是从事物的存在方式这一意义上来区分的,而认识论意义上的"主观的""客观的"则主要是从判断的真假这一意义上来区分的。从认识论意义上说,如果一个判断的真假不依赖于任何人对它的态度或情感,我们就说这个判断是客观的;否则,就是主观的。① 从本体论角度来看,我们说经验是主观的,因为经验的存在方式依赖于感知者或感知者的心理状态。例如,"我感到我的权利没有得到公安民警的尊重"这一陈述,是行为人关于自己对公安民警在权利保护方面的经验的意向性说明,因此我们可以说这一经验判断是主观的。但是从认识论角度来看,这一经验判断又具有客观性,因为"我的权利没有得到公安民警的尊重"这一经验判断的真假并不依赖于作出判断和听到判断的人的情感、态度或者观点。从这一意义出发,对于康德哲学中的先天观念,从本体论角度看,其是主观的,但从认识论角度看,其又具有客观性。综合前述,无论基于何种理解,刑事司法公信力均具有客观性特征。

(三)科学性

基于前述,需要持续追问的是通过调查所获得的公众关于刑事司法信任和信赖的知识是科学的吗?诚如康德所言明的,一种知识只有在同时满足普遍必然性和客观有效性两个条件时方为科学的知识。在康德哲学中,普遍必然性是指认识主体的先天观念,②是保证经验判断成为公共知识的纯粹形式。③ 显然,对研究者所获得的公众关于刑事司法公信力的间接经验知识来说,因其本就经过了法治形式的整理,故通过专业调查

① See John R. Searle, *The Construction of Social Reality*, the Penguin Press, 1995, p. 8.

② 参见邓晓芒:《康德论因果性问题》,载《浙江学刊》2003 年第 2 期。

③ 参见薛孝斌:《康德的客观有效性概念》,载《东南学术》2000 年第 6 期;[德]康德:《任何一种能够作为科学出现的未来形而上学导论》,庞景仁译,商务印书馆 1978 年版,第 63—64 页。

获得的知识当然具有普遍必然性。如前所述,基于专业调查所获得的间接经验知识是一种客观的知识。基于此,通过专业调查获得的知识就是一种科学的知识。那么通过普通调查获得的公众关于刑事司法公信力方面的直接经验知识究竟是否是科学的知识呢?根据康德的观点,经验判断必须经过先天形式的整理才具有普遍必然性。由是观之,通过问卷调查获取的公众关于刑事司法公信力的直接经验判断必须经过法治形式的纯粹整理,才可成为一种普遍必然的知识。由于直接经验知识具有个别性、或然性特征,故而通过归纳方法获得的经验知识无法直接上升为一种普遍必然的知识。基于此,需要研究者通过法治形式对通过问卷调查获得的公众关于刑事司法公信力方面的直接经验进行整理和演绎,从而使其上升至一种普遍必然的知识。因通过普通调查获得的直接经验知识本具有客观性,故经过研究者整理和演绎的直接经验在上升至间接经验知识后就成为一种科学的知识。需要特别指出的是,研究者必须基于中立的立场对所获得的直接经验进行整理和演绎。由是观之,无论是通过普通调查获得的公众关于刑事司法信赖方面的直接经验知识,还是通过专业调查获得的公众关于刑事司法信任方面的间接经验知识,均具有科学性特征。

综合上述,在明确界分刑事司法概念基础上,基于辩证唯物主义认识论得出刑事司法公信力具有经验性、客观性、科学性三个方面的显著特征,以及刑事司法公信力是可以评估测量的这一结论。公众对刑事司法公正、公平、效率、民主和效果的信任和信赖是经验的,故而是真实的,此其一;公众关于刑事司法公信力的经验是客观的,因此可以通过测量影响公众对刑事司法的信任和信赖的客观事实来评估刑事司法公信力,此其二;通过调查获得的公众关于刑事司法公信力的经验知识是科学的,故而是可靠的,此其三。

第二节 刑事司法公信力评估指数的创建

基于刑事司法公信力概念,根据刑事司法公信力三个方面的特征,刑事司法公信力是可以客观测量评估的。那么究竟如何展开对刑事司法公信力的评估测量?总的来看,通过创建刑事司法公信力指数来评估一个国家、地区或区域的刑事司法公信力,可谓法治实践的通常做法。那么究竟何谓“指数”?1675 年,英国人赖斯·沃汉(Rice Vaughan)最早使用“指数”(index)这一术语来反映物价的变动;后经不断发展,其被视为一种用来统计及研究社会经济现象数量变化幅度和趋势的一种特有的分析方法和手段。据现有文献,指数有广狭二义。广义上的指数是指所有的相对数,如白菜价格指数、法官廉洁指数等;狭义上的指数是指以相对数的形式综合反映多种事物在数量上的总变动的一种统计方法,[①]如蔬菜价格指数、司法廉洁指数。“指标”(indicator)是指综合反映统计总体数量特征的概念和数值。[②] 指数所针对的是复杂的社会经济现象,这种复杂性体现为诸现象之间性质不同,趋势各异,故不能直接进行加总。因此“指标”与“指数”是两个不同的概念,这种不同可以用价格指标与价格指数二者间的不同来说明。价格指数是在价格指标数值基础上通过无量纲化与计量模型综合计算得出的。

一般来说,指数是在指标数值基础上,通过一定的量化方法将量纲不同、趋势各异的指标数值转化为量纲相同、趋势一致的标准化数值。经标准化后的指标数值取值范围一般在 0—1 或者 0—100 之间,指数正是在标准化后的指标数值基础上通过计量模型计算得出的。我国法治评估实践研究中有学者对指数与指标进行了较为严格的区分,也有学者对之不

---

① 参见徐国祥主编:《统计预测和决策》,上海财经大学出版社 2005 年版,第 191—195 页。

② 参见辞海编辑委员会编纂:《辞海》(中),上海辞书出版社 1999 年版,第 3337 页。

加区分。[①] 笔者认为,指数与指标有着不同的统计意义,故宜对其加以明确区分。基于此,刑事司法公信力评估指数是指通过定量研究方法而形成一套定型的、客观的、科学的旨在测量和计算一个国家、地区或区域刑事司法公信力分值的标准化数值。因为刑事司法公信力评估指数是在刑事司法公信力评估指标基础上,通过无量纲化处理和计量模型创建经计算得出的,故而刑事司法公信力评估指数的编制首先需要明确的是可据以测量刑事司法公信力的究竟有哪些指标。在此基础上,创设刑事司法公信力评估指标体系。

一、国内外刑事司法公信力评估指标构建理论述评

我国实证法学研究中,学者并未将刑事司法公信力作为独立的范畴来对待,而只是在其法治评估中将与刑事司法公信力有关的因素作为一级或二级指标来考量。四川省依法治省第三方评估(以下简称四川依法治省评估)在其所构设“司法建设”一级指标下设司法机关依法独立行使职权、提升司法透明度、提升检务透明度等 3 个三级指标。[②] 广东法治社会满意度评价在其所构设“公正司法”一级指标下设司法公正、依法独立审判、司法透明等 3 个二级指标。[③] 上海法治满意度指数在其所构设“公正司法”一级指标下设审判质量、审判效率、审判效果、检察质量、检察效

---

① 在法治评估研究中我国有学者对“法治指数”与“法治指标”进行了严格的区分,认为前者是以量化的方式确定指标的权重及其等级,并以一定的公式计算出法治水平的分值作为评估结果,而后者则是指为了评估的需要,对评估的内容或要素所作的进一步解释。参见钱弘道等:《法治评估及其中国应用》,载《中国社会科学》2012 年第 4 期。我国亦有学者对二者不作区分,将“法治指标”或“法治指数”笼统表示为一套法治量化的标准体系。参见侯学宾、姚建宗:《中国法治指数设计的思想维度》,载《法律科学(西北政法大学学报)》2013 年第 5 期。

② 参见中国社会科学院国家法治指数研究中心、中国社会科学院法学研究所法治指数创新工程项目组:《四川省依法治省第三方评估报告(2016)》,中国社会科学出版社 2017 年版,第 12—14 页。

③ 参见郑方辉、邱佛梅:《比较视角的法治政府与法治社会评价实证研究——以 2017 年广东省为例》,载《法治社会》2018 年第 3 期。

率、检察效果、法院队伍建设、检察队伍建设等 8 个二级指标。其审判质量测量主要包括审判公正、审判效率诸内容；检察质量测量主要包括检察公正、检察效率诸内容。[①] 学者朱景文主持的中国法治满意度评估在其所构设“司法适用”二级指标下创设 5 个三级指标，具体为：4 个司法公正评估指标，包括刑讯逼供、保障辩护律师权利、居中裁判、律师和司法人员是否违规交往等；4 个司法机关依法独立行使职权评估指标，包括侦查活动受到非法干预情况、检察活动受到非法干预情况、审判活动受到非法干预情况、舆论对审判活动的影响等；2 个司法公开评估指标，包括旁听审判、查阅判决文书等；1 个刑事司法效率测量指标，包括破案率等。另外还有司法便利指标。[②] 最高人民法院案件质量评估研究共创设 11 个司法公正评估指标、10 个司法效率评估指标和 10 个司法效果评估指标。[③]

国外实证法学研究亦未创设独立的刑事司法公信力评估指数，但世界正义工程刑事司法指数和世界银行法治指数的创建经验值得借鉴。刑事司法是世界正义工程法治指数中 8 个一级评估指标之一，涵盖 7 个二级指标：(1)有效侦查；(2)及时与有效的刑事审理；(3)有效矫正；(4)司法公平；(5)司法廉洁；(6)司法机关依法独立行使职权；(7)正当程序。世界银行法治指数涵盖 23 个世界法治评估数据，其中指数计算中占比较大的主要有 10 个，具体为：(1)经济学人智库(EIU)。其测量指标包括暴力犯罪、有组织犯罪、司法程序公正、合同可执行力、司法效率、征用补偿、知识产权保护和私有财产保护等方面。(2)全球观察商业风险指南(WMO)。其测量指标包括司法机关依法独立行使职权、犯罪、征用、政府对合同的变更和合同执行等方面。(3)体制机制简况数据库(IPD)。

① 参见上海法治市情研究中心：《上海市法治建设状况满意度分析总报告》，载叶青主编：《上海法治发展报告(2014)》，社会科学文献出版社 2014 年版，第 30—32 页。

② 参见朱景文主编：《中国人民大学中国法律发展报告 2015：中国法治评估指标》，中国人民大学出版社 2016 年版，第 82—91 页。

③ 参见佟季、黄彩相：《2010 年全国法院案件质量评估分析报告》，载《人民司法》2011 年第 13 期。

其测量指标主要包括犯罪组织的暴力、司法机关依法独立行使职权、法院裁判执行、法院裁判及时性、外国人与本国人在法律面前平等、打击偷税漏税的力度、法律解决私有财产争端的有效性、国家对私有财产所施加的压制和征用补偿等方面。(4)全球竞争力年鉴(WCY)。其测量指标主要包括逃税、司法公平、人身和财产安全、黑市交易等方面。(5)世界经济论坛全球竞争力调查(GCS)。其测量指标包括犯罪和暴力成本、有组织犯罪成本、警察服务信赖度、司法机关依法独立行使职权、法规合法性争端解决的有效性、知识产权保护、私有财产保护和非正式部门参与度等方面。(6)经济自由度指数(HER)。其测量指标包括财产权保护方面。(7)盖洛普全球民意调查(GWP)。其测量指标包括对警力的信任度、对司法体系的信任度、个体遭遇盗窃和遭遇袭击或抢劫情况等方面。(8)政治风险服务国家风险指南(PRS)。其测量指标包括法律和秩序。(9)人口贩卖报告(TPR)。其测量指标涵盖人口贩卖犯罪。(10)多样民主工程(VDM)。其测量指标包括自由成分指数。[①]

综合上述,世界正义工程法治指数刑事司法测量指标、世界银行法治指数、四川依法治省评估司法建设测量指标、上海法治满意度指数公正司法测量指标、广东法治社会满意度评价公正司法测量指标、中国法治满意度评估司法适用测量指标均关涉刑事司法公正、公平、效率、民主和效果诸实质内容,故可通过对刑事司法公正、公平、效率、民主和效果等方面的测量来评估刑事司法公信力。这种测量所得数据如系经无量纲化和计量模型计算得出,则可被视为刑事司法公信力评估指数。总的来说,世界正

① 另外13个数据库为:自由之家(FRH);世界银行国家政策和制度评估(CPIA);非洲舆情调查(AFR);非洲发展银行国家政策和制度评估(ADB);农业部门绩效评估(IFD);贝塔斯曼转型指数(BTI);全球诚信指数(GII);范德比尔特大学美洲经济社会发展指数(VAB);拉美经济社会发展指数(LBO);转型国家指数(CCR);亚洲发展银行政策和制度评定(ASD);营商环境和企业效益调查(BPS);世界正义工程(WJP)。参见世界银行组织网,https://www.worldbank.org/en/publication/worldwide-governance-indicators#doc.,2025年4月24日访问。

义工程刑事司法公信力评估指数编制较为全面,无论从指标体系构设,还是从评估维度创建来说,均较为完整。世界银行刑事司法公信力评估指标涵盖刑事司法公正、公平、效率、效果、独立、廉洁诸实质内容,评估维度延展至刑事侦查、起诉、审判和刑罚执行诸方面。世界法治指数主要涉及刑事司法效果、司法机关依法独立行使职权、司法公正诸内容,其评估维度主要覆盖刑事审判诸方面。我国刑事司法公信力评估指数构建则较为单一:前述4项评估均未涉及刑罚执行维度,只有中国法治满意度评估"司法适用"指标覆盖刑事侦查方面的调查,此其一;评估指标构设不够完整,如评估指标较少涉及嫌疑人、被告人、囚犯权利保障方面内容,此其二。

二、我国刑事司法公信力评估指标体系创建实践

根据上述,若将国内外法治评估中相关刑事司法公信力评估指标视为指数,则刑事司法公信力指数构建包括如下内容:一是指标名称,包括一、二、三级指标。一级指标即为刑事司法公信力,二级指标包括刑事司法公正、公平、效率、民主和效果等。二是指标维度,包括刑事侦查、起诉、审判和刑罚执行4个维度。需要特别指出的是,如果刑事司法公正指标数值不是直接相加得出的,而是通过一定量化标准和计量模型计算得出的,且取值在0—1或0—100,则其就由指标转化为指数。故而前述5个二级指标又可分别转化为刑事司法公正指数、司法公平指数、司法效率指数、司法民主指数和司法效果指数。兹就刑事司法公信力评估5个二级指标体系的理论构设论述如下。

1. 刑事司法公正指标体系

刑事司法公正是公众对刑事司法产生信任和信赖的决定性因素。那么究竟何谓司法公正呢?一般认为,司法公正包括实体公正和程序公正

两个方面。前者是司法公正的根本目标，后者是司法公正的重要保障。[①]所谓实体公正主要是从裁判结果的意义上来考察的。根据我国学者的主流观点，在实体公正的构成要素方面，主要存有二要件说和四要件说。所谓二要件是指判决以事实为根据和适用法律正确。[②] 四要件包括：判决结果符合形式正义；判决结果所依据的事实是真实的；判决结果是严格依据现行法律规定作出的；判决结果能够适当平衡各种效益。[③] 当然，还有学者认为，判决均衡是构成实体公正的要素，认为只要对同等案件作出相同判决，实体公正也就实现了。[④]

程序公正是指从诉讼过程出发来衡量程序的正当性。实证法对正当程序的规定衍生了公民所享有的对抗国家的程序性权利，故程序公正的阿基米德支点是对司法机关怎样行使司法权加以控制。季卫东教授将程序的正当过程视为程序的独立价值，并认为程序的正当过程的最低标准是"公民的权利义务将因为决定而受到影响时在决定之前他必须有行使陈述权和知情权的公正的机会"[⑤]。公民享有受宪法保护的程序性权利往往体现在国家的宪法条文中。有学者根据《美国宪法修正案》第 14 条第 1 款归纳了被告人享有的 10 项程序性权利：(1)通知指控罪名的权利；(2)受审的权利；(3)由辩护律师辩护的权利；(4)对指控罪名答辩的权利；(5)与控告人和证人当面对质与辩论的权利；(6)拒绝自证犯罪的权利；(7)无罪推定的权利；(8)出示证据的权利；(9)获得判决书的权利；

---

① 参见何家弘：《司法公正论》，载《中国法学》1999 年第 2 期。

② 参见公丕祥、刘敏：《论司法公正的价值内涵及制度保障》，信春鹰、李林主编：《依法治国与司法改革》，中国法制出版社 1999 年版，第 203 页。

③ 参见杨荣新、谭秋桂：《论司法公正》，姜伟、杨荣新主编：《民事诉讼机制的变革》，人民法院出版社 1998 年版，第 11—15 页。

④ 参见王盼等：《审判独立与司法公正》，中国人民公安大学出版社 2002 年版，第 177—199 页。

⑤ 参见季卫东：《法律程序的形式性与实质性——以对程序理论的批判和批判理论的程序化为线索》，载《北京大学学报(哲学社会科学版)》2006 年第 1 期。

(10)上诉的权利。①

综合上述,实体公正基于判决结果公正视角,强调了实体公正的外在构成,但却忽视了促成判决结果公正的内在因素;程序公正专注于刑事诉讼过程,提出了犯罪嫌疑人、刑事被告人基本权利保障的程序正当性判决标准,但却忽视了正当程序的外在因素。笔者认为,实体公正与程序公正就如同一枚硬币的两面,任何一面缺损均无从实现司法公正之目的。基于此,从最宽泛的意义上讲,司法公正可主要采用拉兹8项法治原则中的4项作为判断标准。拉兹8项法治原则包括:(1)法律应当公开、明确,不溯及既往;(2)法律应相对稳定;(3)特别法应受公开、稳定、明确和一般规则的指导;(4)司法机关依法独立行使职权;(5)遵守自然正义(公开审理、不得以偏见司法);(6)法院有权审查议会和行政立法等;(7)法院应当是易被人们接近的(省钱省时);(8)犯罪预防机构在行使自由裁量权时不得滥用法律。② 其中可用来衡量刑事司法公正的法治原则包括前述(4)(5)(7)(8)等4项。

基于刑事司法公正测量指标,笔者试图从两个层面来创设刑事司法公正评估指标,即通过普通调查和专业调查两种路径来调查分析公众对刑事司法公正的信任和信赖程度。一是基于问卷调查法构设评估指标。理论上可创设5个刑事司法公正评估指标,具体包括:(1)司法勤勉;(2)司法机关依法独立行使职权;(3)司法廉洁;(4)基本权利;(5)正当程序。二是通过大数据调查直接建立刑事司法公正测量模型,计算公众对刑事司法公正的信任和信赖程度。参考2011年最高人民法院《关于开展案件质量评估工作的指导意见》创设的审判公正指标,通过大数据调查分析方法可创设15个刑事司法公正评估指标,包括:(1)二审抗诉率;

---

① 参见刘卫政、司徒颖怡:《疏漏的天网——美国刑事司法制度》,中国社会科学出版社2000年版,第8—9页。

② 参见[英]约瑟夫·拉兹:《法律的权威——法律与道德论文集》,朱峰译,法律出版社2005年版,第187—190页。

(2)二审改判发回率;(3)二审改判发回占一审比率;(4)上诉改判发回占一审比率;(5)二审抗诉改判发回占一审比率;(6)再审率;(7)再审抗诉率;(8)再审改判发回占生效裁判比率;(9)再审抗诉改判发回占生效裁判比率;(10)改判发回占生效裁判比率;(11)无罪率;(12)二审开庭审理率;(13)逮捕率;(14)辩护意见采纳率;(15)被告人辩解采纳率。

2. 刑事司法公平指标体系

刑事司法公平是刑事司法具有公信力的重要因素。那么究竟何谓公平?对其理解可追溯至古希腊时期亚里士多德关于平等权利的论述。他指出:"对自然而平等的人,既然人人具有同等的价值,应当分配给同等权利……当大家都具有平等而同样的人格时,把全邦的权力寄托于任何一个个人,这总是不合乎正义的。"①亚里士多德所指的平等相当于其所论述的平均的正义,即一种基于平等的正义。当然,这种平等并非一种绝对的均等,而是一种机会平等,即一种形式正义。正如当代新自然法学杰出代表罗尔斯所言,"如果我们认为正义总是表示着某种平等,那么形式的正义就意味着它要求:法律和制度方面的管理平等地(即以同样的方式)适用于那些属于由它们规定的阶层的人们"②。我国学者在论述社会公平的法治精神时亦将公平视为一种机会平等。③ 基于前述,刑事司法公平主要包括两个层面:一是法律适用平等;二是刑事判决均衡,即同案同判。

法律适用平等也就是法律面前人人平等,其既是一个宪法基本原则,也是一个刑法基本原则。作为一个宪法原则,法律适用平等体现了法律的平等对待原则。质言之,所有人均受法律的平等保护,法律不因人们的种族、性别、贫富、强弱、长幼等而改变。例如,美国最高法院在1866年米

---

① [古希腊]亚里士多德:《政治学》,台海出版社2016年版,第167—168页。

② [美]约翰·罗尔斯:《正义论》,何怀宏等译,中国社会科学出版社1988年版,第54页。

③ 参见胡玉鸿:《新时代推进社会公平正义的法治要义》,载《法学研究》2018年第4期。

里根案(Milligan case)的判决中指出,“美国宪法对于统治者和人民都平等对待,于战争状态与和平时期均同等适用……没有比紧急政府时期规定停止宪法权利的条款更有害的法律原则了”①。作为一个刑法基本原则,其体现在侦查、起诉、审理和刑罚执行全过程中。美国学者奥斯丁·萨达特通过调查发现,公众对平等对待的要求是贯穿公众对警察机关和法院评价全过程的核心主题。他指出,“对不平等对待的感觉经验是公众对美国法律制度不满的最重要的一个原因。已有的调查证据表明,美国人认为他们法律体系中最有价值的平等保护理念被警察、律师、法官和其他人出卖了”②。由是观之,法律适用平等是刑事司法公信力评估的一个重要测量指标。

刑事司法公平不仅体现为法律适用平等,而且还体现为判决结果平等。刑事判决结果的平等体现为刑事判决的该当性原则,它要求法院同案同判、罪刑均衡,即对相同案件作出相同判决,对相同犯罪判处同等刑罚。例如,我国有学者指出,类案不同判,必然会影响司法的可预见性,损害司法公信力。③ 然而,法院在裁量刑罚时还需要考虑判决的功利性原则,即基于犯罪人的人身危险性不同作出与之相应的判决。据此,我们可以将前者称为均衡原则,将后者称为个案控制原则。显然,判决的均衡原则和个案控制原则间是相互冲突的。依据均衡原则,刑罚应当与应受责罚性相适应,同等应受责罚程度的犯罪人所受到的刑罚应该相等。当然,判决的均衡原则同样也有实际的利益。例如,强化公众对相关犯罪严重性的认同和维持公众对刑法与刑事司法体系的尊重。然而个案控制原则

---

① Kathleen M. Sullivan, *Do We Have an Emergency Constitution?* Bulletin of the American Academy Winter (2006), p. 30.

② Austin Sarat, *Studying American Legal Culture: An Assessment of Survey Evidence*, 11 Law & Soc'y Review 427, 434 (1977); Jason Sunshine & Tom R. Tyler, *The Role of Procedural Justice and Legitimacy in Shaping Public Support for Policing*, 37 Law & Soc'y Review 513, 517 (2003).

③ 参见黄文艺:《中国司法改革基本理路解析》,载《法制与社会发展》2017 年第 2 期。

却要求不平等或不成比例对待。例如,两个都是第一次犯罪的犯罪人,一个有真实的悔罪感、强烈的家庭纽带与其他不适合监管的条件且再犯风险低,而另一个则正好相反。故法院对前者适用缓刑,而对后者则实施监禁。当然,冲突解决的最好办法是避免采取过于狭窄的刑罚理论,即非此即彼的刑罚理念,而是采用一种综合的判决体系(hybrid sentencing system),即一种给所有合法的判决原则以合法考量的刑罚理论。根据这一原则,结合犯罪的严重性和均衡原则来确定刑罚幅度,即刑罚的上下界限;在这一范围内,可根据个案控制原则来进行调整。当然,后者除了个案控制原则外,还包括了刑罚的谦抑性,即以最小严重性的刑罚方式即能达到刑罚目标。基于前述,刑事司法公信力评估研究在测量判决的均衡性时,除了主要考量判决结果的平等性,还需要对判决的功利性原则作出适度的回应。

基于刑事司法公平测量指标,理论上刑事司法公平的评估指标有:(1)法律适用平等性;(2)判决的均衡性。对于法律适用平等的评估测量,主要采用问卷调查的方法;对于判决均衡的评估测量,则宜采用大数据调查方法,通过统计分析直接建立评估测量模型。

3. 刑事司法效率指标体系

刑事司法效率不仅关乎效率自身,更为重要的是关涉刑事司法正义。虽然说"正义会迟到,但不会缺席"喊出了人类企盼正义的美好愿望,但是迟来的正义终非正义。就司法效率在司法中的作用而言,我国有学者将其视为现代司法的本质要素。[①] 那么究竟何谓司法效率?我国有学者主要从司法资源的配置方面来进行界定,将其理解为司法资源的节约或对司法资源有效利用的程度。[②] 亦有学者从时间效率、成本效率与边际效率三个方面来进行界分,并提出以提高司法效率为价值取向对审判组

---

① 参见刘练军:《司法效率的性质》,载《浙江社会科学》2011 年第 11 期。

② 参见钱弘道:《论司法效率》,载《中国法学》2002 年第 4 期。

织及其审判程序的若干方面进行制度重构。[①] 笔者认为,刑事司法效率应从刑事法律适用的实际结果和公众对刑事法律适用的合法期待两个方面进行界定,二者之间的比值就是刑事司法效率。

根据上述关于刑事司法效率概念的界定,我们究竟可从哪些方面创设刑事司法效率评估指标呢?我国法学先贤曾宪义认为司法效率的提高可主要从司法观念的现代化转变、司法机关依法独立行使职权的落实、诉讼制度的现代化改造、证据制度的科学建构和监督体系的完善等五个方面来考量。[②] 还有学者从程序理性化设计、依法独立审判等方面来阐述司法效率的实现方式。[③] 20 世纪末,在主要以追求司法效率为目标的德国刑事司法改革中,其试图通过起诉裁量、庭审协商诸制度的确立和检警关系的重构来提高刑事司法的效率。[④] 同样地,在主要以追求司法效率和司法民主为目标的日本刑事司法改革中,其亦希冀通过实施审前程序、公民参与等体制、机制方面的改革来提高刑事司法效率,具体内容包括开庭前准备程序的设立、法院诉讼指挥权的强化、陪审员制度的创设等内容。[⑤]

基于刑事司法效率测量指标,我们应从哪些方面来创设测量刑事司法效率的评估指标呢?2008 年,最高人民法院《关于开展案件质量评估工作的指导意见(试行)》创设了 11 个审判效率指标;2011 年,最高人民法院《关于开展案件质量评估工作的指导意见》将前述 11 个指标修正为 10 个。具体包括:法定期限内立案率;一审简易程序适用率;当庭裁判

---

① 参见姚莉:《司法效率:理论分析与制度构建》,载《法商研究》2006 年第 3 期。

② 参见曾宪义:《司法公正与司法效率的保障机制研究》,载《法律适用(国家法官学院学报)》2002 年第 1 期。

③ 参见程关松:《司法效率的逻辑基础与实现方式》,载《江西社会科学》2015 年第 8 期。

④ 参见陈卫东、刘计划、程雷:《德国刑事司法制度的现在与未来——中国人民大学诉讼制度与司法改革研究中心、赴欧洲考察报告之二》,载《人民检察》2004 年第 11 期。

⑤ 参见王云海:《日本的刑事司法改革——社会的"法化"还是法的"社会化"?》,载《中国刑事法杂志》2003 年第 2 期。

率;法定(正常)审限内结案率;平均审理时间指数;平均执行时间指数;延长审限未结比;结案均衡度;法院年人均结案数;法官年人均结案数。基于问卷调查法,理论上可创设5个刑事司法效率评估指标,具体包括:(1)侦查效率;(2)起诉效率;(3)审判效率;(4)刑罚执行效率;(5)司法资源。基于大数据调查方法,理论上可创设14个刑事司法效率评估指标,具体包括:(1)拘留羁押时间指数;(2)逮捕羁押时间指数;(3)取保候审时间指数;(4)监视居住时间指数;(5)一审审判时间指数;(6)二审审判时间指数;(7)再审审判时间指数;(8)刑事一审过程时间指数;(9)刑事二审过程时间指数;(10)破案时间指数;(11)简易程序适用率;(12)刑事速裁程序适用率;(13)当庭裁判率;(14)法官人均办案数。

4. 刑事司法民主指标体系

在我国,关于司法民主的讨论可追溯至法学大儒董必武。他指出,"只要我们面向群众,依靠群众,那么我们不仅不会感觉到司法干部来源的枯竭,相反倒会使我们获得丰富的干部源泉"①。由此可见,在20世纪中后期,我国司法理论与实务是坚持司法民主导向的。但在我国开启第一轮司法改革后,有关要不要司法民主的讨论开始进入学者研究的视域范围。当代有关司法民主化与司法职业化谁优先的理论交锋肇始于两位法学教授的论辩。前者坚持民主化优先于职业化,必须以民主化来促进职业化;②后者则坚持法律职业化,并认为让法官严格依照法律判案就是司法民主的体现。③ 在这之后的数年,关于法律职业主义与司法民主主义的论争从未平息。④ 至21世纪初,我国法律学者开始趋向普遍赞同司

① 董必武:《关于改革司法机关及政法干部补充、训练诸问题》,载《董必武法学文集》,法律出版社2001年版,第123页。

② 参见陈忠林:《中国法治应该怎样向前走》,载《经济观察报》2008年7月21日,第39版。

③ 参见马国川:《不走回头路》,载《经济观察报》2008年7月14日,第41版。

④ 参见陈卫东:《公民参与司法:理论、实践及改革——以刑事司法为中心的考察》,载《法学研究》2015年第2期。

法民主。2016 年,张文显先生撰文明确反对司法“去民主化”,坚决捍卫司法民主。2017 年,最高人民法院原院长周强在《人民陪审法(草案)》说明中明确指出,“制定一部专门的人民陪审员法,有利于扩大司法领域的人民民主,切实保障人民群众对审判工作的知情权、参与权、监督权,实现司法专业判断与群众朴素认知的有机统一,让人民群众在每一个司法案件中感受到公平正义”。自此,我国法学研究开始致力于构造中国特色司法民主制度的理论和实践路径。

基于刑事司法民主测量指标,可从两个方面来创设测量刑事司法民主的评估指标:一是从公众参与角度来构设司法民主评估指标,二是从陪审制、审判公开等方面来构设司法民主评估指标。通过问卷调查法,理论上可创设 2 个刑事司法民主评估指标,具体包括:(1)案件信息公开;(2)司法信息公开。通过大数据调查方法,理论上可创设 7 个刑事司法民主评估指标,包括:(1)刑事陪审率;(2)刑事律师辩护率;(3)刑事律师代理率;(4)证人出庭率;(5)被害人谅解率;(6)被告人赔偿率;(7)退赔退赃率。

5. 刑事司法效果指标体系

刑事司法效果主要包括法律效果、政治效果和社会效果三个方面。我国有关司法效果的较早论述甚至还提到了四个效果,即司法效果、经济效果、政治效果和社会效果。[①] 自我国开启第一轮司法改革,司法的经济效果就再也未被提及。对于司法的其余三个效果,有的主张三者之间是一个有机统一的整体,[②]也有的仅坚持司法的法律效果,而排除其余效果。总的来说,坚持三者统一的学者居多,同时这一观点也为司法实务部

---

① 参见宋金星:《树立大局观念　努力实现法律效果与社会效果的统一——学习全省第十七次法院工作会议精神笔谈》,载《山东审判》1996 年第 7 期。

② 参见李国光:《坚持办案的法律效果与社会效果相统一》,载《党建研究》1999 年第 12 期;谢冬慧:《司法的法律效果与社会效果的统一——基于江苏法院的考察》,载《江苏行政学院学报》2017 年第 6 期。

门所采纳;仅坚持司法的法律效果的学者较少,但其论理却似乎又不可辩驳。① 笔者认为,虽然从形式法治角度考察,司法宜仅追求法律效果,但是若从实践角度考虑,尤其是从司法公信力角度考虑,司法宜坚持法律效果和社会效果二者之间的统一。因此在创设刑事司法效果评估指标时需要从刑事司法的法律效果和社会效果两个方面来考量。

由于司法效果与司法责任紧密相连,故而在创设刑事司法效果评估指标时需要将刑事司法责任要素纳入其中。2015 年,习近平总书记在主持中共中央政治局第二十一次集体学习时明确指出,必须紧紧牵住司法责任制这个牛鼻子,实行员额制法官、检察官对案件质量终身负责制。那么司法责任内容是什么,究竟如何追究司法官员的司法责任?学者张文显认为,“裁判者负责”的“责”涵盖审判员职责、法律适用责任、案件事实认定责任、案件质量终身责任等内容。② 从刑事司法公信力评估角度考量,刑事司法责任涵盖了刑事司法过程中承担相应法律职责的所有司法官员。关于司法责任的追究模式,我国有学者区分了三种不同模式,③也有学者仅提出“行为中心主义”模式。④

在创设司法效果评估指标方面,最高人民法院作过有益的探索。2011 年,最高人民法院《关于开展案件质量评估工作的指导意见》创设了 10 个审判效果指标,具体包括:一审服判息诉率;调解率;撤诉率;实际执行率,执行标的到位率;裁判自动履行率;调解案件申请执行率;再审审查率;信访投诉率;公众满意度。显然,前 9 个是基于司法的法律效果而创设的,最后 1 个公众满意度则是基于司法的社会效果而创设的。若从司法责任视角考虑,司法效果评估指标的创设可包括违法立案率、申诉率、错案率、违法执行率等。国外有关司法效果评估指标的创设与我国有显

---

① 参见陈卫东:《司法机关依法独立行使职权研究》,载《中国法学》2014 年第 2 期。

② 参见张文显:《司法责任制与司法民主制》,载《法制日报》2016 年 9 月 7 日,第 10 版。

③ 参见陈瑞华:《法官责任制度的三种模式》,载《中国检察官》2015 年第 23 期。

④ 参见王迎龙:《司法责任语境下法官责任制的完善》,载《政法论坛》2016 年第 5 期。

著不同。例如,美国司法将犯罪率、监禁率、发案率等作为刑事司法效果评估指标。他们惯于采用前述指标来评价司法改革的成效。例如,在奥巴马治下的美国实施了以量刑公正为目标的司法改革后,美国联邦犯罪率、监禁率明显下降,暴力犯罪发案率明显降低。①

综合上述,基于刑事司法效果测量指标,通过问卷调查的方法,理论上可创设3个刑事司法效果评估指标,包括:(1)错控率;(2)错判率;(3)再犯率。通过大数据调查方法,理论上可创设9个刑事司法效果评估指标,具体包括:(1)再犯率;(2)累犯率;(3)上诉率;(4)一审服判息诉率;(5)缓刑适用率;(6)判处10年以上有期徒刑适用率;(7)死刑适用率;(8)未成年人占有罪判决比率;(9)3年以下有期徒刑监禁率。

三、刑事司法公信力评估指数创建步骤

刑事司法公信力评估指数创建步骤主要包括:其一,在理论构设刑事司法评估指标体系后,根据评估指标内容,制作调查问卷和数据调查提纲。其二,采用问卷调查法和文献调查法调查和收集评估数据。其三,对所收集数据进行无量纲化,将其变为趋势一致、性质相同的标准数据。其四,通过计量模型计算评估指标的得分,将其转化为指数。具体构建步骤见图1-1。

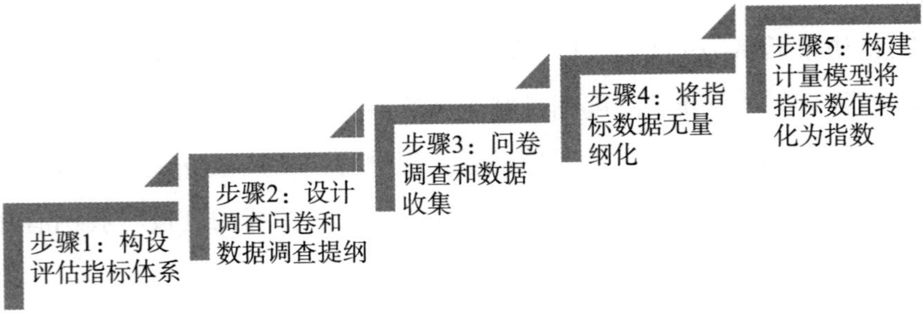

图1-1 刑事司法公信力评估指数创建的步骤

① 参见王禄生:《美国当代刑事司法困境与改革——奥巴马政府刑事司法改革述评》,载《理论视野》2017年第2期。

指标的无量纲化方法有多种，本书主要采用以下两种方法进行无量纲化：其一，对于通过问卷调查收集的定序变量，采用 min – max 归一化方法进行无量纲化。经转化后，指标数值均映射到[0,1]之间，转换函数为：$x' = \frac{x - \min}{\max - \min}$。例如，就对法律专家关于如下问题的调查，可作如表 1 – 1 所示转换。其二，对于通过大数据收集的定量数据，由于数值较大，量纲各异，故采用极值转换法，转换函数为：$x'_i = \frac{x_i}{\max}$。

表 1 – 1　min – max 归一化方法

公、检、法、司之间缺乏信息资源共享机制的问题严重吗？	10 很严重	9	8	7	6	5	4	3	2	1 不是很严重
min – max 归一化	0	0.2		0.4		0.6		0.8		1

指数的计算一般首先需要确定指标的权重。权重的计算方法有多种，人文社科实证研究主要采用的方法有：一是专家分析打分法。我国多数法治评估采用专家分析打分法来分配评估指标的权重，如四川依法治省评估刑事司法公信力评估指数、余杭法治指数等。二是层次分析法。我国亦有学者采用层次分析法来计算评估指标的权重，如广东法治社会满意度评价刑事司法公信力评估指数、上海法治满意度指数刑事司法公信力评估指数等。层次分析法本质上也是一种主观的权重计算方法，因为层次分析的基础数据来自专家打分。三是客观的数理统计方法。例如，世界银行法治指数采用非观测成分模型（unobserved components model）来计算不同数据库的权重。四是均值法。在法治指数的计算方面，一些法治评估在对指标数据进行无量纲化后直接采用均值法，如世界正义工程刑事司法公信力评估指数、中国法治满意度评估"司法适用"指数等。本书主要采用因素分析法来计算指标的权重，然后根据指标权重与无量纲化后的指标得分计算刑事司法公信力指数。

第三节 刑事司法公信力评估指数的意义

诚如习近平总书记所说:"司法是维护社会公平正义的最后一道防线。"又如法国著名小说家巴尔扎克(Balzac)所言,"对司法不信任是社会终结的开始。砸碎目前的制度模式,通过不同方式对它进行重建……但没有什么可以阻止相信法律"①。由是观之,刑事司法具有公信力是维护社会公平正义和保持社会凝聚力的重要条件。质言之,为维护社会公平正义和保持社会凝聚力必须保持刑事司法公信力。基于此,创设刑事司法公信力评估指数的重要意义就在于通过对一个国家、地区或者区域刑事司法公信力状况的科学评估来探求和发现保持和提高刑事司法公信力的有效路径。

一、科学评估刑事司法公信力状况

为提高刑事司法公信力或者司法公信力,世界许多国家实施了不同层面、不同程度的司法改革,一些国家的司法改革尤为引人注目。那么司法改革后刑事司法公信力是否提高了呢?基于此,在评估一个国家、地区或区域的刑事司法状况时也需要对其司法改革的成效作出评估。自1997年至今,我国已启动了三次司法改革,经过三次司法改革后,我国的刑事司法公信力是否得到有效提高?我国刑事司法公信力状况究竟如何?这些问题均需要通过科学、全面的评估来回答。

(一)关于三次司法改革成效的规范分析

在我国,作为一项政治决策的司法改革始于党的十五大召开之时。以此为起点,我国的司法改革大致可划分为三个不同时期:1997年至2007年,可为我国司法改革第一个时期,即重点改革阶段;党的十七大之后至党的十八届三中全会召开,可为我国司法改革第二个时期,即深化改

---

① Honore Balzac, *quoted in* O. Kirchheimer, Political Justice 175(1961).

革阶段；自党的十八届三中全会至今，可为我国司法改革第三个时期，即全面改革阶段。在上述三个时期内，我国刑事司法改革内容、范围和深度深深镌刻着与其自身所处时代相适应的烙印，而学者对不同时期的刑事司法改革成效亦有着各自不同观点。

在我国司法改革的第一个时期，党的十五大明确要求推进司法改革，建立保证司法机关依法独立公正地行使审判权和检察权的司法制度。因此在我国司法改革第一个时期前段，司法改革主要着眼于司法制度的变革，重点是建立与依法独立行使审判权和依法独立行使检察权相适应的制度构架。自党的十六大之后，司法改革的关注点则开始转向司法体制层面。党的十六大明确提出“推进司法体制改革”的战略决策，将司法体制改革作为贯彻落实依法治国基本方略的重大举措和政治体制改革的重要组成部分。考察我国这一时期的司法改革实践，其基本特征体现为以追求司法公正、司法效率为目标的单向制度变革。这一时期的改革目标比较单一，主要体现为对司法公正和效率的追求；改革领域也比较单一，主要体现为重点司法制度的改革。对于这一时期刑事司法改革的成效，有学者认为此轮改革未触及司法权与行政权的关系，也未能进一步加强司法机关依法独立行使职权原则，成效并不明显。① 也有学者认为，此轮改革虽取得一定成效，但仍难言成功，唯有改革刑事诉讼体制和转变刑事诉讼程序观念，方能取得成功。② 还有学者认为，此轮改革未能完全达到预期效果。③

在我国司法改革的第二个时期，党的十七大作出深化司法体制改革的战略部署，着力于解决影响司法公正、制约司法能力的体制性、机制性障碍。2008 年 12 月通过《关于深化司法体制和工作机制改革若干问题的意见》。其内容涵盖优化司法职权配置、落实宽严相济刑事政策、加强政法队伍建

---

① 参见熊秋红：《中国语境下的刑事司法改革》，载《法商研究》2007 年第 6 期。

② 参见陈瑞华：《近年来刑事司法改革的回顾与反思》，载《国家检察官学院学报》2008 年第 1 期。

③ 参见陈兴良：《中国刑事司法改革的考察：以刘涌案和佘祥林案为标本》，载《浙江社会科学》2006 年第 6 期。

设、加强政法经费保障等四个方面,包括完善民刑案件执行体制等60项改革任务。考察我国这一时期司法改革实践,其基本特征体现为以追求司法为民、司法公开为目标的工作机制方面的改革。就这一时期我国刑事司法改革范围和深度来说,有学者认为,改革措施仅为工作机制调整,未触及司法体制机制。① 还有学者认为,这一时期的司法改革未触及司法体制的实质性问题,大部分改革措施甚至只是工作方法的改变。② 就这一时期刑事司法改革成效来说,我国有学者认为,改革成效有限,司法公信和权威仍明显不足,司法公正保障不足,惩治司法腐败的态势依然严峻。③ 还有学者则直接指出,此轮司法改革之后,司法公正与效率仍然倍受质疑。④

在我国司法改革的第三个时期,党的十八届三中全会作出《中共中央关于全面深化改革若干重大问题的决定》,对司法体制改革作出全面部署。2014年6月,中央全面深化改革领导小组第三次会议审议通过《关于司法体制改革试点若干问题的框架意见》和《上海市司法改革试点工作方案》,明确了全面深化司法体制改革的政策导向。2014年10月,党的十八届四中全会通过《中共中央关于全面推进依法治国若干重大问题的决定》,提出"依宪治国",对科学立法、严格执法、公正司法、全民守法、法治工作队伍建设、加强和改进党对全面推进依法治国的领导作出部署。随着2015年最高人民法院《关于全面深化人民法院改革的意见——人民法院第四个五年改革纲要(2014—2018)》的出台,诸如员额制改革、审判中心主义诉讼制度得以全面实施。考察这一时期司法改革,其基本特征体现为以追求司法公正、效率、民主和责任司法

① 参见龙宗智:《司法改革:回顾、检视与前瞻》,载《法学》2017年第7期。

② 参见徐昕、卢荣荣、黄艳好:《中国司法改革年度报告(2011)》,载《政法论坛》2012年第2期。

③ 参见徐昕、黄艳好、卢荣荣:《中国司法改革年度报告(2012)》,载《政法论坛》2013年第2期;陈卫东:《以审判为中心:当代中国刑事司法改革的基点》,载《法学家》2016年第4期。

④ 参见龙宗智:《司法改革:回顾、检视与前瞻》,载《法学》2017年第7期。

为目标的全面体制、机制改革。对于这一时期司法改革成效的评价，有学者持明显肯定态度。其认为：责任司法的建立和员额制的推行效果初步显现；司法透明度明显提升、司法廉洁性呈整体好转趋势；以审判为中心的诉讼制度改革意义重大，影响深远。① 亦有学者认为，这一时期的司法改革绕开司法机关依法独立行使职权这一根本问题，试图通过司法责任制改革撬动司法体制改革这座大厦，其成效有待进一步观察。②

综合上述，学者在论及1997年来我国的三轮司法改革时一般将司法公信力作为司法改革成效的一个重要衡量标准。对于我国第一、二轮司法改革的成效，多数学者认为，司法公信力的提高效果有限，未能达到预期。法律学者凭借其所独具的知识储备和法律实践作出的评价不仅独到精辟，且其中不乏真知灼见。然而他们的评价基本上建立在规范分析基础之上，如通过对司法机关依法独立行使职权的规范分析来评价司法改革的成效，故其结论主要体现为规范判断。显然，一个基于规范分析作出的判断无法被证立或者证伪，故而仅凭个人的观察和思考得出关于司法公信力高或者低的判断难免片面，亦难言准确。更为突出的问题是，即便对我国司法改革成效的一些判断是正确的，如司法公信力低下等，其也既无法向决策层和社会公众提供我国司法公信力低下的具体程度，亦无法提供提高司法公信力的具体举措。因为一种基于规范分析的判断只能从规范到规范，而不能从实证到规范，而司法改革也就成了法律规范的改革。由是观之，若要科学、全面评估司法改革成效和刑事司法公信力现状必须通过量化评估来实现。

（二）我国刑事司法公信力状况

我国学者认为，经过第二个时期司法改革后，我国刑事司法公信力水平仍不及目标，司法权威仍显不足，司法腐败问题频发。诚如习近平

---

① 参见龙宗智：《司法改革：回顾、检视与前瞻》，载《法学》2017年第7期。

② 参见徐昕、黄艳好：《中国司法改革年度报告（2017）》，载《上海大学学报（社会科学版）》2018年第2期。

总书记在党的十八届四中全会决定起草情况说明中指出的："当前，司法领域存在的主要问题是，司法不公、司法公信力不高问题十分突出，一些司法人员作风不正、办案不廉……"那么我国公众对刑事司法的信任和信赖状况究竟如何呢？我国学者在测量我国法治、法治政府程度时，也有的将司法作为其评估测量的指标之一。总的来看，我国学者在测量法治或法治政府程度时用于测量司法公信力的评估指标主要有：(1)司法公正；(2)司法机关依法独立行使职权；(3)司法公开(透明度)；(4)检务公开(透明度)；(5)司法(审判)效率；(6)检察效率；(7)司法(审判)效果；(8)检察效果；(9)司法便利；(10)社会治安。2008 年，最高人民法院发布的《关于开展案件质量评估工作的指导意见(试行)》中就将审判公正、审判效率和司法审判作为案件质量评估的 3 个二级指标。

我国学者未对刑事司法公信力展开专门评估研究，甚至对司法公信力也未展开较为全面的专门评估，故而有关刑事司法公信力的评估研究仅散见于现有法治评估研究中。在采用何种方法展开对刑事司法公信力的评估测量上，中国已有的几项法治评估研究亦各有不同。一般来说，对于刑事司法公信力评估指数研究，虽然可以采用定性方法调查收集评估资料，但是对于指数计算则需要采用定量方法。就我国目前主要的几项法治评估研究来说，有完全采用定性评估方法展开法治指数研究的。例如，四川依法治省评估采用专家分析打分法进行评估，依据专家打分直接计算法治指数。显然，其所测量的实际上是法律专家关于四川依法治省的间接经验。① 也有部分采用定性评估方法的，即依据法律专家的打分分配指标权重，然后依据指标权重计算法治指数，如上海法治

① 参见中国社会科学院国家法治指数研究中心、中国社会科学院法学研究所法治指数创新工程项目组：《四川省依法治省第三方评估报告(2016)》，中国社会科学出版社 2017 年版；中国社会科学院国家法治指数研究中心、中国社会科学院法学研究所法治指数创新工程项目组：《四川省依法治省第三方评估报告(2017)》，中国社会科学出版社 2018 年版。

满意度指数、[1]广东法治社会满意度评价等。[2] 还有完全采用定量评估方法创设法治指数的,如中国法治满意度评估等。[3] 无论是部分采用定性评估方法,还是全部采用定量评估方法,研究者均通过问卷调查法展开对公众或法律专家对刑事司法信任和信赖的调查,所获得的评估资料是公众或者法律专家关于刑事司法公信力的经验知识。

最高人民法院主要采用定性评估方法对全国自2009年至2014年共6年的案件审判质量进行了评估(见表1-2)。[4] 需要说明的是,对于其所创设的3个二级指标,我们无法收集到其中的审判效果指数,故表1-2中只有审判公正、审判效率2项指数。需要说明的是,审判公正、审判效率指数并不仅限于刑事司法。例如,学者朱景文主持的中国法治满意度评估共创设司法公正、司法机关依法独立行使职权、司法公开、司法效率、司法便利等5个三级指标(见表1-2)。本书中,我们收集了其2015—2017年共3年的司法适用数据,由于司法便利指标未出现在法治评估研究中,故而未对该数据加以研究。另外,我们还采集了其社会治安、法律援助等2个四级指标数据。上海法治市情研究中心创设的上海法治满意度指数涵盖司法公正、司法效率、检察效率、司法效果、检察效果、社会治安等6项司法适用评估指标数据(见表1-2)。四川依法治省评估涵盖司法机关依法独立行使职权、司法公开、检务公开等3项司法适用数据

① 参见上海法治市情研究中心:《上海市法治建设状况满意度分析总报告》,载叶青主编:《上海法治发展报告(2014)》,社会科学文献出版社2014年版,第25—56页。

② 参见郑方辉、邱佛梅:《比较视角的法治政府与法治社会评价实证研究——以2017年广东省为例》,载《法治社会》2018年第3期。

③ 参见朱景文主编:《中国人民大学中国法律发展报告2015:中国法治评估指标》,中国人民大学出版社2016年版;朱景文主编:《中国人民大学中国法律发展报告2018:2015—2017年中国法治满意度评估》,中国人民大学出版社2018年版。

④ 参见佟季、黄彩相:《2010年全国法院案件质量评估分析报告》,载《人民司法》2011年第13期;佟季、袁春湘:《全国法院2011年案件质量评估情况报告》,载《人民司法》2012年第11期;严戈、袁春湘:《2012年全国法院案件质量评估分析报告》,载《人民司法》2013年第13期;严戈、袁春湘:《2014年全国法院案件质量评估分析报告》,载《人民司法》2015年第9期。

（见表1－2）。广东法治社会满意度评价涵盖司法公正、司法机关依法独立行使职权、司法公开、社会治安等4项司法适用数据（见表1－2）。由于所收集的各年份数据并不齐备，故无法基于历时角度整体比较。兹主要基于以下四个角度对有关我国刑事司法公信力现状的评估研究作简要分析。

表1－2　最高人民法院案件质量评估数据和中国4项法治评估司法适用测度得分

单位：分

评估项目	年份	司法公正	司法机关依法独立行使职权	司法公开	检务公开	司法效率	检察效率	司法效果	检察效果	社会治安	法律援助
最高人民法院案件质量评估	2009	85.00									
	2010	87.60				86.61					
	2011	89.46				87.54					
	2012	89.24				89.53					
	2013	90.12				90.55					
	2014	90.18				91.24					
上海法治满意度指数	2014	79.22				76.42	78.18	77.90	78.45	77.94	
四川依法治省评估	2016		92.40	51.90	39.60						
	2017			48.28	38.53						
广东法治社会满意度评价	2017	59.98	59.71	59.96						66.23	
中国法治满意度评估	2015	70.40	70.20	70.60		67.60				71.80	71.60
	2016	70.60	72.60	73.00		67.80				71.30	71.80
	2017	73.30	76.40	74.20		71.20				75.70	72.10

首先，通过比较分析前述我国法律学者关于三次司法改革的规范评价与表1－2中的法治评估结论，发现二者之间差异巨大。根据最高人民

法院案件质量评估报告，自 2009 年至 2014 年，司法公正、司法效率等 2 个评估指标得分呈上升趋势提升，其中 2010—2014 年共 5 年的司法公正、司法效率指标平均得分分别达到 89.3 分、89.1 分。这一阶段恰好是我国司法改革的第二个时期。对于第二个时期的司法改革，如前所述，我国学者的评价却是司法公信力低下，司法公正与司法效率仍有待提升。据此，二者对于司法公正、司法效率在我国司法实践中的状况得出了几乎完全相反的结论。另外，根据上海法治满意度指数，我国第二个时期的司法改革成效得分亦在中上水平，其与我国学者关于第二个时期司法改革成效的规范评价亦存在较大差距。那么对于上述不同结论，究竟谁值得信赖呢？这需要对我国刑事司法公信力状况进行全面、科学的评估后方能得出答案。

其次，通过比较分析我国 5 项法治评估研究所测得司法公信力诸指标得分，发现相互之间分差大。根据表 1－2 中 2014 年数据，在司法公正、司法效率测量方面，最高人民法院案件质量评估测得的分值与上海法治满意度指数测得的分值相差 10.96 分、14.82 分。根据表 1－2 中 2016 年数据，在司法机关依法独立行使职权测量方面，四川依法治省评估得分与中国法治满意度评估得分相差达 19.8 分；在司法公开测量方面，二者相差 21.1 分。根据表 1－2 中 2017 年数据，在司法公正测量方面，广东法治社会满意度评价测得的分值和中国法治满意度评估测得的分值相差约 13.3 分，二者间分差较大；在司法机关依法独立行使职权测量方面，广东法治社会满意度评价得分与中国法治满意度评估得分相差约 16.7 分；在司法公开方面，四川依法治省评估得分最低，广东法治社会满意度评价得分位居第二，中国法治满意度评估得分最高，三者之间最大分差竟达 25.92 分。基于历史角度比较分析，表 1－2 中 5 项法治评估之间司法公正指标得分最大分差达 30.2 分，司法机关依法独立行使职权指标得分最大分差约 32.7 分，司法公开指标得分最大分差约 25.9 分，司法效率指标得分最大分差约 23.6 分。总的来看，我国上述 5 项法治评估在司法公正、司法机关依法独立行使职权、司法公开三个方面所测得的分值相互之间分差大。

再次,通过比较世界正义工程法治指数对我国刑事法治的评分分析我国刑事司法公信力状况。在世界正义工程法治指数研究者看来,其法治评估的目的就是为某一被测量国家或地区的法治状况提供一个高度详细和综合的图景。① 世界正义工程法治指数涵盖8个一级评估指标,刑事司法是其中8个测度之一。其中刑事司法评估指标又涵盖了有效侦查、及时与有效的刑事审理、有效矫正、司法公平、司法廉洁和司法机关依法独立行使职权等7个二级指标。2011年,世界正义工程法治指数将我国法治纳入评估范围。其所测得的我国2011—2019年的刑事司法二级评估得分和刑事司法一级评估得分见表1-3。② 根据表1-3,我国2011年的刑事司法公信力评估得分为0.61,为历年最高得分。世界正义工程在报告中指出,“在同中国经济收入相当的所有国家中,中国的刑事司法公信力得分排名第二,中国的法治状况是所有这些国家中最好的之一”③。但是自2014年起,中国的刑事司法公信力评估得分开始低于0.5,至2019年仍徘徊在0.5分以下。2011—2019年这一时期是我国司法改革第二个时期中后期和第三个时期早期。根据2014年的评估得分,其结论与我国学者关于第二个时期司法改革的规范评价基本一致,即在经过第二个时期司法改革之后,我国的刑事司法公信力低下,司法公正与司法效率仍未显著提升。在司法改革第三个时期,根据世界正义工程刑事司法评估得分,我国刑事司法公信力未明显提升,此亦同我国学者对改革成效

---

① See Mark David Agrast et al., *The World Justice Project Rule of Law Index: Measuring Adherence to the Rule of Law around the World*, Presented at the World Justice Forum Vienna, Austria, 3 July 2008, p. 5.

② 参见世界正义工程, https://worldjusticeproject.org/our-work/publications? page = 1, 最后访问时间2019年6月16日。

③ Mark David Agrast, Juan Carlos Botero & Alejandro Ponce, *The World Justice Project Rule of Law Index 2011*, See https://worldjusticeproject.org/sites/default/files/documents/WJP_Rule_of_Law_Index_2011_Report.pdf.

持谨慎态度这一评价基本相似。

表1-3 世界正义工程测得的我国2011—2019年刑事司法公信力指数(0—1)

单位:分

年份	刑事司法得分	有效侦查——刑事司法效率	及时与有效的刑事审理——刑事司法效果	有效矫正——监狱罪犯教育改造效率	司法公平——警察平等执法	司法廉洁	司法机关依法独立行使职权	正当程序——刑事司法公正
2011	0.61							
2012—2013	0.54	0.77	0.59	0.63	0.65	0.59	0.09	0.49
2014	0.43	0.46	0.45	0.50	0.44	0.53	0.19	0.46
2015	0.45	0.56	0.50	0.52	0.36	0.60	0.11	0.48
2016	0.47	0.65	0.65	0.37	0.40	0.60	0.11	0.51
2017—2018	0.48	0.60	0.59	0.47	0.36	0.61	0.20	0.51
2019	0.47	0.57	0.57	0.50	0.34	0.58	0.20	0.51

数据来源:世界正义工程,https://worldjusticeproject.org/our-work/publications? page=1,最后访问时间2019年6月16日。

最后,通过比较世界银行法治指数来分析我国刑事司法公信力状况。为评估世界各个国家、地区的投资环境,世界银行于1996年发布首份世界治理指数报告,法治指数是其中6个一级测量指标之一。需要特别说明的是,世界银行法治指数的主要测度为刑事司法,而刑事司法测度中犯罪控制测量亦占相当比重,因此根据其所测得的法治得分,我们可以衡量被测量对象刑事司法公信力现状。世界银行法治指数来自世界其他20多个不同数据库,其中有10个数据库权重较大。根据世界银行和其余10个由非政府组织、商业信息服务机构或者服务部门创建的数据库发布的法治评估报告,我国2009—2017年共9年法治评估得分见表1-4。[①] 根

① 参见世界银行组织:https://www.worldbank.org/en/publication/worldwide-governance-indicators#doc.,2025年4月24日访问。

据表1－4，盖洛普全球民意调查对我国法治状况的评估得分较高，其中2015—2017年共3年评估得分均在0.90分以上。经济自由度指数、多样民主工程、人口贩卖报告对我国法治状况的评估得分较低，其中人口贩卖报告对我国2012年、2016年、2017年共3年的法治评估得分均为0。根据上文关于世界银行据以利用的10个主要数据库的各测度，我国公众在对人民警察的信任度、对司法体系的信任度以及对国家在控制盗窃、抢劫犯罪等的信任度方面的公信力尤其高，但是在控制人口贩卖犯罪方面以及在公民基本权利保障方面则公信力明显不足。因世界银行法治评估得分建立在其余20多个数据库基础之上，故相对其他单个数据库而言，其评估较为全面。根据世界银行法治指数，我国2009—2017年共9年法治评估得分均在0.4—0.5之间，我国刑事司法公信力仍存在持续提升的巨大空间。

总的来说，世界正义工程法治指数与世界银行法治指数的评估结论基本一致，且其历年评估得分分差很小，此其一；我国学者的规范评价与世界正义工程法治指数、世界银行法治指数的评估结论较为接近，此其二；我国前述5项法治评估结论与世界正义工程法治指数、世界银行法治指数的评估结论相互之间差距大，如2017年世界正义工程法治指数与中国法治满意度评估在司法效率方面，二者评估得分相差约12个百分点，此其三。

表1－4 2009—2017年世界银行和10个非政府组织数据库对我国刑事法治状况的评估指数(0—1)

年份	世界银行	经济学人智库	世界经济论坛全球竞争力调查	盖洛普全球民意调查	体制机制简况数据库	政治风险服务国家风险指南	人口贩卖报告	多样民主工程	全球观察商业风险指南	全球竞争力年鉴	经济自由度指数
2009	0.42	0.47	0.60	0.70	0.44	0.75	0.33	0.22	0.56	0.43	
2010	0.42	0.50	0.61	0.77	0.44	0.67	0.33	0.21	0.56	0.40	0.20

续表

年份	世界银行	经济学人智库	世界经济论坛全球竞争力调查	盖洛普全球民意调查	体制机制简况数据库	政治风险服务国家风险指南	人口贩卖报告	多样民主工程	全球观察商业风险指南	全球竞争力年鉴	经济自由度指数
2011	0.41	0.50	0.58	0.72	0.44	0.58	0.33	0.22	0.56	0.42	0.20
2012	0.39	0.50	0.56	0.80	0.44	0.58	0.00	0.24	0.56	0.41	0.20
2013	0.40	0.50	0.57	0.73	0.44	0.58	0.33	0.20	0.56	0.40	0.20
2014	0.42	0.50	0.56	0.73	0.44	0.58	0.33	0.21	0.61	0.45	0.20
2015	0.42	0.50	0.55	0.97	0.44	0.58	0.33	0.18	0.56	0.45	0.20
2016	0.43	0.50	0.59	0.97	0.35	0.58	0.00	0.19	0.61	0.46	
2017	0.45	0.50	0.59	0.92	0.35	0.58	0.00	0.20	0.67	0.47	

二、有效提高刑事司法公信力

创设刑事司法公信力评估指数的最终目的是找到提高刑事司法公信力的有效路径。通过对影响刑事司法公信力诸因素的统计分析，我们可以发现提高刑事司法公信力的有效途径。基于规范分析，我国学者一致认为司法公正是影响司法公信力的决定因素；同时将导致司法公信力下降的主要原因归结为冤假错案频发、程序不公、司法不透明、司法资源配置不足等。[①] 如果采用定量分析，我们可以建立起司法公信力诸测度与诸因素之间的线性回归模型，并据此找到提高司法公信力的有效路径。

根据2009—2014年全国司法公正指数及其影响因素数据（见表1－5），[②]

① 参见江必新：《以公正司法提升司法公信力》，载《法学研究》2014年第6期；齐文远：《提升刑事司法公信力的路径思考——兼论人民陪审制向何处去》，载《现代法学》2014年第2期；龙宗智：《影响司法公正及司法公信力的现实因素及其对策》，载《当代法学》2015年第3期。

② 通过官方发布的文献资料，只能收集到10项司法效率评估指标中的6项。

利用 SPSS18.0 统计软件,通过多元回归分析,基于逐步回归法,创建司法公正回归模型(见表 1 – 6)。根据表 1 – 6,共获得 3 个回归模型,其中模型 1 的 R^2 = 0.962,模型 2 的 R^2 = 0.999,模型 3 的 R^2 = 1.000。3 个模型的拟合度均较好,具有统计学意义。根据统计学一般原理和司法理论常识,可取模型 3 作为分析的依据。根据模型 3,影响司法公正的因素共有 3 个,即申诉听证率(p = 0.01),司法赔偿率(p = 0.06),生效案件发回重新率(p = 0.036)。虽然法律学者认为程序不公正影响了司法公正,但究竟什么样的程序不公正影响了司法公正呢?根据司法公正回归模型,我们发现影响程序公正的是申诉听证,因此司法实践部门需要通过提高申诉听证率来提高刑事司法公信力。当然,法律学者也认为冤假错案影响了司法公正,那么冤假错案通过什么指标呈现呢?根据司法公正回归模型,司法赔偿率和生效案件发回重审率是衡量冤假错案的评估指标,故我们可以通过提高生效案件的重审率来防止冤假错案的发生。

表 1 – 5　2009—2014 年全国司法公正与影响因素数据

年份	案件质量指数(0—100)	公正指数(0—100)	一审判决案件改判发回重审率(%)	上诉发回重审率(%)	生效案件改判发回重审率(%)	生效案件发回重审率(%)	二审开庭审理率(%)	申诉听证率(%)	司法赔偿率(%)
2009	85.72	85.00	2.96	1.67	0.1789	0.0744	23.95	13.48	0.0037
2010	87.26	87.60	2.75	1.59	0.171	0.081	35.21	31.44	0.003
2011	88.79	89.46	2.42	1.50	0.143	0.074	48.08	38.84	0.004
2012	89.34	89.24	2.23	1.35	0.1115	0.0688	58.23	48.74	—
2013	90.75	90.12	2.12	1.17	0.109	0.054	63.34	51.63	0.002
2014	90.55	90.18	2.07	1.24	0.108	0.048	60.63	48.19	0.003

数据来源:江西省高级人民法院课题组:《人民法院司法公信现状的实证研究》,载《中国法学》2014 年第 2 期;佟季、黄彩相:《2010 年全国法院案件质量评估分析报告》,载《人民司法》2011 年第 13 期;严戈、袁春湘:《2012 年全国法院案件质量评估分析报告》,载《人民司法》2013 年第 13 期;严戈、袁春湘:《2014 年全国法院案件质量评估分析报告》,载《人民司法》2013 年第 13 期。

表 1－6　司法公正多元回归模型

<table>
<tr><td colspan="2" rowspan="3">模型</td><td colspan="5">系数[a]</td></tr>
<tr><td colspan="2">非标准化系数</td><td>标准系数</td><td rowspan="2">t</td><td rowspan="2">Sig.</td></tr>
<tr><td>B</td><td>标准误差</td><td>试用版</td></tr>
<tr><td rowspan="2">1</td><td>（常量）</td><td>83.258</td><td>0.640</td><td>—</td><td>130.047</td><td>0.000</td></tr>
<tr><td>申诉听证率</td><td>0.142</td><td>0.016</td><td>0.981</td><td>8.686</td><td>0.003</td></tr>
<tr><td rowspan="3">2</td><td>（常量）</td><td>80.256</td><td>0.359</td><td>—</td><td>223.344</td><td>0.000</td></tr>
<tr><td>申诉听证率</td><td>0.164</td><td>0.004</td><td>1.132</td><td>41.018</td><td>0.001</td></tr>
<tr><td>司法赔偿率</td><td>699.523</td><td>78.660</td><td>0.245</td><td>8.893</td><td>0.012</td></tr>
<tr><td rowspan="4">3</td><td>（常量）</td><td>79.717</td><td>0.042</td><td>—</td><td>1916.235</td><td>0.000</td></tr>
<tr><td>申诉听证率</td><td>0.168</td><td>0.000</td><td>1.161</td><td>428.525</td><td>0.001</td></tr>
<tr><td>司法赔偿率</td><td>672.981</td><td>6.416</td><td>0.236</td><td>104.890</td><td>0.006</td></tr>
<tr><td>生效案件发回重审率</td><td>7.118</td><td>0.400</td><td>0.046</td><td>17.798</td><td>0.036</td></tr>
</table>

a. 因变量：公正指数

根据 2009—2014 年最高人民法院司法效率指数及其评估指标数据（见表 1－7），[①]通过多元回归分析我们就可以准确找到提高司法效率的有效路径。将效率指数作为因变量，将法定（正常）审限内结案率、法官年人均结案数、一审简易程序适用率、当庭裁判率、执结率、结案均衡度等 6 个测量指标作为自变量，利用 SPSS18.0 统计软件，采用逐步回归方法，创建司法效率多元回归模型（见表 1－8）。根据表 1－8，经逐步回归后，得出模型 1 的 $R^2=0.935$，模型 2 的 $R^2=0.995$，说明 2 个模型均具有统计学意义，且模型拟合度较好。根据模型 1，司法效率与法官年人均结案数（$p=0.002$）显著相关；根据模型 2，司法效率与法官年人均结案数（$p=0.003$）、当庭裁判率（$p=0.008$）等 2 个指标显著相关。根据显著性水平（$p<0.05$）与多重共线性容差排除其余 4 个指标，我们可以采用模型 2 来

① 通过官方发布的文献资料，只能收集到 10 项司法效率评估指标中的 6 项。

分析提高司法效率的有效路径。就现有的数据而言，根据模型2，司法实践部门可以通过提高法官年人均结案数、当庭裁判率等2个指标来提高刑事司法效率。

表1－7　2009—2014年全国司法效率指数各指标统计数据(0—1)

年份	案件质量指数(0—100)	效率指数(0—100)	法定(正常)审限内结案率	法官年人均结案数	一审简易程序适用率	当庭裁判率	执结率	结案均衡度
2009	85.72	—	0.985	56.25	0.6479	0.1056	0.9624	0.595
2010	87.26	86.61	0.9851	58.61	0.6683	0.1731	0.9914	0.615
2011	88.79	87.54	0.9901	59.86	0.7012	0.2547	0.9906	0.66
2012	89.34	89.53	0.9918	63.19	0.7192	0.3751	0.9057	0.72
2013	90.75	90.55	0.9938	67.66	0.7281	0.4323	0.9812	0.76
2014	90.55	91.24	0.9928	72.20	0.6906	0.3592	0.9982	0.73

数据来源：江西省高级人民法院课题组：《人民法院司法公信现状的实证研究》，载《中国法学》2014年第2期；佟季、黄彩相：《2010年全国法院案件质量评估分析报告》，载《人民司法》2011年第13期；严戈、袁春湘：《2012年全国法院案件质量评估分析报告》，载《人民司法》2013年第13期；严戈、袁春湘：《2014年全国法院案件质量评估分析报告》，载《人民司法》2013年第13期。

表1－8　司法效率多元回归模型

模型		系数[a]						
		R	R^2	非标准化系数		标准系数	t	Sig.
				B	标准误差	试用版		
1	(常量)	0.967	0.935	65.917	2.994	—	22.017	0.000
	法官年人均结案数			0.359	0.047	0.967	7.582	0.002
2	(常量)	0.998	0.995	72.326	1.359	—	53.214	0.000
	法官年人均结案数			0.222	0.026	0.599	8.579	0.003
	当庭裁判率			0.078	0.012	0.443	6.348	0.008

a. 因变量：效率指数

第二章 刑事司法公信力评估指数研究方法

刑事司法公信力评估指数是指通过定性或定量研究方法形成一套定型的、客观的、科学的旨在测量和计算一个国家、地区或区域刑事司法公信力分值的评估标准。因此本书所指的"指数"仅指英文中的"index",而非"indicator"。定性评估与定量评估是刑事司法公信力指数研究中的两种基本方法。定性评估和定量评估研究分别属于社会科学研究中的定性研究与定量研究传统。在社会科学研究中,20 世纪的大部分时间里,社会科学研究的基本轨迹是沿着定量研究的路径渐次发展。随着 20 世纪 70 年代不同学科发展潮流的汇聚,研究者对那种偏好实验、准实验、相关分析的定量研究策略进行了多重批判。此时,田野工作方法开始复兴,而生产与解释定性数据的方法亦开始在人文科学研究领域广泛流传。[①] 定性研究的传统较早可追溯至芝加哥学派,其于 20 世纪二三十年代开创了一种新的社会实验方法,即从城市区域分布(urban landscape)视角对刑事犯罪这一社会问题进行实地研究(field research)。基于前述,定性评估研究具有描述性、探索性特征,注重从特定文化背景方面来理解司法事实或

① 定性研究是学术界中一场始于 20 世纪 70 年代的改革运动。在这一运动中,定量研究遭遇到了前所未有的多重批判,包括认识论批判、方法论批判、政治批判及伦理批判。参见[美]托马斯·A. 施瓦特:《定性研究的三种认识论取向:解释主义、诠释学和社会建构论》,载[美]诺曼·K. 邓津、[美]伊冯娜·S. 林肯主编:《定性研究:方法论基础》(第 1 卷),风笑天等译,重庆大学出版社 2007 年版,第 204 页。

案件发生的社会因素、社会结构和社会过程。定量评估研究注重通过统计分析和构建数据模型方法来对研究者提出的理论假设进行验证。兹从定性评估与定量评估研究的哲学基础、刑事司法公信力评估调查方法、调查文本的分析和统计方法等三个方面来阐述其在刑事司法公信力指数研究中的具体应用。

第一节 定性评估与定量评估的哲学之维

刑事司法公信力指数研究中的定性评估沿袭社会学研究中的定性研究方法。在社会学研究领域,定性研究方法的广泛应用始于20世纪70年代学术界对定量研究方法的多重批判运动。当然,早在这之前的几十年里人类学家和从事田野调查的社会学家就开展了"定性研究"。根据诺曼·K. 邓津(Norman K. Denzin)和伊冯娜·S. 林肯(Yvonna S. Lincoln)的论述,定性研究大致可区分为8个不同的发展阶段:传统(1900—1950)、现代主义或黄金时期(1950—1970)、类型模糊(blurred genres,1970—1986)、表现危机(the crisis of representation,1986—1990)、后现代(1990—1995)、后实验调查(postexperimental inquiry,1995—2000)、方法论的多重竞争(methodologically contested present,2000—2004)和断裂的未来(fractured future,2005—)。[①] 大约在类型模糊阶段初期,定性研究脱离了实证主义的窠臼,拥有了自身所独具的范式、方法和策略。[②] 基于社会科学定性研究与定量研究的发展轨迹,刑事司法公信力评估指数研究中要解决的方法问题是:在什么情形下宜采用定性评估

---

① See Norman K. Denzin & Yvonna S. Lincoln, eds., *Handbook of Qualitative Research*, CA: Sage Publications, Inc, 2000, p. 3.

② 在定性研究的第一阶段中,研究者采用实证主义的科学范式来对其所实地观察到的人类学现象进行有效度的、可靠的和客观的解释。在定性研究的第二阶段,研究者试图采用如同定量研究一样严格的方法来进行因果描述,注重将开放式的、半结构的访问和参与观察与对资料的标准化、统计分析结合起来。

方法,什么情形下宜采用定量评估方法展开对刑事司法公信力的测量？对于这一问题,笔者试图基于定性评估与定量评估哲学之维的不同特征来回答:一是定性评估研究的本体论假设是主观主义,而定量评估研究则为客观主义;二是定性评估研究的认识论假设是现象学(phenomenology),而定量评语研究则为实证主义(positivism);三是定性评估研究的方法主要体现为描述分析,而定量评估研究则为统计分析;四是定性评估研究的价值取向是包含价值的,而定量评估研究则为完全的“价值无涉”。

一、本体论假设

定性评估研究的本体论假设是主观主义的。其认为:外在于个体认知的社会世界仅仅由名称、概念和标签构成,而作为人工创造物的名称、概念和标签,其用途体现为一种方便描述、感觉和对话外部世界的工具。[①] 质言之,独立于个体认知之外的社会世界是不存在的,个人对社会世界的主观理解是事物的本源。在主观主义本体论者看来,行动并非一种机械的刺激和反应,而是个体相互之间基于诠释理解过程的相互导向。基于主观主义的本体论假设,定性评估研究的目的在于探索人们对于刑事司法事实、刑事法律案件的意义,而不在于验证某一理论假设。就此而言,若要把握刑事法治的意义,就有必要诠释和理解人们关于法律事件、法律案例的意义。例如,对于安徽淮南张某宁创作的系列漫画作品“猪头人身”,公安机关认为其涉嫌侮辱中华民族的感情,构成犯罪,遂于2019年5月将张某宁抓捕归案。[②] 对于该法律案件,有专家则认为张某宁创造的系列漫画作品属于艺术创造自由,不构成任何犯罪;如果刑事司法机关对其实施刑事制裁,则视为司法不公。但也有人认为如

---

① See G. Burrell & G. Morgan, *Sociological Paradigms and Organizational Analysi*, London: Heinemann Educational Books Ltd. ,1979, p. 4.

② 参见《安徽淮南一“辱华”犯罪嫌疑人被检察机关批准逮捕》,载百度网,https://baijiahao.baidu.com/s?id=1640551211259108998&wfr=spider&for=pc。

果对这种行为不加以刑事制裁,则亦应视为司法不公。质言之,对于刑事司法公正的测量,定性评估研究所关注的是人们对于刑事司法事实、案件的主观理解。

定量评估研究的本体论假设是客观主义的。其认为:外在于个体认知的社会世界是由一个实在的(hard)、有形的和相对一成不变的结构组成的真实世界。客观主义本体论始终坚持,社会世界客观上存在某种独立于人的意识甚至上帝意志的本原性的东西,它潜藏于事物的背后,不易为人所发现。也就是说,不管人认识不认识它,亦不管是否感觉到,社会世界独立存在于个体的感觉(appreciations)之外。[①] 由此,本体论上的客观主义又被看成一种具体结构的客观真实论,其强调研究这种结构中诸构成要素之间关系是重要的。从这一视角出发,了解和绘制结构中诸要素的因果关系是必不可少的。客观主义认为,法律、规则和法律现象之间有着一种客观的联系,这种联系体现为法治的形式。定性评估研究者坚持,刑事司法公正与错案率、上诉率、再审率、上诉改判发回率、再审改判发回率等法律现象之间有着一种客观的联系,通过对影响刑事司法公正诸要素的评估就可以测量出刑事司法公正的程度。

综合上述,定性评估研究方法主要适用于法律专业人员的专家评估和公众对司法事实、法律案件的普通评价,而定量评估研究方法则主要适用于刑事司法大数据调查分析。基于上述考量,刑事司法公信力评估又可以区分为三种类型,即法律专家评估、普通公众评估和大数据调查评估。法律专家评估是指法律专业人员对于一个国家、地区或区域刑事法治状况的抽象把握和主观理解,也是对于法律现象的意义诠释。普通公众评估则是公众对于司法事实、法律案件的主观理解和对于具体法律现象的意义诠释。通过大数据调查评估,研究者可以发现影响刑事司法公信力诸事物之间的相互联系,从而建立起因果解释框架。例如,研究者通

---

① See G. Burrell & G. Morgan, *Sociological Paradigms and Organizational Analysi*, London:Heinemann Educational Books Ltd. ,1979,p. 4.

过刑事司法大数据调查分析可以发现司法公正、公平、效率、民主和效果诸因素相互之间的关系，继而找到影响刑事司法公信力的因果规律。与之相应，刑事司法公信力评估指数亦可区分为法律专家评估指数、普通公众评估指数和大数据调查评估指数。

二、认识论基础

定性评估研究的认识论基础是现象学。现象学是精神审视的一种观点，人们在此观点中获得对某物的直观认识或体验，没有这个观点，这个某物便隐而不显，它就是特殊类型的“事实”的王国。现象学所关注的是与“事实”本身的体验交往，这种事实体现为一种生动、紧凑、直接的“此在”，而无论这种“此在”是物理之物，还是心理之物。现象主义者坚持，人类行动必须从整体上加以看待，也只有在亲身经历过后才可被理解。整体永远大于部分之和，如果研究者试图通过拆分社会现象的方法来进行分析，那么他们就会错过人类生活的真实本质。基于现象学视角，定性评估所强调的是对“此在”的认识，而“此在”即为个体所亲身经历的司法事实、法律案件。在这样的“此在”中，个体就其所遭遇的刑事调查、起诉、审判、刑罚诸事件形成自己独特的理解。当然，法律专家在经历司法事实和办理刑事案件过程中也会形成自己关于司法公正、公平、效率、民主和效果的抽象理解。从现象学出发，刑事司法现象是一种不同于自然现象的社会现象，其既不可能通过科学的方法加以研究，也不可能通过一种将整体拆分为部分或不同变量（variables）的方法加以单独分析。诚如主观主义所声称的那样，人类行动只能根据意义来理解，而不可能以一种如同自然科学的因果关系来理解。理解意义，乃是社会科学之所以为科学的认识论规定。① 正如加达默尔所指出的，“意义不是一个逻辑概念，而是被理解为生命的表现”；“理解就是对表现的理解。在表现中，被表

① 参见周昌忠：《试论社会科学的哲学本质》，载《哲学研究》2006 年第 7 期。

现的东西是以一种不同于结果中的原因的方式出现的。当表现被理解了,被表现的东西就出现在表现本身中并且被理解”。①

定量评估研究的认识论基础是实证主义。实证主义者试图通过寻求规律和构成要素之间的因果关系来解释和预测社会世界即将发生什么。质言之,刑事司法公信力评估指数研究中的定量评估就是通过寻找司法公信力和各构成要素之间的因果关系来解释和说明一个国家、地区或区域的刑事司法公信力状况。实证主义研究方法深受实验设计的逻辑影响,类似调查(survey)和问卷调查方法被广泛用于一系列论题的调查(investigate)研究。统计测量技术的采用和测量模型的发展是实证方法中最为重要的两种。需要特别指出的是,这种实证方法很大程度上是以客观主义的本体论假设为前提的。他们认为,我们生活在一个客观真实的世界,而这个客观真实的世界又受因果法则的支配,因此,研究者的使命就在于通过实验和准实验的方法来发现这些受因果法则支配的关系。实证主义相信,研究是一个中立性、技术性的过程。通过这一过程,研究者就能精确、系统和理论地回答他们的问题。对某问题的任何回答必须符合两个要求:一是有一个充分的、经验的数据库,包括效度、信度、随机样本选取和样本代表性等统计标准;二是所应用的理论知识已被科学方法证实。基于这样一种科学方法,研究发现就能够从特殊问题的回答转向一般。

三、方法论基础

那么刑事司法公信力评估指数研究中定性评估与定量评估究竟是依据什么样的方法论来对一个国家、地区、区域的人们关于刑事司法的信任和信赖进行评估的呢?就目前正在利用的诸种不同定性研究方法来说,符号互动论(symbolic interactionism)和本土方法论(ethnomethodology)

---

① 参见[德]加达默尔:《真理与方法:哲学诠释学的基本特征》(上卷),洪汉鼎译,上海译文出版社 1992 年版,第 290、291 页。

是定性研究中的两种主要理论方法，而参与观察、内容分析、深度访谈、语言分析、传记和心理治疗等技术是定性研究中最常使用的几种具体方法。如前所述，定性评估区分了法律专家评估和普通公众评估。对于法律专家评估来说，无论其采用上述何种具体方法，均需要采用描述、转译、解释等诠释方法来寻求对意义的理解。需要特别指出的是，法律专家在描述被评估对象司法公信力状况时不仅仅如同一个外部观察者一般来测量他们所看到的，还如同一个内部体验者参与其中。质言之，定性研究者始终相信，只有从受访者视角来试图理解世界，通过体验、参与和沉浸在事件和行动流之中才能透彻了解现实。一言以蔽之，"到哪儿去"才是问题的实质，因为知识只有通过经验才可被证实或证伪。

定量评估研究者主要采用实证调查的方法来捕获司法事实具体结构中的现实图景（a view of reality as a concrete structure）。无论何种实证主义形式，其均始终坚持，关于事实的所有知识都必须建立在可证实的经验数据基础之上。[①] 实证主义者相信，由"事实"组成的外部现实是真实存在的，因此，研究者必须将他自己与"事实"相分离，并以外部观察者身份进行调查方能发现客观真实。一般地，定量评估研究依据相应参考系数和假设预先设定一组变量，然后收集与之有关的数据。为达至定义和测量的准确性，数据的提取必须基于特定的时空背景。在此基础上，研究者采用诸如多元统计分析等复杂的定量工具来对数据进行分析。在此过程中，研究者试图将社会世界凝结为因果结构图谱，并将人类影响的作用完全中立化。由于实证主义坚持"事实"是按照一定规律组织而成的，所以

① 实证主义哲学流派由有"社会学之父"之称的奥古斯特·孔德于19世纪30年代开创。孔德认为，实证原则是社会科学研究的根本原则。实证原则包括三条核心主张：一是知识的根本源泉是可观察、可检验的经验事实；二是社会科学的研究对象只能是经验事实，理念世界、先天观念等形而上学观念因无法被证实而被排除在科学研究之外；三是社会科学研究的任务是基于经验事实的描述、分析和归纳诸方法来发现事物运动、变化的规律。20世纪以石里克为代表的逻辑实证主义是实证主义的另一形态。在知识的根本源泉问题上，逻辑实证主义的主张与实证主义相同。但是在获得确定知识的方法问题上，逻辑实证主义主张采用逻辑分析方法，此与实证主义迥异。

评估研究结论就可以由针对个别问题的回答推至一般。

基于上述,法律专家评估指数可由法律专家通过深度访谈、实地观察、文献调查等方法打分得出。以我国 8 项法治政府或法治评估为例,余杭法治指数、中国法治政府评估、四川依法治省评估、江苏省行政机关依法行政第三方评估(以下简称江苏依法行政评估)等 4 项评估除满意度调查外均采用专家分析打分法。但是如果采用法律专家主观打分方法获取调查数据,其评估结论则无法避免主观性、个别性。基于此,本书采用了大样本调查方法来获取法律专家关于刑事司法公信力感觉经验方面的调查数据,从而使评估结论明显具备了客观科学性。普通公众评估指数则需要通过问卷调查等定量调查法方可得出余杭法治指数、中国法治政府评估等 2 项评估中的公众满意度数据,广东法治政府满意度评价、广东法治社会满意度评价、中国法治满意度评估、上海法治满意度指数等 4 项评估均采用问卷调查方法。① 当然,大数据调查评估指数只能通过大数据调查评估方法得出。以世界主要法治评估项目为例,经济学人智库、全球观察商业风险指南、体制机制简况数据库、经济自由度指数、政治风险服务国家风险指南、人口贩卖报告、多样民主工程等采用专家评估法,而全球竞争力年鉴、世界经济论坛全球竞争力调查、盖洛普全球民意调查等采用调查法。②

---

① 参见余杭法治指数评审组:《余杭法治指数报告》,载中国社会科学院法学研究所编、李林主编:《中国法治发展报告 NO. 7(2009)》,社会科学文献出版社 2009 年版,第 385—401 页;中国政法大学法治政府研究院编:《中国法治政府评估报告(2013)》,中国人民大学出版社 2014 年版;南京师范大学江苏法治发展研究院依法行政评估项目组:《江苏省行政机关依法行政第三方评估报告(2015)》,载蔡道通、龚廷泰主编:《江苏法治发展报告 No. 5(2016)》,社会科学文献出版社 2017 年版,第 148—178 页;何志强:《法治政府绩效评价指标体系研究》,华南理工大学 2016 年博士学位论文,第 15 页;郑方辉、邱佛梅:《比较视角的法治政府与法治社会评价实证研究——以 2017 年广东省为例》,载《法治社会》2018 年第 3 期。

② 参见 http://info. worldbank. org/governance/wgi/index. aspx#doc. 最后访问时间 2019 年 6 月 16 日。

四、价值取向

在事实与价值、存在与当为、主观与客观或物质与精神四对范畴中，定性评估研究不承认两者之间的截然分离。具体来看，定性评估研究的价值取向主要体现在解释主义与批评理论两种不同的学术流派中。解释主义认为，价值中立事实上是不存在的，研究者在研究社会现象时其思维方式、语言表述和解释原则必然与其自身所处科学领域内约定俗成的规范相一致。详言之，研究者的生活经历、价值取向、社会态度和思想观点在很大程度上影响着研究本身，包括研究问题的提出、理论框架的设计和结果解释等方面。这也就是韦伯所指的“价值关联”，即在发现问题阶段，“个人的、文化的、道德的或政治的价值观是无法消除的……社会科学家对研究内容的选择……是在价值观的基础上作出的”①。另外，解释主义坚持，主客体之间关系是一个相互渗透、互为主体的过程，也就是说，主体对客体的认识不是一种机械的反应论，而是对客体的重新建构。因此，研究者要了解被研究现象的现实，就必须到实地调查、访问、倾听和反省。与解释主义一样，批判理论也认为主客体之间不存在所谓的截然分离。批判理论指出，研究者与被研究者均可能受到一种“虚假意识”的控制，因此，研究者的研究本身就演进为一种摆脱虚假意识、争取双方自身解释的运动，在这场运动中被研究者始终参与其中。

基于实证主义认识论立场，定量评估研究者认为事实与价值、存在与当为间是截然分离的。“实证主义”一词的首创者孔德指出，关于存在意义的问题，规范依据、价值、思想目的或政治目的均不是经验能够解决的，它们不属于科学范畴，而属于形而上学范畴。② 涂尔干坚持，研究者在研究社会现象时必须始终如一地摆脱一切预断。他指出，“对于社会科学家

① M. Weber, *The Meaning of Ethical Neutrality in Sociality and Economics*, in M. Weber, The Methodology of the Social Science, Free Press, 1949, p. 11, 21 – 22.

② 参见［德］魏德士：《法理学》，丁晓春、吴越译，法律出版社 2005 年版，第 209 页。

来说,无论是在确定自己的研究对象时,还是在进行论证过程中,都必须绝对禁止使用科学之外的和不是为科学所需要而制造的概念”[①]。实证主义坚持,主客体之间不存在相互渗透的关系,主体对客体的认识只能建立在经验科学的基础之上。涂尔干强调要将社会事实当作客观事实来看待,客观地观察事物的外在特征,排除个人的主观感受,继而确立现象与现象之间的因果关系。当然,时下定量评估研究主要采用统计技术来客观得出现象与现象之间的因果关系。

第二节　刑事司法公信力评估调查方法

研究目的不同,研究类型亦有不同。一般地,根据不同的研究目的,可区分四种不同的研究类型,即描述性(descriptive research)、探索性(exploratory research)、解释性(explanatory research)和评估性研究(evaluation research)。本书显然属于评估性研究。评估性研究主要采用定量研究方法,然而也有不少评估性研究采用定性研究方法。因上文对国内外法治评估、刑事司法评估的研究方法类别已有详述,于此不赘。定量评估研究的基本步骤主要包括:一是提出研究假设;二是展开调查;三是模型建构;四是验证假设(tentative hypothesis)和理论建构。定性评估研究的研究步骤主要包括:一是调查;二是理论建构。由是观之,无论是采用定量评估研究还是定性评估研究,开展调查均是其研究中的最重要步骤。一般来说,定性评估研究较为注重采用访谈、实地观察、文献调查方法,而定量评估研究除了采用前述三种主要方法,更偏重问卷调查法。当然,无论是定性评估研究还是定量评估研究,均可采用上述四种方法。

---

① [法]E.迪尔凯姆:《社会学方法的准则》,狄玉明译,商务印书馆1995年版,第51页。

一、访谈法

访谈的历史源远流长，早在古埃及时期，人们就利用访谈来进行人口普查。一般认为，布思（Booth）是运用访谈进行社会调查的奠基人之一，他不仅通过个别访谈来展开其研究，而且还通过非结构式访谈来检验其结论。[①] 总的来说，近代以来，访谈主要沿着两条主线渐次展开：一是类似于临床诊断和咨询，关注访谈的质量；二是类似于心理测验，关注访谈的测量技术。前者侧重定性分析，后者则侧重定量分析。但无论采用何种研究方法，访谈均被视为资料收集的基本方法。当今社会对访谈方法非常依赖，例如，美国社会甚至被很多学者称为"访谈社会"。[②] 目前来看，访谈常与参与观察一起使用，侧重定量研究技术。访谈的形式多种多样，如依据访谈者与被访谈者的交流方式可区分为面对面访谈、邮寄访问、电话访问、电子访问和自填问卷；依据访谈结构形式可区分为结构式、半结构式和非结构式访谈；依据被访谈者数量可区分为个别访谈、小组访谈和群体访谈。

结构式访谈有着严格的程序要求，访谈者对所有被访谈者都询问同样的、事先设计好的问题。结构式访谈要求访谈者"价值中立"，以确保定性资料的客观性。一般地，结构式访谈中访谈者通常应遵守以下几项具体的原则：一是不要对被访谈者进行过多的解释，只用设计者提供的标准解释；二是不要偏离研究指南、打乱问题的顺序或者改变问题的措辞；三是不要让别人打断访谈；四是不要让别人替被访谈者回答或者在被访谈者回答时发表对问题的看法；五是不要暗示同意或反对某个答案，不要给被访谈者任何关于调查问题的个人意见；六是不要解释问题的含义，可

---

① See J. M. Converse, *Survey Research in the United States: Roots and Emergence 1890 – 1960*, University of California Press, 1987.

② See D. Silverman, *Interpreting Qualitative Data: Strategies for Analysing Talk Text and Interaction*, Sage, 1993.

以重复问题,并且给出在培训中统一规定的或是由设计者提供的说明和解释;七是不要临场发挥,比如增加答案类别或者改变问题的措辞。① 虽然结构式访谈要求访谈者与被访谈者保持"价值中立",但事实上,研究者事先设计好的问题不可能适合所有情景和所有被访谈者,因此,对问题作适当调整也是十分必要的。非结构式访谈被认为是定性资料收集的主要方法,其以一种开放的、深入的访谈为特征,强调对社会成员复杂行为的诠释理解。

小组访谈与个别访谈是从被访谈者数量角度来分类的。小组访谈本质上是一种定性资料收集技术,它可能是结构式的,如焦点小组,也可能是非结构式的,如没有访谈者指导的头脑风暴会议。② 实施小组访谈与个别访谈一样,访谈者必须灵活、客观、移情、有说服力、做一个好听众。当然,相较于个别访谈,小组访谈的主要优点有:一是实施起来成本低;二是形式灵活多样,结构性的、非结构性的访谈技术均可被采用;三是能刺激被访谈者的回忆。但是正如默顿等人所指出的,小组访谈需要防止以下三个问题:一是访谈者需要防止小团体控制小组;二是访谈者必须鼓励那些不顺从的被访谈者;三是访谈者必须从全部被访谈者那里得到回答,以保证收集到有关议题的全面信息。③

访谈的形式常常不是固定的,也不仅仅限于实证的和阐释性的两种形式。它是指导人们如何从事探索性研究的一种方法,会随着对象、环境、时间的不同而不断发生变化。一般地,刑事司法公信力评估调查中的访谈主要可区分以下几个环节:一是进入所评估区域内人们生活现场。

---

① 参见安德里亚·方塔纳、詹姆斯·H. 弗里:《访谈:从结构式问题到引导式话题》,载[美]诺曼·K. 邓津、[美]伊冯娜·S. 林肯主编:《定性研究:经验资料收集与分析的方法》(第3卷),风笑天等译,重庆大学出版社2007年版,第688页。

② 头脑风暴会议是按照一定规则组织召开的鼓励创造性思维的一种特殊会议形式。自20世纪50年代开始,它广泛应用于预测性调查研究中。

③ 参见安德里亚·方塔纳、詹姆斯·H. 弗里:《访谈:从结构式问题到引导式话题》,载[美]诺曼·K. 邓津、[美]伊冯娜·S. 林肯主编:《定性研究:经验资料收集与分析的方法》(第3卷),风笑天等译,重庆大学出版社2007年版,第691页。

为获得一个区域内的人们关于刑事司法公正、公平、效率、民主和效果的看法及其意义，研究者必须亲临现场。当然，为获得一个进入现场的机会，研究者还需尝试一种与被访者一样的行为。二是理解所评估区域内人们的语言和文化。任何群体都有其特定的语言和文化，因此，了解被访者的语言和文化对于研究的准确性来说是重要的。显然，通过翻译获取信息资料的方法容易使原有的意见受到影响，从而导致误解。三是决定如何出场。对于一个法律专家评估者来说，决定如何出场是重要的，因为访谈者形象一旦定型，将会给被访谈者留下深刻影响，这对于研究的成功与否将会产生影响。在决定如何出场时，访谈者常常问自己：应该与被访谈者穿着相像吗？应该将访谈当作拉家常吗？四是寻找知情人。寻找到一个知情人对于研究的成功至关重要，因为如果没有这样一个愿意提供信息，愿意解释当地语言、术语和习惯的知情人，研究者很难展开研究，也难有高水平的研究。五是获得信任。获得信任是访谈获得成功的基本要素。六是建立关系。显然，访谈者与被访谈者之间的信任关系常常是脆弱的，因此与被访谈者建立一种友好关系是十分重要的。当然，研究者应该保持研究的独立性、客观性，避免自己成为被访谈者的代言人。另外，也有研究者认为，自始至终，其未能与被访谈者建立一种友好关系，例如马林诺夫斯基就总因为土著人的公然撒谎和行骗而懊恼。七是收集经验资料。不管情况如何，按照洛夫兰德的观点，研究者都应该做到：(1)定期和即时地做笔记；(2)记录所有的事情，不管多么不重要；(3)做笔记的时候尽量不要惹人注意；(4)经常思考、分析笔记的内容。

二、观察法

观察法是指研究者根据调查目的，运用自己的感觉器官或借助科学观察工具，如摄像机、人造卫星等，有计划地对处于自然状态下的社会现象进行直接感知的方法。刑事司法公信力评估指数研究中的观察法是指研究者对处于自然状态下的刑事司法现象、刑事法律现象进行直接感知的方法。既然观察是研究者感知社会现象的一种方法，那么观察的客观性就有赖于研究者在情感和态度上的一种超然，即所谓的价值中立。当然，严格意义上的客观研究常与定量研究相联系，然而即便是定性研究者也会将其所观察到的资料组织到非常客观的、看上去量化过的表格中。那么，我们是否可以建立起一个关于观察的客观标准呢？答案是否定的，因为社会科学关于同一件事情的论述必然存在相互冲突的版本。也就是说，由于因果关系总是概率性的，所以传统关于真理可以通过反复检查的定性研究和内部人报告获得的假设是不成立的。

基于观察者的身份角色，根据研究者对观察客观性的不同取向，观察可区分为完全参与观察与部分参与观察。前者是指研究者以“圈内人”角色完全融入被观察对象环境中，并将全部的个人意图排除在研究环境之外；后者是指“圈外人”角色部分融入被观察对象环境中，其在间接与观察对象打交道的同时仍然保持研究者角色。以人体艺术为例，圈内人认为人体艺术是在追求一种圣洁的信念与理想，而圈外人则多从性的角度来加以理解。需要特别指出的是，完全观察事实上不太可能，因为研究者若要完全融入观察对象环境中，必须隐瞒自己身份，而研究者一旦如此，就明显背离了调查研究的伦理准则，即观察对象的非正式同意。因此，部分参与观察被视为一种可接受的妥协。当然，观察类型的划分除了基于身份外，也有依据过程的。沃纳和谢弗（Werner & Schoepfle）依据观察过程标准将观察区分为描述性观察、焦点观察和选择性观察三种不同类型。①

观察法往往被看作刑事司法公信力评估调查中所有其他方法的基础。其理由有：即便对以访谈为基础的评估来说，观察的方法也常被一并使用，此其一。通过运用观察法，研究者凭借自身感觉和判断来发现预测刑事司法公信力的常量，此其二。如同法律案件的目击证人一样，来自值得信赖观察者的目证特别具有说服力，正如阿德勒双氏（Alder & Alder）

① 所谓描述性观察是指观察所见到的一切事物；焦点观察是指仅观察那些较为重要的事物；选择性观察是指仅选择观察对象的某一方面进行观察。

所指出的，观察法不仅是方法谱系的一部分，而且还是资料采证最有力的来源，此其三。当然，观察法也有其固有的缺陷：一是观察一般只能进行微观调查，而不能进行宏观调查。质言之，观察一般适用于个案研究。二是观察结果往往存在一定的误差。由于观察往往是在特定的时空范围内进行的，故研究者得出的观察结果必然有着一定的偶然性。另外，由于研究者所持有的本体论、价值论、方法论不同，以及个体感知能力千差万别，故对同一区域内刑事法律现象的观察可能会得出完全不同的结果。三是观察成本较高，投入较大。由于观察是一项需要投入大量人力和时间的系统工程，而所获得的资料又不便于进行定量研究，故观察的投入与收益存在一定的非对称性。

无论观察法存在多少难以克服的缺陷，亦无论观察结果多么不可靠，某些情形下研究者只能采用观察的方法。刑事司法公信力评估调查中运用互动参与式的观察法时需要把握四个方面的基本原则：一是“角色扮演”，而非“角色适应”。也就是说，研究者自发地加入某一社会情境中，主动寻求以成员身份为基础的情景认同，而非对观察行为的被动反应。例如，于罪犯生活世界中，研究者可积极寻求诸如协助心理咨询师、老师工作的助理身份入场。二是对被观察行为评价的根据是寻求对权利的理解。在大多数社会参与互动情境中，人们对行为评价的根据是给定情景中影响他人的能力，而不是行为符合抽象规范的程度。例如，罪犯亚群体对自组织命令的服从是出于组织成员的影响力，而不是出于对服刑规范的服从。三是互动情景不同，观察结果亦有不同。人们是通过假定情景来认同彼此间的互动的，这种认同更多的是依靠情景互动而非社会或文化规范来确定的。性别、年龄、阶级或族群不同，由此引发的互动也就不同，而观察结果也随之不同。四是观察信息的有效性需要透过个人体验标准来调和内外在标准之间的矛盾。所谓内在标准是指区域社会成员与其所在区域社会主流文化的符合程度。所谓外在标准是指区域社会成员依据可能的一般标准来检查其行为的符合程度。那么，研究者究竟依据何种标准来组织材料呢？答案是个人体验。诚如欣斯利(Hinsley)所言："田野调查就是一种个人经验。"

三、文献调查法

在不同历史时期,"文献"一词的含义也各有不同。在我国古代,"文献"一词是指典籍和贤者(熟悉掌故的人)。① 自近代以降,"文献"一词指有历史价值或参考价值的图书资料。1983 年颁布的国家标准《文献著录总则》将"文献"定义为:记录有知识的一切载体。这些载体包括文字、符号、数字、图像、视频、音频等物质载体。此种意义上的"文献"即为"文本"。由于文本承载人类行动的意义,所以文献调查的目的就是寻求对文本意义的理解。研究者一旦发现文本意义,也就意味着从人的本体中找到了行动的"原因"。有时候,文献仅指一种书写文本。从这一意义出发,文献与档案可谓两种较为正式的书写文本。前者一般是为个人而非官方准备的,如日记、备忘录、信件、田野工作笔记等;后者是指为官方准备的正式文件,如驾驶证照、结婚证、房产证等。

依据不同的标准,文献可划分为许多不同的类别。例如,依据加工深度不同,文献可分为零次文献、一次文献、二次文献、三次文献等。零次文献是指未正式发表或未形成正式载体的文本,包括:自传、手稿、书信、日记、笔记、会议记录。一次文献是指作者本人创作的具有一定发明创造和一定新见解的文本,包括图书、论文、政府出版物、研究报告、专利说明书、技术标准、档案等。除此之外,对于刑事司法公信力评估指数研究来说,最为重要的一次文献包括最高人民法院公布的刑事裁判文书及官方发布的刑事司法方面的数据资料。二次文献是指通过对一次文献加工整理而形成的文本,包括文摘、索引、目录等。三次文献是指通过对一次、二次文献进行研究分析而形成的文本,包括综述、专题述评、年鉴、词(辞)典等。

---

① (南宋)朱熹注:"文,典籍也;献,贤也。"

又如，依据资料来源不同，文献可划分为个人文献、社会组织文献、大众传媒文献和官方文献。此外，我国还有一种较为特殊的文献——地方志。它是一种百科全书式的文献资料，是关于某一地方或某一领域自然、地理、人物、历史、政治、经济、文化、社会等方面的客观记载。零次文献一般直接源自生活世界，具有较强的客观真实性。诸如官方文献、司法统计年鉴等是刑事司法公信力评估指数研究的重要文献资料。

文献调查主要包括查找和收集两个步骤。一般地，查找文献主要有检索工具查找、参考文献查找、循环查找等三种方法。检索工具查找是指根据目录、索引和文摘等著录形式进行查找；参考文献查找是指根据著录者在其论文、专著等文献中所列出的参考文献目录进行查找；循环查找是指将检索工具查找和参考文献查找综合起来交替进行查找。当下的文献查找主要采用网络资源检索方式。在刑事司法公信力评估指数研究中，文献调查法的应用主要体现在文献综述方面，另外就是为文献收集提供信息来源。收集文献的方法多种多样，诸如借阅、复制、购买、索取等。在我国，最高人民法院发布的裁判文书目前较为容易收集，司法统计年鉴中刑事司法方面的数据也较容易收集，但是有关罪犯人口、刑罚执行状况等方面的信息资料则较难以收集。相较于我国，世界其他一些国家如美国，有关罪犯人口等方面的信息资料则是公开的（少年犯罪信息除外），任何人均可访问美国司法信息网查阅。

四、问卷调查法

英国人类学家、统计学家弗朗西斯・高尔顿最早创立问卷调查法。为收集资料，他将需要的问题写在问卷上，然后通过邮寄的方式寄送和回收问卷。时至今日，问卷调查已成为社会调查研究中一种最常见的方法。诚如英国社会学家莫泽所指出的，“社会调查十有八九是采用问卷方法进行的”①。一般认为，问卷调查适用于定量评估研究，但实际上定性评估

① C. A. Moser & G. Kalton, *Survey Methods in Social investigation* (Second Edition), HEB Ltd., 1971, p. 45. 转引自风笑天：《方法论背景中的问卷调查法》，载《社会学研究》1994 年第 3 期。

研究也经常采用问卷调查。兹就刑事司法公信力评估研究中问卷的设计、问卷的结构、问卷的调查类型诸问题论述如下。

一般来说，问卷的设计不仅要具体、简明，而且要有理论指导。没有理论指导的问卷，不仅凌乱、碎片化，而且无法进行统计分析。就刑事司法公信力调查问卷的设计来说，主要需要把握两个方面的理论指导意义：一是基于何种理论来创设刑事司法评估维度。例如，对于司法机关依法独立行使职权状况的问卷调查，我们应该以社会主义法治理念为指导设计问卷，而不能照搬西方三权分立理论。二是基于何种理论构想创设评估指标。在我国，这方面的问题主要体现为要不要坚持法治的普遍性之争。对于究竟何为法治的普遍性，我国学者有着不同的理解。① 笔者认为，对于中国特色社会主义法治的普遍性特征可从法治的静态视角与动态视角两个界面来考察。基于静态视角，法治是一种与人治根本对立的国家治理理念；②基于动态视角，党的领导是推动法治建设和发展的普遍规律。③ 从这一界定出发，法治评估指标的创建既要遵循中国特色社会主义法治的普遍性规律，也要考虑特定国情、特定社会经济条件下的法治特殊性。当然，对于这一问题，有学者主张侧重从中国特色社会主义法治的普遍性规律出发来创设法治评估指标；④也有学者主张侧重从法治的

---

① 朱景文认为，法治的普遍性特征表现为规则之治、法律的平等实施、良法之治等，同时认为法治的普遍性受制于社会条件。参见朱景文：《论法治评估的类型化》，载《中国社会科学》2015 年第 7 期。钱弘道所理解的法治普遍性既指世界各国法律适用的共同性特征，又指世界各国普遍存在的法治核心问题。参见钱弘道等：《法治评估及其中国应用》，载《中国社会科学》2012 年第 4 期。

② 参见李步云：《法治和人治的根本对立》，载《现代法学》1981 年第 2 期；徐显明：《论"法治"构成要件——兼及法治的某些原则及观念》，载《法学研究》1996 年第 3 期。

③ 徐显明指出："通过党的领导推动法治发展，是世界性经验，是法治的普遍性规律。"参见徐显明：《坚定不移走中国特色社会主义法治道路》，载《法学研究》2014 年第 6 期。

④ 有学者指出，设计法治中国评估指数时，要尊重法治的核心内涵和法治建设的普遍规律。参见陈云良：《加快建设法治中国可走的四条捷径》，载《法制与社会发展》2013 年第 5 期。

特殊性出发来构设法治评估指标;[①]还有学者主张从中国特色社会主义法治的普遍性与法治的特殊性相结合层面来构造“法治国情指数”。

一般来说,问卷的结构包括标题、指导语、问题与答案、结束语等四个部分。标题一般直接体现调查内容,如“刑事司法公信力调查问卷(公众卷)”。指导语一般需要写明调查的具体要求和注意事项。问题与答案的设计力求明确、具体、简洁。在问题与答案的设计方面,研究者需要注意不同类型变量的设计。从社会科学基本特征来看,刑事司法公信力问卷调查所设计的问题一般为定序变量。例如,对于问题“负责侦查犯罪的侦查人员以独立的方式展开对犯罪的调查工作,而不受非法干预”,回答为:(1)十分同意;(2)同意;(3)不同意;(4)十分不同意。其中关于侦查独立性认同的调查问题乃为定序变量。当然,问卷中也常常有很多问题为分类变量,如就职业、婚姻状况方面的调查。一般来说,刑事司法公信力调查问卷较少涉及数字变量的设计。结束语一般表达对被调查对象的感谢。

依据不同的标准,问卷调查可区分为不同的类型。有学者依据调查的方式,将问卷调查区分为邮寄调查、网上访问调查、电话访问调查、座谈会调查等。[②] 随着信息网络技术的发展,网上访问调查成为目前较常采用的方式之一。当然,问卷调查的方式不只限于前述四种。例如,学者何志强采用街边截访和电话调查方法对广州市 11 区展开法治政府绩效满意度调查,共计收回有效问卷 1982 份;[③]郑方辉、邱佛梅采用定点拦截方式对广东全省 21 个市法治政府满意度展开问卷调查,共计收回有效问卷

① 学者朱景文提出,法治归根结底受制于一定的社会条件。参见朱景文:《论法治评估的类型化》,载《中国社会科学》2015 年第 7 期。钱弘道等认为,对于法治中国建设指标体系的基本框架,应当围绕建设中国特色社会主义法治体系进行设计。参见钱弘道、王朝霞:《论中国法治评估的转型》,载《中国社会科学》2015 年第 5 期。

② 参见郑晶晶:《问卷调查法研究综述》,载《理论观察》2014 年第 10 期。

③ 参见何志强:《法治政府绩效评价指标体系研究》,华南理工大学 2016 年博士学位论文,第 123、128 页。

21,122 份。[①] 有学者依据问卷的填答方式,将问卷调查区分为自填式答题调查和访问员代为填答式调查。访问员代为填答式调查中的访问员一般须经过专门培训,具有问卷调查的专门知识经验。根据问题的开放程度,问卷调查又可区分为结构式问卷调查和非结构式问卷调查。所谓结构式问卷调查是指研究者依据理论假设将所有问题结构化,被调查对象必须依据问卷设计的答案来选填;所谓非结构式问卷调查是指研究者所设计的问题具有开放性,被调查对象依据题目所问可自由作答。对于定量评估调查来说,一般宜采用结构式问卷调查方式进行,因为非结构式问卷调查一般不具有统计意义。

第三节 调查文本的分析与统计

无论采用上述何种调查方法,研究者于刑事司法公信力评估中一定会形成形式多样的关于司法公正、公开、效率等的文本,诸如访谈记录、观测日记、文献资料、问卷资料之类。当然,文本也指报纸、电影、电视剧、电邮、民间故事、生活史等。总之,从广义上来看,文本可视为有关人类活动的物质痕迹;从一般意义上说,文本是关于人类思想和行为的信息。透过对文本的分析,我们可以洞悉人们的感知和生活方式。大体而言,对文本的分析可主要区分为文本的意义分析、扎根理论分析、内容分析和数据挖掘等几种不同的方法。文本的意义分析遵循语言学传统,试图通过发现文本的深层意义而得出人们关于生活世界的不同看法。语言学传统认为,文本就是分析对象本身,而文本分析则是一个由表及里的渐进过程。文本的扎根理论分析遵循社会学传统,试图通过将文本缩减为代码的方式来发现隐藏于代码中的关系模型,代码则是研究者基于文本分析而编成的关于文本的主题或概念。文本的内容分析和数据挖掘则为定量分析

---

① 参见郑方辉、邱佛梅:《比较视角的法治政府与法治社会评价实证研究——以 2017 年广东省为例》,载《法治社会》2018 年第 3 期。

方法，其所遵循的是定量研究从假设到检验的经典路径。

一、文本的意义分析

从本质上说，文本的意义分析方法主要是指人类学家收集、生产文本，分析土著文献，发现行为模式、结构，以及比较跨文化的叙述之方法。具体来说，文本的意义分析方法主要包括新批评主义（new criticism）、符号学分析法和互文性分析（contextual analysis）。传统的文本意义分析理论认为，带有“神学意味”意义的文本信息是由如同“上帝”一般的作者发出的，作者先于文本而存在，故文本的意义是单一、封闭和有所限制的。新批评主义则立足文本的语义分析，提倡“细读文本”。[①] 新批评细读法提倡者瑞恰兹坚持，文本分析中应排除文本之外的任何因素，包括作者的反应、作者的意图、历史的和文化的背景和道德偏见等。新批评主张把文本孤立起来“细读”，包括对作品的语言、构成、意象等方面进行细致的阅读和分析，以便捕捉到词语的言外之意和暗示、联想等。一般地，新批评细读法大致区分了三个基本步骤：一是了解词义，二是理解语境，三是把握修辞。

符号学分析法源远流长，其源头可追溯至古希腊柏拉图和亚里士多德的相关论述。[②] 语言符号学研究流派的开拓者索绪尔（Saussure）认为，

---

① 新批评发端于20世纪20年代的英国，形成于30年代的美国，兴盛于40、50年代的美国，衰落于50年代后期，其源起可追溯至T. S. 艾略特（Thomas Stearns Eliot）、艾弗·阿姆斯特朗·瑞恰兹（Ivor Armstrong Richards）。艾略特强调批评应该从作者转向作品。瑞恰兹在其《实用批评》一书中所采用的阅读方法则成为新批评细读法的起点。“新批评”一词的直接提出者乃美国文艺批评家兰色姆（Ransom），其于1941年出版了《新批评》一书。

② 亚里士多德主要是从逻辑学角度来对语言符号进行讨论的。亚里士多德认为，符号并不直接代表现实中的某个事物，而是与“意识的内容”相联系。在后来人的论述中，亚里士多德所指的“意识的内容”意谓“观念”“概念”“指称”。也就是说，在亚里士多德看来，符号、概念和对象三者之间是有区别的。需要特别指出的是，围绕符号、概念和对象三者之间的关系，中世纪时有唯名论和唯实论的论争。当然，亦有学者在解读法国结构主义语言学家格雷马斯（Greimas）提出的解释文学作品的“符号矩阵”时，将其源头追溯至亚里士多德逻辑学中的命题与反命题学说。

文本的意义是由其在符号系统结构中与其他符号之间的关系决定的。在索绪尔看来,二元对立关系是语言符号系统结构中最基本的形式,例如“善”与“恶”、“美”与“丑”之类。索绪尔区分了分析文本意义的两种基本方法,即横轴结构分析和纵轴结构分析。在索绪尔的著述中,横轴结构(syntagmatic structure)又被称为组合结构、组合关系或句段关系,因其被置于横轴,故又被称为横组合;纵轴结构(paradigmatic structure)又被称为聚合结构或联想关系,因其被置于纵轴,故又称纵聚合。横轴结构分析主要是从共时(synchronic)事物之间的静态关系来发掘文本中隐含的两两对立模式和结构,纵轴结构分析则主要从历时(diachronic)事物间的动态关系来把握两两对立的具体形态,并据此确立自己的价值标准和意义。[①]两条轴线相互垂直交叉。基于两轴交叉点,我们可以发现和确立文本的意义。当然,在论及文本分析的符号学方法时,法国结构主义语言学家格雷马斯提出的“符号矩阵”分析法最为经典。他根据二元对立原则,遵循由表及里脉络,渐次展开对叙事文本的意义分析。格雷马斯的符号矩阵由两种性质不同的对立关系构成:一种是相反对立,如 X 与反 X;另一种是矛盾对立,如 X 与非 X、反 X 与非反 X。在格雷马斯看来,故事起源于相反对立,结束于围绕相反对立的各种矛盾对立关系得以完全展开之时。

文本分析的符号学研究主要采用的是一种关门战略,即将符号系统视为一个自我封闭的自足体系,故其也就无法与其他文本进行能量交换。因此,文本意义也仅局限于作品之内,而文本的诠释亦仅为一种结构等级的路径解读。然而,文本是人们进行各种多重多变文化意识形态互动的场域,就此而言,社会因素与文本的互动是文本的意义分析者所不能割裂的。人们所说的话或正在说的话有赖于其他人曾经说过的话,因此文本

---

① 索绪尔所强调的是共时事物之间的静态关系,因为“我们在研究语言事实的时候,第一件引人注目的事是对说话者来说,它们在时间上的连续是不存在的。摆在他面前的是一种状态”。参见[瑞士]费尔迪南·德·索绪尔:《普通语言学教程》,高名凯译,商务印书馆 1980 年版,第 120 页。

与文本之间的联系也是文本分析者所必须考虑的。换言之,任何一个文本都处于一种所谓的“互文性”之中,其均不具有“原创性”,但却又都有自己的创造。互文性分析法认为,文本的意义必须置于特定社会环境中加以考察,而不能自我封闭在符号系统之内。因为任何文本都有其产生与消费的历史条件,任何读者在解析或解码过程中,都会受到所接触的其他符码和论述的影响。① 随着读听者一定程度参与到文本创造之中,文本诠释的多元性和差异性持续推进,文本的最终意义亦不断推延,而意义既在文本之内,亦在文本之外。②

需要特别指出的是,对通过定性方法收集的数据也可采用定量方法来研究,如语义网络分析(semantic network analysis)即为一种较为典型的定性数据定量化研究方法。语义网络分析是指一种应用图论(graph-theoretic)原则和方法来研究文本意义的定性研究技术。③ 例如,江和巴尼特(Jang & Barnett)为检验美国或日本财富前500强企业是否存在一种民族文化,选择了18个美国公司和17个日本公司执行董事写给股东的年度公开信进行分析。通过对1992年公开信的分析,他们分离出35封信件中至少出现8次的单词共94个。因此,他们得到了94(单词)×35(公司)矩阵,矩阵中的方格包含了0—25的数字,其中25这个数是所有信件中出现频率最高的单词。接下来,他们依据信件中的共生单词创造

---

① 参见[英]莫里:《电视、观众与文化研究》,冯建三译,台北,远流出版事业公司1995年版,第94页。

② 法国著名结构主义文学理论家与文化评论家罗兰·巴尔特(Roland Barthes)指出,我们把任何类型的文内关联或文外关联,即任何引向叙事中的另一个时刻或引向阅读叙事所必需的另一个文化地点的叙事特征,称为“意义”。因此意义不是一个充实的所指,不是在词典中,即便是叙事词典中,可能找到的那种所指;意义主要是一种关联或关联中的一项,一个关联项或一种内涵。Roland Barthes, Oeuvres Complètes, tome 2, Paris, seuil, 1994, p. 845. 转引自秦海鹰:《从结构分析到文本分析——追寻罗兰·巴尔特批评方法的演变轨迹》,载《文化与诗学》2008年第2期。

③ 图论起源于著名的哥尼斯堡七桥问题,是应用数学的一部分。图论中的“图”并非通常意义下的几何图或物体形状图,而是一种通过矩阵分布等抽象形式来表达确定事物间联系的数学系统。

了一个35(公司)×35(公司)相似性矩阵。根据分析,美国高管所讨论的是财经信息和组织结构,而日本高管更关注组织运行。[①] 这个例子清楚表明:将定性数据定量化后,其所产生的信息有助于更进一步解释原始定性数据的意义。时下的研究者可以采用计算机技术来建构和分析共生矩阵,这大大推动了该领域研究的发展。

刑事司法公信力评估指数研究中研究者可以通过分析法官自述、日记、手记、札记诸文本评估法官对司法公正意义的理解。例如,通过对民国时期大法官吴经熊的自传和当代个别法官的自述的分析,我们可以探寻法官心中的公正。在关于判决被告人死刑的文字描述中,[②]吴经熊先生内心挣扎在理性与感性的二元对立中,理性告诉他作为一个法官,他的职责是维护司法公正,但在决定判处被告人死刑时他内心深处最柔软的情感——同情却持续冲击他的法治理念。最终,他还是不得不依据法律作出与其犯罪相符合的死刑判决。根据前述索绪尔的语言符号学分析,吴经熊先生关于判决死刑的理性追求与感性冲动之间二元对立的交叉点正是司法公正,据此,法官对司法公正的意义理解就是依法裁判。当然,从共时角度分析,尚可以从刑罚判决、刑罚执行诸方面来进行分析。从历时角度看,亦可从当代个别法官的自述来分析法官对司法公正意义的理解。例如,有法官在其手记中同样描述了判决死刑时法官须依法判决的职责和对死刑判决失望之间的内心冲突。[③]

---

① See H-Y. Jang & G. Barnett, *Cultural Differences in Organizational Communication: A Semantic Network Analysis*, Bulletin de Méthodologie Sociologique 44 (September): 31 – 59 (1994).

② 吴经熊先生在其自传《超越东西方》中写道:"我当法官时,常认真地履行我的职责,实际上我也是如此做的。但在我内心深处,潜伏着这么一种意识:我只是在人生的舞台上扮演着一个法官的角色。每当我判一个人死刑,都秘密地向他的灵魂祈求,要他原谅我这么做,我判他的刑只因为这是我的角色,而非因为这是我的意愿。我觉得像彼拉多一样,并且希望洗干净我的手,免得沾上人的血,尽管他也许有罪。唯有完人才够资格向罪人扔石头,但是,完人是没有的。"吴经熊:《超越东西方》,社会科学文献出版社2002年版,第224页。转引自何帆:《为人性获得尊严保留一块敞亮的空间》,载《法制日报》2013年4月10日,第11版。

③ 参见蒋飞:《刑事法官办案手记之死生之痛》,载《山东审判》2016年第1期。

二、文本的扎根理论分析

扎根理论分析是一种运用系统化程序和归纳方法，通过对扎根于实际资料的分析进行归纳概括，从而引导出理论的定性研究方法。扎根理论(grounded theory)的开创者是格拉泽和斯特劳斯(Glaser & Strauss)。1967年，他们在《扎根理论的发现》一书中明确提出扎根理论研究方法，这被视为“定性研究革命”的先声。[①] 之所以说扎根理论是定性研究的革命是因为他们改变了定性研究先前所固有的缺陷：一是定性研究不系统；二是定性研究只能产生描述性的个案而不能发展理论；三是资料收集和资料分析之间彼此分离。自扎根理论创立至今，其主要发展出了三个不同流派的方法路径：一是经典扎根理论方法。该流派主要沿着格拉泽和斯特劳斯当初的理论路径发展完善。其坚持扎根于文本，坚持从当事人视角来理解人类行动的主观意义，坚决拒绝先入为主的主观现象。一言以蔽之，经典扎根理论坚持从对文本的客观理解出发提出理论或假设。二是实证主义方法路径，由斯特劳斯和科比恩(Corbin)发展完善。其假设有一个客观的、外在的实在，一个发现资料的中立观察者和一种资料处理的客观主义方式。斯特劳斯和科比恩对扎根理论的实证主义阐述使得扎根理论深深烙上了定量的印痕。三是建构主义的方法路径，由凯西·查默兹(Kathy Charmaz)发展完善。[②] 基于建构主义视角的扎根理论聚焦于寻求对意义的理解，主张倾听被调查者的声音，承认被调查者对现实的不同看法，坚持多重社会现实的相对性。基于上述，扎根理论方法已经不再局限于定性研究范围内，还具备了某种定量研究的品质。整体来说，文本的扎根理论方法主要包括了以下

---

① Glaser B. & Strauss A., *The Discovery of Grounded Theory*: *Strategies for Qulitative Research*, Aldine Publishing Company, 1967.

② 关于扎根理论流派的详细论述参见贾旭东、谭新辉：《经典扎根理论及其精神对中国管理研究的现实价值》，载《管理学报》2010年第5期。

几种具体的方法技术。

扎根理论是一种方法,或一种关于方法的理论。扎根理论研究注重资料分析策略,故其方法主要是指资料分析的方法。扎根理论方法主要包括理论抽样、编码和备忘录写作等。顾名思义,理论抽样的目的是修正完善理论。理论抽样主要包括三种类型:开放性抽样(open sampling)、关联性和差异性抽样(relational and variational sampling)、甄别性抽样(discriminating sampling)。[①] 为发现理论建构所需的概念和范畴,研究者在研究的起始阶段需要获取最大涵盖度的研究对象。为达此目的,研究者一般采用开放性抽样。在研究中期阶段,为厘清相关概念和范畴之间的关联性和差异性,研究者需要更有针对性地选择研究对象,而此种情形下的理论抽样即为关联性和差异性抽样。甄别性抽样的目的是修正完善理论,一般发生在研究后期阶段。在实际研究过程中,研究者往往依据研究目的推进程度交替使用前述三种抽样方法,而非完全按照研究阶段的划分依次采用。既然理论抽样贯穿于扎根理论研究的全过程,那么究竟什么时候理论抽样才算完成呢?一般地,研究者遵循"饱和原则"(saturation)来确定是否结束理论抽样。具体而言,当新的资料持续切合到已有的资料,新的、重要的信息不再出现时,理论饱和状态即已达到。

编码可谓文本分析的灵魂和核心。扎根理论研究者认为,编码是在对数据资料的诠释理解过程中形成的,它有助于我们获得对资料的新的理解,有助于我们尊重研究对象自己对现实的看法,有助于引导我们朝着未知的方向前进。在扎根理论研究者看来,编码是开放的,它使我们不断考虑文本的意义,不断就文本中的问题反复追问自己。它是形成理论的开始环节,是理论建构的起点,而非理论分析的终点。一般地,开放的编码是通过逐行地检查资料并在逐行编码中定义行动或实践而进行的。当

---

① See Anselm Strauss & J. Corbin, *Basics of Qualitative Research, Grounded Theory Procedures and Techniques*, CA: Sage Publications, 1990, p. 176.

然,编码也可以逐句、逐段进行,而不是非要逐行进行。根据斯特劳斯和考宾的论述,编码主要区分为三种类型:一是开放性编码(open coding),主要发生在编码的起始阶段,其目的在于提炼概念和范畴。二是主轴编码或关联性编码(axial coding),其目的在于提炼抽象程度更高的概念和范畴,以确定现象及其属性的维度。三是选择性编码或重点编码(selective or focused coding),其目的在于系统处理诸范畴之间的关系,以最终形成扎根于实际资料的理论。在讨论选择性编码时,斯特劳斯还论及了描述现象或类别相互联系的同心圆模型,即外部与内部圆圈分别代表距离行动远近的不同条件。[①] 那么,我们究竟如何对文本进行编码呢?答案是分析文本。正如马修·迈尔斯和迈克尔·胡伯曼所指出的,"编码即为分析"[②]。首先,从被观察对象自己的行动方式出发来进行编码。这种编码又被称为内部编码(*in vivo* coding),即在识别被观察对象自己使用的类别和术语基础上形成解释其意义的编码。这也就是斯特劳斯和考宾在论述其编码类型时所提到的维度化(dimensionalizing)的概念,其意指就某类现象及其属性形成一种解释其意义的"维度轮廓"。其次,搜寻潜藏于文本中的社会文化主题。研究者需要在文本中寻找有关社会文化方面的证据,包括社会冲突、文化矛盾、非正式社会控制技术、人们在管理非个人社会关系时所使用的方法、人们获得和保持成功及其归因的方法、人们解决问题的信息。[③] 最后,采用一种迭代式归纳的方法来

---

① 关于编码类别的论述参见 Anselm Strauss & J. Corbin, *Basics of Qualitative Research, Grounded Theory Procedures and Techniques*, CA: Sage Publications, 1990, p. 58。需要特别指出的是,我国有学者将文中的编码类别翻译为一级编码(开放式登陆)、二级编码(关联式登陆)、三级编码(核心登陆);也有学者将其翻译为开放式登陆、主轴登陆和选择式登陆。参见陈向明:《教师如何作质的研究》,教育科学出版社 2001 年版;文军、蒋逸民主编:《质性研究概论》,北京大学出版社 2010 年版。

② Matthew Miles & A. Michael Huberman, *Qualitative Data Analysis*, 2nd ed., CA: Sage Publications, 1994, p. 56.

③ See James Spradley, *The Ethnographic Interview*, New York: Holt, Rinehart and Winston, 1979, p. 199 - 201.

进行编码(iterative coding),这种方法需要通过用于文本分析的软件包来实现。

备忘录(memo)写作是记录文本主题之间相互关系的主要技术手段,是对所读文本的分析和综合。备忘录写作为发展理论提供了扎根于实际的资料信息,是形成扎根理论的关键环节,也是后来论文写作的基础。备忘录写作是帮助研究人员避免迷失在资料大海之中的有效途径,也是使其持续获得创造灵感和自信感的主要方式。斯特劳斯和考宾在其《定性研究的基础:扎根理论的程序和技术》一书中讨论了三种不同类型的备忘录写作:一是编码备忘录(code notes),二是理论备忘录(theory notes),三是操作备忘录(operational notes)。[①] 在扎根理论发现过程中,编码备忘录的写作目的是描述那些正在被发现的概念;理论备忘录写作目的是对文本中所发生事情的分析、归纳和总结;操作备忘录的写作目的则是关于实际问题的具体说明,如关于研究对象、研究过程和研究内容的说明等。

总的来看,对于扎根理论,我们可作如下简单描述:首先,逐字逐句地生成文本,并在此基础上逐行读取文本中的小部分样本。其次,识别文本中潜在的主题。也就是说,当分析类型(analytic categories)出现时,研究者应将所有数据置于一起进行比较,在此基础上识别文本所属的类型,分析这些类型相互间关系。再次,通过分析和归纳类型之间的关系建立起理论模型。最后,验证模型。具体来说,通过对一个新的个案尤其是与之相反的个案(negative cases)的检验来考察其与理论模型的符合性。如果符合,则继续检查另一个新的个案;如果不符合,则修改理论模型或重新定义所研究的现象。一言以蔽之,扎根理论的整个过程就表现为一个持续撰写备忘录的迭代过程,即一个关于编码、潜在假设和新的研究方向的

① See Anselm Strauss & J. Corbin, *Basics of Qualitative Research, Grounded Theory Procedures and Techniques*, CA: Sage Publications, 1990, p. 18, 73 – 74, 109 – 129, 197 – 219.

备忘录写作过程。[①] 在这一过程中,研究者越来越扎根于数据之中,并在此基础上发展出更丰富的概念和更具解释力的理论模型。

扎根理论分析方法对于刑事司法公信力评估指数研究较为重要。研究者通过对刑事庭审实录、刑事裁判文书、讯问笔录、罪犯自述等一手文本资料的扎根分析,可以建立起刑事司法公正、公平、效率、民主和效果的理论模型,从而创设不同维度评估指标。具体来说,首先,采用理论抽样,依次抽取快播案一审、于某案二审、王某忠案二审、平度"3・21"纵火案一审、高某松醉驾案一审庭审文字实录以及于某案二审、王某忠民事枉法裁判案一审刑事判决书;其次,对上述文本进行编码;最后,对编码文本进行模型建构。兹仅以王某忠民事枉法裁判案二审庭审文字实录为例说明扎根理论分析方法的应用。首先,采用开放性编码和选择性编码方法对王某忠民事枉法裁判案二审庭审文字实录关涉公正、公平和回避内容的文字进行编码(见表2－1)。[②] 在开放性编码基础上,再进行主轴编码(见表2－2)。主轴编码揭示的是主范畴与其所对应范畴之间的内在关系。通过主轴编码表,则可以建立刑事司法公信力指数司法公正评估模型。具体来说,从回避请求到回避驳回这一法律事实出发,被告人、辩护人相信回避请求的驳回违反程序公正,构成对居中裁判理念的根本违反;其希望法院同意回避请求,从而确保实体公正。据此,基于司法公正维度创设刑事司法公信力测量指标时,需考察嫌疑人、被告人、辩护人对法院回避决定的信任和信赖程度。同时,对于刑事司法公正的测量来说,也许只有刑事诉法当事人才是适格的调查对象。

---

① See H. Russell Bernard, *Text Analysis: Qualitative and Quantitative Methods*, in H. Russell Bernard, eds., Handbook of Research Methods in Cultural Anthropology Qualitative Research, Walnut Creek, CA: AltaMira Press, 1998, p. 607.

② 参见 https://new.qq.com/omn/20181109/20181109A0EUWI.html,2019 年 8 月 5 日访问。

表2-1　王某忠民事枉法裁判案庭审实录选择性、开放性编码

诉讼参与人	概念(原始话语)	范畴	主范畴
被告人	A01 为了此案的公正审理……我建议辽源市中级人民法院整体回避	回避对象	司法公正
	A02 如果辽源市中级人民法院坚持审理这个案件……你们非要当我这个案子的法官,我也接受,那么会导致全国人民对辽源市中级人民法院的质疑:是不是中立,是不是公正	回避信念	司法公正
	A03 我希望你们伸出一只手,伸出正义之手,还我清白,如果到异地法院审理,判决我有什么罪行,那么我接受,我尊重事实和法律,但如果在辽源市中级人民法院,判处我有罪,我是不会接受的,你们也会遭到社会的质疑	回避愿望	司法公正
	A04 如果没有公正的程序,就没有实体公正	回避信念	司法公正
辩护人	A05 辽源市中级人民法院的所有人和王某忠都有关系,要求辽源市中级人民法院整体回避	回避对象	居中裁判
	A06 我申请三位合议庭成员回避,申请全体审判委员会委员回避。申请审判委员会委员回避的理由是王某忠这个案子是一个重大的影响性案件。这个案子最后的判决,很有可能要通过审委会决定	回避对象	居中裁判
	A07 我们申请回避对象,一是三位合议庭成员,二是审判长,对你的回避还是一个独立的理由,三是全体审判委员会委员	回避对象	居中裁判
	A08 回避是维护司法公信、维护司法权威的必要的措施	回避信念	司法权威
	A09 违背回避制度是严重的程序违法,会导致再审和错案责任追究	回避信念	司法公正
	A10 希望三位合议庭成员回避,希望申请全体审判委员会委员回避	回避对象	居中裁判
	A11 这样一种利害关系,会影响到公正处理案件	回避愿望	司法公正
	A12 当事人担任自己的法官,无法获得客观公正的处理	回避愿望	司法公正
	A13 回避制度设立的初衷不仅仅是保护被告人的诉讼权利,也是可以避免法官被社会指责不中立,不公正	回避信念	司法公正

续表

诉讼参与人	概念(原始话语)	范畴	主范畴
辩护人	A14 辽源两级法院来审理本案会挑战程序公正的底线	回避信念	司法公正
	A15 我说这么多申请回避的理由不是说辽源市中级人民法院来审理这个案件一定会作出不公正的判决,而是有可能会作出不公正的判决。而且,即使你作出一个公正的判决,也可能会受到社会的质疑	回避愿望	司法公正
	A16 回避是程序正义的底线要求	回避信念	司法公正
	A17 程序正义最底线的要求就是保持司法的中立,就是和案件有任何牵连的人,不能担任案件的裁判者	回避信念	居中裁判
公诉方	A18 本案是普通案件,发生在辽源市,一审由辽源市中级人民法院指定西安区人民法院管辖,被告人对一审判决不服,提出上诉,辽源市中级人民法院对该案二审进行审理,符合刑事诉讼法的相关规定,不属于回避事由,本案不存在法定回避情形	回避情形	—
法官	A19 申请回避的对象只能是正在办理案件的审判人员、检察人员、书记员、翻译人员以及鉴定人员等,申请合议庭等司法机关整体回避,没有法律依据	回避对象	—
	A20 案件上诉至本院,本院不存在不宜行使管辖权的情形,本案也不存在应当回避的情形,对于管辖异议和回避申请予以驳回,并不得申请复议	回避情形	—
	A21 不属于《刑事诉讼法》第28、29条(现为第29、30条)规定的回避情形,法庭当庭予以驳回,并不得申请复议	回避情形	—

表2-2　王某忠民事枉法裁判案庭审实录主轴编码

诉讼参与人	主范畴	范畴	对应关系
被告人	程序适用	回避对象	A01 辽源市中级人民法院整体
辩护人	程序适用	回避对象	A05、A06、A07、A10 辽源市中级人民法院整体、合议庭成员、审判长、全体审判委员会委员

续表

诉讼参与人	主范畴	范畴	对应关系
公诉方	程序适用	回避情形	A18 否定存在法定回避情形
法官	程序适用	回避对象	A19 正在办理案件的审判人员、检察人员、书记员、翻译人员、鉴定人员等
		回避情形	A20、A21 否定存在回避情形
被告人	司法公信力	回避信念	A02 法官中立
		回避信念	A04 程序公正
		回避愿望	A03 实体公正
辩护人	司法公信力	回避信念	A08 司法权威
		回避信念	A09 违背回避的法律规定属程序违法
		回避信念	A13、A17 法官中立、居中裁判
		回避信念	A14 程序公正
		回避信念	A16 程序正义
		回避愿望	A11、A12、A15 实体公正

注：主范畴是由编码者或研究者根据材料建构。

三、文本的内容分析

内容分析是指一种依据简明编码规则将文本文字压缩为内容简短的不同类型的系统的技术。① 20 世纪初，内容分析(content analysis)首先作为一种分析技术应用于传播领域。起初，内容分析被当作一种针对对话内容的客观、系统、定量的简明描述，故其又被称为定性数据的定量分析。“二战”期间，传播学家 H. 拉斯韦尔等人通过对轴心国公开媒体上文本内容的定量研究获得了大量情报，从而使内容分析法受到管理层的高度重视。经拉斯韦尔的不断发展，内容分析于 20 世纪 40—50 年代遂成为

① See B. Berelson, *Content Analysis in Communication Research*, Glencoe, Ill: Free Press, 1952; R. P. Weber, *Basic Content Analysis*, 2nd ed., Newbury Park, CA, 1990.

一个完整、独立的定量研究方法体系。但自此以后，沿袭定量分析传统的内容分析方法亦出现分化，部分研究者开始转向对文本隐含内容的诠释理解分析，即一种定性数据的定量分析。内容分析法是社会科学研究中的一项重大发现。1971 年，哈佛大学多伊奇教授曾在《科学》杂志上撰文，列举了 1900—1965 年之间 62 项世界社会科学重大发现，而拉斯韦尔等人创立的内容分析位列其中。总的来说，内容分析是一门技术，具体包括两个方面：一是将人类的符号载体（symbol-laden artifacts）缩减为一个由单位变量构成的矩阵（unit-by-variable matrix）。人类的符号载体包括书写文本、卡通、电视广告、歌词和陶壶等。当符合载体是书写文本时，研究者通过内容分析词典和计算机技术来为文本编码，在此基础上得出矩阵。二是采用定量方法分析矩阵，以检验假设是否成立。

一旦研究者选择采用内容分析方法，则其下一步工作就是通过抽样和编码程序来发展分类矩阵。一般来说，当研究总体的时空跨度和容量过大而不能全部被分析时，抽样是十分必要的。就此而言，样本的一个基本要求就是能代表总体。抽样一般包括两个组成部分：一是文本语料库的确认，二是文本分析单元的确认。文本语料库的抽取方法多种多样，如玛丽·C. 吉利（Mary C. Gilly）在一项关于广告中性别作用的跨文化研究中即采用以下抽样方式。首先，她选择录像带作为样本，包括美国劳斯安格斯的 12 个小时节目，墨西哥蒙特雷和澳大利亚布里斯班周二早上 8 时到下午 4 时和周三早上 7 时至中午 11 时的节目；其次，为了控制半球之间的季节性变化，美国和墨西哥的样本是在 1984 年 9 月，而澳大利亚的样本是在 1985 年 2 月；最后，她仅取其中至少在摄像机前停留三秒钟或至少有一行对话的成年男性和女性。① 当然，就文本分析的定性研究而言，抽样常常是有目的性的。例如托雷斯特为检验其假设——影响青少年和其家庭关系的 5 对二元变量，特意从 5 对二元变量 32 种组合方法

---

① See Mary C. Gilly, *Sex Roles in Advertising: A Comparison of Television Advertisements in Australia, Mexico, and the United States*, Journal of Marketing 52 (April): 75 – 85 (1988).

中挑选了 5 个个案,进行了 160 场个案访谈。[①] 文本的样本确立之后,接下来要做的就是确立文本的分析单元,而这些单元显然是互不重叠的。分析单元既可以是整个文本(书、访谈、对开放式调查问题的回答),也可以是部分(单词、词组、句子、主题、段落)。当研究者试图通过跨文本的比较来检验某些主题是否发生时,则合适的分析单元应为整个文本;当试图比较一组文本中主题发生的频次时,则反映主题的那部分文本就是合适的分析单元。

抽样完成后,研究者接下来需要考量的是发展编码手册和标注文本。[②] 在社会科学领域中,单词“编码”有两个不同的含义:一是语料库中文本片段的标注标签,二是变量的赋值。当代码被用作标签时,它们就如同著作尾部的索引,为一种参考标记;当代码被用作变量的赋值时,它们就有名义变量、有序变量的区分。一般地,在探索性内容分析中,较为合适的编码方式是开放性编码(归纳编码或理论编码)。研究者在细读文本过程中,当发现不再出现新的主题时,就可以建立编码本了。在验证性研究中,较为合适的编码方式是演绎编码(deductive coding)。例如郝希曼(Hirschman)在阅读理论文献的基础上提出了 10 种不同类型的广告资源,包括爱、身体特征、教育状况、智力状况、职业状况、娱乐状况(无性)、金钱状况、人口信息(年龄、婚姻状况、居住状况)、民族性格、性格特征

---

① See J. E. Trost, *Statistically Nonrepresentative Stratified Sampling: A Sampling Technique for Qualitative Studies*, Qualitative Sociology 9:54 – 57(1986).

② 戴伊(Dey)、克雷伯雷和米勒(Crabtree & Miller)、米里斯和胡伯曼(Miles & Huberman)详细论述了发展编码手册的技术手段。参见 I. Dey, *Qualitative Data Analysis: A User-Friendly Guide for Social Scientists*, London: Routledge and Kegan Paul, 1993, p. 95 – 151. Matthew Miles & A. Michael Huberman, *Qualitative Data Analysis*, 2nd ed., Thousand Oaks, CA: Sage Publications, 1994, p. 55 – 72。理查兹双氏(Richards & Richards)论述了分层编码结构的理论原则。参见 Tom Richards & Lyn Richards, *The NUDIST Qualitative Data Analysis System*, Qualitative Sociology 14:307 – 325(1991)。阿劳霍(Araujo)描述了设计和提炼分层编码的过程。参见 Luis Araujo, *Designing and Refining Hierarchical Coding Frames*, in Udo Kelle, eds., Computer-Aided Qualitative Data Analysis: Theory, Methods and Practice, London: Sage Publications, 1995, p. 96 – 104。

(不包括性或情感特征)。郝希曼试图借助编码来创制和检验其假设,即男人和女人愿意提供和寻求何种类型的广告资源。首先,她从纽约杂志和华盛顿杂志随机抽取了20种广告,并在此基础上提炼出100种真实的资源类别目录。其次,她给10个男人和11个女人上述两种不同类型的广告资源类别,要求他(她)们将100种真实资源类别归入10种演绎类别中。最后,她发现所有真实类别都能归入其中,因此,郝希曼所演绎的10种广告资源类别具有排他性和完全性。经验证后,郝希曼完成了编码手册的创制。接下来要做的自然就是检验其假设了。她发现,男性比女性更容易提供金钱资源,而女性比男性更容易寻求金钱资源;女性比男性更容易提供身体吸引力。[①]

那么,刑事司法评估指数研究中究竟如何采用文本的内容分析法来展开研究呢?兹以快播案一审、平度"3·21"纵火案一审、高某松醉驾案一审庭审文字实录为分析样本予以具体说明,具体分析步骤见表3-2。首先,抽取上述3个文本中辩护人辩护意见和被告人自行辩护意见作为分析的语料库。其次,对语料库进行标注和编码,并将标注编码为定序变量,即"相信司法""部分相信司法""不相信司法"。再次,计算刑事司法公信力指数。刑事司法公信力指数的计算公式可表示为:相信司法的比例×100+部分相信司法的比例×50+不相信司法的比例×0。根据表2-3,刑事司法公信力指数=0.333×100+0.208×50+0.458×0=43.7。也就是说,根据前述样本,刑事司法公信力指数为43.7。当然,对于刑事司法公信力指数的计算,还可以美国密歇根大学SRC指数编制法和上海财经大学上海市消费者信心指数编制法为基础来构建计算模型,即 $X=\frac{1}{2}(\frac{X_{相信}-X_{不相信}}{X_{相信}+X_{不相信}}\times100+100)$。[②] 其中X表示刑事司法公信力指

① See E. C. Hirschman, *People as Products: Analysis of a Complex Marketing Exchange*, Journal of Marketing 51:98 - 108(1987).

② 参见刘玉林、菅利荣:《基于文本情感分析的电商在线评论数据挖掘》,载《统计与信息论坛》2018年第12期。

数最终得分，$X_{相信}$表示相信刑事司法的数量，$X_{不相信}$表示不相信刑事司法的数量；基数为100，指数取值范围在0—100之间。基于前述样本，根据计算，刑事司法公信力指数为：$X=\frac{1}{2}(-15.8+100)=42.1$。两种不同计算模型的计算结果相差仅1.6个百分点，差值较小，故刑事司法公信力指数计算中均考虑采用上述两种计算模型。需要特别指出的是，前述关于刑事司法公信力指数的评估得分仅是一个应用举例，而非针对任何一个国家、地区、区域的刑事司法公信力指数的计算评估，因为所抽样本不具有代表性，也不符合内容分析的抽样要求。

表2－3　文本的内容分析法应用举例

样本（原始语料库）	标注	编码	关系范畴
1.1 在这么大的程序问题下，鉴定结果能否作为定案依据，辩护人表示怀疑。本案的言词证据中存在大量的错误，且取证的行为违法。所谓讯问笔录与大量事实不符而又作为认定事实的证据，辩护人不能认同这些口供。公诉机关的指控过程、侦查过程、鉴定过程存在不可弥补的错误，无法排除合理的怀疑。所以合议庭应当认定快播不构成犯罪	怀疑；错误；违法；不能认同	3	证据
1.2 程序问题导致了证据根本就不能采信	不能采信	3	证据
1.3 涉黄的三台服务器不能作为本案定罪的依据，不能排除通过拷贝等方法拷入服务器的怀疑，故不能作为定案的证据	不能；怀疑	3	证据
1.4 本案的四台服务器没有鉴定的基础，不能够重新鉴定，其相关的数据也不能作为证据	没有；不能	3	证据
1.5 起诉书指控快播播放器被网络用户发布淫秽物品，快播对此予以放任，导致大量淫秽视频在国际互联网上传播。辩护人认为，这应当是个伪命题	伪命题	3	犯罪指控
1.6 不认同公诉方的指控	不认同	3	犯罪指控
1.7 公诉人所列的证据其实我看来有很多常识性的错误和偏见	错误；偏见	3	证据
1.8 我想这是带有偏见的	偏见	3	证据

续表

样本(原始语料库)	标注	编码	关系范畴
1.9 放任是不存在的,否则我们没必要屏蔽	不存在	3	犯罪指控
1.10 这是不符合事实的	不符合	3	犯罪指控
2.1 柴某涛的行为应承担相应刑事责任	应承担	1	犯罪指控
2.2 本辩护人不同意公诉人对被告人柴某涛有投案自首情节的意见	不同意	2	量刑情节
2.3 辩护人对公诉机关指控的事实和罪名不持异议	不持异议	1	犯罪指控
2.4 辩护人认为根据本案的证据和查明的事实,被告人李某在起诉书指控的放火犯罪中没有参与预谋犯罪	没有	2	量刑情节
2.5 我认为公诉机关定放火罪正确	正确	1	犯罪指控
2.6 我们认为从本案来讲是构成了间接故意的放火罪	构成	2	犯罪指控
2.7 我对死者、伤者表示深深的歉意	歉意	1	犯罪指控
2.8 我很后悔参与到这件事当中	后悔	1	犯罪指控
2.9 由于我无知和鲁莽,造成了这件事,我特别后悔	后悔	1	犯罪指控
2.10 我是个粗人,没有文化,到现在为止我这辈子最后悔的事	后悔	1	犯罪指控
2.11 我认为我无罪,我是冤枉的,我没有指使人去放火,更没有让人有犯罪的想法	无罪;冤枉	3	犯罪指控
2.12 但是我觉得给我定放火罪有些过重	过重	2	犯罪指控
3.1 这些证据上的瑕疵,如果真正从法律的严谨性和合法性来讲,理论上和程序上是存在着给被告人脱罪的可能的	瑕疵	2	证据
3.2 我没有任何想为自己辩护的,我有的全部的都是忏悔	忏悔	1	犯罪指控

总的来说,内容分析方法最大的优点是能捕捉到常规阅读所无法获得的信息,并且能用简洁的测量方式和计算模型得出可量化的结论。然而内容分析法亦有其固有的不足,主要体现为内容分析据以分析的信息量较为有限。根据内容分析法,据以计算的原始数据来自研究者对样本的标注,虽然研究者可以聘用标注人员长期作业,但通过人工标注的方法

来提取信息,其效率极低。除此而外,内容分析尚存在样本的代表性、标注人员作业的可信度诸方面的问题。有鉴于此,面对海量数据,提取信息最好的方法是数据挖掘。本书正是利用内容分析方法,通过对裁判文书、法官手记、罪犯自述等文本的内容分析来获得关于刑事司法公信力评估调查的具体内容,并据此制成刑事司法公信力法律专家评估调查问卷和普通公众评估调查问卷。

四、文本的数据挖掘

由于采用内容分析法无从解决海量信息的提取和文本人工标注的可信度诸问题,研究者开始将目光转向文本的数据挖掘技术。所谓"挖掘"(dig)即为"采矿",其意为从稀薄的岩石中提炼出有价值的矿物。顾名思义,数据挖掘亦即从海量的数据中提炼出有价值的信息。正如斯皮奈克斯(Spinakis)和查齐马克里(Chatzimakri)所言明的,"通过文本挖掘可以分析和解构海量文献"①。文字文本挖掘的数据来自文字集合,而文字集合体现为一种非结构化的数据集合体,故而文本挖掘技术的核心组件是如何将文本信息结构化。数据挖掘中文本信息的结构化是通过算法来实现的。所谓算法是指通过创设一套程式化指令来解决某类问题的技术安排,也是一套关于问题解决方案的清晰、完整、准确的描述。文本挖掘因而也可以理解为计算机根据算法自动输出文本信息的过程。

在网络信息时代,算法无处不在,诸如百度搜索均是一系列算法的体现。2006 年,国际权威数据挖掘会议评选出十大经典数据挖掘算法,包括:(1)C4.5 算法(决策树算法)。其为一种依据根节点确定集训数据集的分裂属性,然后根据分裂属性完成对集训数据集分类的计算方法。C4.5 算法具有强大的数据分类功能,能明显提高数据分类效率和准确率。(2)K 均值聚类法。其为一种通过迭代形成聚类中心,然后依据对

---

① Spinakis A. & Chatzimakri A., *Comparative Study of Text Mining Tools*, Studies in Fuzziness and Soft Computing, 2005, p. 185, 223 – 232.

象与聚类中心之间的距离来对集训数据集进行分类的计算方法。(3)支持向量机(support vector machines)算法。其为一种建立在统计学习理论、VC维理论和结构风险最小化原理基础上的机器学习方法。[①](4)Apriori算法(关联规则算法)。其为一种通过频繁项与关联项两种形式来对集训数据集进行分类的计算方法。(5)EM算法。其为一种通过概率和最大似然估计理论来对文本集训数据集进行分类的计算方法。(6)PageRank算法。其由谷歌创始人拉里·佩奇(L. Page)和谢尔盖·布林(S. Brin)提出,用于构建谷歌早期搜索系统,是一种通过分析链接来区分页面重要性的方法。(7)AdaBoost算法。其为一种能将弱学习器增强为精度的强学习器的集成分类学习技术,目前的人脸识别技术主要采用该算法。(8)K-nearest neighbor(K最近邻分类)算法。其采用神经网络计算权重,然后根据权重属性将最邻近训练事例聚集成一类的计算方法。(9)Naive Bayes(朴素贝叶斯)算法。朴素贝叶斯算法较为简单、实用,其为一种利用贝叶斯定理和概率原理来对集训数据集进行分类的计算技术。(10)CART(分类和回归树)算法。其为一种通过分裂函数确定分裂属性,依据左、右二叉树形式对于集训数据集进行分类的计算方法。

上述算法现已广泛应用于社会科学研究领域。以较为简单的词语计数,即一种词频统计为例,研究者通过K均值聚类法或者其他聚类法即可简单地将相同或相似的词语聚集为一类,从而达到揭示文本概念模式的目的。对诸如田野笔记、开放式访谈、民间故事、生活史叙述等文本体裁,研究者均可采用词语计数法来发现文本中的主题。例如,在有关作者身份的事例中,研究者有时采用词语计数来确认作品的作者。莫斯泰勒和华莱士(Mosteller & Wallace)根据麦迪逊和汉密尔顿作品中惯常用词的差异断定,美国《联邦党人文集》中的12篇文章出自麦迪逊而非汉密

---

① 参见丁世飞、齐丙娟、谭红艳:《支持向量机理论与算法研究综述》,载《电子科技大学学报》2011年第1期。

尔顿之手。[①] 又如,瑞安和威斯纳(Ryan & Weisner)从父母对孩子的描述中发现了父亲与母亲对孩子教育的不同导向。[②]

刑事司法公信力评估指数研究中文本的数据挖掘技术有着广泛的应用空间。相较于文本的意义分析、扎根理论分析和内容分析诸方法,文本的数据挖掘技术的采用不仅可以节省大量人力资源,明显提高研究效率,而且可以明显提高研究结论的有效性和准确性。例如,2017 年 10 月,在两名法官的见证下,从伦敦最顶尖的公司中挑出 100 名律师与人工智能律师展开一场竞赛。竞赛中人类与人工智能均需要通过对成百上千的因误导而购买付款保障保险的事实的分析,预测财政监察专员是否会同意索赔请求。最终,有 775 份预测报告提交。根据结果,人工智能预测的准确率为 86.6%,律师预测的准确率为 66.3%,人工智能完胜人类。[③] 我国法律学者关于人工智能技术应用方面的成果极少,其关注的焦点集中在规范层面的分析,即专注于分析人工智能技术所带来的影响和法律革命。[④] 当然,我国也有学者就人工智能技术在法学领域的应用提出了独到的见解和思考。[⑤]

五、数理统计

数理统计是数学的一门分支学科。基于方法论视角,其亦可被视为

---

① See F. Mosteller & D. L. Wallace, *Inference and Disputed Authorship: The Federalist Papers*, Reading, MA: Addison-Wesley, 1964.

② 母亲更多地使用诸如朋友、有创意、时间和诚实等词语;父亲则更多地使用欣赏、独立、缺乏、好等词语。这表明母亲较关注人与人之间关系方面,而父亲则更多关注孩子将来成就方面。Gery Ryan and Thomas Weisner, Analyzing Words in Brief Descriptions: Fathers and Mothers Describe Their Children, The Cultural Anthropology Methods Journal, Vol 8(3), 1996, p. 13 – 16.

③ 参见 The robot lawyers are here-and they're winning,载 https://www.christinehaskell.co/blog/the-robot-lawyers-are-here-and-theyre-winning,最后访问时间 2019 年 8 月 7 日。

④ 参见郑戈:《人工智能与法律的未来》,载《探索与争鸣》2017 年第 10 期;刘友华:《算法偏见及其规制路径研究》,载《法学杂志》2019 年第 6 期。

⑤ 参见左卫民:《关于法律人工智能在中国运用前景的若干思考》,载《清华法学》2018 年第 2 期。

对基于概率论而建立的多种统计方法的统称。因此数理统计也可理解为一种基于概率论原理,采用假设检验和参数估计对通过调查和实验所得数据进行统计分析的数学方法。一般来说,数理统计方法的应用主要包括三个基本环节,即假设检验,调查与实验,统计分析。由于调查与实验在前文中已有详细论述,故此处仅就假设检验和统计分析方法作如下简要阐述。

假设检验的基本思想是检验样本均值对总体数学期望的偏离究竟是由于抽样误差引起的,还是由于样本所来自总体自身差异引起的。尽管在大数据信息时代,研究者可以获得海量的数据,但抽样还是不可或缺的,因为研究者既不可能获得关于事件的所有样本,更不可能获得事件之后的样本。就此而言,假设检验可以说是所有定量研究的起点。一般来说,假设检验主要包括三个步骤:一是提出原假设(H_0)。原假设是根据实际问题提出来的,与原假设相对的是备选假设(H_1)。当拒绝原假设时,就必须接受备选假设。现在我们要问的是社会科学研究者在研究中提出的研究假设或者理论假设究竟是原假设还是备选假设。由于原假设是根据实际问题提出来的,所以社会科学研究者提出的假设一般是备选假设。研究假设(理论假设)是对研究对象进行初步了解后所提出的假设。与研究假设相对应的假设称为虚无假设(原假设、零假设)。[①] 例如,学者曾赟在逐级年龄生平境遇犯罪理论研究中所提出的 8 个理论假设就是备选假设。[②] 二是计算检验统计量。首先,确定检验水准。统计学中一般确定检验水准(显著性水平)$a = 0.05$(双侧检验),表示原假设为真时,拒绝原假设的概率。其次,选定检验方法。检验方法包括 t 检验、Z 检验。最后,计算检验统计量。依据所采用的检验方法,计算相应的统计量。如果采用 t 检验,则需计算出 t 值。三是确定 p 值,作出统计结论。

---

① 参见王康主编:《社会学词典》,山东人民出版社 1988 年版,第 342 页。

② 参见曾赟:《逐级年龄生平境遇犯罪理论的提出与证立——以重新犯罪风险测量为视角》,载《中国法学》2011 年第 3 期。

当 p 的绝对值大于 0.05 时，则接受原假设，拒绝备选假设；当 p 的绝对值小于 0.05 时，则拒绝原假设，接受备选假设。由于人工计算过于复杂，研究者可借助统计软件直接实现前述各种计算。社会科学领域中较为常用的统计软件有 SPSS、Stata 等。研究者如果要证明其研究假设成立，则 p 的绝对值要小于 0.05。

统计分析方法多种多样，社会科学研究中较常使用的方法主要有方差分析、回归分析、因子分析、聚类分析等。方差分析的基本思想是确立不同来源的变异（控制变量）对总体变异（观测变量）贡献的大小，即确定总体变异究竟是由可控因素（控制变量）引起的，还是由随机变量引起的。一般来说，当 F 值大于 1，p 值小于 0.05 时，[①]说明控制变量对观测变量具有显著性作用。方差分析的因变量必须呈正态分布，故而刑事司法公信力评估指数研究中不宜采用，但可以采用方差分析来检验再犯罪风险的影响因素。[②] 回归分析包括一元回归、多元回归、二元 logistics 回归、多项 logistics 回归。相较于方差分析，回归分析不仅可以检验自变量对因变量是否具有显著性影响，而且还能通过回归方程的建立来预测因变量的发展趋势。在刑事司法公信力评估指数研究中，可以通过回归方程的建立来预测公信力状况的发展变化规律。因子分析包括探索性因素分析和验证性因素分析，前者是指通过降维从众多原始变量中发现少数最具有影响力的因子，后者则主要用于检测研究者的理论构设符合程度。聚类分析包括层次聚类、K 均值聚类和密度聚类。聚类分析的基本思想是以相似度为基础，即根据相似度大小将未知数组合成一类的统计分析方法。例如，学者曾赟采用 K 均值聚类法来客观划分系列杀人犯罪和多

---

① F 值是用于衡量方差分析或者回归分析样本组别之间的差异是否显著的指标；p 值是用于评估统计检验结果的显著性的指标。

② 参见曾赟：《服刑人员刑满释放前重新犯罪风险预测研究》，载《法学评论》2011 年第 6 期。

重杀人犯罪的不同特征。[①] 总的来说,刑事司法公信力评估指数研究中研究者应从各自的研究目的出发,根据研究的不同类型来选择合适的统计分析方法。本研究主要采用探索性因素来检验理论所构想的刑事司法公信力评估指标的聚合度,然后根据探索性因素分析检验结果重构理论构想;通过验证性因素方法创建刑事司法公信力结构方程模型和二阶单因素模型,从而得出究竟有哪些评估指标可据以测量刑事司法公信力的客观结论。

---

① 参见曾赟:《系列杀人犯罪侦查分析模型的创建与检验》,载《中国法学》2018 年第 1 期。

第三章　刑事司法公信力评估指数创建的基本要求

根据关于刑事司法公信力评估指数基础理论的相关论述，刑事司法公信力是可客观测量的。根据第一章所述，我国法治评估指数和世界法治评估指数关于我国刑事司法公信力的测量主要有以下特征：其一，我国法治评估测得的刑事司法公信力评估分值相互之间差距大。以 2017 年广东法治社会满意度评价、中国法治满意度评估、四川依法治省评估等 3 项评估研究为例，前两项评估在司法公正测量方面，分值相差约 13.3 分；在司法机关依法独立行使职权测量方面，分值相差约 16.7 分；三者在司法公开测量方面，最大分差约 25.9 分，最小分差约 11.7 分。[①] 其二，在刑事司法公信力测量方面，我国法治评估与世界法治评估的评估结论差距大，个别评估指标分差巨大。以 2017 年中国法治满意度评估与世界正义工程法治指数为例，在刑事司法机关依法独立行使职权测量方面，二者分值相差竟达 57.07 分；在刑事司法公正测量方面，二者分值相差 23.6 分；在刑事司法效率方面，二者分值相差

① 详细论述参见第一章第三节第一部分。

19.8 分。[①] 其三,世界法治指数测得的我国司法公信力、刑事司法公信力分值普遍较低。根据世界正义工程发布的 2012—2019 年共 6 个年度法治指数报告,我国刑事司法公信力 6 年的平均分值为 0.47 分。[②]

根据上述,我们不禁追问:一是相差如此悬殊的评估结论可靠吗?或者说上述诸项评估指数究竟何者可靠?二是如何才能保证刑事司法公信力评估指数的可靠性?要回答这两个问题,就需要对评估指数的有效性和准确性进行检验。显然,只有具有有效性和准确性的法治评估及刑事司法公信力评估指数才具有可靠性,只有具有可靠性的法治评估和刑事司法公信力评估指数方才符合客观真实。可以说,有效性和准确性是刑事司法公信力评估指数的基本要求,也是任一项评估指数具有生命力的基础。显然,任一法治评估、刑事司法公信力评估指数的有效性和准确性只能通过客观测量来检验,而不能基于规范分析来判断。

在创设刑事司法公信力评估指数上,国内外研究的一个基本现状为:学者少有对其展开独立的研究,也少有对其展开全面的研究。有关刑事司法公信力评估指数方面的研究一般依附于法治评估指数研究中,且亦只是关于刑事司法公信力某一个或几个方面的测量。基于此,检验刑事

---

① 根据 2017 年中国法治满意度评估测量结果,司法机关依法独立行使职权三级指标共设 4 个二级指标,其中侦查活动受到非法干预、检察活动受到非法干预、审判活动受到非法干预等 3 个指标为刑事司法机关依法独立行使职权测量指标,3 个指标均值为 76.4 分;司法公正三级指标共设 5 个四级指标,其中警察进行刑讯逼供、刑辩律师的权利能够得到法官的尊重和保障等 2 个为刑事司法公正测量指标,均值为 73.3 分;司法公开三级指标共设 2 个指标,均包含刑事司法公开度测量,均值为 74.2 分;司法效率三级指标共设 4 个四级指标,其中刑事案件破案等 1 个指标分值为 71.2 分。参见朱景文主编:《中国人民大学中国法律发展报告 2018:2015—2017 年中国法治满意度评估》,中国人民大学出版社 2018 年版,第 221 页。根据 2017 年世界正义工程法治指数,其测得的我国刑事司法机关依法独立行使职权分值为 0.2(百分制为 20 分,下同);刑事司法公正测量体现为正当程序,分值为 0.51(51 分);刑事司法效率包括有效侦查、及时与有效的刑事审理和有效矫正,三者均值为 0.55(55 分)。参见 The World Justice Project, *The WJP Rule of Law Index 2017 – 2018*, p. 69, 载 World Justice Project 网, https://worldjusticeproject.org/sites/default/files/documents/WJP-ROLI-2018-June-Online-Edition_0,最后访问时间 2019 年 6 月 15 日。

② 参见 World Justice Project 网,载 https://worldjusticeproject.org/our-work/publications?page=1,最后访问时间 2019 年 6 月 16 日。

司法公信力评估指数有效性和准确性最好的办法是：对涵盖刑事司法公信力评估指标的法治评估指数及其刑事司法公信力评估指数的有效性和准确性展开检验。在我国，采用定性、定量评估方法来测量我国法治状况的研究主要有 8 项：（1）余杭法治指数；①（2）上海法治满意度指数；②（3）中国法治政府评估；③（4）中国法治满意度评估；④（5）江苏依法行政评估；⑤（6）四川依法治省评估；⑥（7）广东法治政府满意度评价；⑦（8）广东法治社会满意度评价。⑧ 其中涵盖刑事司法公信力测量的有四川依法治省评估、广东法治社会满意度评价、上海法治满意度指数、中国法治满意度评估等 4 项。

在世界诸项法治评估指数实践中世界正义工程法治指数对刑事司法公信力指数的有效性和准确性检验来说有着十分特殊的实践意义，因为它是目前仅有的将刑事司法作为一项独立评估指标，并对刑事司法公信力展开全面测量的法治评估实践。当然，在世界正义工程法治指数报告

---

① 参见余杭法治指数评审组：《余杭法治指数报告》，载中国社会科学院法学研究所编、李林主编：《中国法治发展报告 NO. 7（2009）》，社会科学文献出版社 2009 年版，第 385—401 页。

② 参见上海法治市情研究中心：《上海法治建设状况满意度分析总报告》，载叶青主编：《上海法治发展报告（2012）》，社会科学文献出版社 2012 年版，第 202—223 页。

③ 参见中国政法大学法治政府研究院编：《中国法治政府评估报告（2013）》，中国人民大学出版社 2014 年版。

④ 参见朱景文主编：《中国人民大学中国法律发展报告 2015：中国法治评估指标》，中国人民大学出版社 2016 年版。

⑤ 参见南京师范大学江苏法治发展研究院依法行政评估项目组：《江苏省行政机关依法行政第三方评估报告（2015）》，载蔡道通、龚廷泰主编：《江苏法治发展报告 No. 5（2016）》，社会科学文献出版社 2017 年版，第 148—178 页。

⑥ 参见中国社会科学院国家法治指数研究中心、中国社会科学院法学研究所法治指数创新工程项目组：《四川省依法治省第三方评估报告（2016）》，中国社会科学出版社 2017 年版，第 12—14 页。

⑦ 参见何志强：《法治政府绩效评价指标体系研究》，华南理工大学 2016 年博士学位论文；郑方辉、邱佛梅：《比较视角的法治政府与法治社会评价实证研究——以 2017 年广东省为例》，载《法治社会》2018 年第 3 期。

⑧ 参见郑方辉、邱佛梅：《比较视角的法治政府与法治社会评价实证研究——以 2017 年广东省为例》，载《法治社会》2018 年第 3 期。

发布之前,世界银行早在1996年就发布了将法治指数作为其6个指标之一的全球治理指数报告。但世界银行法治指数未创设独立的刑事司法指标,也未对刑事司法公信力有关维度展开全面评估,其法治指数评估指标仅涵盖犯罪控制、司法机关依法独立行使职权、财产权保护诸方面。虽然世界银行法治指数具有一定的片面性,但对其有效性和准确性展开检验仍有必要,因为通过对其有效性和准确性的检验,方可检验其结论接近事物真实的程度。

为构建客观、准确的刑事司法公信力评估指数,亦为探寻提升刑事司法公信力的科学路径,兹利用SPSS18.0统计软件,通过验证性因素分析、探索性因素和主成分分析法(principal component analysis),对涵盖刑事司法公信力指数测量的我国前述4项法治评估和世界正义工程法治指数、世界银行法治指数等2项世界法治评估的有效性和准确性展开检验;通过对所得出检验结论的客观分析,提出刑事司法公信力指数构建的基本要求及具体原则。

第一节　刑事司法公信力评估指数的有效性要求

刑事司法公信力评估指数的有效性是指某一项评估所创设的评估指数在多大程度上测量了所要测的内容。有效性检验体现为效度检验,包括内容效度、效标效度和结构效度等三种。内容效度是指条目或指标反应所要测量的概念的程度。对于内容效度,学者惯常采用专家评定法来检验。[①] 因我国涵盖司法公信力、刑事司法公信力指数的法治评估多已采用了专家评定法来分配各指标的权重,或采用问卷调查法对法律专家进行了专门调查,故本书不再对内容效度进行检验。效标效度是指通过

① 内容效度检验一般采用以下方法:专家对每个测试条目根据符合、修改后符合、不符合三个等级进行评分,最后将评分相加后除以满分值(专家均评为“符合”的总分),即获得I-CVI(每一道题目的内容效度指数)。一般地,如果I-CVI大于0.80,则内容效度较好。

研究构想所测得的分数与利用一套成熟的、公认的评估方法得到的分数间的关联程度。由于国内外学者在法治评估的内容、方法诸方面未形成一致观点，也未创设一个公认的、成熟的法治评估测量工具，故我们亦难以对效标效度进行检验。结构效度是指一项评估实际测到其所要测量的理论构想的程度。基于上述，仅考虑从结构效度层面来检验刑事司法公信力评估指数的有效性。为清晰界分刑事司法公信力评估指数的有效性，笔者依据检验结果与理论构想的符合程度，将其区分为 5 个不同的级别，即差（≤1/5），较差（≤2/5），中（≤3/5），较好（≤4/5），好（≤1）。

一般来说，可考虑采用两种数理统计的方法来检验评估指数的结构效度：其一，采用验证性因素分析方法（CFA）来检验因素（潜变量）与所对应指标（观测变量）之间关系是否符合评估指数的研究构想。其二，在采用验证性因素分析方法无法使数据聚合，或者所得结构方程模型无法满足参数要求时，则采用探索性因素分析方法（EFA）来检验因素与其所对应的指标之间的关系符合评估指数研究构想的程度。由于中国法治满意度评估、上海法治满意度指数等 2 项评估样本容量过少，[①]又因为世界银行法治指数的诸评估维度较为杂乱，故我们无从采用验证性因素分析和探索性因素分析法来检验其结构效度。兹采用验证性因素分析、探索性因素分析法对世界正义工程法治指数、四川依法治省评估和广东法治社会满意度评价的有效性展开检验。

一、世界正义工程法治指数及其刑事司法公信力指数有效性检验

自 2008 年世界正义工程法治指数首次发布至今，已有 12 份世界法治指数报告出炉；与之相伴随，亦存有 12 份刑事司法公信力指数报告。

---

① 当样本容量少于评估指标或题项时，就无法获得 KMO 值（用于比较变量间简单相关系数和偏相关系数的指标），因为相关系数矩阵为非正定矩阵。根据统计的一般要求，最小样本容量为：$n \geqslant k+1$，其中 k 为解释变量数目，即评估指标或题项数目。对于小样本容量而言，一般经验认为，当样本容量 $n \geqslant 30$，或者至少 $n \geqslant 3(k+1)$ 时，才能满足模型估计的基本要求。

世界正义工程法治指数的研究者坚信,法治不再被视为法律人的事业,而是每个个人的事情;无论他是山野村夫、荒岛渔民,还是居庙堂之高的国会议员、法院法官,每一个人都感觉到法治是其生活中的一部分。① 基于此,其评估指数侧重于调查个人对于法治状况的感受和经验。② 其调查问卷区分了社会公众调查(GPP)和法律专家调查(QRQ)等两个部分,前者设有 107 个题项,后者设有 463 个题项。其调查方法为面对面访谈或在线回答,其调查范围覆盖世界 100 多个国家和司法区域。③ 根据其研究构想,世界正义工程法治指数共构设了 8 个一级评估指标:限制政府权力(F1);消除腐败(F2);开放政府(F3);基本权利(F4);秩序与安全(F5);规则的有效执行(F6);民事审判(F7);刑事司法(F8)。8 个一级评估指标(潜变量)涵盖立法控制(a1)、司法控制(a2)等 44 个二级评估指标(观测变量)。"刑事司法(F8)"的各指标与前文所论及刑事司法公信力指数各指标基本相同,故对世界正义工程刑事司法公信力指数的有效性检验可通过对"刑事司法(F8)"指数的有效性检验来实现。为检验世界正义工程法治指数及其刑事司法公信力指数的有效性,随机抽取 2017—2018 年世界正义工程法治指数评估数据为样本,采用因素分析法进行检验。

运用 Mplus8.0 统计软件,采用验证性因素分析法,创建世界正义工程法治指数结构方程模型(n = 113)。在创建模型过程中,发现 a5 与 a18 之间相关系数为 1,模型无法聚合,故将其中 1 个予以剔除。在删除其中任何 1 个后,再次运行 Mplus8.0 软件,得到世界正义工程法治指数结构

① See Mark David Agrast et al., *The World Justice Project Rule of Law Index: Measuring Adherence to the Rule of Law around the World*, Presented at the World Justice Forum Vienna, Austria, 3 July 2008, p. 5.

② 参见 World Justice Project, *World Justice Project Rule of Law Index 2017 – 2018*, p. 166, 载 https://worldjusticeproject.org/sites/default/files/documents/WJP-ROLI-2018-June-Online-Edition_0.pdf, 最后访问时间 2025 年 4 月 25 日。

③ 参见 World Justice Project, *World Justice Project Rule of Law Index 2017 – 2018*, p. 167 – 169, 载 https://worldjusticeproject.org/sites/default/files/documents/WJP-ROLI-2018-June-Online-Edition_0.pdf, 最后访问时间 2025 年 4 月 25 日。

方程模型。经检验，$x^2/df = 4.767$，小于 5，表示模型整体拟合度欠佳，但仍然可以接受；[①]CFI（比较拟合指数）为 0.637，TLI（非规范拟合指数）为 0.606，说明模型的拟合度欠佳，模型不可接受；[②]RMSEA（近似误差均方根）为 0.183，SRMR（标准化残差均方根）为 0.105，表示测量方案的可靠性和模型预测的准确性欠佳。[③] 当然，在模型参数未达要求时，研究者往往可利用 M. I. 指数值来修正模型。经反复修正后，模型参数仍不能满足要求，故世界正义工程法治指数无法通过 CFA 检验。

运用 SPSS18.0 统计软件，采用探索性因素分析法，经由主成分法，[④]创建世界正义工程探索性因素分析模型（$n = 113$）。经检验，KMO 值为 0.944，表明世界正义工程法治指数中 44 个二级指标适合进行探索性因素分析；[⑤]巴特利特（Bartlett）球形度近似检验 $x^2 = 9269.049$，$df = 946$，$p = 0.000$，说明有公因素存在。[⑥] 一般地，公因素的提取需要考虑两个方面的标准：一是公因素的特征值大于 1。根据 Kaiser 准则，只有特征值大于 1 的公因素方可被选取。[⑦] 二是累计解释的总方差不能低于 80%。一般地，解释的总方差越高，其所提取公因素的贡献率就越大，对原来变量的作用和影响也越大。然而在社会科学研究中由于通过问卷调查得到的

---

① $x^2/df < 3$ 表示模型整体拟合度较好，$x^2/df < 5$ 表示模型整体可以接受，$x^2/df > 10$ 表示模型整体非常差。

② CFI 取值在 0.85—0.9 之间，表示模型可以接受，其值越接近 1，表示模型拟合度越好。TLI 取值大于 0.9，表示模型不受复杂程度的影响，其值越接近 1，表示模型拟合度越好。参见唐铮等：《精神型领导问卷的修订及信效度检验》，载《心理研究》2014 年第 2 期。

③ RMSEA 值小于 0.08，为可接受模型；RMSEA 值小于 0.05 为良好模型的阀限；其值越小，说明测量方案越可靠。SRMR 应小于 0.08，其值越小，表示模型的准确性越高。

④ 探索性因素分析有很多方法，如主成分法、最大似然估计法、主轴因素分解法等。

⑤ KMO 检验是一项关于数据是否适合于进行因素分析的测量。根据 Kaiser（1974）的观点，数据的 KMO 值小于 0.5 时，不适宜进行因素分析。

⑥ 当 Bartlett 球形度近似检验 $p < 0.05$ 时，说明总体的相关主矩阵有公共因素存在，适合进行因素分析。

⑦ 在因素分析与主成分分析中初始特征值的作用是确定提取公共因素、主成分的个数。也就是说，大于 1 的初始特征值的公因素或者主成分有多少个，就提取多少个公因素或者主成分。

数据多为离散数据,①故累计解释的总方差往往很难达到这个标准。根据上述第一个标准,共可提取 4 个公因素;4 个公因素累计解释的总方差值为 81.443%,说明所提取公因素对原来变量的影响和作用较大。当然,在进行探索性因素分析时还需要根据因素载荷值来确定观测变量的抽取标准。一般来说,以因素载荷值高于 0.4 作为聚合标准,因考虑到世界正义工程法治指数各指标分类标准的重叠性,故将其聚合标准确定为高于 0.55。据此标准,经采用最大方差旋转法,②聚合世界正义工程法治指数 4 个公因素各自所涵盖的诸二级指标。兹根据表 3-1,作如下分析。

表 3-1　世界正义工程法治指数有效性检验

研究构想		探索性因素分析				主成分因素载荷				主成分系数				权重	
一级指标	二级指标	1	2	3	4	1	2	3	4	1	2	3	4	初始	归一
F1	a1 立法控制	0.84				0.75	-0.39	-0.33	0.08	0.14	-0.19	-0.25	0.08	0.08	0.02
	a2 司法控制	0.68		0.59		0.88	-0.15	-0.31	-0.19	0.17	-0.07	-0.24	-0.18	0.11	0.02
	a3 审计监察	0.65				0.85	-0.06	-0.10	0.05	0.16	-0.03	-0.08	0.05	0.12	0.02
	a4 有效制裁		0.72			0.89	0.23	-0.18	0.01	0.17	0.11	-0.14	0.01	0.14	0.03
	a5 言论监督	0.91				0.77	-0.57	-0.09	0.13	0.14	-0.28	-0.07	0.13	0.08	0.02
	a6 依法派吏	0.79				0.85	-0.39	-0.04	-0.00	0.16	-0.19	-0.03	-0.00	0.10	0.02
F2	a7 行政廉洁		0.65			0.92	0.16	-0.11	-0.06	0.17	0.08	-0.08	-0.06	0.14	0.03
	a8 司法廉洁			0.68		0.88	0.07	0.01	-0.32	0.17	0.03	0.01	-0.30	0.13	0.02
	a9 军警廉洁		0.55	0.57		0.90	0.15	0.06	-0.19	0.17	0.07	0.04	-0.17	0.14	0.03
	a10 立法廉洁		0.70			0.77	0.35	-0.15	0.02	0.14	0.17	-0.12	0.02	0.13	0.02

① 离散数据是指只能用自然数或者整数单位计算的数据,如公司个数、企业人数等;连续数据是指在一定区间内可以任意取值的数据。需要特别说明的是,虽然法治指数是连续数据,但是因为问卷调查中问题的设计均为有序变量,即离散数据,故解释的总方差值有时候很难达到 80%。

② 最大方差旋转法属于正交旋转的一种,正交旋转一般假定因素间不相关,而斜交旋转则一般不以因素间不相关为假定。

续表

研究构想		探索性因素分析				主成分因素载荷				主成分系数				权重	
一级指标	二级指标	1	2	3	4	1	2	3	4	1	2	3	4	初始	归一
F3	a11 信息公开	0. 58	0. 59			0. 76	0. 05	-0. 04	0. 28	0. 14	0. 02	-0. 03	0. 26	0. 12	0. 02
	a12 知情权	0. 75				0. 81	-0. 19	-0. 08	0. 17	0. 15	-0. 09	-0. 07	0. 16	0. 11	0. 02
	a13 参与权	0. 90				0. 79	-0. 55	-0. 07	0. 11	0. 15	-0. 27	-0. 06	0. 10	0. 09	0. 02
	a14 诉愿机制	0. 77				0. 81	-0. 27	-0. 05	0. 13	0. 15	-0. 13	-0. 04	0. 12	0. 11	0. 02
F4	a15 人人平等				0. 56	0. 79	0. 14	0. 37	-0. 04	0. 15	0. 07	0. 29	-0. 04	0. 14	0. 03
	a16 人身自由	0. 59				0. 88	-0. 18	0. 24	-0. 03	0. 17	-0. 09	0. 19	-0. 03	0. 13	0. 02
	a17 正当程序		0. 60			0. 94	0. 09	0. 12	-0. 03	0. 18	0. 04	0. 09	-0. 03	0. 15	0. 03
	a18 表达自由	0. 91				0. 77	-0. 57	-0. 09	0. 13	0. 14	-0. 28	-0. 07	0. 13	0. 08	0. 02
	a19 宗教自由	0. 68			0. 56	0. 59	-0. 51	0. 34	0. 19	0. 11	-0. 25	0. 27	0. 18	0. 08	0. 02
	a20 隐私权	0. 69				0. 85	-0. 31	0. 08	-0. 08	0. 16	-0. 15	0. 06	-0. 07	0. 11	0. 02
	a21 结社自由	0. 90				0. 70	-0. 65	0. 01	0. 11	0. 13	-0. 32	0. 00	0. 11	0. 07	0. 01
	a22 工作权				0. 58	0. 80	-0. 14	0. 36	0. 07	0. 15	-0. 07	0. 28	0. 07	0. 13	0. 02
F5	a23 控制犯罪		0. 65			0. 59	0. 41	0. 05	0. 01	0. 11	0. 20	0. 04	0. 01	0. 11	0. 02
	a24 消除冲突				0. 75	0. 32	0. 01	0. 63	0. 03	0. 06	0. 00	0. 49	0. 03	0. 07	0. 01
	a25 消除暴力		0. 85			0. 71	0. 49	-0. 07	0. 17	0. 13	0. 24	-0. 06	0. 16	0. 14	0. 03
F6	a26 有效执行		0. 74			0. 87	0. 23	-0. 02	0. 11	0. 16	0. 11	-0. 02	0. 10	0. 15	0. 03
	a27 无不当干预		0. 56			0. 90	0. 10	-0. 06	-0. 14	0. 17	0. 05	-0. 04	-0. 13	0. 13	0. 02
	a28 行政执行		0. 84			0. 77	0. 31	-0. 04	0. 40	0. 14	0. 15	-0. 03	0. 38	0. 14	0. 03
	a29 正当程序					0. 86	0. 06	-0. 13	0. 01	0. 16	0. 03	-0. 11	0. 01	0. 13	0. 02
	a30 补偿征用	0. 68				0. 86	-0. 18	-0. 18	-0. 05	0. 16	-0. 09	-0. 14	-0. 04	0. 11	0. 02
F7	a31 诉讼经济					0. 73	-0. 04	0. 30	-0. 08	0. 14	-0. 02	0. 23	-0. 08	0. 12	0. 02
	a32 司法公平				0. 59	0. 76	0. 05	0. 40	-0. 07	0. 14	0. 02	0. 32	-0. 07	0. 13	0. 02

续表

研究构想		探索性因素分析				主成分因素载荷				主成分系数				权重	
一级指标	二级指标	1	2	3	4	1	2	3	4	1	2	3	4	初始	归一
F7	a33 没有腐败			0.69		0.91	0.08	-0.01	-0.30	0.17	0.04	-0.01	-0.29	0.13	0.02
	a34 无不当干预	0.66		0.59		0.92	-0.14	-0.18	-0.17	0.17	-0.07	-0.14	-0.16	0.12	0.02
	a35 及时审理		0.84			0.55	0.56	-0.05	0.37	0.10	0.27	-0.04	0.34	0.12	0.02
	a36 有效执行		0.77			0.77	0.26	-0.07	0.25	0.14	0.13	-0.05	0.24	0.14	0.03
	a37 无偏私					0.79	-0.02	0.11	0.02	0.15	-0.01	0.09	0.02	0.12	0.02
F8	a38 有效侦查		0.71			0.71	0.45	-0.08	-0.08	0.13	0.22	-0.06	-0.08	0.13	0.02
	a39 及时与有效的刑事审理		0.81			0.71	0.45	-0.08	-0.08	0.13	0.22	-0.03	0.09	0.14	0.03
	a40 有效矫正		0.78			0.75	0.46	-0.04	0.09	0.14	0.22	-0.04	0.01	0.14	0.03
	a41 司法公平		0.54			0.80	0.43	-0.05	0.01	0.15	0.21	0.15	-0.09	0.14	0.03
	a42 司法廉洁			0.69		0.79	0.22	0.19	-0.09	0.15	0.11	-0.04	-0.26	0.14	0.03
	a43 司法机关依法独立行使职权	0.65		0.62		0.91	0.18	-0.05	-0.27	0.17	0.09	-0.15	-0.23	0.11	0.02
	a44 正当程序		0.61			0.87	-0.17	-0.19	-0.24	0.16	-0.08	0.09	-0.03	0.15	0.03

(一)世界正义工程法治指数的有效性

根据表3-1,世界正义工程法治指数的有效性主要表现为以下三个方面的特征:

一是世界正义工程法治指数各维度指标的聚合度较为分散。如果将指标聚合度划分为分散、一般、集中3个不同级别,那么世界正义工程所构设的44个二级指标的聚合度较为分散。具体来说,首先,a2、a9、a11、a19、a34、a43等6个二级指标未能聚集到一个因素内,而是同时落在2个不同因素内。在此种情况下,一般需要根据因素载荷值大小重新确定其所归属的因素。据此原则,可将 a2、a19、a34、a43 等 4 个二级指标归属于因素 1,a9 归属于因素 3,a11 归属于因素 2。其次,由于 a29、a31、a37、a41 等 4 个二级指标因素载荷值均未达到 0.55,故无法将其归属于任何因素。再次,a4 未能按照研究构想聚集到 F1 所归属的因素内,a8 未能按照研究构想聚集到 F2 所归属的因素内,a15、a17、a22 未能聚集到 F4 所归属的因素内,a24 未能聚集到 F5 所归属的因素内,a30 未能聚集到 F6 所归属的因素内。最后,F7、F8 所涵盖诸二级指标的聚合度整体上较为分散。

二是世界正义工程法治指数研究构想的整体符合度一般。具体来说,首先,经探索性因素分析检验,可得到 4 个公因素(一级指标),亦即世界正义工程所构设的 8 个一级指标仅有 4 个可得以验证。其次,因素 1 涵盖其研究构想 F1、F3、F4 等 3 个一级指标中 13 个二级指标以及 a30、a34、a43 等 3 个二级指标。最后,根据其研究构想,因素 2、3、4 各自所涵盖的二级指标分属于 F1 至 F8 维度之中。

三是对新提取的 4 个公因素可予以重新命名。根据法治的普遍规律,因素 1 所涵盖 16 个二级指标的主要特征体现为对控制政府权力和保障公民权利等两个方面的测量,故因素 1 可重新命名为“法治政府(f1)”。因素 2 所涵盖 16 个二级指标的主要特征体现为对有效的行政执行、民事执行、刑事执行和犯罪防控等四个方面的测量,故因素 2 可重新命名为“公正执法、司法(f2)”。因素 3 所涵盖 4 个二级指标的主要特征体现为对依法独立审判、司法廉洁等两个方面的测量,故因素 3 可重新命名为“司法机关依法独立行使职权(f3)”。因素 4 所涵盖 4 个二级指标的主要特征体现为对法律的平等保护方面的测量,故因素 4 可重新命名为“平等保护(f4)”。

总的来说,世界正义工程法治指数研究构想与探索性因素检验结果之间存在一定程度上的背离,各维度指标的聚合度较为分散,研究构想的整体符合度处于中等评级。据此,世界正义工程法治指数的结构效度评级为中,其有效性一般。究其原因,主要有两个方面:一方面,世界正义工程法治指数研究构想维度的分类标准不统一。例如,“F7 民事审判”“F8 刑事司法”所测量的内容与“F1 限制政府权力”“F2 消除腐败”“F4 基本权利”所测量的内容之间存在交叉重叠现象。另一方面,建立在经验主义大厦之上的法治指数研究构想难以接受数理统计的普遍性检验,因为经验主义的认识论立场与理性主义的认识论立场之间有着一道难以逾越的鸿沟。就此而言,研究构想与检验结果之间的背离亦在所难免。当然,如果研究者能够通过探索性因素分析、验证性因素分析来检验其研究构想的结构效度,那么就可以逾越二者之间的鸿沟,从而明显提升评估指数的有效性。

(二)世界正义工程刑事司法公信力指数的有效性

在世界正义工程刑事司法指数测量中,研究者创设了 7 个测量刑事司法公信力指数的次级评估测量指标,每一评估指标均涵盖与之相适应的调查内容,具体包括对法律专家的问卷调查和对普通公众的问卷调查。

1.“有效侦查”测量。在法律专家的问卷调查方面,“有效侦查”测量的内容主要有:支持刑事侦查情报体系;先发制人的刑事侦查方法;收集信息和分析信息能力;能处以监禁刑犯罪案件证据的固定;证人和检举人保护机制;刑侦部门的情报交流;侦查技术和资源;刑警数量;刑警能力;刑警和司法警察的清廉;刑警对法律的理解;检察官数量;检察官的清廉;检察官对法律的理解;检察官的独立性;错误指控。在对普通公众的问卷调查方面,“有效侦查”测量的内容主要包括:是否遭遇盗窃、抢劫;刑事侦查的及时性;抓捕犯罪嫌疑人效果。

2.“及时与有效的刑事审理”测量。在法律专家的问卷调查方面,“及时与有效的刑事审理”测量的主要内容有:审理羁押期限;刑事裁判质量。在普通公众的问卷调查方面,“及时与有效的刑事审理”测量的主要内容包括:是否遭遇盗窃、抢劫;犯罪的人是否被定罪判刑。

3.“有效矫正”测量。“有效矫正”测量仅限于对法律专家的问卷调查,包括矫正条件、监舍情况、再犯罪率、矫正措施、顽危犯管理、监管安全等。

4.“司法公平”测量。“司法公平”主要涉及法律适用平等方面的测量,其重点测量的是刑事裁判是否会因为性别、种族、年龄、贫富、信仰而有不平等。

5.“司法廉洁”测量。“司法廉洁”主要测量警察在犯罪调查、取保候审诸环节的廉洁性和检察官职务行为的廉洁性以及法官依法独立审判而不受贿赂、团体、舆论等方面的不当干预。

6.“司法机关依法独立行使职权”测量。“司法机关依法独立行使职权”主要测量法院不受政府权力和政治影响的不当干预。

7.“正当程序”测量。“正当程序”仅限于对法律专家的问卷调查,内容包括:逮捕和先行拘留正当程序;无罪推定;刑讯逼供;囚犯权利;法律援助。

那么究竟如何来测量世界正义工程刑事司法公信力指数的有效性呢?根据表3-1,世界正义工程刑事司法公信力指数的7个维度可重新规整为3个维度。质言之,根据因素载荷值,“a38 有效侦查”、“a39 及时与有效的刑事审理”、“a40 有效矫正”、“a41 司法公平”和“a44 正当程序”属于同一类,根据其指标内容特征,我们可以将其重新命名为“司法公正”。基于此,刑事司法公正指标涵盖了研究者所创设的司法效率、司法公平、[①]司法效果和程序正当4个维度。“a43 司法机关依法独立行使职权”指标因素载荷值跨越两个因素属类,根据取因素载荷值最大原则,则“a43 司法机关依法独立行使职权”应归属因素1中。根据前述,世界正义工程刑事司法公信力指数可创设司法公正、司法机关依法独立行使职权和司法廉洁等3个二级指标。质言之,世界正义工程刑事司法公信力指数理论构想的整体符合度为3/7。根据前述刑事司法公信力评估指数有效性的评级类型,世界正义工程刑事司法公信力指数的有效性评级为“中”,其因素聚合度一般,研究构想的整体符合度一般。当然,对于世界正义工程刑事司法公信力指数的有效性检验,本应该以其所构设的7

① “司法公平”因素载荷值(0.54)虽未达到设定标准,但为明确其归属,亦考虑将其纳入结构效度检验中。

个维度涵盖所有次级评估指标的调查数据为依据进行检验，但是因其公开发表的报告中没有任何这方面的数据，故无从据此检验其结构效度。

二、四川依法治省评估及其刑事司法公信力指数的有效性检验

中国社会科学院国家法治指数研究中心、中国社会科学院法学研究所法治指数创新工程项目组分别于 2017 年、2018 年发布 2016 年、2017 年度四川依法治省评估报告。[①] 笔者在收集四川依法治省评估相关数据时，对数据进行了如下处理：其一，因其 2 个年度数据中“助力解决执行难”二级指标得分均为满分 100 分，不具有统计意义，故将其删除。其二，根据其理论构想，“法治政府”一级指标涵盖“依法行政”“政府公开”两个指标，但在统计中却将“依法行政”所涵盖的三级指标划归二级指标，而将“政府公开”所涵盖的三级指标仍归属三级指标。[②] 为确保分类标准的统一，笔者将原研究中“政府公开”所涵盖三级指标亦划归二级指标。其三，为增加样本容量，将 2 年中相同或者相近项目的评估数据合并处理。经上述初步处理后，得到四川依法治省评估 5 个一级指标，包括：F1 依法执政；F2 人大制度；F3 法治政府；F4 司法建设；F5 社会法治。因“F4 司法建设”指标涵盖对检务透明度的测量，而其余 2 个指标亦可将刑事司法涵盖于内，故可将其视为对四川依法治省评估中刑事司法公信力（以下简称四川刑事司法公信力）指数的检验。兹以四川依法治省评估所涵盖的

---

① 四川依法治省评估 2016 年度评估数据包括 6 个一级指标、22 个二级指标、60 个三级指标；2017 年度评估数据包括 5 个一级指标、21 个二级指标、71 个三级指标。参见中国社会科学院国家法治指数研究中心、中国社会科学院法学研究所法治指数创新工程项目组：《四川省依法治省第三方评估报告（2016）》，中国社会科学出版社 2017 年版，第 12—14 页；中国社会科学院国家法治指数研究中心、中国社会科学院法学研究所法治指数创新工程项目组：《四川省依法治省第三方评估报告（2017）》，中国社会科学出版社 2018 年版，第 13、21—23、42—43、72—74、102、123、161—162 页。

② 参见中国社会科学院国家法治指数研究中心、中国社会科学院法学研究所法治指数创新工程项目组：《四川省依法治省第三方评估报告（2016）》，中国社会科学出版社 2017 年版，第 12—14 页。

42个评估对象19个三级指标数据为样本，对四川依法治省评估及其刑事司法公信力指数的有效性进行检验。

（一）四川依法治省评估的有效性

采用验证性因素分析，创建四川依法治省评估结构方程模型（n = 42）。经检验，$x^2/df = 1.56$，小于3，表示模型整体拟合较好；CFI为0.581，TLI为0.509，说明模型拟合未达标准，模型不可接受；RMSEA为0.116，SRMR为0.166，表示测量方案的可靠性和模型预测的准确性欠佳。据此，无法通过CFA检验。采用探索性因素分析方法，创建探索性因素分析模型（n = 42）。经检验，其KMO值为0.54；虽然根据统计的一般要求，仍可以对其勉强进行探索性因素分析，但为提高检验的精确度，亦采用逐步删除较低KMO值样本数据方法，对四川依法治省评估42个样本数据进行处理。经逐步删除“宜宾市”等6个样本数据后再进行探索性因素分析。经检验，KMO值为0.622，Bartlett球形度近似检验 x^2 = 289.141，df = 171，p = 0.000，表明可以创建探索性因素分析模型（n = 36）。经采用最大方差旋转法，依据因素载荷绝对值大于0.55标准，共提取6个公因素（见表3-2）；6个公因素累计解释的总方差贡献率为72.889%，说明所提取公因素对原变量的影响和作用一般。

表3-2 四川依法治省评估的结构效度检验、主成分分析与权重计算

研究构想		探索性因素分析						主成分分析（因素载荷）						权重
一级指标	二级指标	1	2	3	4	5	6	1	2	3	4	5	6	初始/归一
F1	b1“关键少数”	-0.68						0.74	0.15	0.04	-0.15	0.10	-0.34	0.14
	b2 党内法治建设		0.67					0.58	0.54	-0.20	-0.36	-0.06	0.06	0.09
	b3 从严治党			0.87				0.01	0.34	-0.27	0.80	0.03	0.23	0.10
F2	b4 人大监督	0.77						-0.54	0.41	0.09	-0.06	0.36	0.29	0.02
	b5 代表履职	0.64						-0.76	0.25	0.29	-0.03	-0.08	-0.09	-0.07
	b6 公开平台	0.84						-0.77	0.22	-0.06	0.11	0.00	0.31	-0.09

续表

研究构想		探索性因素分析						主成分分析(因素载荷)						权重
一级指标	二级指标	1	2	3	4	5	6	1	2	3	4	5	6	初始/归一
F3	b7“放管服”		0.73					0.45	0.46	0.47	-0.12	-0.09	0.08	0.15
	b8 维护司法权威			0.65				0.34	0.29	0.19	0.53	0.04	0.11	0.16
	b9 依法决策		0.65					-0.01	0.50	-0.07	-0.53	-0.01	0.47	-0.00
	b10 行政执法			0.66				0.41	0.64	-0.14	0.37	0.06	-0.22	0.17
	b11 规范文件公开	-0.61						0.72	-0.01	0.32	0.23	-0.12	0.08	0.15
	b12 服务公开						0.64	0.56	0.10	0.02	-0.23	0.51	0.32	0.16
	b13 结果公开					0.84		-0.21	0.23	0.59	0.07	0.25	-0.46	0.10
	b14 依申请公开	0.56						-0.60	0.25	0.31	-0.10	0.05	-0.03	-0.03
F4	b15 司法机关依法独立行使职权	-0.69						0.69	-0.45	0.35	-0.19	-0.09	0.18	0.06
	b16 提升司法透明度		0.74					0.09	0.67	0.45	0.02	-0.34	0.05	0.09
	b17 提升检务透明度					0.61		-0.27	-0.22	0.51	-0.05	0.48	-0.05	0.05
F5	b18 法治宣传教育				-0.90			-0.15	-0.36	0.48	0.10	-0.59	0.30	-0.10
	b19 基层依法治理						-0.77	-0.31	0.42	-0.28	-0.35	-0.39	-0.37	-0.12

根据表 3-2，四川依法治省评估的结构效度主要特点有：其一，四川依法治省评估的结构效度检验结果与其研究构想的符合程度约为 1/5。除 F2 所涵盖的 3 个二级指标全部落在因素 1 内，其余理论维度所涵盖的二级指标均零星散落在因素 1 至因素 6 内。F1 中的 3 个二级指标散落在因素 1、2、3 内；F3 中的 8 个二级指标散落在因素 1、2、3、5、6 内；F4 中的 3 个二级指标散落在因素 1、2、5 内；F5 中的 2 个二级指标散落在因素 4、6 内。其二，“b1‘关键少数’”“b11 规范文件公开”“b15 司法机关依法独立行使职权”“b18 法治宣传教育”“b19 基层依法治理”等 5 个因素载荷为负值，明显与理论假设相悖。其三，由于因素 1 至因素 6 所得到的观察变量（二级指标）过于分散，各因素所涵盖二级指标之间基本上无共同

特征可循，故无法对6个因素重新命名。综上，四川依法治省评估的研究构想较为凌乱，评估指标设计较为随意，结构效度低，评估指标的聚合度低、有效性差。

（二）四川刑事司法公信力指数的有效性

对四川刑事司法公信力指数的有效性检验可通过对“F4 司法建设”指标的有效性检验来实现。基于此，收集2016—2017年共2年“F4 司法建设”所涵盖10个三级指标得分数据，然后采用探索性因素分析法来对其有效性进行检验。需要特别说明的是，由于研究者所创设的次级指标因年份不同而不尽相同，故只能取相同或者相似的评估指标作为样本。经数据处理后，“F4 司法建设”一级评估指标共涵盖10个三级指标。其中“司法机关依法独立行使职权”二级指标共涵盖“责任追究”“依法履职”等2个三级指标；“提升司法透明度”二级指标共涵盖“审务公开”“审判公开”“执行信息公开”“数据公开”等4个三级指标；“提升检务透明度”共涵盖“基本信息”“检务指南”“检察活动”“统计总结”等4个三级指标。[①] 经采用探索性因素分析法检验，KMO值为0.262，说明不宜采用因素分析。基于此，只能根据表3-2结果对四川刑事司法公信力评估指数的有效性进行检验。如表3-2所示，“F4 司法建设”3个评估指标没有1个同时落在同一个因素内，故“F4 司法建设”指标的理论构想整体符合度为1/3。据此分析，四川刑事司法公信力指数的有效性评级为“较差”，其因素的聚合度低，研究构想的符合度低。

三、广东法治社会满意度评价及其刑事司法公信力指数的有效性检验

广东法治社会满意度评价由学者郑方辉、邱佛梅所构设，其研究构想

① 参见中国社会科学院国家法治指数研究中心、中国社会科学院法学研究所法治指数创新工程项目组：《四川省依法治省第三方评估报告（2016）》，中国社会科学出版社2017年版，第107—109页；中国社会科学院国家法治指数研究中心、中国社会科学院法学研究所法治指数创新工程项目组：《四川省依法治省第三方评估报告（2017）》，中国社会科学出版社2018年版，第12—14页。

涵盖4个一级指标、13个三级指标，评估对象包括广东省所辖21个地级市以上行政单位。① 其中“F3公正司法”指标关乎司法公信力测量，故对广东法治社会满意度评价中刑事司法公信力（本章以下简称广东刑事司法公信力）指数的有效性检验可通过对“F3公正司法”指标的有效性检验来实现。

为检验广东法治社会满意度评价的有效性，兹以其所涵盖21个评估对象13个三级指标原始数据为样本进行检验。采用验证性因素分析法，创建广东法治社会满意度评价结构方程模型（$n=21$）。经检验，$x^2/df=2.17$，小于3，表示模型整体拟合较好；CFI为0.842，TLI为0.791，说明模型拟合未达标准，模型不可接受；RMSEA为0.237，SRMR为0.19，表示测量方案可靠性和模型预测准确性欠佳。基于此，无法通过CFA检验。采用探索性因素分析法，创建探索性因素分析模型（$n=21$）。经检验，KMO值为0.828，Bartlett球形度近似检验$x^2=364.858$，$df=78$，$p=0.000$，表明适合进行探索性因素分析。经采最大方差旋转法，依据因素载荷绝对值大于0.55标准，提取2个公因素（见表3－3）；2个公因素累计解释总方差贡献率为80.92%，说明所提取公因素对原变量的影响和作用较大。因“d13社会治安”等1个三级指标因素载荷值小于0.55，故将其剔除。

表3－3 广东法治社会满意度评价的结构效度检验、主成分分析与权重计算

研究构想		原权重	探索性因素分析		主成分分析				新计算	
					因素载荷		主成分系数			
一级指标	三级指标		1	2	1	2	1	2	初始	归一
F1科学立法	d1科学立法	0.09	0.945		0.975	－0.072	0.34	－0.05	0.26	0.09
	d2民主立法	0.06	0.961		0.974	－0.128	0.34	－0.09	0.25	0.09

① 参见郑方辉、邱佛梅：《比较视角的法治政府与法治社会评价实证研究——以2017年广东省为例》，载《法治社会》2018年第3期。

续表

研究构想		原权重	探索性因素分析		主成分分析				新计算	
					因素载荷		主成分系数			
一级指标	三级指标		1	2	1	2	1	2	初始	归一
F2 依法行政	d3 依法行政	0.09		0.809	0.101	0.859	0.04	0.57	0.15	0.05
	d4 政府廉洁	0.08		0.744	0.528	0.611	0.19	0.41	0.24	0.08
	d5 政府服务	0.05	0.854		0.901	-0.007	0.32	0.00	0.25	0.09
	d6 政务公开	0.06		0.718	0.496	0.535	0.18	0.36	0.21	0.08
	d7 权力监督	0.09		0.873	0.410	0.821	0.14	0.55	0.23	0.08
F3 公正司法	d8 司法公正	0.13	0.976		0.959	-0.211	0.34	-0.14	0.23	0.08
	d9 依法独立审判	0.09	0.957		0.949	-0.176	0.34	-0.12	0.24	0.08
	d10 司法透明	0.09	0.955		0.961	-0.136	0.34	-0.09	0.25	0.09
F4 全民守法	d11 全民守法	0.09	0.950		0.974	-0.091	0.34	-0.06	0.26	0.09
	d12 法律意识	0.06	0.976		0.953	-0.232	0.34	-0.15	0.23	0.08

注:原权重通过对广东法治社会满意度评价 13 个三级指标权重进行归一化处理后计算得出。

根据表 3-3,广东法治社会满意度评价的结构效度主要特点有:其一,广东法治社会满意度评价的结构效度检验结果与研究构想的符合度约为 1/2。具体来说,因素 1 包括广东法治社会满意度评价研究构想 F1、F3、F4 中全部 7 个三级指标和 F2 中 1 个三级指标,因素 2 包括 F2 中 4 个三级指标。其二,根据法治的普遍性特征,对 2 个因素可重新命名。因素 1 所涵盖的 8 个三级指标的主要特征体现为司法的合法性诸面向,故可将其命名为“司法合法性”;因素 2 所涵盖的 4 个三级指标的主要特征体现为行政的合法性,故可将其命名为“行政合法性”。综上,广东法治社会满意度评价的结构效度一般,有效性评级为“中”。

如前所述,对广东刑事司法公信力指数的有效性检验可通过对“F3 公正司法”指标的有效性检验来实现。如表 3-3 所示,研究者共创设

"F3 公正司法"3 个次级评估指标，具体包括："d8 司法公正"；"d9 依法独立审判"；"d10 司法透明"。根据表 3－3，其所测量的 3 个次级评估指标同时落在一个因素内。据此，广东刑事司法公信力指数理论构想整体符合度高，其有效性评级为"好"。基于此，广东刑事司法公信力指数所涵盖的评估指标聚合度高，结构效度高，有效性好。

第二节　刑事司法公信力评估指数的准确性检验

刑事司法公信力评估指数的准确性是指评估工具所测得的评估指数与评估对象真实状况相一致的程度。在自然科学中，它又被称为"准确度"。在统计学中，准确度可由系统误差来表示。系统误差越小，准确度越高；反之，亦然。[①] 在社会科学领域中，由于难以假设"指数真值"的实验条件，故也就难以将自然科学中准确度的测量方法完全移植到社会科学领域中。尽管如此，仍可基于准确度测量的基本原理来构设评估指数准确性的检验方法。具体步骤包括三个方面：一是指标权重的重新计算。对于指标权重的重新计算，我们直接采用一种客观的数理统计方法，即主成分分析法来重新计算指标的权重。[②] 二是评估指标得分的重新计算。用新的指标权重乘以原研究相对应指标原始得分，即可得到评估对象新的评估指标得分。三是平均误差检验。首先用原评估指标得分减去新评估指标得分，得到二者间的差。其次根据二者间差的统计量与平均误差来检验评估指数的准确性。为清晰界分评估指数的准确性，依据原评估指数与新评估指数间的平均误差（百分点），设定如下评级标准：高（0—1）、较高（1.01—2）、中（2.01—3）、较低（3.01—4）、低（4.01—5）。

---

① 所谓系统误差是指在一定条件下，重复测量同一量时始终恒定或按一定规律变化的误差。参见张付山：《浅谈计量测量中的系统误差》，载《中国质量技术监督》2015 年第 6 期。

② 客观权重确定方法主要有主成分分析法、变异系数法、熵权系数法、局部变权法。参见李因果、李新春：《综合评价模型权重确定方法研究》，载《辽东学院学报（社会科学版）》2007 年第 2 期。

一、世界正义工程法治指数及其刑事司法公信力指数的准确性

根据世界正义工程法治指数报告，其评估指数的计算步骤为：首先，采用 min – max(极小极大)方法计算每一题项的得分。每一题项得分均在 0—1 之间，具体来说，如果题项所测内容呈正相关，且为 4 个梯度，则计分标准依次为 0、0.333、0.667、1；如果为 5 个梯度，则计分标准依次为 0、0.25、0.5、0.75、1；如果为 6 个梯度，则计分标准依次为 0、0.2、0.4、0.6、0.8、1；以此类推。如果是负相关，则计分标准刚好相反。其次，计算 44 个二级指标得分。计算方法为：任一二级指标得分为所有社会公众题项得分的算术平均值的 50% 与所有法律专业题项得分的算术平均值的 50% 之和。再次，计算 8 个一级指标得分，即一级指标所涵盖的所有二级指标的算术平均值。最后，计算评估对象的法治指数，即 8 个一级指标的算术平均值。

为检验世界正义工程法治指数及其刑事司法公信力指数的准确性，笔者首先收集了世界正义工程法治指数 11 个年度的评估报告，其中 2012—2019 年共 6 年的数据可据以利用。随机抽取其 2015 年、2017—2018 年共计 2 年的评估数据为样本。其次，采用主成分分析法，分别创建世界正义工程法治指数主成分分析模型和世界正义工程刑事司法公信力指数主成分分析模型。最后，采用统计学中准确度测量方法来检验世界正义工程 2012—2019 年共 6 个年度法治评估指数及其刑事司法公信力指数的准确性。

（一）世界正义工程法治指数的准确性检验

1. 创建世界正义工程法治指数主成分分析模型

运用 SPSS18.0 统计软件，采用主成分分析法创建世界正义工程法治指数主成分分析模型（$n = 216$）。根据世界正义工程法治指数 44 个二级指标主成分分析检验统计量，其 KMO 值为 0.958，表明世界正义工程法治指数 44 个二级指标适合进行主成分分析；初始特征值大于 1 的主成分

有4个,初始特征值分别为28.44、4.21、1.64、1.14;4个主成分解释的方差分别为64.63%、9.58%、3.73%、2.59%,累计解释的总方差贡献率为80.53%,说明所提取的4个主成分对原来变量的影响和作用较大。4个主成分在世界正义工程法治指数44个二级指标上的因素载荷值见表3-1。据此,创建世界正义工程法治指数主成分分析模型(见表3-1)。

2. 计算世界正义工程法治指数44个二级指标的权重

首先,用表3-1中主成分第i列每个元素的因素载荷值分别除以第i个主成分初始特征值的平方根,求出第i个主成分在44个二级指标上的系数。例如,第1个主成分在"a1立法控制"上的系数计算为:$0.75/\sqrt{28.44}=0.14$。根据相同计算,可分别求得4个主成分在44个二级指标上各自的系数(见表3-1)。4个主成分线性组合表达式为:$y_1=0.14a1^*+0.16a2^*\cdots\cdots+0.18a44^*$;$y_2=-0.19a1^*-0.07a2^*+\cdots\cdots+0.04a44^*$;$y_3=-0.254a1^*-0.24a2^*+\cdots\cdots+0.09a44^*$;$y_4=0.08a1^*-0.18a2^*+\cdots\cdots-0.03a44^*$。其中$a1^*$、$a2^*\cdots\cdots a44^*$表示对原变量标准化后的变量。

其次,求出世界正义工程法治指数44个二级指标的初始权重。用表3-1中所求得的第1个主成分y_1在每个指标上的系数乘以第1个主成分y_1所对应的解释的方差贡献率,加上第2个主成分y_2在每个指标上的系数乘以第2个主成分y_2所对应的解释的方差贡献率,加上第3个主成分y_3在每个指标上的系数乘以第3个主成分y_3所对应的解释的方差贡献率,加上第4个主成分y_4在每个指标上的系数乘以第4个主成分y_4所对应的解释的方差贡献率;然后用前述计算所得之和除以4个主成分所对应的解释的总方差贡献率,得到4个主成分综合得分模型在44个二级指标上的系数,即44个二级指标的初始权重。例如,综合得分模型在"a1立法控制"上的系数,即"a1立法控制"的初始权重计算为:$(0.14\times0.6463-0.19\times0.0958-0.25\times0.0373+0.08\times0.0259)/0.8053=0.08$。根据相同计算,可求得世界正义工程法治指数44个二级指标的初始权重(见表3-1)。根据表3-1,4个主成分综合得分模型的表达式可写为：y = 0.08a1 + 0.11 a2…… + 0.15 a44。

最后，将所求得的世界正义工程法治指数44个二级指标的初始权重进行归一处理，得到44个二级指标的权重。具体计算方法为：将所求得的任一二级指标的初始权重除以44个二级指标初始权重之和。例如，“a1 立法控制”的归一化权重计算为：0.08/(0.08 + 0.11…… + 0.15) = 0.08/5.30 = 0.02。根据相同计算，可求得经归一方法处理后世界正义工程法治指数44个二级指标的权重。

3. 求出世界正义工程法治指数测量对象的新的指数

将前述运用主成分分析法所得到的44个二级指标的新权重应用到2012—2019年共6个年度640个评估对象新的法治指数计算中，即可重新算出世界正义工程各年度评估对象的新的法治指数。具体来说，将表3-1中44个二级指标归一权重乘以世界正义工程原研究中相对应二级指标得分，即可得到评估对象新的评估指数。例如，我国（不含港澳台地区数据）2017—2018年法治指数计算为：0.02 × 0.60 + 0.02 × 0.40 + 0.02 × 0.50 + 0.03 × 0.49 + 0.02 × 0.14 + 0.02 × 0.27 + 0.03 × 0.50 + 0.02 × 0.58 + 0.03 × 0.69 + 0.02 × 0.41 + 0.02 × 0.44 + 0.02 × 0.61 + 0.02 × 0.21 + 0.02 × 0.52 + 0.03 × 0.43 + 0.02 × 0.45 + 0.03 × 0.51 + 0.02 × 0.14 + 0.01 × 0.30 + 0.02 × 0.22 + 0.01 × 0.18 + 0.02 × 0.27 + 0.02 × 0.79 + 0.01 × 0.92 + 0.03 × 0.69 + 0.03 × 0.54 + 0.03 × 0.58 + 0.03 × 0.58 + 0.02 × 0.28 + 0.02 × 0.42 + 0.02 × 0.59 + 0.02 × 0.44 + 0.02 × 0.45 + 0.02 × 0.25 + 0.02 × 0.71 + 0.03 × 0.63 + 0.02 × 0.7 + 0.02 × 0.60 + 0.03 × 0.59 + 0.03 × 0.47 + 0.03 × 0.36 + 0.03 × 0.61 + 0.02 × 0.20 + 0.03 × 0.51 = 0.48。通过相同计算，可求出世界正义工程2012—2013年99个国家、2014年100个国家、2015年103个国家、2016年112个国家、2017—2018年113个国家、2019年113个国家的法治指数。

4. 计算各年度平均误差

世界正义工程2012—2019年共计6个年度法治指数的平均误差计

算过程为：

(1)计算2012—2013年平均误差。用2012—2013年度99个评估对象原法治指数减去相对应评估对象新法治指数，可得到二者间的差。2012—2013年度99个评估对象原法治指数中有2个小于新法治指数。二者间差的统计量为：差的绝对值的均值为0.016，众数为0.02；均值的标准误为0.001，标准差为0.009，说明抽样误差小、数据的离散程度低；极小值为-0.02，极大值为0.03。据此，2012—2013年世界正义工程法治指数的平均误差为1.6个百分点。

(2)计算2014年平均误差。2014年度100个评估对象原法治指数均大于或等于新法治指数。二者间差的绝对值的均值为0.019，众数为0.02；均值的标准误为0.001，标准差为0.009；极小值为0.00，极大值为0.03。据此，2014年世界正义工程法治指数的平均误差为1.9个百分点。

(3)计算2015年平均误差。2015年度103个评估对象原法治指数中有1项小于新法治指数。二者间差的绝对值的均值为0.019，众数为0.02；均值的标准误为0.001，标准差为0.01；极小值为-0.01，极大值为0.04。据此，2015年世界正义工程法治指数的平均误差为1.9个百分点。

(4)计算2016年平均误差。2016年度112个评估对象原法治指数中有1项小于新法治指数。二者间差的绝对值的均值为0.018，众数为0.02；均值的标准误为0.001，标准差为0.01；极小值为-0.01，极大值为0.05。据此，2016年世界正义工程法治指数的平均误差为1.8个百分点。

(5)计算2017—2018年平均误差。2017—2018年度113个评估对象原法治指数均大于或等于新法治指数。二者间差的绝对值的均值为0.018，众数为0.02；均值的标准误为0.001，标准差为0.009；极小值为0.00，极大值为0.04。据此，2017—2018年世界正义工程法治指数的平均误差为 1. 8 个百分点。

(6)计算 2019 年平均误差。2019 年度 113 个评估对象原法治指数有 2 项小于新法治指数。二者间差的绝对值的均值为 0. 019,众数为 0. 02;均值的标准误为 0. 001,标准差为 0. 009;极小值为 -0. 01,极大值为 0. 04。据此,2019 年世界正义工程法治指数的平均误差为 1. 9 个百分点。

根据上述计算,2012—2019 年共 6 个年度世界正义工程法治指数的平均误差约为 1. 8 个百分点。当然,我们还可以直接采用 2012—2019 年共 6 个年度 640 个评估对象原法治指数与新法治指数二者间的差的统计量来检验世界正义工程法治指数的准确度。经计算,640 个评估对象原法治指数中有 6 项小于新法治指数。二者间的差的绝对值的均值为 0. 019,众数为 0. 02,中位数为 0. 02;均值的标准误为 0. 0003,标准差为 0. 009。据此,2012—2019 年共 6 个年度世界正义工程法治指数的平均误差约为 1. 9 个百分点。综上,无论采用何种计算方式,其准确度评级均较高。据此,世界正义工程法治指数的准确性较高,评估结论具有可靠性。

(二)世界正义工程刑事司法公信力指数的准确性

通过 SPSS18. 0,采用主成分分析方法,创建世界正义工程刑事司法公信力评估指数主成分分析模型(n = 216)。根据世界正义工程刑事司法公信力指数 7 个二级指标主成分分析检验统计量,其 KMO 值为 0. 912,表明 7 个二级指标适合进行主成分分析;初始特征值大于 1 的主成分仅有 1 个,初始特征值为 5. 334;累计解释的总方差为 76. 032%,说明所提出的 1 个主成分对原变量的影响和作用较大。“a38 有效侦查”“a39 及时与有效的刑事审理”“a40 有效矫正”“a41 司法公平”“a42 司法廉洁”“a43 司法机关依法独立行使职权”“a44 正当程序”等 7 个因素载荷值分别为 0. 835、0. 879、0. 898、0. 855、0. 911、0. 802、0. 924,采用前述相同计算方式,可算出其权重,7 个因素的权重分别为 0. 13、0. 14、0. 14、0. 14、0. 14、0. 11、0. 15。

用新计算出的世界正义工程刑事司法公信力 7 个评估指标权重分别

乘以相对应原指标得分,可得到新的刑事司法公信力指数。用原刑事司法公信力指数减去新得出的刑事司法公信力指数(n = 640),得到二者间的差。经计算,640 个评估对象中原刑事司法公信力指数小于新得出的刑事司法公信力指数的有 315 个(保留 3 位小数),二者间差的均值约为 -0.003,均值的标准误为 0.0002;二者相等的有 26 个;大于新得出的刑事司法公信力评估指数的有 299 个,二者间差的均值约为 0.004,均值的标准误为 0.0003;极小值为 -0.03,极大值为 0.07。根据计算,世界正义工程原刑事司法公信力指数与新刑事司法公信力指数间差的绝对值均值为:| -0.003| +0 +0.004 =0.007。据此,因为世界正义工程指数范围在 0—1 之间,故二者间平均误差为 0.7 个百分点。根据前述刑事司法公信力指数准确性的评级分类,世界正义工程刑事司法公信力评估指数的准确性高,其评估结论具有可靠性。

二、世界银行法治指数的准确性检验

自 1996 年始,世界银行已发布 22 份涵盖全球 214 个国家和地区的治理指数报告,法治指数是其全球治理指数 6 个一级指标之一。世界银行法治指数原始数据源于世界 23 个不同法治评估数据库。其中使用频次较高的数据库有:(1)经济学人智库;(2)全球观察商业风险指南;(3)体制机制简况数据库;(4)全球竞争力年鉴;(5)世界经济论坛全球竞争力调查;(6)经济自由度指数;(7)盖洛普全球民意调查;(8)政治风险服务国家风险指南;(9)人口贩卖报告;(10)多样民主工程。[①] 世界银行将法治指数界定为:反映人们相信和遵守社会规则,尤其是在合同执行、财产权保护、警察执法与法院裁判执行的质量以及犯罪、暴力概率等方面

① 另外 13 个数据库为:自由之家;世界银行国家政策和制度评估;非洲经济社会调查;非洲发展银行国家政策和制度评估;农业绩效评估;贝塔斯曼转型指数;全球诚信指数;范德比尔特大学美洲经济社会发展指数;拉美经济社会发展指数;转型国家指数;亚洲发展银行政策和制度评定;营商环境和企业效益调查;世界正义工程。参见 http://info.worldbank.org/governance/wgi/index.aspx#doc. 最后访问时间 2019 年 6 月 16 日。

的感知程度。[①] 根据此定义,刑事司法公信力可谓世界银行法治指数的主要测量维度,故我们可将其发布的全球法治指数作为刑事司法公信力评估指数的一个参考界面。鉴于此,我们试图通过对世界银行全球法治指数的准确性检验来间接说明世界银行刑事司法公信力评估指数的准确性。

世界银行法治指数的计算方法为非观测成分模型。[②] 具体计算步骤主要有:采用非观测成分模型计算出不同数据库的权重,[③]然后利用所求得的参数和权重计算评估对象的法治指数。[④] 根据其 2008 年报告,由于数据库的提供者不同,其所计算出的权重亦有不同。其中商业信息提供者数据库权重为 0. 35、公共服务部门提供者数据库权重为 0. 24,非政府组织提供者数据库权重为 0. 22,调查公司提供者数据库权重为 0. 19。前三种数据库的原始数据均通过专家评估法得到,后一种数据库的数据则通过定量调查方法得到。根据其计算,23 个数据库中权重最大者为自由之家数据库,其值为 0. 137;最小值为营商环境和企业效益调查数据库,其值为 0. 00。[⑤] 所有评估对象的法治指数范围均在 - 2. 5—2. 5。基于

---

① 世界银行全球治理指数的 6 个一级指标为:参与与表达自由;政治稳定与和平;行政效率;促进私营经济发展的规则;法治;控制腐败。参见 Daniel Kaufmann, Aart Kraay & Massimo Mastruzzi, *Governance Matters VIII*: *Aggregate and Individual Governance Indicators 1996 - 2008*, p. 6, https://documents1. worldbank. org/curated/en/598851468149673121/pdf/WPS4978. pdf,2025 年 4 月 25 日访问。

② 非观测成分模型广泛应用于经济学领域的研究中。其传统方法是将实际产出分解为不可观测和周期成分,并假定不可观测成分与周期成分的随机误差不相关。对于非观测成分模型来说,主要有最大似然估计和贝叶斯两种估计方法。参见周晓艳、张杰、李鹏飞:《中国季度潜在产出与产出缺口的再估算——基于不可观测成分模型的贝叶斯方法》,载《数量经济技术经济研究》2012 年第 10 期。

③ See Mark David Agrast et al. ,*The World Justice Project Rule of Law Index*: *Measuring Adherence to the Rule of Law around the World*, Presented at the World Justice Forum Vienna, Austria,3 July 2008,p. 13.

④ 详细论述可参见王裕根:《WGI 法治指数的评估程序与经验审视》,载《宏观质量研究》2016 年第 4 期。

⑤ See Daniel Kaufmann, Aart Kraay & Massimo Mastruzzi, *Governance Matters VIII*: *Aggregate and Individual Governance Indicators* 1996 - 2008, p. 6, https://documentsl. worldbank. org/curated/en/598851468149673121/pdf/WPS4978. pdf.

此,在检验世界银行法治指数的准确性时,需要将其转换为 0—1 之间。为检验世界银行法治指数的准确性,故收集其 1996—2017 年评估指数数据。经整理,发现上述 10 个数据库数据均齐备者仅 50 个评估对象,且时间跨度仅为 2010—2015 年共 6 年,这是由于研究者对不同评估对象采用不尽相同数据库,且即便对于同一评估对象在不同的年份亦采用不尽相同数据库进行评估。兹以世界银行指数 2010—2015 年度上述 10 个数据库原始数据为样本(n = 50),运用 SPSS18. 0 统计软件,采用主成分分析法对其法治指数的准确性进行检验(见表 3 - 4)。

表 3 - 4　2010—2015 年世界银行法治指数 10 个数据库权重计算

数据库	2010 年					2011 年					2013 年	
	因素载荷		主成分系数		初始权重	因素载荷		主成分系数		初始权重	因素载荷	初始权重
	1	2	1	2		1	2	1	2			
EIU	0. 96	0. 02	0. 37	0. 02	0. 32	0. 96	-0. 01	0. 36	-0. 01	0. 31	0. 96	0. 35
GCS	0. 93	-0. 27	0. 36	-0. 26	0. 28	0. 92	0. 29	0. 34	0. 29	0. 34	0. 93	0. 34
GWP	0. 68	-0. 64	0. 26	-0. 61	0. 14	0. 66	0. 64	0. 24	0. 64	0. 29	0. 73	0. 27
IPD	0. 90	0. 11	0. 35	0. 10	0. 32	0. 90	-0. 13	0. 34	-0. 13	0. 28	0. 94	0. 35
PRS	0. 88	-0. 05	0. 34	-0. 05	0. 29	0. 89	0. 05	0. 33	0. 05	0. 30	0. 90	0. 33
TPR	0. 71	0. 46	0. 28	0. 44	0. 30	0. 76	-0. 43	0. 28	-0. 43	0. 20	0. 80	0. 29
VDM	0. 78	0. 49	0. 30	0. 47	0. 33	0. 78	-0. 45	0. 29	-0. 45	0. 20	0. 78	0. 29
WMO	0. 70	0. 21	0. 27	0. 20	0. 26	0. 74	-0. 21	0. 28	-0. 21	0. 22	0. 73	0. 27
WCY	0. 83	-0. 30	0. 32	-0. 29	0. 24	0. 85	0. 26	0. 32	0. 26	0. 31	0. 85	0. 31
HER	0. 68	0. 01	0. 26	0. 01	0. 23	0. 97	0. 01	0. 36	0. 01	0. 32	0. 96	0. 35
数据库	2012 年					2015 年					2014 年	
	因素载荷		主成分系数		初始权重	因素载荷		主成分系数		初始权重	因素载荷	初始权重
	1	2	1	2		1	2	1	2			
EIU	0. 96	0. 01	0. 36	0. 01	0. 31	0. 97	-0. 01	0. 36	-0. 01	0. 31	0. 96	0. 36
GCS	0. 93	-0. 28	0. 34	-0. 27	0. 26	0. 95	-0. 24	0. 35	-0. 23	0. 27	0. 94	0. 35

续表

数据库	2012年					2015年					2014年	
	因素载荷		主成分系数		初始权重	因素载荷		主成分系数		初始权重	因素载荷	初始权重
	1	2	1	2		1	2	1	2			
GWP	0.68	-0.61	0.25	-0.59	0.14	0.67	-0.61	0.25	-0.57	0.14	0.73	0.27
IPD	0.95	0.07	0.35	0.07	0.31	0.93	0.02	0.35	0.02	0.30	0.93	0.34
PRS	0.90	-0.05	0.33	-0.04	0.29	0.89	-0.14	0.33	-0.13	0.27	0.90	0.33
TPR	0.74	0.48	0.27	0.46	0.30	0.79	0.41	0.29	0.39	0.31	0.81	0.30
VDM	0.78	0.47	0.29	0.45	0.31	0.76	0.51	0.28	0.47	0.31	0.77	0.29
WMO	0.73	0.27	0.27	0.26	0.27	0.66	0.42	0.24	0.40	0.27	0.62	0.23
WCY	0.96	0.01	0.36	0.01	0.31	0.88	-0.28	0.33	-0.26	0.25	0.87	0.32
HER	0.93	-0.28	0.34	-0.27	0.26	0.96	0.01	0.36	0.01	0.31	0.96	0.35

注：因主成分系数是根据因素载荷计算得出，文中已写明计算方法，故2013年的主成分系数在此不列出。

创建2010年世界银行法治指数主成分分析模型(n = 50)。经检验，KMO值为0.87，Bartlett球形度近似检验 $x^2 = 477.986$，$p = 0.000$，说明可据此创建2010年度世界银行法治指数主成分分析模型。根据主成分初始特征值大于1标准，可提取2个主成分，成分1、2的初始特征值分别为6.599、1.078；2个主成分解释的方差分别为65.9957%、10.78%，累计解释的总方差为76.7757%。根据2个主成分的初始特征值、解释的方差和主成分因素载荷(见表3-4)，采用前述世界正义工程44个二级指标权重计算相同方法，可算出2010年世界银行法治指数10个数据库的权重(见表3-4)。用新得到的权重乘以相对应数据库的原始法治指数，可得到2010年50个评估对象新的法治指数。例如，2010年中国台湾地区法治指数为：$0.12 \times 0.78 + 0.1 \times 0.69 + 0.05 \times 0.56 + 0.12 \times 0.39 + 0.11 \times 0.83 + 0.11 \times 1 + 0.12 \times 0.83 + 0.1 \times 0.69 + 0.09 \times 0.58 + 0.08 \times 0.39 = 0.69$。用评估对象原法治指数减去同一评估对象新的法治指数，得到二者间的差。2010年50个评估对象原法治指数中有21个小于新法治指数。二者间差的绝对值的均值为 0.025，众数为 0.01；均值的标准误为 0.003，标准差为 0.023；极小值为 -0.08，极大值为 0.11。基于此，2010 年世界银行法治指数的平均误差为 2.5 个百分点。

创建 2011 年世界银行法治指数主成分分析模型（n =50）。其 KMO 值为 0.909，Bartlett 球形度近似检验 x^2 =558.923，P =0.000；初始特征值大于 1 的主成分有 2 个，其值分别为 7.193、1.005；解释的方差分别为 71.928%、10.047%，累计解释的总方差为 81.975%。根据相同计算，可算出 2011 年世界银行法治指数 10 个数据库的权重（见表 3 -4）和 50 个评估对象的新的法治指数。例如，2011 年中国法治指数为：0.11 ×0.5 +0.12 ×0.58 +0.11 ×0.72 +0.1 ×0.44 +0.11 ×0.58 +0.07 ×0.33 +0.07 ×0.22 +0.08 ×0.56 +0.11 ×0.42 +0.11 ×0.2 =0.46。2011 年世界银行法治指数 50 个评估对象原法治指数中有 2 个小于新法治指数。二者间差的绝对值的均值为 0.043，众数为 0.03；均值的标准误为 0.003，标准差为 0.022；极小值为 -0.02，极大值为 0.09。2011 年世界银行法治指数的平均误差为 4.3 个百分点。

创建 2012 年世界银行法治指数主成分分析模型（n =50）。KMO 值为 0.914，Bartlett 球形度近似检验 x^2 =587.137，P =0.000。按照初始特征值大于 1 标准，可提取 2 个主成分，其值分别为 7.282、1.078；解释的方差分别为 72.815%、10.777%，解释的总方差为 83.592%。依照相同方法，可计算出 2012 年世界银行法治指数 10 个数据库的权重（见表 3 -4）和 50 个评估对象的新的法治指数。例如，2012 年我国台湾地区法治指数可计算为：0.11 ×0.78 +0.1 ×0.73 +0.05 ×0.61 +0.11 ×0.72 +0.1 ×0.83 +0.11 ×1 +0.11 ×0.84 +0.1 ×0.69 +0.09 ×0.67 +0.11 ×0.7 =0.76。2012 年世界法治指数 50 个评估对象原法治指数中有 4 个小于新法治指数。二者间差的绝对值的均值为 0.025，众数为 0.01；均值的标准误为 0.002，标准差为 0.017；极小值为 -0.02，极大值为 0.06。基于此，2012 年世界银行法治指数的平均误差为 2.5 个百分点。

创建 2013 年世界银行法治指数主成分分析模型（n =50）。其 KMO 值为 0.925，Bartlett 球形度近似检验 x^2 =586.803，P =0.000；初始特征值大于 1 的主成分有 1 个,其值为 7.453;解释的方差为 74.528%。采用相同方法,可计算出 2013 年世界银行法治指数 10 个数据库的权重(见表 3-4)和 50 个评估对象的新的法治指数。例如,2013 年中国法治指数计算为:$0.11\times0.5+0.11\times0.57+0.08\times0.73+0.11\times0.44+0.11\times0.58+0.09\times0.33+0.09\times0.2+0.08\times0.56+0.1\times0.4+0.11\times0.2=0.44$。2013 年世界银行法治指数 50 个评估对象原法治指数中有 3 个小于新法治指数。二者间差的绝对值的均值为 0.025,众数为 0.01;均值标准误为 0.003,标准差为 0.018;极小值为 -0.01,极大值为 0.07。2013 年世界银行法治指数的平均误差为 2.5 个百分点。

创建 2014 年世界银行法治指数主成分分析模型($n=50$)。其 KMO 值为 0.908,Bartlett 球形度近似检验 $x^2=589.918$,$p=0.000$;初始特征值大于 1 的主成分有 1 个,其值为 7.335;1 个主成分解释的方差为 73.347%。据此,可算出 2014 年世界银行法治指数 10 个数据库的权重(见表 3-4)和 50 个评估对象新的法治指数。例如,2014 年中国台湾地区法治指数计算为:$0.11\times0.75+0.11\times0.67+0.09\times0.59+0.11\times0.72+0.11\times0.83+0.1\times1+0.09\times0.81+0.07\times0.89+0.1\times0.59+0.11\times0.7=0.75$。经计算,2014 年世界银行法治指数 50 个评估对象原法治指数中有 9 个小于新的法治得分。二者之间差的绝对值的均值为 0.016,众数为 0.01;均值的标准误为 0.002,标准差为 0.015;极小值为 -0.02,极大值为 0.07。基于此,2014 年世界银行法治指数的平均误差为 1.6 个百分点。

创建 2015 年世界银行法治指数主成分分析模型($n=50$)。其 KMO 值为 0.895,Bartlett 球形度近似检验 $x^2=615.29$,$p=0.000$;初始特征值大于 1 的主成分有 2 个,其值分别为 7.282、1.141;解释的方差分别为 72.817%、11.409%,累计解释的总方差为 84.226%。据此,可计算出 2015 年世界银行法治指数 10 个数据库的权重(见表 3-4)和 50 个评估对象新的法治得分。例如,2015 年中国台湾地区法治得分计算为:$0.11\times0.75+0.1\times0.69+0.05\times0.63+0.11\times0.72+0.1\times0.83+0.11\times1+0.11\times0.81+0.1\times0.89+0.09\times0.61+0.11\times0.7=0.77$。50 个评估对象原法

治得分有 1 个小于新法治得分。二者间差的绝对值的均值为 0.03，众数为 0.03；均值的标准误为 0.003，标准差为 0.018；极小值为 -0.01，极大值为 0.09。基于此，2015 年世界银行法治指数的平均误差为 3 个百分点。

综合上述，世界银行法治指数 2010—2015 年 6 年间的平均误差为 2.73 个百分点，其准确度评级为“中”。据此，基于刑事司法公信力准确性检验视角，世界银行法治指数对于刑事司法公信力测量的准确性一般，其评估结论仅具有一定程度的可靠性。

三、四川依法治省评估及其刑事司法公信力评估指数的准确性检验

根据 2016、2017 年度四川依法治省评估报告，其评估数据来自法律专家或项目组成员的客观打分，各级指标的权重来自法律专家或项目组成员的主观打分。在检验四川刑事司法公信力指数的准确性之前，首先对该项评估的整体准确性进行检验。基于此，采用主成分分析法，创建四川依法治省评估主成分分析模型（n = 36）。经检验，四川依法治省评估主成分分析模型的各检验统计量与前述探索性因素分析模型的各检验统计量相同。[①] 根据主成分的初始特征值大于 1 标准，可提取 6 个主成分，主成分 1、2、3、4、5、6 的初始特征值分别为 4.741、2.796、1.938、1.798、1.356、1.22；其解释的方差贡献率分别为 24.952%、14.718%、10.201%、9.462%、7.135%、6.421%，累计解释的总方差贡献率为 72.889%。按照前述江苏依法行政评估 14 个二级指标权重计算相同方法，可计算出前述 6 个主成分及其综合得分模型在四川依法治省评估 19 个二级评估指标上的系数。将综合得分模型在四川依法治省评估 19 个二级评估指标上的系数（初始权重）进行归一化处理，得到四川依法治省评估 19 个二级评估指标的权重（见表 3 -2）。

兹将样本容量为 36 的指标权重计算结果应用到样本容量为 42 的四

---

① 主成分分析模型的各检验统计量之所以与探索性因素分析模型的各检验统计量相同是因为探索性因素分析也采用了主成分分析法。

川依法治省评估研究中，用新计算所得 19 个二级指标权重乘以相对应指标原始得分，可得到 42 个评估对象新的法治得分。需要特别指出的是，根据上述权重计算，b5、b14、b18、b19 等 4 个指标的权重为负值，此与理论假设明显相悖，但因为指标权重的计算皆由主成分分析模型客观得出，且已对其进行归一化处理，故在计算评估对象法治得分时不宜将其删除。用 42 个评估对象原评估得分减去新的评估得分，得到二者之间的差。根据计算，有 18 个评估对象的原评估得分小于新的评估得分（n = 18），二者间的差的均值为 -8.45，极小值为 -19.17；有 24 个评估对象的原评估得分大于或等于新的评估得分（n = 24），二者间差的均值为 11.036，极大值为 31.47。二者间的评价误差为：$|-8.45 \times 18/42| + 11.036 \times 24/42 = 3.621 + 6.306 = 9.927$。基于此，四川依法治省评估原评估得分与新评估得分间的平均误差约为 9.9 个百分点。综上，四川依法治省评估的准确性评级为“低”，其评估结论不具有可靠性。

“F4 司法建设”可视为刑事司法公信力指数，故对四川刑事司法公信力指数准确性的检验可通过对“F4 司法建设”指标的准确性检验来实现。经采用主成分分析法，创建四川刑事司法公信力指数主成分分析模型（n = 36）。经检验，其 KMO 值为 0.508，说明勉强可以进行主成分分析；解释的总方差为 37.719%，说明对原变量的影响和作用低。据此分析，“F4 司法建设”指标无法通过基于主成分分析的准确性检验。基于上述，根据四川依法治省评估的准确性检验结论，四川刑事司法公信力指数的准确性低，其评估结论不具有可靠性。

四、广东法治社会满意度评价及其刑事司法公信力指数的准确性检验

在检验广东刑事司法公信力指数准确性之前，首先对其整体的准确性进行检验。基于广东法治社会满意度评价探索性因素分析检验结果，采用主成分分析方法，以广东法治社会满意度评价 21 个评估对象、12 个三级指标的原始数据为样本数据，创建广东法治社会满意度评价主成分分析模型（n = 21）。经检验，KMO 值为 0.843，Bartlett 球形度近似检验

$x^2=364.858$,$p=0.000$,说明可据此创建主成分分析模型。根据特征值大于1标准,可提取2个主成分,成分1、2的初始特征值分别为8.018、2.25;解释的方差贡献率分别为66.814%、18.75%,累计解释的总方差贡献率为85.56%。根据广东法治社会满意度评价主成分的初始特征值、解释方差的贡献率和2个主成分在12个三级指标上的因素载荷值(见表3－3),按照前述江苏依法行政评估14个二级指标权重计算的相同方法,可求出前述2个主成分和2个主成分综合得分模型在广东法治社会满意度评价12个三级指标上的系数(见表3－3)。经归一化处理后,可得到广东法治政府满意度评价12个三级指标的权重(见表3－3)。

用表3－3中新的权重分别乘以广东法治社会满意度评价21个评估对象相对应指标的原始得分,可得到21个评估对象法治社会满意度新的得分。用21个评估对象原满意度指数减去新的满意度指数,得到二者之间的差。根据计算,21个评估对象原法治满意度指数均大于新法治满意度指数,①二者间差的均值为0.016;均值标准误为0.07,标准差为0.32,说明均值具有代表性;二者间差的极小值为1.05,极大值为2.18。因为原计算得分在0—100之间,故广东法治社会满意度评价原满意度得分与新满意度得分二者间的平均误差约为0.016个百分点。据此,广东法治社会满意度评价的准确性“高”,评估结论具有可靠性。

“F3公正司法”可视为司法公信力指数,故对广东刑事司法公信力指数的准确性检验可通过对“F3公正司法”指标的准确性检验来实现。如表3－3所示,“F3公正司法”指标共涵盖“d8司法公正”“d9依法独立审

① 根据《比较视角的法治政府与法治社会评价实证研究——以2017年广东省为例》中21个评估对象、13个三级指标的得分,我们采用算术平均法计算21个评估对象的公众满意度得分,发现计算得到的分数与原计算分数不相符合;然后又根据原文所分配的指标权重,采用加权平均法计算21个评估对象的公众满意度得分,发现计算得到的分数还是与原计算分数不相符合。因此,笔者同原文第二作者取得联系,询问其公众满意度得分的计算方法,其回答:“原文表6中的公众满意度得分为原始得分。”也就是说,广东法治社会满意度评价得分的计算方法为算术平均法。据此,我们采用算术平均法对原文中21个评估对象的法治满意度得分进行了重新计算。

判”“d10 司法透明”等 3 个评估指标,兹以此 3 个评估指标原始数据为样本,采用主成分分析法,创建“广东刑事司法公信力指数主成分分析模型”(n = 21)。经检验,KMO 值为 0.79,说明可据此创建主成分分析模型;解释的总方差贡献率为 96.775%,说明所提取因素对原变量的影响和作用大。根据广东刑事司法公信力指数主成分分析模型,“d8 司法公正”“d9 依法独立审判”“d10 司法透明”等 3 个评估指标的因素载荷分别为 0.985、0.982、0.984。经采用前述相同计算,前述 3 个指标的权重分别为 0.33、0.33、0.33。据此,可计算 21 个评估对象“F3 公正司法”指标的新的评估得分。用原评估得分减去新的评估得分,[①]得到二者之间的差。根据计算,共有 8 个评估对象的原评估得分小于新的评估得分,其余 13 个则大于新的评估得分,其中极小值为 -0.19,极大值为 0.17。经计算,二者间的平均误差为:$|-0.0688| + 0.0569 = 0.1257$。因为原计算得分在 0—100 之间,故“F3 公正司法”指标原评估得分与新的评估得分二者间的评价误差为 0.13 个百分点。基于上述,广东刑事司法公信力评估指数的准确性评级为“高”。

五、上海法治满意度指数及其刑事司法公信力指数的准确性检验

2011、2014 年,上海法治市情研究中心为评估上海市法治建设状况,分别进行了二次调查研究。[②] 上海法治满意度指数涵盖“F1 民主政治”“F2 法治政府”“F3 公正司法”“F4 法治社会”等 4 个一级指标及 52 个三级指标。其指标权重计算方法为:在专家经验打分基础上采用层次分析法分配各指标的权重。[③] 根据其指标体系,“F3 公正司法”涵盖对检察质量诸维度的测量,故其可被视为刑事司法公信力指数。也就是说,对上海

---

① 广东法治社会满意度评价“公正司法”指标原评估得分的计算为:用其所分配的权重乘以原始得分得出。

② 上海法治满意度指数评估数据来自问卷调查,涵盖 52 个法治建设满意度题项。其 2014 年调查共回收问卷 5877 份,其中市民问卷 2088 份,职业律师问卷 2584 份,法律专家问卷 1205 份。

③ 参见上海法治市情研究中心:《上海市法治建设状况满意度分析总报告》,载叶青主编:《上海法治发展报告(2014)》,社会科学文献出版社 2014 年版,第 30—32 页。

法治满意度指数中刑事司法公信力（本章以下简称上海刑事司法公信力）指数的准确性检验可通过对“F3 公正司法”指标的准确性检验来实现。兹以上海法治满意度指数 27 类评估对象、52 个三级指标的法治建设满意度得分数据为样本，展开对上海法治满意度指数及上海刑事司法公信力指数的准确性检验。

（一）上海法治满意度指数的准确性检验

首先，求出上海法治满意度指数 51 个三级指标的权重。因本书可利用的样本仅 27 个，而上海法治满意度指数三级指标有 52 个，故只能分别创建 F1、F2、F3、F4 等 4 个主成分分析模型（n = 27）。需要说明的是，由于 F4 中“f34 私人关系网解决困难”等 1 个三级指标检验结果与理论假设相悖，故创建 F4 主成分分析模型时将其删除。[①] 经检验，F1、F2、F3、F4 等 4 个主成分分析模型的 KMO 值分别为 0.835、0.794、0.778、0.644，p 值均为 0.000，说明均可创建主成分分析模型。根据特征值大于 1 标准，对于 F1，可提取 2 个主成分，F1 中成分 1、2 的初始特征值分别为 7.173、1.173；解释的方差贡献率分别为 71.726%、17.131%，累计解释的总方差贡献率为 88.857%。对于 F2，可提取 2 个主成分，F2 中成分 1、2 的初始特征值分别为 5.552、1.563，解释的方差贡献率分别为 69.398%、19.534%，累计解释的总方差贡献率为 88.932%；对于 F3，可提取 1 个主成分，初始特征值为 7.438，解释的方差贡献率为 92.97%；对于 F4，可提取 3 个主成分，F4 中成分 1、2、3 的初始特征值分别为 16.117、4.611、1.56，解释的方差贡献率分别为 64.468%、18.442%、6.239%，累计解释的总方差贡献率为 89.149%。根据 F1、F2、F3、F4 等 4 个主成分分析模型各因素初始特征值、解释的方差贡献率和因素载荷，采用前述江苏依法行政评估相同计算方法，可求出上海法治满意度指数 51 个三级指标的权重（见表 3 – 5）。

---

① 根据理论假设，私人关系网解决困难满意度越高，则法治建设指数越低；但根据探索性因素分析初步检验结果，私人关系网解决困难满意度与法治建设呈正相关性。因此将“f34 私人关系网解决困难”等 1 个三级指标予以删除。另外，之所以选择其中 27 个作为分析样本是因为其余 7 个样本数据不完整。

表 3－5 上海法治满意度指数 4 个主成分分析模型诸因素载荷与 51 个三级指标权重计算

一级指标	三级指标	成分		权重	一级指标	三级指标	成分			权重
		1	2				1	2	3	
F1	f1 代表市民	0.938	－0.275	0.10	F4	f27 市级党组织依法执政力	0.921	－0.280	0.219	0.04
	f2 地方性法规	0.701	0.671	0.12		f28 区县党组织依法执政力	0.914	－0.274	0.249	0.04
	f3 立法规划	0.942	－0.290	0.10		f29 乡镇街道党组织依法执政力	0.965	－0.105	0.086	0.05
	f4 人大听证	0.746	0.628	0.13		f30 中央八项规定执行情况	0.416	0.678	0.523	0.05
	f5 自贸区法制	0.913	－0.331	0.09		f31 法治宣传	0.940	－0.056	－0.096	0.04
	f6 人大监督	0.785	0.584	0.13		f32 行人遵守交规	0.871	－0.277	－0.108	0.03
	f7 监督实效	0.416	－0.415	0.03		f33 劳动关系状况	0.873	－0.262	0.010	0.04
	f8 人大专题询问	0.953	－0.210	0.10		f35 社区组织解决困难	0.917	－0.192	－0.109	0.04
	f9 政协工作	0.962	－0.203	0.10		f36 工作单位解决困难	0.908	－0.108	0.125	0.04
F2	f10 政协反映民意	0.948	0.003	0.11		f37 政府组织解决困难	0.951	－0.215	－0.027	0.04
	f11 网络征集民意	0.907	－0.367	0.10		f38 司法机关解决困难	0.944	－0.143	0.079	0.04
	f12 政府听证	0.943	－0.132	0.13		f39 网络媒体解决困难	0.847	－0.322	－0.039	0.03
	f13 政府主动公开信息	0.866	－0.415	0.09		f40 社区建设和管理	0.887	0.267	0.032	0.05
	f14 行政执法	0.558	0.724	0.14		f41 业主委员会	0.932	－0.250	－0.127	0.04

续表

一级指标	三级指标	成分		权重	一级指标	三级指标	成分			权重
		1	2				1	2	3	
F2	f15 政府遵守法律	0.924	0.085	0.14	F4	f42 治理非法占道	0.564	0.663	−0.356	0.04
	f16 政府办事效率	0.858	−0.417	0.09		f43 治理不文明养犬	0.727	0.606	−0.187	0.05
	f17 服务态度意识和质量	0.624	0.661	0.14		f44 治理群租	0.631	0.704	−0.176	0.05
	f18 行政复议	0.895	0.312	0.16		f45 治理公共场所吸烟	0.425	0.840	0.023	0.04
F3	f19 审判质量	0.975		0.13		f46 治理交通拥堵	0.254	0.915	−0.118	0.03
	f20 审判效率	0.979		0.13		f47 治理有毒有害食品	0.670	0.610	0.020	0.05
	f21 审判效果	0.849		0.11		f48 财政保障体制	0.721	−0.232	−0.306	0.02
	f22 检察质量	0.990		0.13		f49 上海律师建设	0.896	−0.376	−0.076	0.03
	f23 检察效率	0.986		0.13		f50 国际化大都市法治进程	0.962	−0.184	−0.054	0.04
	f24 检察效果	0.983		0.13		f51 市民遵纪守法	0.912	0.132	0.069	0.05
	f25 法院队伍建设	0.960		0.12		f52 社会治安	0.269	0.144	0.883	0.03
	f26 检察队伍建设	0.984		0.13						

其次，求出上海法治满意度指数4个一级指标的权重。将上海法治满意度指数51个三级指标的权重分别乘以相对应指标的法治建设满意度原始得分，得到27个调查对象F1、F2、F3、F4等4个一级指标的满意度得分。在求出上海法治满意度指数4个一级指标的满意度得分之后，采用主成分分析法，创建上海法治满意度指数4个一级指标主成分分析模型(n＝27)。经检验，KMO值为0.749，p值均为0.000，说明可以据此创建主成分分析模型。根据特征值大于1标准，可提取1个主成分，累计解释的总方差贡献率为72.717%。采用前述相同计算方法，可算出上海法

治满意度指数研究 4 个一级指标的权重。经计算，F1、F2、F3、F4 等 4 个一级指标的权重分别为 0.31、0.31、0.31、0.07。①

最后，检验上海法治满意度指数的准确性。用上海法治满意度指数 4 个一级指标的新权重乘以相对应的 4 个一级指标满意度的原始得分，可得 27 类调查对象的新的法治满意度得分。经计算，2014 年度上海法治满意度新得分为 76.05，其原计算得分为 76.7。② 基于此，原法治满意度得分高于新法治满意度得分约 0.65 个百分点，即二者间的平均误差约为 0.65 个百分点。综上，上海法治满意度指数的准确性高，其评估结论具有可靠性。

（二）上海刑事司法公信力指数的准确性检验

上海刑事司法公信力指数共创设 8 个三级评估指标，具体包括：f19 审判质量；f20 审判效率；f21 审判效果；f22 检察质量；f23 检察效率；f24 检察效果；f25 法院队伍建设、f26 检察队伍建设。采用主成分分析法，创建"上海刑事司法公信力指数主成分分析模型"（n = 27）。经检验，KMO 值为 0.778，说明适合进行主成分分析；解释的总方差为 92.97%，说明对原变量的影响和作用大；特征值大于 1 的公因素有 1 个，特征值为 7.438；8 个三级评估指标的因素载荷值分别为：0.975、0.979、0.849、0.990、0.986、0.983、0.960、0.984。经采用前述相同权重计算方法，可计算出前述 8 个三级指标的权重分别为：0.13、0.13、0.11、0.13、0.13、0.13、0.12、0.13。

将新计算出的权重分别乘以"F3 公正司法"所涵盖 8 个三级指标原评估得分，得到 26 个评估对象的新的公正司法指数。将 26 个评估对象

---

① 上海法治满意度指数 4 个一级指标 F1、F2、F3、F4 原权重分别为 0.4334、0.2607、0.262、0.0439。参见上海法治市情研究中心：《上海市法治建设状况满意度分析总报告》，载叶青主编：《上海法治发展报告（2014）》，社会科学文献出版社 2014 年版，第 33—35 页。

② 参见上海法治市情研究中心：《上海市法治建设状况满意度分析总报告》，载叶青主编：《上海法治发展报告（2014）》，社会科学文献出版社 2014 年版，第 43 页。

“F3 公正司法”原评估得分减去新的公正司法指数，得到二者之间的差。经计算，26 个评估对象“F3 公正司法”原评估得分均大于新的公正司法指数，二者间的平均误差为 0.797，二者间差的极小值为 -0.96，极大值为 -0.47；众数为 -0.75；均值的标准误为 0.019，说明抽样误差小，数据的离散程度低。据此，“F3 公正司法”原评估得分与新的公正司法指数之间的平均误差为 0.8 个百分点，故上海刑事司法公信力评估指数的准确性评级为“高”，其评估结论具有可靠性。

六、中国法治满意度评估及其刑事司法公信力指数的准确性检验

自 2016 年至今，学者朱景文主持的项目组发布了 3 份中国法治满意度年度报告，[①]涵盖 18 个省（评估对象）、6 个方面的法治满意度评估。其理论构想涵盖 6 个一级指标、20 个二级指标、62 个三级指标和 168 个四级指标。[②] 其中“司法适用”二级指标涵盖“司法机关依法独立行使职权”、“司法公正”、“司法公开”、“司法效率”和“司法便利”等 5 个三级指标。因 5 个三级指标的调查均涉及刑事司法公信力问题，故对中国法治满意度评估中刑事司法公信力（本章以下简称中国刑事司法公信力）指数的有效性测量可以通过对“司法适用”指标准确性的测量来实现。兹以中国法治满意度评估 2016—2017 年度 18 个省、6 个一级指标满意度原始得分为样本，采用重新赋值法对其整体准确性和“司法适用”指标的准确性进行检验。

首先，采用重新赋值法对中国 18 个省法治满意度指数的准确性进行检验。根据中国法治满意度年度评估报告，其满意度由差至好的赋值分别为 50、60、70、80、90 分。兹采用重新赋值法，对于相同满意度评价，重新赋值为 20、40、60、80、100 分。因从公开出版物中只能获取差评、中评、

① 中国法治满意度评估数据来自问卷调查，3 年中项目组共回收问卷 11，387 份。参见朱景文主编：《中国人民大学中国法律发展报告 2016：基于九个省数据的法治指数》，中国人民大学出版社 2017 年版，第 81 页。

② 参见朱景文主编：《中国人民大学中国法律发展报告 2016：基于九个省数据的法治指数》，中国人民大学出版社 2017 年版，第 2—3 页。

好评相关调查数据，故与之相对，分别赋值为30、60、90分。依据前述赋值，重新计算中国法治满意度评估18个省、6个一级指标的法治满意度得分。例如，2016年度广东省"法律规范体系"评估指标的差评、中评、好评比例分别为22.31%、40.61%、37.08%，用该比例分别乘以30、60、90分，得到该项满意度新的得分：64.43。如果采用原赋值法，则该项得分为71.7。采用算术平均法，可求出2016—2017年度18个评估对象的新的法治满意度得分。例如，2016年度广东法治满意度得分为66.82。根据原赋值法，2016年广东法治满意度得分为72.7。用中国法治满意度评估18个省原赋值法计算得分减去新赋值法计算得分，可得二者之间的差。经计算，原赋值法计算得分均高于新赋值法计算得分，前者平均高于后者约5.9个百分点（n = 18），亦即中国法治满意度评估原赋值计算得分与新赋值计算得分间的平均误差约为5.9个百分点。综上，中国法治满意度评估的准确性低，其评估结论不具有可靠性。

其次，采用重新赋值法对中国18个省"司法适用"指标的准确性进行检验。根据上述相同方法，可重新计算出18个省"司法机关依法独立行使职权"、"司法公正"、"司法公开"、"司法效率"和"司法便利"等5个三级指标得分，然后采用算术平均值算法计算出18个省"司法适用"新的评估指数。用18个省"司法适用"原评估得分减去新的评估指数，得到二者之间的差。经计算，18个省"司法适用"原评估得分均高于新的评估指数，二者之间差的均值为7.6；极小值为5.26，极大值为9.79，众数为5.26；差的均值的标准误为0.36。据此，中国刑事司法公信力评估指数的准确性评级为"低"，其评估结论不具有可靠性。

需要特别指出的是，由于中国法治满意度评估对象的原法治满意度得分与新法治满意度得分均是建立在其所赋值的基础之上，所以如要理解评估对象所得分数的真正含义，必须从其所赋值的意义来判断。例如，根据原赋值法，满意度得分为72.7的广东省法治状况应处于中等，因为原赋值70分为中等；根据新赋值法，满意度得分为64.43的广东省法治状况亦处于中等,因为新赋值 60 分亦为中等。一般来说,赋值应该在 0—1 或者 0—100 之间,这样根据分数来衡量才具有意义。本书之所以采用 20、40、60、80、100 的梯度来检验,主要是基于新赋值与原赋值的标准不宜过于悬殊之考量。从这一角度出发,虽然中国法治满意度评估得分的准确性差,但实质上其评估结论却具有一定的可靠性。遗憾的是,其 2016—2017 年度中国法治满意度评估自始至终只基于公众满意度的得分进行评价,却未曾基于赋值的含义对评估对象的法治状况进行任何有意义的评价。就此而论,凡通过赋值法来计算评估对象法治得分的,单纯比较法治得分的大小其实不能得出任何有意义的结论,而只有从所赋值的意义出发才能对评估对象的法治状况作出正确评价。

第三节　如何保证刑事司法公信力评估指数的有效性和准确性

对于本章开首第一个问题,前述第一、二节作了科学、客观、详细的回答。显然,基于前文论述,保障刑事司法效力评估指数的可靠性,亦即保证刑事司法公信力评估指数的有效性和准确性。兹基于刑事司法公信力评估指数的有效性和准确性检验结论,回答本章开首所提出的第二个问题:如何才能保证刑事司法公信力评估指数的可靠性?如果将刑事司法公信力的有效性、准确性评级标准设定为均需超过中级(不含“中”),那么只有广东刑事司法公信力评估指数具有可靠性。根据广东法治社会满意度评价报告,2017 年度广东省 21 个地级以上市法治社会公众满意度评价结果中“公正司法”指标的满意度得分为 59. 89。① 因其评分在 0—100 之间,而 2017 年度广东刑事司法公信力或者司法公信力指数位于 60 分以下,故广东刑事司法公信力处于中下水平。如果仅以刑事司法公信

① 参见郑方辉、邱佛梅:《比较视角的法治政府与法治社会评价实证研究——以 2017 年广东省为例》,载《法治社会》2018 年第 3 期。

力指数的准确性评级超过“中”为标准，世界正义工程刑事司法公信力指数、上海刑事司法公信力指数可据以作为衡量我国刑事司法公信力的客观真实依据。2017 年世界正义工程对我国刑事司法公信力的评估分数为 0.48，因其得分设定在 0—1，故我国刑事司法公信力处于中下水平。此结论其实同广东刑事司法公信力评估指数的结论一致，尽管二者分数不尽相同。根据 2014 年上海法治满意度指数，其刑事司法公信力指数为 78.43 分。2014 年上海法治满意度指数研究对满意度的赋值为：1（非常不满意）、2（不太满意）、3（一般）、4（比较满意）、5（满意），基于此，上海刑事司法公信力处于中上水平。

我国 4 项法治评估及其刑事司法公信力评估指数的数据来源、指标范围、指标权重计算和指数计算方法及本书对其有效性、准确性检验结论如表 3－6 所示。当然，上述关于刑事司法公信力评估指数的有效性与准确性检验是在原研究构想、研究方法和研究结论基础上进行的，故所检验的是其研究构想、研究方法的科学性。质言之，若要全面准确了解我国刑事司法公信力状况，尚需在科学调查和数理统计基础上构建具有有效性、准确性的刑事司法公平指数。基于此，兹基于上文得出的检验结论，通过方差分析等统计方法来客观提出保证刑事司法公信力评估指数有效性和准确性的路径。

表 3－6 刑事司法公信力评估指数的有效性和准确性检验结果

评估类型	指标范围		评估数据来源		指标权重计算				指数计算		有效性	准确性
	全面评估	局部评估	问卷调查	专家打分	专家打分	层次分析	赋值	数理统计	加权平均	算术平均		
世界正义工程刑事司法指数	√		√				√			√	中	高
世界银行法治指数		√	√	√				√	√		/	中
四川刑事司法公信力指数		√		√	√				√		差	低

续表

评估类型	指标范围		评估数据来源		指标权重计算				指数计算		有效性	准确性
	全面评估	局部评估	问卷调查	专家打分	专家打分	层次分析	赋值	数理统计	加权平均	算术平均		
广东刑事司法公信力指数		√	√			√			√		好	高
上海刑事司法公信力指数		√	√			√			√		/	高
中国刑事司法公信力指数		√	√				√			√	/	低

一、保证刑事司法公信力评估指数有效性的实验研究路径

基于刑事司法公信力评估指数的有效性检验(见表3－6),世界正义工程刑事司法公信力指数有效性评级为“中”,四川刑事司法公信力指数有效性为“差”,广东刑事司法公信力指数有效性为“好”。相较于刑事司法公信力评估指数的准确性,刑事司法公信力评估指数的有效性问题更为严重。究其原因,主要有以下两个方面:一是评估指标和测量方案构设的经验主义立场。经验在本质上是个别的,个体经验无法上升至总体的普遍规律,故个体经验也就难以提供一种普遍必然的知识。显然,无论是采用问卷调查法收集评估数据,还是采用客观打分法收集评估数据,均无法保证研究者自己的理解与被调查对象或者客观评价者的理解是一致的。就此而言,基于经验的理论构想犹如在黑暗中徘徊的幽灵,自然无法叩开理性的大门。二是评估指标分类标准的不一致性。一项评估如果自身欠缺逻辑的自洽性与分类标准的一致性,又如何能承受数理统计检验之重。鉴于上述,研究者在构设评估指标与测量方案时既要充分考量概念的周延性、分类标准的一致性和逻辑上的自洽性,更要通过数理统计方法来测量研究构想的有效性,以对测量方案和研究构想作出反复修正。具体来说,保证刑事司法公信力评估指数有效性的实验研究路径主要包括两个方面。

一是通过探索性因素分析来修正法治评估的研究构想。首先,修正法

治评估研究构想诸维度所涵盖的各个指标。例如,根据表3-7,F1中“a5行政执法工作制度”与F2中诸指标同属于因素1,此明显有悖于研究构想。究其原因可能是评分者系从法律实施角度来理解“行政执法工作制度”,也可能是研究者与评分者在理解上存有差异。基于此,研究者应从法律实施角度重新构设a5,并将其移入F2之中。其次,修正法治评估研究构想诸维度。例如,根据表3-3,可将因素1重新命名为“司法合法性”,因素2重新命名为“行政合法性”。最后,重新构设法治评估研究构想各个指标。对既无法重新归入已有理论构想诸维度,又无法根据探索性因素检验结论予以重新命名的诸指标,应考虑重新构设与之相符合的评估指标。除此而外,对于明显背离法治常识的各个指标,亦应考虑重新构设。例如,表3-2中“b19基层依法治理”5个因素载荷为负值,亦即基层依法治理分数越高,法治得分越低,此明显有悖法治经验常识,故需重新构设。

表3-7 江苏依法行政评估的结构效度检验、主成分分析与权重计算

研究构想		探索性因子分析(因子载荷)					主成分分析(因子载荷)					权重	
一级	二级指标	1	2	3	4	5	1	2	3	4	5	初始	归一
F1	a1 权力清单制度					0.59	0.33	0.43	0.01	0.39	0.34	0.20	0.12
	a2 财政保障制度			0.83			0.13	0.57	0.58	-0.07	-0.22	0.15	0.09
	a4 重大决策制度				0.79		0.33	0.50	-0.12	-0.13	0.59	0.17	0.11
	a5 行政执法工作制度	0.76					0.79	-0.23	-0.22	0.21	0.02	0.11	0.07
	a6 社会矛盾化解		0.75				0.52	0.46	-0.36	0.08	-0.34	0.10	0.06
	a7 学法制度		-0.62				0.08	-0.38	0.65	-0.16	0.20	0.04	0.03
	a8 监督制度		0.76				0.36	0.73	-0.03	0.18	-0.24	0.17	0.10
F2	a9 推动力	0.78					0.74	-0.39	0.13	0.05	0.18	0.12	0.08
	a10 创新力	0.71					0.84	0.17	0.17	-0.14	-0.21	0.17	0.11
	a11 执行力	0.88					0.74	-0.36	-0.05	-0.27	-0.18	0.04	0.02
	a12 监督力	0.94					0.82	-0.36	-0.19	-0.23	0.01	0.06	0.04

续表

研究构想		探索性因子分析（因子载荷）					主成分分析（因子载荷）					权重	
一级	二级指标	1	2	3	4	5	1	2	3	4	5	初始	归一
F3	a13 信息公开机制			0.68			0.34	0.31	0.62	-0.13	0.21	0.20	0.12
	a14 信息公开平台				0.80		-0.04	0.32	-0.45	-0.48	0.44	-0.02	-0.01
	a15 政府信息公开					0.73	0.23	-0.25	0.04	0.70	0.27	0.11	0.07

二是通过验证性因素分析来重测法治评估的有效性。例如，根据表3-3，首先依据广东法治社会满意度评价探索性因素分析检验结论，重新构设“f1 司法合法性”“f2 行政合法性”两个一级指标及其所涵盖诸三级指标，然后通过验证性因素分析来重测其结构效度。兹略举一例予以说明。基于广东法治社会满意度评价探索性因素分析检验结论，在将其研究构想修正为2个维度和重新调整相关指标后，再采用验证性因素方法，创建结构方程模型（n=21）。经检验，$x^2/df=1.59$，小于3，表示模型整体拟合较好；CFI为0.925，TLI为0.905，说明模型拟合完全达到标准，模型可以接受。基于此，通过验证性因素分析检验，根据探索性因素分析模型来构设法治评估研究构想这一实验研究路径被证明是可靠的。

二、保证刑事司法公信力评估指数准确性的实验研究路径

基于刑事司法公信力评估指数的准确性检验（见表3-6），四川刑事司法公信力指数、中国刑事司法公信力指数的准确性评级为“低”，世界银行法治指数的准确性为“中”，世界正义工程刑事司法公信力指数、广东刑事司法公信力指数、上海刑事司法公信力指数的准确性为“高”。如表3-6所示，准确性高的刑事司法公信力评估一般采用问卷调查法收集评估数据，而少有采用专家打分的方法收集评估数据。对于指标权重的计算，采用层次分析法分配权重的2项刑事司法公信力评估指数，其准确性评级均为“高”。那么这些方法究竟同评估指数的准确性高低有没有

显著相关性呢？兹就如何保障刑事司法公信力评估指数的准确性论述如下。

一是采用大样本调查或者问卷调查方法收集评估数据。我国评估指数研究收集数据的方法主要有两种：其一，法律专家或评估团队的客观打分法，如四川依法治省评估。虽然法律专家或评估团队的打分并不是任意的，而是必须建立在相应的客观事实材料和事先拟定的评分标准基础之上，但其打分带有主观随意性也是无法避免的。其二，定量调查法，包括问卷调查和大数据调查，如世界正义工程刑事司法公信力评估指数、中国法治满意度评估、上海法治满意度指数、广东法治社会满意度评价等。那么采用不同方法收集评估数据对评估指数的准确性有影响吗？总之，采用问卷调查方法收集评估数据，且采用数理统计方法计算评估指标的权重，则评估指数的准确性就越高。基于此，为保证刑事司法公信力评估指数的准确性，应采用大样本调查或者问卷调查法来收集评估数据。具体来说，无论是对法律专家的调查，还是对社会公众的调查，均应采用分层抽样或者随机抽样方法，根据调查区域内法律专家、普通公众的总体规模和误差界限值来确定大样本容量。

二是运用数理统计方法计算评估指标的权重。我国法治评估研究多采用专家分析打分法，即一种主观打分法来直接分配评估指标的权重，如四川依法治省评估。还有法治评估在专家经验打分基础上采用层次分析法来分配评估指标的权重，如上海法治满意度指数、广东法治社会满意度评价等3项。即便采用层次分析法分配权重，其亦是在专家打分基础上进行权重分配的，所以层次分析法本质上还是一种主观的权重分配法。还有法治评估采用赋值法来计算评估指标的得分，如中国法治满意度评估。那么采用不同方法计算指标权重或得分与法治评估的准确性显著相关吗？如前所述，评估指数的准确性与评估指标权重的计算有显著相关性。为保证法治评估的准确性，应坚决摒弃主观分配权重的方法路径，而采用客观的数理统计方法，如主成分分析法来科学计算评估指标的权重。

当然，对于采用赋值法计算指标得分的，赋值范围应为 0—1 或者 0—100 之间，且应根据其所赋值的意义，而非分数高低来评价评估对象法治指数或刑事司法公信力评估指数的实质意义。

综合上述，从刑事司法公信力评估指数有效性和准确性基本要求出发，刑事司法公信力评估指数的创建应严格遵循以下三项具体要求：一是数据来源的客观性。采用定量调查法，而非专家主观打分法收集刑事司法公信力评估数据。具体来说，采用问卷调查法调查法律专家、普通公众对刑事司法的信任和信赖程度；采用数据挖掘方法收集刑事司法公信力评估指标的基础数据。在此基础上，采用探索性因素分析方法聚合刑事司法公信力评估指标。二是评估过程的有效性。通过探索性因素分析方法建立理论构想和理论假设，然后采用验证性因素分析方法创建结构方程模型来检验评估的有效性和理论假设是否成立。总的来说，只有经因素分析等数理统计方法检验后具有有效性的理论构想才可作为测量刑事司法公信力的评估指标。三是评估结果的准确性。刑事司法公信力指数的计算应在客观的数理统计方法基础上科学得出，而不应在以专家打分分配指标权重基础上主观得出。对通过实证调查收集来的指标原始数据，首先，将评估原始数据无量纲化，使其均处于 0—1 或者 0—100 之间；其次，采用验证性因素分析方法，创建二阶单因素模型，然后通过归一处理方法计算出评估指标的权重；最后，在指标权重与无量纲指标数据基础上计算出评估对象的刑事司法公信力指数。

第四章　刑事司法公信力评估指数模型的创建

基于刑事司法公信力评估指数创建的基本要求，公信力评估实验研究应贯彻以下三项原则：一是全面评估原则。从指标维度构设角度考虑，刑事司法公信力评估指标的创设应贯穿刑事侦查、起诉、审判和监狱刑罚四个方面；从指标测量内容角度考虑，刑事司法公信力评估指标应涵盖刑事司法公正、公平、效率、民主和效果诸实质内容。二是全面测量原则。从评估对象角度考虑，刑事司法公信力调查应基本覆盖所调查地域范围。例如，世界正义工程仅以中国三个城市调查数据为基础对中国刑事司法公信力状况展开评估。显然，三个调查点不足以涵盖整个中国。三是中国特色社会主义刑事法治原则。中国特色社会主义刑事法治可从静态与动态两个视角来考察。基于静态视角，法治是一种与人治根本对立的国家治理理念；①基于动态视角，党的领导是推动法治建设和发展的普遍规律。② 例如，世界正义工程对中国刑事司法机关依法独立行使职权的评估明显背离动态视角中的中国刑事法治原则，故其评估结论显然有失公允。③ 对于中国刑事

---

① 参见李步云：《法治和人治的根本对立》，载《现代法学》1981 年第 2 期；徐显明：《论“法治”构成要件——兼及法治的某些原则及观念》，载《法学研究》1996 年第 3 期。

② 徐显明指出：“通过党的领导推动法治发展，是世界性经验，是法治的普遍性规律。”参见徐显明：《坚定不移走中国特色社会主义法治道路》，载《法学研究》2014 年第 6 期。

③ 根据其评估结果，2012—2019 年间中国刑事司法机关依法独立行使职权指标的平均得分仅为 0.15 分。

司法公信力的评估，本书始终坚持中国特色社会主义刑事法治原则。

根据刑事司法公信力评估指数创建基本要求和基本原则，首先，基于对刑事司法公信力评估指数已有研究成果的概括和总结，设计刑事司法公信力评估调查问卷。其中法律专家调查问卷涵盖47个题项，普通公众调查问卷涵盖28个题项。选取东部地区浙江、广东，中部地区湖南，西部地区四川，东北部地区黑龙江等5省作为全国性样本进行问卷调查；调查的具体地点包括杭州、宁波、温州、广州、珠海、长沙、永州、成都、绵阳、哈尔滨等城市。其次，通过探索性因素分析对基于理论概括和总结提出的研究构想进行修正，重新提出理论构想；从而构设刑事司法公信力法律专家评估10个二级指标、43个三级指标，普通公众评估6个二级指标、25个三级指标。在此基础上，提出11个研究假设。再次，创建刑事司法公信力法律专家评估指数结构方程模型、二阶单因素模型，以检验究竟哪些法律专家评估指标可据以测量刑事司法公信力。最后，创建刑事司法公信力普通公众评估指数结构方程模型、二阶单因素模型，以检验究竟哪种普通公众评估指标可据以测量刑事司法公信力。

第一节　实证调查和探索分析

根据刑事司法公信力指数创建的三项内在要求，全面评估、全面测量与中国特色社会主义刑事法治三项基本原则，基于法律专家和普通公众调查两个不同层面，设计刑事司法公信力法律专家调查问卷和普通公众调查问卷两种不同类型的调查问卷。通过实证调查，收集评估指标数据，在此基础上采用探索性因素分析方法展开对各评估指标的聚合度分析。

一、调查问卷设计

通过对第一章“刑事司法公信力评估指数创建的基础理论”的概括和总结，设计刑事司法公信力法律专家评估和普通公众评估两种类型的调查问卷。在反复式调查后，最终确定调查问卷各题项，然后选取评估对象，展开问卷调查。

根据第一章论述，刑事司法公信力可主要从刑事司法公正、刑事司法效率、刑事司法公平、刑事司法效果和刑事司法民主等五个方面来测量。据此，主要从前述五个方面来设计刑事司法公信力调查问卷。

1. 刑事司法公信力法律专家评估调查问卷设计

刑事司法公信力法律专家评估调查问卷共设有47道题（见表4－1），涵盖刑事司法公正、刑事司法效率、刑事司法公平、刑事司法效果和刑事司法民主等5个测量指标。

刑事司法公正测量共设有19道题，主要包括基本权利、正当程序、公正司法、司法机关依法独立行使职权、司法廉洁等五个方面。基本权利、正当程序、公正司法等三个方面的调查主要关涉嫌疑人、被告人、监狱罪犯实体权利和程序权利保障及公正司法的程序安排；司法机关依法独立行使职权、司法廉洁等两个方面的调查主要关涉侦查机关、检察机关和法院的廉洁司法程度。

刑事司法效率测量共设有11道题，主要调查侦查、检察、审判和监狱刑罚具有效率的资源条件，包括司法信息资源、司法人员数、监狱安防设施和法律援助诸方面。

刑事司法公平测量共设有6道题，主要调查法律适用的平等性。由于判决均衡性调查不能通过问卷调查实现，故而司法公平测量仅从法律适用平等角度加以考察。本书对法律适用平等的测量主要聚焦于公安机关执法的平等性调查，因为法官适用法律的平等性可主要通过判决均衡性测量来实现。

刑事司法效果测量共设有6道题，主要调查侦查机关执行法律、检察机关适用法律、法院裁判的准确性和监狱刑罚预防效果。

刑事司法民主测量共设有5道题，主要涉及案件信息、司法信息公开和法律普及方面的调查，包括庭审记录、司法过程记录的公开和法律权利的普及教育。

表 4－1　刑事司法公信力法律专家评估调查问卷

指标	调查题目	计量标准
刑事司法公正	QRQ1 为获取口供，侦查人员会对嫌疑人身体造成轻微的伤害吗？	很可能(0)；可能(0.333)；不可能(0.667)；很不可能(1)
	QRQ2 为获取口供，侦查人员会对嫌疑人身体造成严重的伤害吗？	
	QRQ3 假设公安机关抓捕一个嫌疑人，而这个嫌疑人属于一个危险的犯罪组织(例如毒品贩卖集团)的成员，那么侦查人员会对这个嫌疑人身体造成严重的伤害吗？	
	QRQ4 根据你办理刑事案件的经验，最近一年来，在审判阶段在所有证据证明被告人有罪前，被法官假定无罪的被告人比率？	100%(1)；75%(0.8)；50%(0.6)；25%(0.4)；5%(0.2)；0%(0)
	QRQ5 根据你办理刑事案件的经验，最近一年来，侦查阶段被假定无罪的嫌疑人比率？	
	QRQ6 根据你办理刑事案件的经验，最近一年来，法庭审理中被允许挑战对自己不利证据的被告人比率？	
	QRQ7 在你所居住的城市，你认为公安民警、监狱民警的腐化问题怎样？	很严重(0)；严重(0.25)；一般(0.5)；不严重(0.75)；不是很严重(1)
	QRQ8 在你所居住的城市，你认为检察官的腐化问题怎样？	
	QRQ9 在你所居住的城市，你认为法官腐化的问题怎样？	
	QRQ10 在你所居住的城市，你认为超期羁押的问题怎样？	很严重(0)；严重(0.25)；一般(0.5)；不严重(0.75)；不是很严重(1)
	QRQ11 在你所居住的城市，你认为刑事诉讼耗时过长这一问题怎样？	
	QRQ12 在你所居住的城市，法官能否坚持依法独立审判？	
	QRQ13 在你所居住的城市，对于社会中的边缘群体，法官办案有偏见的问题怎样？	
	QRQ14 你认为监狱民警滥用惩戒的问题怎样？	
	QRQ15 犯罪组织，如毒品贩卖犯罪集团、武器走私犯罪集团，对警察的影响程度怎样？	强烈(1)；较强(0.667)；较小(0.333)；没有(0)
	QRQ16 犯罪组织，如毒品贩卖犯罪集团、武器走私犯罪集团，对检察官的影响程度怎样？	
	QRQ17 犯罪组织，如毒品贩卖犯罪集团、武器走私犯罪集团，对法官的影响程度怎样？	
	QRQ18 事实上，最高人民法院审理不受来自政府的任何影响	十分同意(1)；同意(0.667)；不同意(0.333)；十分不同意(0)
	QRQ19 事实上，地方各级人民法院审理不受来自政府的任何影响	

续表

指标	调查题目	计量标准
刑事司法效率	QRQ20 你认为刑事侦查部门之间缺乏信息资源共享机制的问题怎样？	很严重(0)；严重(0.25)；一般(0.5)；不严重(0.75)；不是很严重(1)
	QRQ21 你认为公、检、法、司之间信息资源共享机制缺乏的问题怎样？	
	QRQ22 在你所居住的城市中，你认为办案检察官数量不足的问题怎样？	
	QRQ23 公益律师缺乏足够培训与法学素养这一问题怎样？	
	QRQ24 在嫌疑人被羁押期间，公益律师不能提供法律援助的问题怎样？	
	QRQ25 你认为监狱罪犯之间暴力冲突的问题怎样？	
	QRQ26 你认为监狱在罪犯再社会化与再犯预防方面投入不足的问题怎样？	
	QRQ27 你认为监狱缺乏单独羁押顽危犯的设施这一问题怎样？	
	QRQ28 你认为监狱监管安全不足以防止罪犯逃脱这一问题怎样？	
	QRQ29 办案民警数量不足问题严重吗？	
	QRQ30 办案法官数量不足问题严重吗？	
刑事司法公平	QRQ31 假设公安机关拘捕了一个被怀疑犯罪的人，如果这个人是穷人，那么他(她)会处于不利情形中吗？	很可能(0)；可能(0.333)；不可能(0.667)；很不可能(1)
	QRQ32 假设公安机关拘捕了一个被怀疑犯罪的人，如果这个人是妇女，那么她会处于不利情形中吗？	
	QRQ33 假设公安机关拘捕了一个被怀疑犯罪的人，如果这个人是少数民族，那么他(她)会处于不利情形中吗？	
	QRQ34 假设公安机关拘捕了一个被怀疑犯罪的人，如果这个人有宗教信仰，那么他(她)会处于不利情形中吗？	
	QRQ35 假设公安机关拘捕了一个被怀疑犯罪的人，如果这个人是外国人，那么他(她)会处于不利情形中吗？	
	QRQ36 假设公安机关拘捕了一个被怀疑犯罪的人，如果这个人是同性恋者，那么他(她)会处于不利情形中吗？	

续表

指标	调查题目	计量标准
刑事司法效果	QRQ37 根据你办理刑事案件的经验,最近一年来,刑事案件最终判决结果受工作压力影响的比率是多少?	100%(0);75%(0.2);50%(0.4);25%(0.6);5%(0.8);0%(1)
	QRQ38 根据你办理刑事案件的经验,最近一年来,刑事案件最终判决结果受腐败影响的比率是多少?	
	QRQ39 根据你办理刑事案件的经验,最近一年来,被错误指控犯罪的人占嫌疑人的比率是多少?	
	QRQ40 根据你办理刑事案件的经验,最近一年来,被法院错误判处有罪的人占被告人的比率是多少?	
	QRQ41 被错误拘留的案件的比率是多少?	
	QRQ42 你认为青少年犯罪占有罪判决的比率是多少?	
刑事司法民主	QRQ43 在你所居住的城市,对犯罪嫌疑人所享有的法律权利,政府提供通俗易懂信息资料	总是(1);经常(0.667);有时候(0.333);从不(0)
	QRQ44 在你所居住的城市,对于国家的基本法律,政府采用各民族通用语言公开出版发行	
	QRQ45 在你所居住的城市,对于社会普通公众来说,刑法是确定什么是禁止的,什么是允许的法律依据	
	QRQ46 法院庭审经过向公众开放的情况?	
	QRQ47 刑事案件全部经过有官方复印件或者录音录像资料可供查阅的情况?	

2. 刑事司法公信力普通公众评估调查问卷设计

刑事司法公信力普通公众评估调查问卷共设有 28 道题(见表 4-2),测量内容与法律专家评估调查问卷并无二致,但侧重点与法律专家评估调查问卷不尽相同。具体来说,普通公众评估调查问卷中刑事司法公正测量设有 11 个问题,调查的重点主要是实体公正,即从个案公正角度来考虑问题的设计,这是因为普通公众一般偏向于从实体方面来看待公正问题。在司法机关依法独立行使职权、司法廉洁调查问题方面,亦主要从具体事态中来考虑设计各题项。刑事司法公平测量设有 6 个问题,题项与法律专家调查问卷相同。刑事司法效率测量设有 4 个问题,主要测量案件侦破、定罪量刑的及时性,测量内容较为具体,而法律专家调查问卷中刑事司法效率的测量则较为抽象。刑事司法效果测量设有 3 个问题，主要关涉普通公众对刑事案件发案情况感觉经验的调查，具体包括对入室盗窃、抢劫和杀人犯罪发生情况感觉经验的调查。刑事司法民主测量设有 4 个问题，主要调查普通公众获取具体案件信息方面的感觉经验。

表 4－2 刑事司法公信力普通公众评估调查问卷

指标	调查题目	计量标准
刑事司法公正	GPP1 腐败以不同形式存在于所有国家和社会中，你认为我国公安民警中有没有人有腐败行为？	没有一人（1）；有些人（0.667）；大部分人（0.333）；所有人（0）
	GPP2 腐败以不同形式存在于所有国家和社会中，你认为我国检察官队伍中有没有人有腐败行为？	
	GPP3 腐败以不同形式存在于所有国家和社会中，你认为我国法官队伍中有没有人有腐败行为？	
	GPP4 法院会保障每一个案件都得到公正审理吗？	总是（1）；常常（0.667）；有时候（0.333）；从不（0）
	GPP5 公安机关会保障每一个案件都得到公正处理吗？	
	GPP6 检察院会保障每一个案件都得到公正处理吗？	
	GPP7 被告人的权利会得到法官的尊重吗？	
	GPP8 犯罪嫌疑人的权利会得到公安民警的尊重吗？	
	GPP9 负责刑事案件审理的法官不受非法干预	
	GPP10 负责侦查犯罪的侦查人员不受非法干预	
	GPP11 负责审查起诉的检察官不受非法干预	
刑事司法公平	GPP12 假设公安机关拘留了两个被怀疑具有同等严重犯罪的人，又假设两个人中有一个是经济状况很差的人，那么你认为他会处于不利境地吗？	是的（0）；不是的（1）
	GPP13 假设公安机关拘留了两个被怀疑具有同等严重犯罪的人，又假设两个人中有一个是女性，那么你认为女性嫌疑人会处于不利境地吗？	
	GPP14 假设公安机关拘留了两个被怀疑具有同等严重犯罪的人，又假设两个人中有一个来自同办案民警不相同的民族，那么你认为这个不相同民族的嫌疑人会处于不利境地吗？	
	GPP15 假设公安机关拘留了两个被怀疑具有同等严重犯罪的人，又假设两个人中有一个具有宗教信仰，那么你认为有宗教信仰的嫌疑人会处于不利境地吗？	

续表

指标	调查题目	计量标准
刑事司法公平	GPP16 假设公安机关拘留了两个被怀疑具有同等严重犯罪的人,又假设两个人中有一个是外国人,那么你认为外国籍嫌疑人会处于不利境地吗?	是的(0);不是的(1)
	GPP17 假设公安机关拘留了两个被怀疑具有同等严重犯罪的人,又假设两个人中有一个是同性恋者,那么你认为同性恋嫌疑人会处于不利境地吗?	
刑事司法效率	GPP18 在此前的三年中,如果有人携带凶器对你实施抢劫,那么这个犯罪的人是不是被抓获了?	是的(1);不是的(0)
	GPP19 在此前的三年中,如果有人携带凶器对你实施抢劫,那么这个犯罪的人是不是被起诉和定罪了?	
	GPP20 在此前的三年中,如果有与你住在一起的亲戚或者朋友被犯罪人杀害,那么这个凶犯是不是被抓获了?	
	GPP21 在此前的三年中,如果有与你住在一起的亲戚或者朋友被犯罪人杀害,那么这个杀人凶犯是不是被起诉,并受到了惩罚?	
刑事司法民主	GPP22 在此前的三年中,如果曾要求公安机关提供有关案件方面的信息,那么你是否获得了这方面的信息?	是的(0);不是的(1)
	GPP23 在此前的三年中,如果曾要求检察机关提供有关案件方面的信息,那么你是否获得了这方面的信息?	
	GPP24 在此前的三年中,如果曾要求法院提供有关案件方面的信息,那么你是否获得了这方面的信息?	
	GPP25 在此前的三年中,如果曾要求司法行政机关提供有关案件方面的信息,那么你是否获得了这方面的信息?	
刑事司法效果	GPP26 在此前的三年中,有人闯进过你家进行偷窃或者试图进行偷窃吗?	有(0);没有(1)
	GPP27 在此前的三年中,有人携带凶器对你实施抢劫吗?	
	GPP28 在此前的三年中,有没有与你住在一起的亲戚或者朋友被犯罪人杀害?	

二、实证调查

受制于时间和经费等方面条件限制,全国范围内仅选取 5 个省作为实证调查地点,具体包括中国东部地区浙江、广东等 2 个省,中部地区湖南等 1 个省,西部地区四川等 1 个省和东北部地区黑龙江等 1 个省。虽然只选取5个省作为全国性调查样本,但由于5个省属于全国不同地区,故而上述5省调查数据亦可一定程度上代表全国。所调查的具体地点主要包括杭州、广州、长沙、成都、哈尔滨等5个省会城市和宁波、温州、珠海、永州、绵阳等城市。样本主要分布在杭州等10个城市,但也有部分样本分布在其他城市,因此所调查10个城市的样本总数与5个省的样本总数不完全一致。

调查的方式主要有随机拦截、集中调查和电话访问等3种。对于法律专家的调查主要采用随机拦截、电话访问方式,对普通公众的调查主要采用集中方式。法律专家调查对象主要包括律师、检察官、法官、警察和法学教学科研工作者;普通公众调查对象则较为特殊,为监狱中正在服刑的罪犯。之所以选择监狱中正在服刑的罪犯作为刑事司法公信力普通公众类的调查对象,是因为相较于一般普通公众,监狱中正在服刑的罪犯经历了侦查、起诉、审判和刑罚执行全过程,具有关于刑事司法的直接经验,而一般普通公众则几乎完全缺乏关于刑事司法方面的感觉经验。鉴于刑事司法自身特征和内在规律,选取监狱中正在服刑的罪犯作为刑事司法公信力的调查对象无疑更具有客观真实性。

调查时间主要集中在2018年9月至2019年5月。通过逐个发放调查问卷或者逐个询问调查题项的方法对广东、黑龙江、湖南、浙江、四川等5个省与广州、珠海、哈尔滨、永州、长沙、杭州、宁波、温州、成都、绵阳等10个城市及上述5省其他城市的被调查对象展开问卷调查。经实证调查,共计收回法律专家调查样本1590个,普通公众调查样本1322个。经删除数据缺失样本等初步处理,总计回收法律专家有效样本1312个,普通公众有效样本1289个,样本的详细分布见表4－3。

表4－3　广东等5省与广州等10个城市调查样本分布

	全国	广东	黑龙江	湖南	浙江	四川	广州	珠海	哈尔滨	永州	长沙	杭州	宁波	温州	成都	绵阳
法律专家调查	1312	398	127	394	234	159	213	124	71	124	145	108	101	111	83	76
普通公众调查	1289	249	256	229	293	262	109	107	112	105	111	136	107	77	129	103

通过对1312个法律专家调查样本的人口学分析发现,男性法律专家被调查对象(n=659)占样本总体53.4%,女性法律专家(n=576)占样本总体46.6%。所从事法律职业为职业律师者(n=1174)占样本总体89.5%,法官、检察官、警察和法学教育研究者占样本总体10.5%。从业时间在5年以下者占样本总体83.6%,5—10年者占样本总体11.5%,10年以上者占样本总体4.9%。

通过对1289个普通公众调查样本的人口学分析发现,男性被调查对象(n=976)占样本总体75.7%,女性被调查对象(n=313)占样本总体24.3%。被调查对象年龄在14—25周岁者(n=171)占样本总体约13.3%,26—30周岁者(n=234)占样本总体约18.2%,31—35周岁者(n=258)占样本总体约20%,36—40周岁者(n=180)占样本总体约14%,41—45周岁者(n=176)占样本总体约13.7%,46周岁以上者占样本总体约20.9%。被调查对象捕前失业者(n=383)占样本总体约29.7%,有职业者(n=906)占样本总体约70.3%。

三、探索分析

通过对刑事司法、刑事法治理论研究与实践成果的归纳和总结,创设刑事司法公信力法律专家评估47个三级指标、普通公众评估28个三级指标,分别归属于刑事司法公正、公平、效率、效果和民主等5个二级指标名义下。那么问题是:本书所创建的法律专家47个三级指标、普通公众28个三级指标能解释其所归属的二级指标吗?质言之,通过理论概括和实践总结得到的理论构想有效吗?基于此,采用探索性因素分析法来回答。

(一)法律专家评估47个三级指标探索性因素分析

采用探索性因素分析法,通过SPSS18.0统计软件,运用最大方差旋转法,按照因素载荷值大于0.55标准,创建刑事司法公信力法律专家评估探索性因素分析模型(见表4-4)。经检验,法律专家评估47个三级指标Cronbach's Alpha=0.84,说明模型组合信度较高。根据法律专家评估探索性因素分析模型检验结果,KMO值为0.919,说明刑事司法公信力法律专家评估47个三级指标适合进行探索性因素分析;Bartlett球形度近似检验显著性水平 p = 0. 000,说明有公因子存在。根据法律专家评估探索性因素分析模型检验结果,特征值大于 1 的公因子共有 9 个,累计解释总方差为 64. 609% ,说明所得到 9 个公因子能解释原变量 64. 609% 。根据表 4 - 4,法律专家评估 47 个三级指标的聚合度主要有以下特征:

表 4 - 4　法律专家评估 47 个三级指标探索性因素

理论构想	因素	命名	问题序号	成分								
				1	2	3	4	5	6	7	8	9
刑事司法公正	1	禁止刑讯逼供	QRQ1					0. 812				
			QRQ2					0. 824				
			QRQ3					0. 717				
	2	无罪推定	QRQ4						0. 845			
			QRQ5						0. 848			
			QRQ6						0. 694			
	3	刑事司法廉洁	QRQ7	0. 782								
			QRQ8	0. 795								
			QRQ9	0. 803								
		公正司法	QRQ10	0. 724								
			QRQ11	0. 679								
			QRQ12	0. 760								
			QRQ13	0. 776								
			QRQ14	0. 684								
	4	刑事司法机关依法独立行使职权	QRQ15									0. 605
			QRQ16									0. 708
			QRQ17									0. 686
	5	刑事司法机关依法独立行使职权	QRQ18								0. 892	
			QRQ19								0. 886	

续表

理论构想	因素	命名	问题序号	成分								
				1	2	3	4	5	6	7	8	9
刑事司法效率	3	刑事司法效率	QRQ20	0.666								
			QRQ21	0.729								
			QRQ22	0.616								
			QRQ23	0.687								
			QRQ24	0.689								
	6	监狱罪犯教育改造效率	QRQ25				0.879					
			QRQ26				0.885					
			QRQ27				0.910					
			QRQ28				0.884					
			QRQ29									
			QRQ30									
刑事司法公平	7	警察平等执法	QRQ31		0.561							
			QRQ32		0.823							
			QRQ33		0.889							
			QRQ34		0.890							
			QRQ35		0.845							
			QRQ36		0.815							
刑事司法效果	8	刑事司法效果	QRQ37			0.616						
			QRQ38			0.719						
			QRQ39			0.824						
			QRQ40			0.824						
			QRQ41			0.813						
			QRQ42			0.567						

续表

理论构想	因素	命名	问题序号	成分								
				1	2	3	4	5	6	7	8	9
刑事司法民主	9	刑事司法公开	QRQ43							0.736		
			QRQ44							0.839		
			QRQ45							0.804		
			QRQ46									
			QRQ47									

一是 QRQ29、QRQ30、QRQ46、QRQ47 等 4 个三级指标因为因素载荷值未达到 0.55，故不能用来解释其所归属的二级指标，需将其从模型建构中予以剔除。

二是通过理论构想划分的指标类型归属与通过探索性因素分析得到的指标类型归属不尽一致：其一，刑事司法公平、刑事司法效果和刑事司法民主等 3 个二级指标所辖三级指标的理论归属与探索性因素分析得到的类型归属完全一致；其二，刑事司法公正所构想 19 个三级指标分别归属 5 个不同因素；其三，刑事司法效率所构想 11 个三级指标分别归属 2 个不同因素；其四，刑事司法机关依法独立行使职权所构想 5 个三级指标未聚集在同一个因素内，故而刑事司法机关依法独立行使职权理论构想无效。总的来说，刑事司法公信力法律专家评估 47 个三级指标理论构想的有效性较为一般。

三是根据 9 个因素的基本特征，可对其重新命名。具体来说，因素 1 可命名为“禁止刑讯逼供”；因素 2 可命名为“无罪推定”；因素 3 涵盖刑事司法廉洁、公正司法和刑事司法效率三个向度，故而因素 3 可命名为“刑事司法公正”；因素 4、5 均可命名为“刑事司法机关依法独立行使职权”；因素 6 可命名为“监狱罪犯教育改造效率”；因素 7 可命名为“警察平等执法”；因素 8 仍可命名为“刑事司法效果”；因素 9 可命名为“刑事司法公开”。

综合上述，经探索分析，刑事司法公信力法律专家评估 47 个三级指标的聚合度较差,理论构想的有效性较差。根据检验结果,在剔除QRQ29等4个三级指标后,刑事司法公信力法律专家评估三级指标共计43个,分别归属于禁止刑讯逼供、无罪推定、刑事司法公正、刑事司法机关依法独立行使职权、监狱罪犯教育改造效率、警察平等执法、刑事司法效果、刑事司法公开等8个相应二级指标中。经对所得的8个因素进行探索性分析,8个因素KMO值均在0.6以上,特征值大于1的累计解释总方差均在60%以上(见表4-5)。

表4-5　法律专家评估8个因素探索性分析检验结果

因素	KMO值	解释的总方差
禁止刑讯逼供	0.69	71.13%
无罪推定	0.632	69.10%
刑事司法公正	0.941	63.53%
刑事司法机关依法独立行使职权	0.506	61.63%
监狱罪犯教育改造效率	0.853	87.52%
警察平等执法	0.868	70.17%
刑事司法效果	0.832	66.22%
刑事司法公开	0.657	66.36%

(二)普通公众评估28个三级指标探索性因素分析

采用上述相同方法,创建刑事司法公信力普通公众评估28个三级指标探索性因素分析模型(见表4-6)。经检验,普通公众评估28个三级指标Cronbach's Alpha=0.828,说明模型的组合信度较高。根据普通公众评估探索性因素分析模型的参数估计,KMO值为0.861,说明刑事司法公信力普通公众评估28个三级指标适合进行探索性因素分析;Bartlett球形度近似检验显著性水平p=0.000,说明存在公因子。根据模型检验结果,初始特征值大于1的公因子有7个,累计解释的总方差为64.678%,说明7个公因子可以解释原变量64.678%。根据

表 4－6，普通公众评估 28 个三级指标的聚合度主要有以下几个方面特征：

一是刑事司法公正所涵盖 11 个三级指标分散于 2 个因素中，指标的聚合度一般，理论构想的有效性一般。

二是刑事司法公平所涵盖 6 个三级指标的聚合度与理论构想完全一致；刑事司法民主所涵盖 4 个三级指标的聚合度亦与理论构想完全一致；刑事司法效果所涵盖 3 个三级指标的聚合度与理论构想完全一致。基于此，上述 3 个二级指标所涵盖的三级指标的聚合度较高，理论构想的有效性较高。

三是刑事司法效率所涵盖 4 个三级指标分散于 2 个因素中，故该指标聚合度差，指标构设的有效性差。

四是根据 7 个因素的基本特征，可以对其重新命名。因素 1 主要测量刑事司法廉洁，可命名为"刑事司法廉洁"；因素 2 涵盖公正司法、司法机关依法独立行使职权等 2 个向度，故仍可命名为"刑事司法公正"；因素 3 主要测量警察执行和适用法律的平等性，故可命名为"警察平等执法"；因素 4、5 均测量刑事司法效率，故可命名为"刑事司法效率"；因素 6 主要从司法公开角度来测量刑事司法民主，故可命名为"刑事司法公开"；因素 7 测量司法效果，故仍可命名为"刑事司法效果"。

表 4－6　普通公众评估 28 个三级指标探索性因素

理论构想	因素	命名	问题序号	成分						
				1	2	3	4	5	6	7
刑事司法公正	1	刑事司法廉洁	GPP1				0.818			
			GPP2				0.878			
			GPP3				0.833			
	2	公正司法	GPP4	0.642						
			GPP5	0.639						
			GPP6	0.790						
			GPP7	0.727						
			GPP8	0.763						

续表

理论构想	因素	命名	问题序号	成分						
				1	2	3	4	5	6	7
刑事司法公正	2	司法机关依法独立行使职权	GPP9	0.858						
			GPP10	0.849						
			GPP11	0.844						
刑事司法公平	3	警察平等执法	GPP12			0.571				
			GPP13			0.675				
			GPP14			0.686				
			GPP15			0.746				
			GPP16			0.708				
			GPP17			0.651				
刑事司法效率	4	刑事司法效率	GPP18					0.844		
			GPP19					0.857		
	5	刑事司法效率	GPP20						0.777	
			GPP21						0.830	
刑事司法民主	6	刑事司法公开	GPP22		0.824					
			GPP23		0.848					
			GPP24		0.840					
			GPP25		0.812					
刑事司法效果	7	刑事司法效果	GPP26							0.657
			GPP27							0.614
			GPP28							0.626

注:GPP18—GPP21 理论构想是在一起的,但经探索分析没有。

总的来看,刑事司法公信力普通公众评估 28 个三级指标的聚合度较差,理论构想的有效性较差。当然,对所得到的上述 7 个因素尚需进行探索分析,以确认指标的解释效力。根据探索性因素分析检验结果,除因素 7“刑事司法效果”KMO 值较低,且特征值大于 1 的累计解释总方差过低之外,其余6个因素均满足前述要求。基于此,需要将因素7“刑事司法效果”予以剔除。经探索分析,在剔除因素7“刑事司法效果”所涵盖3个三级指标之后,普通公众评估保有25个三级指标,分别归属于刑事司法廉洁、刑事司法公正、警察平等执法、刑事司法效率、刑事司法公开等5个相应二级指标中(表4-7)。

表4-7 普通公众评估7个因素探索性分析检验结果

因素	KMO值	解释的总方差
刑事司法廉洁	0.721	81.908%
刑事司法公正	0.895	62.113%
警察平等执法	0.658	60.08%
刑事司法效率	0.643	59.76%
刑事司法公开	0.808	69.73%
刑事司法效果	0.553	43.988%

第二节 理论构想和研究假设

通过实证调查和探索性因素分析发现,刑事司法公信力评估指数研究所构想的刑事司法公正、刑事司法效率、刑事司法公平、刑事司法民主和刑事司法效果等5个二级指标的聚合度较差;基于此,需要根据探索分析结果重新进行理论构想。根据新的理论构想,提出相关研究假设,同时根据刑事法治基本原理,对所构想的二级指标进行定义。

一、理论构想

根据法律专家评估43个三级指标的探索性因素分析检验结果,“刑事司法公正”二级指标涵盖刑事司法廉洁、公正司法和刑事司法效率三个方面内容,故重新进行理论构想时考虑将“刑事司法公正”因素拆分为3个新的因素(二级指标),包括刑事司法廉洁、公正司法和刑事司法效率。由于“公正司法”二级指标所涵盖5个三级指标涉及羁押公正、审限公正、法官依法独立办案、法官居中裁判和基本权利等五个方面内容,故而重新进行理论构想时将“公正司法”直接命名为“刑事司法公正”。除此而外,因素4、5均为“刑事司法机关依法独立行使职权”,故将其合并为1个因素“刑事司法机关依法独立行使职权”。基于此,在实证调查和探索分析基础上,创设刑事司法公信力法律专家评估10个二级指标(潜变量)和43个三级指标(观测变量)。详言之,10个二级指标为:禁止刑讯逼供(f1);无罪推定(f2);刑事司法廉洁(f3);刑事司法公正(f4);刑事司法效率(f5);警察平等执法(f6);监狱罪犯教育改造效率(f7);刑事司法效果(f8);刑事司法公开(f9);刑事司法机关依法独立行使职权(f10)。10个二级指标涵盖43个三级指标,43个三级指标的具体归属详见表4-8。

根据刑事司法公信力普通公众评估25个三级指标探索性因素分析检验结果,因素“刑事司法公正”涵盖公正司法和司法机关依法独立行使职权等两个方面内容。由于“公正司法”测量涵盖公安机关公正执法、检察机关公正适法、法官公正司法和基本权利保障等方面内容,故而“公正司法”可直接命名为“刑事司法公正”。基于新的理论构想,因素“刑事司法公正”可拆分为“刑事司法公正”和“刑事司法机关依法独立行使职权”等2个二级指标。除此之外,因素4、5均为“刑事司法效率”,故而将其合并为1个因素“刑事司法效率”。基于此,在实证调查和探索分析基础上,创设刑事司法公信力普通公众评估6个二级指标,包括:刑事司法廉洁(f3);刑事司法公正(f4);刑事司法效率(f5);警察平等执法(f6);刑事司法公开(f9);刑事司法机关依法独立行使职权(f10)。普通公众评估6个二级指标涵盖25个三级指标,25个三级指标的具体归属详见表4-8。

需要特别指出的是,刑事司法公信力普通公众调查问卷未涉及刑讯逼供、无罪推定和监狱罪犯教育改造效率等3个二级指标,主要是出于以下两个方面的原因:一是本次普通公众调查的对象较为特定,为监狱中正在服刑的罪犯,故为保持调查的客观性、中立性,宜不涉及刑讯逼供、无罪推定、监狱罪犯教育改造效率等方面内容;二是即便所调查对象为非特定普通公众,由于他们对前述三个方面内容既不具有感性经验,也不具有专业知识,故问卷中亦不宜涉及前述三个方面内容。

需要特别说明的是,在法律专家调查层面,采用字母x来标识刑事司法公信力评估二级指标;在普通公众调查层面,采用字母y来标识。为保持全文的一致,后文所有涉及指标标号的,均采用表4-8中指标标号。

表4-8 刑事司法公信力法律专家评估和社会公众评估理论构想与研究假设

理论构想		研究假设
潜变量	观测变量	
f1 禁止刑讯逼供	x1 轻微逼供	H1:禁止刑讯逼供对刑事司法公正具有显著性正向影响
	x2 严重逼供	
	x3 重罪逼供	
f2 无罪推定	x4 审判阶段假定无罪率	H2:无罪推定对刑事司法公正具有显著性正向影响
	x5 侦查阶段假定无罪率	
	x6 被告挑战不利证据率	
f3 刑事司法廉洁	x7 警察腐化的严重程度	H3:刑事司法廉洁对刑事司法公正具有显著性正向影响
	x8 检察官腐化的严重程度	
	x9 法官腐化的严重程度	
	y1 警察腐败的广度	
	y2 检察官腐败的广度	
	y3 法官腐败的广度	

续表

理论构想		研究假设
潜变量	观测变量	
f4 刑事司法公正	x10 超期羁押	H4：刑事司法公正对刑事司法公信力具有最强解释力
	x11 诉讼时长	
	x12 法官依法独立审判	
	x13 法官没有偏见	
	x14 囚犯权利	
	y4 法院公正司法	
	y5 公安机关公正执法	
	y6 检察机关公正适法	
	y7 被告人权利保障	
	y8 嫌疑人权利保障	
f5 刑事司法效率	x15 刑事侦查部门之间信息资源共享	H5：刑事司法效率对刑事司法公正具有显著性正向影响
	x16 公、检、法、司之间信息资源共享	
	x17 办案检察官数量	
	x18 公益律师	
	x19 法律援助	
	y9 入室盗窃犯罪案件侦破的及时性	
	y10 入室盗窃犯罪案件起诉、审理的及时性	
	y11 抢劫犯罪案件侦破的及时性	
	y12 抢劫犯罪案件起诉、审理的及时性	
f6 警察平等执法	x20、y13 平等对待贫穷的嫌疑人	H6：警察平等执法对刑事司法公正具有显著性正向影响
	x21、y14 平等对待妇女嫌疑人	
	x22、y15 平等对待少数民族嫌疑人	
	x23、y16 平等对待有宗教信仰的嫌疑人	
	x24、y17 平等对待具有外国国籍的嫌疑人	
	x25、y18 平等对待同性恋嫌疑人	

续表

理论构想		研究假设
潜变量	观测变量	
f7 监狱罪犯教育改造效率	x26 监狱罪犯之间的暴力冲突	H7：监狱罪犯教育改造效率对刑事司法公正具有显著性正向影响
	x27 监狱在押犯再社会化与再犯预防方面的投入	
	x28 监狱单独羁押顽危犯的设施	
	x29 监狱监管安全	
f8 刑事司法效果	x30 刑事案件最终判决结果受工作压力影响的比率	H8：刑事司法效果对刑事司法公正具有显著性正向影响
	x31 刑事案件最终判决结果受腐败影响的比率	
	x32 错控率	
	x33 错判率	
	x34 错捕率	
	x35 青少年犯罪率	
f9 刑事司法公开	x36 法律权利普及	H9：刑事司法公开对刑事司法公正具有显著性正向影响
	x37 采用各民族通用语言公开出版发行基本法律	
	x38 刑法普及	
	y19 公安机关案件信息公开	
	y20 检察机关案件信息公开	
	y21 法院案件信息公开	
	y22 司法机关案件信息公开	
f10 刑事司法机关依法独立行使职权	x39 警察办案不受犯罪组织影响	H10：刑事司法机关依法独立行使职权对刑事司法公正具有显著性正向影响
	x40 检察官办案不受犯罪组织影响	
	x41 法官办案不受犯罪组织影响	
	x42 最高人民法院审理不受政府不当干预比率	
	x43 地方各级法院审理不受政府不当干预比率	
	y23 法官依法独立办案	
	y24 侦查人员依法独立办案	
	y25 检察官依法独立办案	

二、研究假设

基于上述理论构想,我们需要回答一个重要问题即究竟有哪些因素可据以评估我国刑事司法公信力。根据中国特色社会主义法治原则和刑事法治基本原理,刑事司法公正对刑事司法公信力具有决定性影响,故提出研究假设 H4,即刑事司法公正对刑事司法公信力具有最强解释力。如果这一假设成立,那么只要能证明究竟有哪些因素对刑事司法公正具有正向影响,我们就可以客观科学地回答前述设问。据此,提出 9 个影响刑事司法公正的相关假设。具体如下:

H1:禁止刑讯逼供对刑事司法公正具有显著性正向影响;

H2:无罪推定对刑事司法公正具有显著性正向影响;

H3:刑事司法廉洁对刑事司法公正具有显著性正向影响;

H4:刑事司法公正对刑事司法公信力具有最强解释力;

H5:刑事司法效率对刑事司法公正具有显著性正向影响;

H6:警察平等执法对刑事司法公正具有显著性正向影响;

H7:监狱罪犯教育改造效率对刑事司法公正具有显著性正向影响;

H8:刑事司法效果对刑事司法公正具有显著性正向影响;

H9:刑事司法公开对刑事司法公正具有显著性正向影响;

H10:刑事司法机关依法独立行使职权对刑事司法公正具有显著性正向影响;

H11:禁止刑讯逼供、无罪推定、刑事司法廉洁、刑事司法效率、警察平等执法、监狱罪犯教育改造效率、刑事司法效果、刑事司法公开、刑事司法机关依法独立行使职权等 9 个因素对刑事司法公信力具有解释力。

三、指标定义

根据中国特色社会主义法治原则和刑事法治基本原理,兹就所构想的 10 个二级指标的基本定义解释如下。

禁止刑讯逼供是法治国家的必然选择，也是国家法治体系的重要法律渊源。我国1979年《刑事诉讼法》第32条第2句明确规定，“严禁刑讯逼供和以威胁、引诱、欺骗以及其他非法的方法收集证据”。但在2010年《关于办理死刑案件审查判断证据若干问题的规定》和《关于办理刑事案件排除非法证据若干问题的规定》出台前，严禁刑讯逼供还只是停留在纸面上的规则。前述两项证据规则出台之后，刑讯逼供便与证据规则联系起来，采用刑讯逼供等非法方法收集的言词证据应予排除被明确写入国家法律中。2012年修正的《刑事诉讼法》第54条第1款和2018年修正的《刑事诉讼法》第56条第1款均明确规定：“采用刑讯逼供等非法方法收集的犯罪嫌疑人、被告人供述……应当予以排除……”那么究竟何谓刑讯逼供？根据《人民检察院刑事诉讼规则》第67条和最高人民法院《关于适用〈中华人民共和国刑事诉讼法〉的解释》第123条，刑讯逼供是指使用肉刑或者变相肉刑，或者采用其他方法使犯罪嫌疑人、被告人在肉体上或者精神上遭受剧烈疼痛或者痛苦，从而迫使被告人违背意愿供述的非法行为。基于前述定义，刑讯逼供行为的对象包括了犯罪嫌疑人和被告人，但是在构设禁止刑讯逼供指数模型时笔者将行为对象仅局限于犯罪嫌疑人。因为根据我国学者的实证研究，刑讯逼供行为对象主要为犯罪嫌疑人。例如，在学者孙长永所调研的法院适用非法证据排除规则的14个案例中，证据排除均体现为侦查阶段侦查人员采用刑讯逼供等非法方法收集言词证据；[①]又如，在学者陈永生所分析的全国20起刑事冤案中，有19起是侦查阶段侦查人员的刑讯逼供所致。[②] 根据上述，基于法律专家调查，禁止刑讯逼供（f1）二级指标可涵摄轻微逼供（x1）、严重逼供（x2）和重罪逼供（x3）等3个三级指标。

无罪推定既是现代法治国家的一项重要司法原则，也是犯罪嫌疑人、

① 参见孙长永、王彪：《审判阶段非法证据排除问题实证考察》，载《现代法学》2014年第1期。

② 参见陈永生：《我国刑事误判问题透视——以20起震惊全国的刑事冤案为样本的分析》，载《中国法学》2007年第3期。

被告人依宪法享有的一项基本权利。作为一项刑事司法原则,无罪推定主要体现在举证责任的分配方面,即由控方承担证明被告人有罪的证明责任;作为一项基本权利,无罪推定则承载着正当程序的基本要求和人身自由保障的防御功能。在我国,虽然在20世纪50年代,无罪推定原则的基本精神已体现在《刑事诉讼法(草案)》第5条规定中,但直至1996年修正《刑事诉讼法》,无罪推定原则的核心内容才于我国立法中得以正式确立。尽管如此,由于我国审前羁押程序未完全司法化,且立法未规定人身保护令和嫌疑人、被告人获得保释的权利,[①]故无罪推定在我国的司法实践尚有待进一步完善。基于此,我们主要从侦查、审判两个阶段全面考察无罪推定在我国司法中的实践情况。根据前述,基于法律专家调查,无罪推定(f2)二级指标可涵摄审判阶段假定无罪率(x4)、侦查阶段假定无罪率(x5)和被告挑战不利证据率(x6)3个三级指标。

刑事司法廉洁即刑事司法工作人员职务行为的廉洁性。一般来说,学者大多从司法腐败方面来论述司法廉洁的作用与功能。在究竟何谓司法腐败的问题上,由于"腐败"一词具有多重含义,故我国学者之间其实未完全取得一致。总的来说,在概念的内涵方面,司法腐败可被理解为滥用司法权以谋取私人利益的行为。在概念的外延方面,我国有学者区分了审判领域的司法腐败和其他司法领域的司法腐败,并将前者界定为:法官为了获得某种个人利益,利用自己职务上的权力而试图影响审判活动的行为。[②] 也有学者将司法机关包含于腐败的范围内,并将其界定为:执法活动和司法过程中司法机关及其人员为其特殊利益而滥用法律权威或偏离公共职责的现象。[③] 一般来说,我国学者将司法腐败限制在司法官员范围内,具体包括警察、检察官和法官。[④] 在论述司法廉洁所具有的功

---

① 我国有学者认为,犯罪嫌疑人、被告人获得保释的权利是无罪推定的逻辑结果。参见易延友:《论无罪推定的含义与刑事诉讼法的完善》,载《政法论坛》2012年第1期。

② 参见王亚新:《"司法腐败"现象的一种解读》,载《思想战线》2005年第4期。

③ 参见林喆:《保障司法公正,预防和控制司法腐败》,载《政治与法律》1998年第3期。

④ 参见施鹏鹏:《我国司法腐败的现状与遏制——以20个省/自治区/直辖市的实证调查为分析样本》,载《证据科学》2016年第1期。

能时,学者一般认为其具有促进公正司法的重要作用。刑事司法腐败行为的具体表现可根据2012年《人民警察法》第22条、2019年《检察官法》第47条、2019年《法官法》第46条来界定,[①]包括:受贿;隐瞒、伪造、变造、故意损毁证据、案件材料;违法违规办案;拖延办案;利用职权为自己或者他人谋取私利;接受利益输送;违法实施处罚或者收取费用;从事或者参与营利性活动;接受当事人及其代理人的请客送礼;从事营利性的经营活动或者受雇于任何个人或者组织;在企业或者其他营利性组织中兼任职务。鉴于前述,在法律专家调查层面,刑事司法廉洁(f3)二级指标涵摄警察腐化(x7)、检察官腐化(x8)和法官腐化的严重程度(x9)3个三级指标;在普通公众调查层面,涵盖警察腐败(y1)、检察官腐败(y2)和法官腐败(y3)的广度3个三级指标。

刑事司法公正包括刑事实体公正和刑事程序公正两个面向,前者基于刑事判决结果,强调刑事司法公正的外在评价要素,后者基于刑事诉讼过程,强调保障犯罪嫌疑人、刑事被告人基本权利的正当程序标准。在创设刑事司法公正评估指标方面,我国有学者将是否刑讯逼供、是否保障辩护律师权利、是否居中裁判、律师和司法人员是否违规交往等4个因素涵摄其中,[②]亦有学者将司法效率、司法人力资源诸要素涵盖于内。[③] 根据刑事司法公正实体要素和程序构造两方面内容,在法律专家调查层面,刑事司法公正(f4)二级指标涵摄超期羁押(x10)、诉讼时长(x11)、法官依法独立审判(x12)、法官没有偏见(x13)和囚犯权利(x14)5个三级指标。其中超期羁押、诉讼时长2个三级指标既涵盖对犯罪嫌疑人、被告人基本权利保障的测量,也涵盖对刑事司法效率的测量。在普通公众调查层面,

---

① 参见2012年《人民警察法》第22条第6、8、9、10项,2019年《检察官法》第47条第1款第1、2、4、6、7、8、9、10项,2019年《法官法》第46条第1款第1、2、4、6、7、8、9、10项。

② 参见朱景文主编:《中国人民大学中国法律发展报告2015:中国法治评估指标》,中国人民大学出版社2016年版,第82—91页。

③ 参见上海法治市情研究中心:《上海市法治建设状况满意度分析总报告》,载叶青主编:《上海法治发展报告(2014)》,社会科学文献出版社2014年版,第30—32页。

涵盖法院公正司法(y4)、公安机关公正执法(y5)、检察机关公正适法(y6)、被告人权利保障(y7)和嫌疑人权利保障(y8)5个三级指标。

刑事司法效率是资源的一个类别,故在界分其概念之前,需首先明确究竟何谓资源。根据《辞海》的解释,资源指资财的来源,一般指天然的财源。[①] 时至今日,资源的概念已不再囿于自然资源范围内,而是持续扩展至人类社会一切有价值的集合体。根据泛资源(pan-resource)概念对自然资源概念的延拓,资源包括了自然资源、人力资源、信息资源、科技资源、时间资源、空间资源、社会资源诸类型。[②] 根据上述界分,刑事司法效率可谓刑事司法人力资源、信息资源、科技资源、时间资源和社会资源的总称。由于刑事诉讼过程中诉讼时间资源主要体现对刑事司法效率的测量,故在创设刑事司法效率一级指标时笔者仅考虑创设刑事司法人力资源、信息资源、科技资源和社会资源方面的观测变量指标。根据上述,在法律专家调查方面,刑事司法效率(f5)二级指标涵摄刑事侦查部门之间信息资源共享(x15),公、检、法、司之间信息资源共享(x16),办案检察官数量(x17),公益律师(x18)和法律援助(x19)5个三级指标。在普通公众调查方面,涵盖入室盗窃犯罪案件侦破的及时性(y9)和起诉、审理的及时性(y10),抢劫犯罪案件侦破的及时性(y11)和起诉、审理的及时性(y12)4个三级指标。

刑事司法公平主要指一种形式正义,即一种机会平等。其具体内涵包括两个层面:一是对于任何人——不论其种族、民族、性别、贫富、贵贱、强弱均平等适用法律;二是所有人均受法律的平等保护。基于此,司法公平原则既是一项部门法(刑法)基本原则,同时也是一项宪法原则。作为一项刑法基本原则,司法公平体现为侦查、起诉、审判和执行全过程中法律适用上的平等;作为一项宪法原则,司法公平体现为宪法诉讼中法律的

---

① 辞海编辑委员会:《辞海·语词分册》(下),上海辞书出版社1997年版,第520页。

② 参见周德群:《资源概念拓展和面向可持续发展的经济学》,载《当代经济科学》1999年第1期。

平等保护。需要特别指出的是,刑事诉讼中的法律适用平等原则所针对的是刑事司法适用问题,宪法诉讼中的平等保护原则所针对的则是立法违宪问题。本书在测量刑事司法公平时仅考量了司法公平的第一层含义,这是因为在我国司法体系中目前尚未建立违宪审查机制,且在创设刑事司法公正测量指标时,研究构想对法官公平司法已有考量,故于此仅考量警察适用法律的平等性问题。鉴于前述,基于警察适用法律方面的普遍性,在创设警察平等执法(f6)二级指标时,考虑采用相同三级指标。具体包括6个三级指标:平等对待贫穷的嫌疑人(x20、y13);平等对待妇女嫌疑人(x21、y14);平等对待少数民族嫌疑人(x22、y15);平等对待有宗教信仰的嫌疑人(x23、y16);平等对待具有外国国籍的嫌疑人(x24、y17);平等对待同性恋嫌疑人(x25、y18)。

监狱罪犯教育改造效率总体上属于刑事司法效率的一个类别,但是根据探索性因素分析检验结果,二者未能聚合为同一类。由监狱刑罚执行的特殊性出发,将监狱罪犯教育改造效率测量仅纳入法律专家评估范畴亦符合刑罚执行的实践状况。监狱罪犯教育改造效率可理解为在监狱刑罚执行效率总量不变的情况下,亦即于给定的刑罚执行效率投入情形中,将监狱罪犯教育改造效率配置到最优状态,从而获得刑罚执行收益最大化。基于经济学视角,监狱罪犯教育改造效率的最大化体现为刑罚执行机会成本的最小化。对于司法效率的分析,我国多数学者正是从这一角度分析考量,从而得出司法效率和司法公正存有矛盾这一结论。① 质言之,追求司法效率,则可能忽视了司法公正,而追求司法公正,则又可能忽视司法效率。然而司法资源主要体现为社会资源,故社会性而非自然性乃司法资源的本质属性。也就是说,司法资源的最优配置并不是像在

① 参见刘楠:《中美法院司法效率简析》,载《社会科学研究》2000年第2期;钱弘道:《论司法效率》,载《中国法学》2002年第4期;姚莉:《司法效率:理论分析与制度构建》,载《法商研究》2006年第3期;程关松:《司法效率的逻辑基础与实现方式》,载《江西社会科学》2015年第8期。

市场经济条件下那样通过市场的力量来实现的。基于此,一切脱离司法资源本质属性的司法效率论均存在一定程度的认识谬误。基于上述,如果将刑事司法公正界定为刑事司法收益,那么监狱罪犯教育改造效率可界定为:在给定司法资源条件下,通过监狱罪犯教育改造效率的最优配置实现刑事司法公正最大化。基于这一定义,迟到的正义非正义这一现代司法理念也就有了理论上的依据;当然,需要特别强调的是,迟到的正义终非正义。有鉴于此,我们将对侦查效率、审判效率等刑事司法时间资源的测量指标纳入刑事司法公正二级指标范围之中,此处只保留对监狱罪犯教育改造效率的测量。鉴于前述,在法律专家调查层面创设刑事司法公信力评估理论构想。具体来说,监狱罪犯教育改造效率(f7)二级指标涵摄监狱罪犯之间的暴力冲突(x26)、监狱在罪犯再社会化与再犯预防方面的投入(x27)、监狱单独羁押顽危犯的设施(x28)、监狱监管安全(x29)4 个三级指标。

刑事司法效果主要包括法律效果和社会效果两个方面。基于司法自身所具有的功能,司法具有法律效果;基于司法对社会产生的影响,司法具有社会效果。法律形式主义坚持司法只具有法律效果,而法律现实主义则主张司法除了具有法律效果之外,还具有社会效果。一般认为,坚持司法除具有法律效果外还具有社会效果的主张较早出现在 1983 年《最高人民法院工作报告》中。[①] 自此以后,主张司法的法律效果和社会效果有机统一的观点遂成为我国司法理论的主流观点。[②] 但自 2013 年起,我国有司法工作人员提出在法律效果之内实现司法的社会效果,不需要也不

---

① 审判工作同时也是"政治思想工作",不仅要"严格依法办事",更要"走群众路线",凡是群众工作做得好,审判的"社会效果"就好。参见江华:《最高人民法院工作报告——一九八三年六月七日在第六届全国人民代表大会第一次会议上》,载《人民司法》1983 年第 7 期。

② 例如,最高人民法院原副院长李国光指出,法官裁判案件,追求法律效果与社会效果的统一。参见李国光:《坚持办案的法律效果与社会效果相统一》,载《党建研究》1999 年第 12 期。最高人民法院原院长肖扬主张审判的法律效果和社会效果的有机统一,并认为法官的判决必须考虑社会稳定、经济发展问题,而不应为了追求一个法律价值而不顾其他的社会价值。参见肖扬:《中国司法:挑战与改革》,载《人民司法》2005 年第 1 期。

能够动辄求诸法外。[①] 笔者认为,虽然从形式法治角度考察,司法宜仅以法律效果为价值追求,但是若从实践角度考虑,尤其从司法公信力角度考虑,司法宜在法律效果之内兼顾社会效果。基于此,对于司法的法律效果测量,主要基于法律专家调查,对于司法的社会效果测量,则主要基于普通公众调查。具体来说,在法律专家调查层面,刑事司法效果(f8)二级指标涵摄刑事案件最终判决结果受工作压力影响的比率(x30)、刑事案件最终判决结果受腐败影响的比率(x31)、错控率(x32)、错判率(x33)、错捕率(x34)、青少年犯罪率(x35)6个三级指标。

刑事司法民主关涉我国刑事司法改革的路径选择,为我国历次司法改革所关注。从最高人民法院自1999年至2019年发布的5个人民法院五年改革纲要来看,司法改革究竟趋向民主化还是职业化,不同时期的司法实践有着各自不同的路径选择。时任最高人民法院副院长的祝铭山同志在作关于《人民法院五年改革纲要》的说明时特别强调了司法民主,并指出人民陪审员制度是现代法治国家司法民主化的要求。需要特别指出的是,人民法院"一五"改革纲要只字未提"司法职业化"。人民法院"二五"改革纲要首提法官职业化,我国司法改革从此开启法官职业化建设进程。但人民法院"二五"改革纲要只字未提司法民主化,故可以说"二五"改革期间,我国司法改革实践主要选择司法职业化路径。人民法院"三五"改革纲要重提大力推动司法民主化进程,自此中国司法改革实践进入司法民主化与职业化并举时期。至人民法院"五五"改革纲要发布,司法的民主化一直被视为中国司法改革实践的路径选择之一,但因"五五"改革纲要未提及司法民主化,而对法官职业着墨颇多,故"五五"改革期间,司法的职业化应为我国司法改革实践的主要路径选择。无论司法改革选择何种主要进路,司法民主总是法治国家司法改革实践的一个重要议题,故于刑事司法公信力指数创设中无疑需对其展开测量。一般来说,体现

---

① 最高人民法院原副院长江必新主张在法律之内实现社会效果。参见江必新:《严格依法办事:经由形式正义的实质法治观》,载《法学研究》2013年第6期。

司法民主的制度构设主要有人民陪审员制度、人民监察员制度、司法公开等。由于对于人民陪审员制度的测量需通过大数据分析，故基于对法律专家的调查，我们仅选择刑事司法公开这一界面展开测量。鉴于前述，在法律专家调查层面，刑事司法公开(f9)二级指标涵摄法律权利普及(x36)、采用各民族通用语言公开出版发行基本法律(x37)和刑法普及(x38)3 个三级指标；在普通公众调查层面，涵盖公安机关案件信息公开(y19)、检察机关案件信息公开(y20)、法院案件信息公开(y21)、司法机关案件信息公开(y22)4 个三级指标。

刑事司法机关依法独立行使职权是刑事法治大厦构筑的基石，同时也是法治国的主要标志。[①] 质言之，没有刑事司法机关依法独立行使职权，也就没有刑事法治，没有法治国家。在我国，司法机关依法独立行使职权原则早在 1954 年《宪法》中就有明确规定，根据我国宪法、法律规定，司法机关依法独立行使职权是指审判机关、检察机关依法独立行使职权，不受行政机关、社会团体和个人的干涉。[②] 当然，中国特色的司法机关依法独立行使职权是在党的领导下的司法机关依法独立行使职权，离开党的领导的司法机关依法独立行使职权是不存在的。根据 2018 年《宪法》，基于法律现实主义视角，监察委的调查权具有一定程度的司法属性，故根据《宪法》第 127 条第 1 款，司法机关依法独立行使职权原则的适用应扩展至监察委的职权范围。总的来看，根据我国宪法和法律，司法机关依法独立行使职权原则仅适用于审判机关、检察机关的职权范围，而不适用于

① 类似论述参见李步云、柳志伟：《司法独立的几个问题》，载《法学研究》2002 年第 3 期；夏锦文：《当代中国的司法改革：成就、问题与出路——以人民法院为中心的分析》，载《中国法学》2010 年第 1 期；马长山：《新一轮司法改革的可能与限度》，载《政法论坛》2015 年第 5 期。

② 德国有学者概括了司法机关依法独立行使职权于外部的种种情况，即独立于国家和社会间的各种势力，独立于上级官署，独立于政府，独立于议会，独立于政党，独立于新闻舆论，独立于国民时尚与时好，独立于自我偏好、偏见与激情。我国学者龙宗智等将司法机关依法独立行使职权解释为 4 种情形，即不侵权、不介入、不施压、不妄评。参见龙宗智、李常青：《论司法独立与司法受制》，载《法学》1998 年第 12 期。

侦查机关职权范围。但是根据世界正义工程刑事司法指数测量指标创设实践,侦查机关依法独立行使职权问题亦在其考虑之列,故笔者在创设中国刑事司法公信力指数时亦考量了侦查机关依法独立行使职权问题。鉴于前述,在法律专家调查层面,刑事司法机关依法独立行使职权(f10)二级指标涵摄警察办案不受犯罪组织影响(x39)、检察官办案不受犯罪组织影响(x40)、法官办案不受犯罪组织影响(x41)、最高人民法院审理不受政府不当干预比率(x42)和地方各级法院审理不受政府不当干预比率(x43)5个三级指标;在普通公众调查层面,涵盖法官依法独立办案(y23)、侦查人员独立办案(y24)和检察官独立办案(y25)3个三级指标。

第三节　刑事司法公信力法律专家评估指数模型的创建

为客观测量刑事司法公信力,通过对刑事司法理论的概括和刑事法治实践的总结,从法律专家调查层面,构想刑事司法公正、效率、公平、效果和民主等5个二级指标和47个三级指标。根据探索分析结果,对这一理论构想进行修正,从而重新构想禁止刑讯逼供等10个二级指标和轻微逼供等43个三级指标。在此基础上,提出11个假设:假设1—3、5—10假设禁止刑讯逼供等9个二级指标对刑事司法公正具有显著性正向影响;假设4假设刑事司法公正对刑事司法公信力具有最强解释力,假设11假设禁止刑讯逼供等其余9个二级指标对刑事司法公信力具有解释力。那么上述假设究竟有哪些成立呢?质言之,究竟有哪些指标可据以解释我国刑事司法公信力呢?为回答这一问题,采用验证性因素分析法,创设刑事司法公信力法律专家评估指数结构方程模型,以检验假设1—3和假设5—10是否成立;创设刑事司法公信力法律专家评估指数二阶单因素模型,以检验假设4、11是否成立。

一、刑事司法公信力法律专家评估指数结构方程模型的创建

结构方程模型包括测量模型和结构模型两个部分,[①]其中测量模型有反映性测量和形成性测量之分。反映性测量的影响路径是潜变量指向观测变量,意谓观测变量依据潜变量的定义而创设,其因素载荷系数反映的是观测变量解释潜变量这一理论构想的程度。[②] 在潜变量对观测变量的因素载荷系数均达显著性水平前提下,因素载荷系数越高,观测变量解释潜变量的有效程度就越高。形成性测量的影响路径与反映性测量正好相反,其方向为观测变量指向潜变量,意谓潜变量依据观测变量的定义而创设,其因素载荷系数所反映的是观测变量对潜变量的影响。同样地,在观测变量对潜变量的因素载荷系数均达显著性水平前提下,因素载荷系数越高,观测变量对潜变量的影响就越大。因素载荷系数的显著性水平一般以小于0.05为标准,但当因素载荷系数与其标准误的比值超过2.58时,显著性水平则以小于0.01为标准。[③] 学者一般认为,标准化的因素载荷系数绝对值应高于0.3;[④]也有学者认为应高于0.5,理想状态下应高于0.7。[⑤] 结构模型是反映潜变量与潜变量之间关系的方程。[⑥] 潜变量又有外生潜变量与内生潜变量之分,外生潜变量不受任何其他变量影响而只

---

① 测量模型图中的方框表示观测变量,观测变量通常为各调查题项或量表的各题项;测量模型图中的椭圆表示潜变量,潜变量无法直接被观察测量,而只能通过观测变量来反映。

② 潜变量是指不能直接观测的变量,需要借助观测变量(显变量)指标来估计。观测变量或者显变量是可以直接观测的变量,如度量计上的度数。参见王孟成:《潜变量建模与Mplus应用·基础篇》,重庆大学出版社2014年版,第3页。

③ 参见吴明隆:《结构方程模式:方法与实务应用》,高雄,丽文文化事业股份有限公司2009年版,第19页。

④ 参见王卫东:《结构方程模型原理与应用》,中国人民大学出版社2010年版,第87页。

⑤ 理想状态下,潜变量对观测变量的因素载荷系数应高于0.7。参见吴明隆:《结构方程模型——Amos实务进阶》,重庆大学出版社2013年版,第61页。

⑥ 参见易丹辉编著:《结构方程模型:方法与应用》,中国人民大学出版社2008年版,第46页。

影响其他变量,内生潜变量受外生潜变量影响,①其关系走向一般为外生潜变量指向内生潜变量。结构模型中的路径系数没有明确的界值,在路径系数均达显著性水平前提下,路径系数越高,外生潜变量对内生潜变量的影响就越大。

对于模型可靠性的评价,可考虑采用组合信度指标。组合信度是结构方程测量模型中用以检验潜变量信度品质的指标,又被称为“结构信度”。一般地,如果潜变量的组合信度在0.6以上,则表示模型的内在品质理想。信度系数越高,则表示观测变量测得的潜变量的一致性越高。②对于模型整体拟合度的评价,主要有以下几个指标:一是绝对拟合指数,包括卡方检验、显著性水平、RMSEA、SRMR。卡方检验通过卡方值与自由度的比值来实现,二者之比的界值设定为小于3;当样本数据大于500时,二者之比的界值也可以为5。二者的比值越接近1,模型的整体拟合度就越高。模型卡方检验的显著性水平取值为0.0005,当样本数据大于500时,可考虑取0.0001。需要特别说明的是,此处如何选择显著性水平至关重要,正如有学者所指出的,这里尤其需要突破显著性水平为0.05或0.01的限制。③ RMSEA的界值为0.08,SRMR的界值为0.05,其值越小越好。二是相对拟合指数,包括CFI、TLI。CFI、TLI的界值均可取0.9,越接近1,模型的拟合度越好。④

基于法律专家调查数据,采用验证性因素分析法,通过Mplus8.0统计软件,依据前述假设1—3和假设5—10,初步创建中国刑事司法公信力

① 外生潜变量为自变量,由观测变量所反映;内生潜变量为因变量,受外生潜变量的影响。

② 参见吴明隆:《结构方程模式:方法与实务应用》,高雄,丽文文化事业股份有限公司2009年版,第23页。

③ 参见温忠麟、侯杰泰、[澳]马什赫伯特:《结构方程模型检验:拟合指数与卡方准则》,载《心理学报》2004年第2期。

④ 关于验证性因素模型拟合度评价指标的界值标准的详细论述,参见吴明隆:《结构方程模式:方法与实务应用》,高雄,丽文文化事业股份有限公司2009年版,第43页。

指数结构方程模型(以下简称初始模型)。初始模型中测量模型的组成包括三个部分:其一,43 个观测变量,由“轻微逼供(x1)”至“地方各级法院审理不受政府不当干预比率(x43)”组成;其二,10 个潜变量,由“禁止刑讯逼供(f1)”至“刑事司法机关依法独立行使职权(f10)”组成;其三,路径走向为观测变量指向潜变量。结构模型则由 10 个潜变量组成,路径走向为“禁止刑讯逼供(f1)”、“无罪推定(f2)”、“刑事司法廉洁(f3)”、“刑事司法效率(f5)”、“警察平等执法(f6)”、“监狱罪犯教育改造效率(f7)”、“刑事司法效果”(f8)”、“刑事司法公开(f9)”和“刑事司法机关依法独立行使职权(f10)”等 9 个潜变量分别指向“刑事司法公正(f4)”。

经信度检验,初始模型中 43 个观测变量的 Cronbach’s Alpha 系数为 0. 826,说明模型的组合信度较高,观测变量所测得的潜在特质较高。根据模型拟合信息表,卡方值 $x^2 = 4502.319$ ($p = 0.000 < 0.0001$),自由度 $df = 815$,x^2/df 为 5. 52,未满足小于 5 标准。据此,需根据模型参数估计 M. I. 指标(修正指标)值对模型进行修正。① 在根据 M. I. 指标值摘要表对模型进行修正时,潜变量“刑事司法机关依法独立行使职权(f10)”→“法官办案不受犯罪组织影响(x41)”的标准化载荷系数绝对值高于 1. 00,说明模型存在多重共线性问题。在模型出现多重共线性情况时,模型估计结果可能存在不可接受的解值。② 有鉴于此,我们选择直接对模型拟合进行评价,而不对模型进行修正。根据初始模型拟合信息,RMSEA 为 0. 059,符合小于 0. 08 标准;SRMR 为 0. 051,未满足小于 0. 05

① 在初始验证性因素分析假设模型中,假设每个观测变量均有一个测量误差项,且测量误差项彼此之间均不相关。但实际上各观测变量之间存在一定程度的相关,故需要通过修正指标对模型进行修正。详细论述参见吴明隆:《结构方程模式:方法与实务应用》,高雄,丽文文化事业股份有限公司 2009 年版,第 36 页。

② 在模型存在多重共线性情况时,研究者应重新进行模型界定或者删除导致共线性问题的观测变量。参见吴明隆:《结构方程模型——Amos 实务进阶》,重庆大学出版社 2013 年版,第 4 页。

标准;CFI、TLI 值分别为 0.887、0.875,未满足大于 0.9 标准。综合前述,初始模型的拟合不够理想。

根据初始模型参数估计的标准化结果,“最高人民法院审理不受政府不当干预比率(x42)”“地方各级法院审理不受政府不当干预比率(x43)”2 个观测变量的因素载荷系数分别为 0.019(p = 0.497)、0.013(p = 0.664),未达显著性水平,其值亦未满足大于 0.3 标准;观测变量“警察办案不受犯罪组织影响(x39)”的因素载荷系数为 0.229(p = 0.000),虽然达到显著性水平,但未满足大于 0.3 标准。其余 40 个观测变量的载荷系数均达到显著性水平,其值均符合大于 0.3 标准。对于没有达到显著性水平的观测变量或者潜变量和载荷系数未满足设定标准的观测变量或者潜变量,模型修正或重构时宜予以删除。基于此,在模型修正时理论上应将前述 3 个观测变量予以删除,[①]但是根据结构方程模型的一般原理,反映潜变量的一组观测变量至少需要 3 个,[②]故模型修正时仅将潜变量 f10 中 x42、x43 等 2 个观测变量予以删除。

根据初始模型路径分析(见表 4 - 9),[③]f1→f4、f6→f4、f9→f4、f10→f4 等 4 条路径系数分别为 0.026(p = 0.195)、0.022(p = 0.243)、- 0.026(p = 0.169)、0.005(p = 0.762),未达显著性水平;f2→f4、f3→f4、f5→f4、f7→f4、f8→f4 等 5 条路径系数均达显著性水平,且路径系数均为正。鉴于此,可得出以下结论:其一,禁止刑讯逼供、警察平等执法、刑事司法公开、刑事司法机关依法独立行使职权等对刑事司法公正不具有直接的显

① 参见易丹辉编著:《结构方程模型:方法与应用》,中国人民大学出版社 2008 年版,第 185 页。

② 这一原则又被称为三指标法则,即在只有一个因素(潜变量)的测量模型里,至少要有三个在这个因素上载荷不为 0 的观测变量,模型才是可以识别的。参见王卫东:《结构方程模型原理与应用》,中国人民大学出版社 2010 年版,第 76 页。

③ 1921 年,美国遗传学家休厄尔 · 赖特(Sewall Wright)首次提出路径分析,其目的在于检验模型中变量之间复杂的因果关系。需要特别说明的是,统计学上的因果关系检验所反映的是一种纯粹形式的因果关系,而非一种经验的因果关系。

著性影响。其二,无罪推定、刑事司法廉洁、刑事司法效率、监狱罪犯教育改造效率、刑事司法效果等对刑事司法公正具有直接的显著性正向影响。其三,刑事司法廉洁对刑事司法公正的影响最大,其路径系数为 0.66($p=0.000$);刑事司法效率、刑事司法效果对刑事司法公正的影响较大,其路径系数分别为 0.198($p=0.000$)、0.122($p=0.000$);监狱罪犯教育改造效率对刑事司法公正的影响较小,其路径系数为 0.097($p=0.000$);无罪推定对刑事司法公正的影响最小,其路径系数为 0.062($p=0.001$)。据此,前述假设 2、3、5、7、8 等 5 项假设得到初步验证,假设 1、6、9、10 等 4 项假设未得到有效验证。

表 4-9　刑事司法公信力法律专家评估指数结构方程初始模型路径分析

路径走向(效应)	估计值	标准误	P 值	假设检验
禁止刑讯逼供(f1)→刑事司法公正(f4)	0.026	0.020	0.195	假设 1 未验证
无罪推定(f2)→刑事司法公正(f4)	0.062	0.019	0.001	假设 2 成立
刑事司法廉洁(f3)→刑事司法公正(f4)	0.660	0.045	0.000	假设 3 成立
刑事司法效率(f5)→刑事司法公正(f4)	0.198	0.047	0.000	假设 5 成立
警察平等执法(f6)→刑事司法公正(f4)	0.022	0.019	0.243	假设 6 未验证
监狱罪犯教育改造效率(f7)→刑事司法公正(f4)	0.097	0.018	0.000	假设 7 成立
刑事司法效果(f8)→刑事司法公正(f4)	0.122	0.021	0.000	假设 8 成立
刑事司法公开(f9)→刑事司法公正(f4)	-0.026	0.019	0.169	假设 9 未验证
刑事司法机关依法独立行使职权(f10)→刑事司法公正(f4)	0.005	0.017	0.762	假设 10 未验证

根据初始模型参数估计结果,我们虽可以得出禁止刑讯逼供、警察平等执法、刑事司法公开、刑事司法机关依法独立行使职权等 4 个因素对刑事司法公正不具有直接的显著性影响,但却不能因此得出前述 4 个因素对刑事司法公正不具有影响。这是因为上述因素可以通过对其他潜变量的直接影响,而对刑事司法公正产生间接影响。鉴于此,兹对

假设 1、6、9、10 等 4 项假设作出如下修正：修正假设 1 为禁止刑讯逼供对刑事司法效果具有显著性正向影响；修正假设 6 为警察平等执法对刑事司法效果具有显著性正向影响；修正假设 9 为刑事司法公开对无罪推定具有显著性正向影响；修正假设 10 为刑事司法机关依法独立行使职权对刑事司法效果具有显著性正向影响。

根据前述 4 个修正假设，对初始模型中结构模型的路径走向进行相应修正（见图 4－1）。修正模型中结构模型的路径共有 5 个走向：路径 1 为 f1→f8→f4、f6→f8→f4、f10→f8→f4，其中 f8 为中间效应模型；路径 2 为 f9→f2→f4，其中 f2 为中间效应模型；路径 3 为 f3→f4；路径 4 为 f5→f4；路径 5 为 f7→f4。在删除 x42、x43 等 2 个观测变量后，修正模型中测量模型的观测变量共计 41 个（x1—x41）。根据修正模型拟合信息表，卡方值（$x^2=3746.456$）与自由度（df＝749）之比为 5.00，符合小于 5 标准。但由于模型卡方值偏大，故仍然需要根据 M.I. 指标值对模型进行修正。根据 M.I. 指标值摘要表，如果将观测变量“平等对待妇女嫌疑人（x21）”与观测变量“平等对待贫穷的嫌疑人（x20）”界定具有相关关系，则大约可以减少卡方值 264.757。采用前述相同方法，[①]在经过共计 4 次修正后，模型卡方值降至 3005.112，卡方值与自由度（df＝745）之比为 4.03，符合小于 5 标准。卡方值显著性水平 p＝0.0000，符合小于 0.0001 标准。RMSEA 为 0.048，符合小于 0.08 标准；SRMR 为 0.058，未满足小于 0.05 标准。CFI、TLI 值分别为 0.929、0.922，符合大于 0.9 标准。基于前述，经修正后，刑事司法公信力指数结构方程模型的拟合较为理想。据此，根据初始模型和修正模型路径分析结果（见图 4－1），可以得出如下结论：

---

① 在分别将观测变量“诉讼时长（x11）”和“超期羁押（x10）”，“公、检、法、司间信息资源共享（x16）”和“刑事侦查部门之间信息资源共享（x15）”，“监狱罪犯之间的暴力冲突（x26）”和“囚犯权利（x14）”界定具有相关性之后，模型的卡方值逐步减少，且卡方值与自由度之比符合小于 5 的标准。

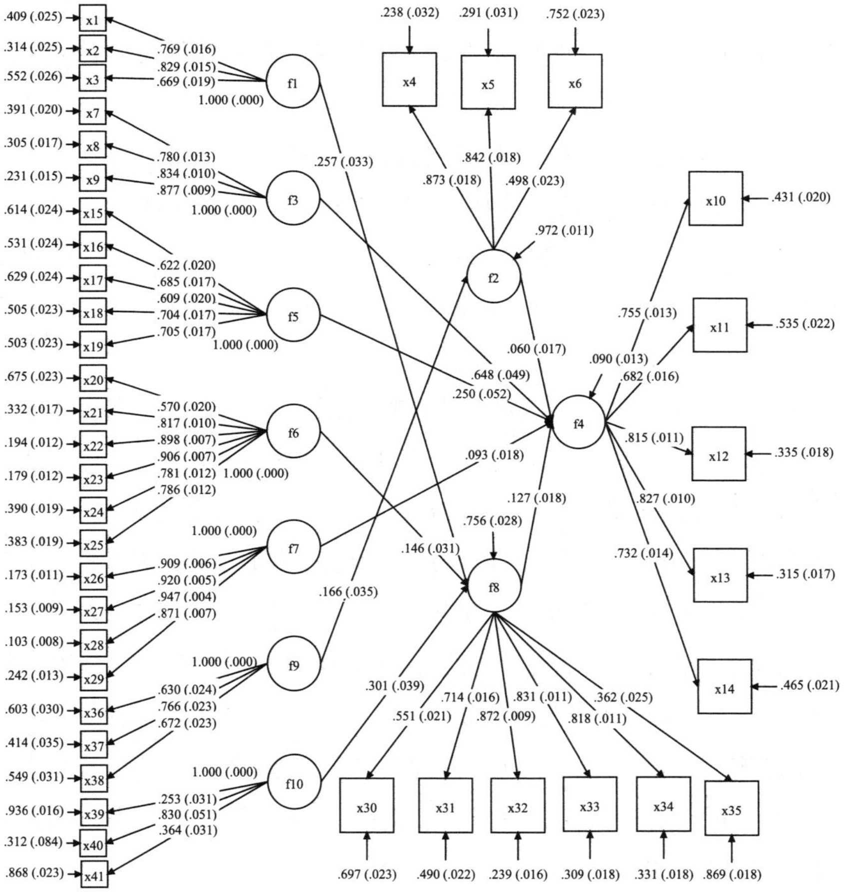

图 4－1　刑事司法公信力法律专家评估指数结构方程修正模型

一是刑事司法廉洁对刑事司法公正具有最大显著性正向影响。如图 4－1 所示，f3→f4 的路径系数为 0.648（$p=0.000$），说明在其他条件不变时，“刑事司法廉洁（f3）”潜变量每提升 1 个单位，则“刑事司法公正”潜变量提升 0.648 个单位。据此，假设 3 得到有效验证。在所有对刑事司法公正具有显著性正向影响的潜变量中，f3→f4 的路径系数最大。

二是刑事司法效率对刑事司法公正具有较大显著性正向影响。如图 4－1 所示，f5→f4 的路径系数为 0.250（$p=0.000$），说明在其他条件不变时,“刑事司法效率(f5)”潜变量每提升1个单位,则“刑事司法公正”潜变量提升0.250个单位。据此,假设5得到有效验证,即刑事司法效率对刑事司法公正具有显著性正向影响。

三是刑事司法效果对刑事司法公正具有一般显著性正向影响。如图4-1所示,f8→f4的路径系数为0.127(p=0.000),说明在其他条件不变时,“刑事司法效果(f8)”潜变量每提升1个单位,“刑事司法公正”潜变量提升0.127个单位。据此,假设8得到有效验证,即刑事司法效果对刑事司法公正具有显著性正向影响。

四是监狱罪犯教育改造效率对刑事司法公正具有较小显著性正向影响。如图4-1所示,f7→f4的路径系数为0.093(p=0.000),说明在其他条件不变时,“监狱罪犯教育改造效率(f7)”潜变量每提升1个单位,则“刑事司法公正”潜变量提升0.093个单位。据此,假设7得到有效验证,即监狱罪犯教育改造效率对刑事司法公正具有显著性正向影响。

五是无罪推定对刑事司法公正具有微小显著性正向影响。如图4-1所示,f2→f4的路径系数为0.060(p=0.000),说明在其他条件不变时,“无罪推定(f2)”潜变量每提升1个单位,则“刑事司法公正”潜变量提升0.06个单位。据此,假设2得到有效验证,即无罪推定对刑事司法公正具有显著性正向影响。

六是禁止刑讯逼供、警察平等执法、刑事司法机关依法独立行使职权、刑事司法公开对刑事司法公正具有间接影响。如图4-1所示,“禁止刑讯逼供”“警察平等执法”“刑事司法机关依法独立行使职权”等3个因素通过“刑事司法效果”这一中间效应而对刑事司法公正产生间接影响。f1→f8、f6→f8、f10→f8等3条路径系数分别为0.257(p=0.000)、0.146(p=0.000)、0.301(p=0.000),故“禁止刑讯逼供”“警察平等执法”“刑事司法机关依法独立行使职权”等3个潜变量对“刑事司法效果”具有显著性正向影响,其通过“刑事司法效果”这一中间效应而对“刑事司法公正”产生间接影响。基于此,修正假设1、6、10得到有效验证。但是“禁止刑讯逼供”“警察平等执法”“刑事司法机关依法独立行使职权”等3个潜变量对“刑事司法公正”潜变量的间接影响很小，其效应分别为：0.033（0.257×0.127）、0.019（0.146×0.127）、0.038（0.301×0.127）。f9→f2的路径系数为0.166（p=0.000），故“刑事司法公开”对“无罪推定”具有显著的正向影响，其通过“无罪推定”这一中间效应对“刑事司法公正”产生间接影响。据此，修正假设9得到有效验证。但是“刑事司法公开”通过“无罪推定”对“刑事司法公正”所产生的间接影响很小，其间接效应仅为0.01（0.166×0.06）。

综合上述，刑事司法廉洁、刑事司法效率、刑事司法效果、监狱罪犯教育改造效率、无罪推定等5个因素对刑事司法公正具有显著性正向影响；禁止刑讯逼供、警察平等执法、刑事司法公开、刑事司法机关依法独立行使职权等4个因素对刑事司法公正仅具有间接影响。如果能够证明假设4成立，那么刑事司法公信力可以通过刑事司法廉洁、刑事司法效率、刑事司法效果、监狱罪犯教育改造效率、无罪推定等5个因素来测量。

二、刑事司法公信力法律专家评估指数二阶单因素模型

依据刑事司法公信力法律专家评估指数结构方程修正模型得出的结论，采用验证性因素分析方法，创建刑事司法公信力法律专家评估指数二阶单因素模型（见图4－2）。按照因素位阶不同，验证性因素模型可区分为一阶因素模型和二阶因素模型。一阶因素模型中的潜变量通常为探索性因素分析所萃取的共同因素或者研究者假设的一个共同构想。如果研究者假定一阶因素模型中的潜变量共同反映一个更高位阶的理论构想（潜变量），则需要创建高阶因素模型。若更高位阶的潜变量为二阶潜变量，则这样的测量模型为二阶因素模型。[①] 一般地，一阶因素模型中至少要有2个潜变量；二阶因素模型中可以只有1个二阶潜变量。因素模型

① 参见吴明隆：《结构方程模型——Amos实务进阶》，重庆大学出版社2013年版，第63页。

的名称可以依据高阶潜变量的个数来确定。

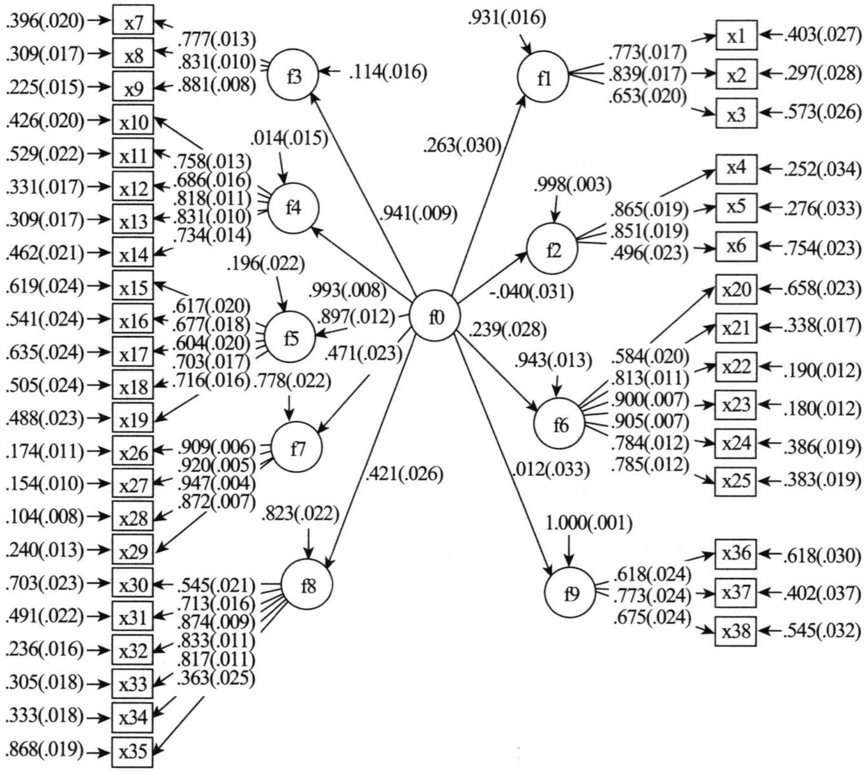

图 4－2　刑事司法公信力法律专家评估指数二阶单因素模型

在创建法律专家评估指数二阶单因素模型时，需要特别说明的是，尽管依据法律专家评估指数结构方程模型检验结论，“禁止刑讯逼供（f1）”“警察平等执法（f6）”“刑事司法公开（f9）”“刑事司法机关依法独立行使职权（f10）”等 4 个因素对刑事司法公正不具有直接的显著性正向影响，但在创建二阶单因素模型时仍将其纳入其中。根据法律专家评估指数二阶单因素模型参数估计标准化结果，“刑事司法机关依法独立行使职权（f10）”潜变量→“法官办案不受犯罪组织影响（x41）”观测变量的标准化载荷系数高于 1.00，此说明模型存在多重共线性问题，故需要对模型进行修正。在删除 f10 潜变量所涵盖 5 个观测变量（x39—x43）之后，模型多重共线性问题消失。基于此,刑事司法公信力法律专家评估指数二阶单因素模型的组成包括三个部分:其一,38 个观测变量,由 x1—x38 组成;其二,9 个一阶潜变量,由 f1—f9 组成;其三,1 个二阶潜变量,即"刑事司法公信力"(见图 4-2)。

经信度检验,刑事司法公信力法律专家评估指数二阶单因素模型所涵盖 38 个观测变量的 Cronbach's Alpha 系数为 0.841,说明模型的组合信度较高。根据模型拟合信息,卡方值(x^2 = 3918.494)与自由度(df = 656)之比为 5.97,未满足小于 5 标准,故需根据修正 M.I. 指标值对模型进行修正。根据修正模型 M.I. 指标值摘要表,在经过 5 次修正后,①模型卡方值(x^2 = 3038.693)与自由度(df = 651)之比为 4.67,符合小于 5 的标准。卡方检验的显著性水平 p = 0.000,符合小于 0.0001 的标准。RMSEA 为 0.053,符合小于 0.08 的标准;SRMR 为 0.074,未满足小于 0.05 标准。CFI、TLI 值分别为 0.924、0.918,符合大于 0.9 标准。综合前述,刑事司法公信力法律专家评估指数二阶单因素模型拟合较为理想。根据刑事司法公信力法律专家评估指数二阶单因素参数估计标准化结果,可得出如下结论:

一是禁止刑讯逼供、无罪推定、警察平等执法、刑事司法公开、刑事司法机关依法独立行使职权对刑事司法公信力不具有解释力,刑事司法公信力法律专家评估指数不能通过对禁止刑讯逼供、无罪推定、警察平等执法、刑事司法公开和刑事司法机关依法独立行使职权的测量来计算。根据法律专家评估指数二阶单因素模型检验结果,"禁止刑讯逼供"、"无罪推定"、"警察平等执法"、"刑事司法公开"和"刑事司法机关依法独立行使职权"等 5 个一阶潜变量不能直接反映"刑事司法公信力"二阶潜变量的意义。如图 4-2 所示,"刑事司法公信力(f0)"指向"禁止刑讯逼供

① 在分别将观测变量"平等对待妇女嫌疑人(x21)"和"平等对待贫穷的嫌疑人(x20)","诉讼时长(x11)"和"超期羁押(x10)","公、检、法、司之间信息资源共享(x16)"和"刑事侦查部门之间信息资源共享(x15)","监狱罪犯之间的暴力冲突(x26)"和"囚犯权利(x14)","平等对待具有外国国籍的嫌疑人(x24)"和"平等对待贫穷的嫌疑人(x20)"界定具有相关关系后,刑事司法公信力法律专家评估指数二阶单因素模型拟合较为理想。

(f1)”、“无罪推定(f2)”、“警察平等执法(f6)”、“刑事司法公开(f9)”等4条路径的载荷系数分别为0.263(p=0.000)、-0.040(p=0.193)、0.239(p=0.000)、0.012(p=0.726),因素载荷系数未满足大于0.3的标准,其中f0→f2、f0→f9等2条路径系数未达显著性水平。因此,“刑事司法公信力”二阶潜变量不能直接通过“禁止刑讯逼供”、“无罪推定”、“警察平等执法”、“刑事司法公开”和“刑事司法机关依法独立行使职权”等5个一阶潜变量的意义来解释。据此,假设11相关部分未能得到有效验证。

二是刑事司法公正对刑事司法公信力最具解释力,刑事司法公信力法律专家评估指数可以通过对刑事司法公正的测量来计算。如图4-2所示,“刑事司法公信力(f0)”指向“刑事司法公正(f4)”的路径载荷系数为0.993(p=0.000),在5条对刑事司法公信力具有解释力的路径中,f0→f4的路径系数最大。基于此,假设4得到有效验证。

三是刑事司法廉洁、刑事司法效率、监狱罪犯教育改造效率、刑事司法效果对刑事司法公信力具有解释力,刑事司法公信力法律专家评估指数可以通过对刑事司法廉洁、刑事司法效率、监狱罪犯教育改造效率、刑事司法效果的测量来计算。如图4-2所示,“刑事司法公信力(f0)”指向“刑事司法廉洁(f3)”、“刑事司法效率(f5)”、“监狱罪犯教育改造效率(f7)”和“刑事司法效果(f8)”等4条路径的载荷系数分别为0.941(p=0.000)、0.897(p=0.000)、0.471(p=0.000)和0.421(p=0.000),因此刑事司法廉洁、刑事司法效率、监狱罪犯教育改造效率和刑事司法效果等4个因素有效反映了刑事司法公信力的意义。根据上述,假设11相关部分得到有效验证。

总的来说,刑事司法公正对刑事司法公信力最具解释力,刑事司法廉洁、刑事司法效率、监狱罪犯教育改造效率和刑事司法效果对刑事司法公信力具有解释力。刑事司法公信力法律专家评估指数可以通过对刑事司法公正、刑事司法廉洁、刑事司法效率、监狱罪犯教育改造效率和刑事司法效果的测量来计算。需要特别指出的是,刑事司法公信力法律专家评估指数不能通过对禁止刑讯逼供、无罪推定、警察平等执法、刑事司法公开、刑事司法机关依法独立行使职权的测量来计算，这仅仅是从司法测量的意义上来理解的，而并不意味着其对刑事司法公信力不具有理论和实践意义。也就是说，尽管理论和实践上可以肯定禁止刑讯逼供、无罪推定、警察平等执法、刑事司法公开、刑事司法机关依法独立行使职权对刑事司法公信力具有影响，但根据刑事司法公信力法律专家评估指数结构方程模型检验结果，其已通过刑事司法效果等其他中间因素得到体现，故刑事司法公信力法律专家评估指数的计算中可不再考虑禁止刑讯逼供、无罪推定、警察平等执法、刑事司法公开、刑事司法机关依法独立行使职权，此亦符合刑事实验法学的基本原理。

第四节　刑事司法公信力普通公众评估指数模型的创建

为客观测量刑事司法公信力，在对刑事司法理论和实践进行概括和总结基础上，从普通公众调查层面，构想刑事司法公正、效率、公平、效果和民主等 5 个二级指标、28 个三级指标。并基于探索分析，对这一理论构想进行修正，重新构想刑事司法廉洁、刑事司法公正、刑事司法效率、警察平等执法、刑事司法公开、刑事司法机关依法独立行使职权等 6 个二级指标、25 个三级指标。基于新的理论构想，提出 6 个研究假设，即假设 3、4、5、6、9、10 和假设 11 部分内容。那么上述假设究竟有哪些成立呢？质言之，究竟有哪些可以用来解释我国刑事司法公信力呢？为回答这一问题，采用验证性因素分析法，创设刑事司法公信力普通公众评估指数结构方程模型，以检验假设 3、5、6、9、10 是否成立；创设刑事司法公信力普通公众评估指数二阶单因素模型，以检验假设 4 和假设 11 部分内容是否成立。

一、刑事司法公信力普通公众评估指数结构方程模型的创建

基于普通公众调查数据，采用前述相同方法，根据假设 3、5、6、9、10，

创建刑事司法公信力普通公众评估指数结构方程模型(见图 4－3)。模型组成包括三部分:一是“警察腐败的广度(y1)”至“检察官依法独立办案(y25)”25 个观测变量;二是“刑事司法廉洁(f3)”“刑事司法效率”(f5)”“警察平等执法(f6)”“刑事司法公开(f9)”“刑事司法机关依法独立行使职权(f10)”5 个潜变量;三是 5 条路径走向,分别为:f3→f4;f5→f4;f6→f4;f9→f4;f10→f4。

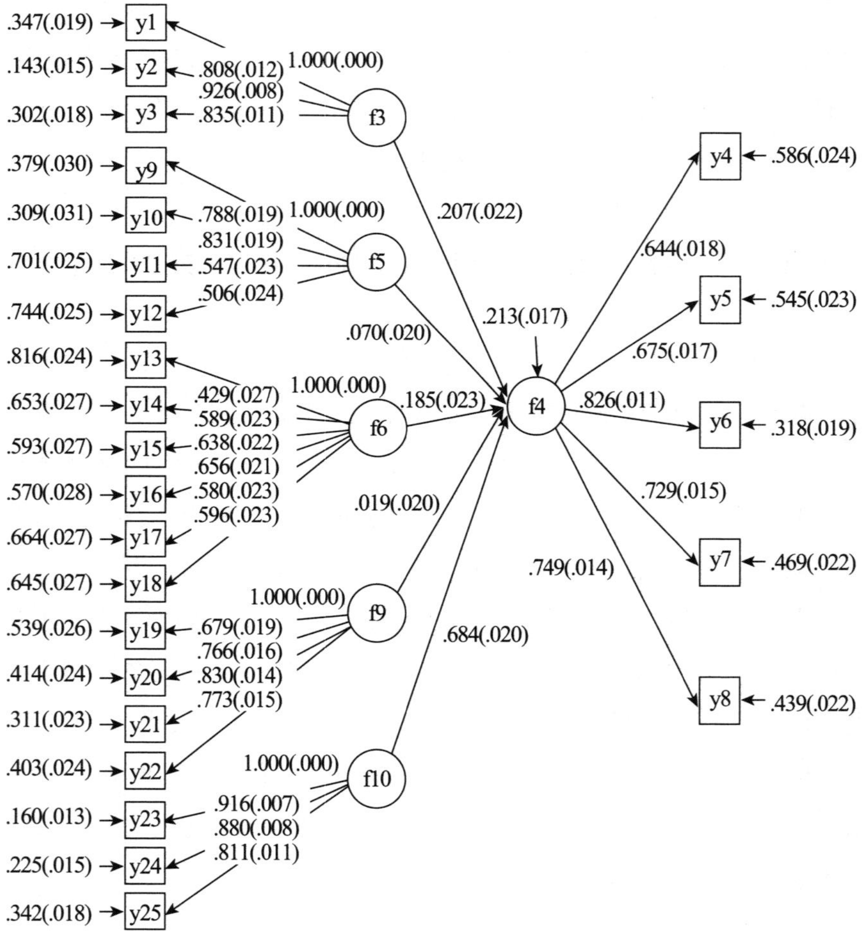

图 4－3　刑事司法公信力普通公众评估指数结构方程模型

经信度检验，普通公众评估指数结构方程模型的组合信度较高，25个观测变量的 Cronbach's Alpha 系数为 0.846，即模型的组合信度较高。根据模型拟合信息，模型卡方值（$x^2=1518.436$）与自由度（df = 260）之比为 5.84，未满足小于 5 标准，故需根据 M. I. 指标（修正指标）值对模型进行修正。根据 M. I. 指标值摘要表，如果将“抢劫犯罪案件起诉、审理的及时性（y12）”和“抢劫犯罪案件侦破的及时性（y11）”，“公安机关公正执法（y5）”和“法院公正司法（y4）”，“检察官依法独立办案（y25）”和“嫌疑人权利保障（y8）”，“检察官依法独立办案（y25）”和“被告人权利保障（y7）”，“检察机关案件信息公开（y20）”和“公安机关案件信息公开（y19）”等 5 组观测变量界定具有相关性，那么模型卡方值降至 827.203，卡方值与自由度（df = 255）之比为 3.24，符合小于 5 标准。经过 5 次修正后，RMSEA 为 0.042，符合小于 0.08 标准；SRMR 为 0.049，符合小于 0.05 标准。CFI、TLI 值分别为 0.963、0.957，符合大于 0.9 标准。经修正后，普通公众评估指数结构方程模型拟合非常理想。根据普通公众评估指数结构方程模型参数估计标准化结果，可以得出如下结论：

一是刑事司法机关依法独立行使职权对刑事司法公正具有最强影响力。如图 4－3 所示，f10→f4 的路径系数为 0.684（p = 0.000），说明“刑事司法机关依法独立行使职权”潜变量对“刑事司法公正”潜变量具有显著性正向影响；在其他条件不变时，“刑事司法机关依法独立行使职权”潜变量每提升 1 个单位，则“刑事司法公正”潜变量提升 0.684 个单位。据此，前述假设 10 得到验证。

二是刑事司法廉洁对刑事司法公正具有较强影响力。f3→f4 路径系数为 0.207（p = 0.000），说明“刑事司法廉洁”潜变量对“刑事司法公正”潜变量具有显著性正向影响；在其他条件不变时，“刑事司法廉洁”潜变量每提升 1 个单位，则“刑事司法公正”潜变量提升 0.207 个单位。据此，前述假设 3 得到验证。

三是警察平等执法对刑事司法公正具有一定程度影响力。f6→f4 的路径系数为 0.185（p = 0.000），说明“警察平等执法”潜变量对“刑事司法公正”潜变量具有显著性正向影响；在其他条件不变时，“警察平等执法”

潜变量每提升 1 个单位，则“刑事司法公正”潜变量提升 0.185 个单位。据此，前述假设 6 得到验证。

四是刑事司法效率对刑事司法公正的影响力较小。f5→f4 的路径系数为 0.07（$p = 0.001$），说明“刑事司法效率”潜变量对“刑事司法公正”潜变量具有显著性正向影响；在其他条件不变时，“刑事司法效率”潜变量每提升 1 个单位，则“刑事司法公正”潜变量提升 0.07 个单位。据此，前述假设 5 得到验证。

五是刑事司法公开对刑事司法公正不具有影响力。f9→f4 的路径系数为 0.019（$p = 0.379$），未达显著性水平，说明“刑事司法公开”潜变量对“刑事司法公正”潜变量不具有显著性影响。据此，前述假设 9 未得到有效验证。

总的来说，根据刑事司法公信力普通公众评估指数结构方程模型检验结论，刑事司法机关依法独立行使职权、刑事司法廉洁、警察平等执法、刑事司法效率对刑事司法公正具有显著正向影响力，其中刑事司法机关依法独立行使职权影响力最大，刑事司法效率影响力最小；刑事司法公开对刑事司法公正不具有影响力。如果假设 4 成立，那么刑事司法公正、刑事司法机关依法独立行使职权、刑事司法廉洁、警察平等执法、刑事司法效率则可据以测量刑事司法公信力。需要特别指出的是，刑事司法公开对刑事司法公正不具有影响力是从测量意义上来界分的。如果刑事司法实践中司法不公开，那还怎么能实现公正司法呢？因此，从理论上来说，司法公开是司法公正的前提和基础，没有司法公开，何来司法公正。也正因为司法已经公开，故而从司法测量学角度看，司法公开对于司法公正就不具有测量意义，此亦符合刑事司法实践的基本情形。

二、刑事司法公信力普通公众评估指数二阶单因素模型

根据假设 4 和假设 11，创建刑事司法公信力普通公众评估指数二阶单因素模型（见图 4-4）。需要说明的是，根据刑事司法公信力普通公众评估指数结构方程模型检验结果，创设二阶单因素模型时宜删除“刑事司法公开（f9）”潜变量所涵盖 4 个观测变量（y19—y22）。基于此，据以创建普通公众评估指数二阶单因素模型的观测变量为 21 个（y1—18、y23—y25）。

为客观确定21个观测变量的聚合状况，需采用探索性因素分析法进行聚类。通过最大方差旋转法，按照因素载荷系数大于0.5标准，创设探索性因素分析模型。[①] 根据探索性因素分析模型参数估计，“刑事司法公正（f4）”所涵盖5个观测变量和“刑事司法机关依法独立行使职权（f10）”所涵盖3个观测变量聚合为同一个因素，其余观测变量的聚合则与刑事司法公信力普通公众评估指数结构方程模型中观测变量的聚合完全一致。从刑事法治一般原理出发，当“刑事司法公正（f4）”和“刑事司法机关依法独立行使职权（f10）”聚合为同一个因素时，我们仍可将其命名为“刑事司法公正（f4）”。

根据前述，刑事司法公信力普通公众评估指数二阶单因素模型的组成包括四个部分：一是21个观测变量，由“警察腐败的广度（y1）”至“平等对待同性恋嫌疑人（y18）”，“法官依法独立办案（y23）”至“检察官依法独立办案（y25）”组成；二是4个一阶潜变量，由“刑事司法廉洁（f3）”、“刑事司法公正（f4）”、“刑事司法效率（f5）”和“警察平等执法（f6）”组成；三是二阶潜变量1个，即“刑事司法公信力（f0）”；四是路径走向为二阶潜变量指向一阶潜变量，一阶潜变量指向观测变量。

经信度检验，刑事司法公信力普通公众评估指数二阶单因素模型的组合信度较高，21个观测变量的Cronbach's Alpha系数为0.861。根据模型拟合信息，卡方值（$x^2 = 1907.357$）与自由度（$df = 185$）之比为10.31，卡方值偏大，故需根据M.I.指标值对模型进行修正。根据模型M.I.指标值摘要表，将“平等对待妇女嫌疑人（y14）”和“平等对待贫穷的嫌疑人（y13）”，“公安机关公正执法（y5）”和“法院公正司法（y4）”，“法院案件信息公开（y21）”和“检察机关案件信息公开（y20）”，“刑事司法公正（f4）”和“平等对待有宗教信仰的嫌疑人（y16）”等4组观测变量界定具有相关性之后，模型卡方值降至895.049；卡方值与自由度（$df = 181$）之比为4.95，符合小于5标准。经过4次修正后，RMSEA为0.055，符合小于0.08标准；SRMR为0.049，符合小于0.05标准。CFI、TLI值分别为

① 经信度检验，普通公众调查涵盖25个观测变量的Cronbach's Alpha系数为0.846，说明组合信度较高。根据探索性因素分析估计标准化结果，KMO值为0.87，卡方检验的显著性水平p为0.000，说明可据此进行探索性因素分析。

0.946、0.937，符合大于0.9标准。修正后的刑事司法公信力普通公众评估指数二阶单因素模型拟合非常理想。标准化估计值模型中（见图4-4）没有出现因素载荷（路径系数）绝对值大于1或者接近1的情况，说明参数估计值均为可接受的解值。根据普通公众评估指数二阶单因素模型参数估计标准化结果，可以得出如下结论：

一是刑事司法公正对刑事司法公信力具有最强解释力，刑事司法公信力普通公众评估指数可以通过对刑事司法公正的测量来计算。根据图4-4，“刑事司法公信力（f0）”指向“刑事司法公正（f4）”的载荷系数为0.836（p=0.000），高“刑事司法公信力（f0）”指向“刑事司法廉洁（f3）”的载荷系数0.265。据此，假设4得到有效验证。

二是刑事司法廉洁、警察平等执法对刑事司法公信力具有较强解释力，刑事司法公信力普通公众评估指数可以通过对刑事司法廉洁、警察平等执法的测量来计算。根据图4-4，“刑事司法公信力（f0）”指向“刑事司法廉洁”（f3）、“警察平等执法（f6）”的载荷系数分别为0.571（p=0.000）、0.437（p=0.000），说明“刑事司法廉洁”“警察平等执法”2个一阶潜变量有效反映了“刑事司法公信力（f0）”二阶潜变量的意义。据此，假设11相关部分得到有效验证。

三是刑事司法效率对刑事司法公信力不具有解释力。根据图4-4，“刑事司法公信力（f0）”指向“刑事司法效率（f5）”的载荷系数为0.21（p=0.000），未能满足大于0.3标准。也就是说，“刑事司法效率（f5）”一阶潜变量不能有效反映“刑事司法公信力（f0）”二阶潜变量的意义。据此，假设11相关部分未能得到有效验证。

综合上述，从司法测量角度来看，刑事司法公信力普通公众评估指数可以通过对刑事司法廉洁、刑事司法公正、警察平等执法的测量来计算，而不能通过对刑事司法效率、刑事司法公开、刑事司法机关依法独立行使职权的测量来计算。需要特别指出的是，刑事司法效率、刑事司法公开、刑事司法机关依法独立行使职权对刑事司法公信力普通公众评估指数的计算不具有意义只是从司法测量意义上基于实证调查和统计分析得出的客观结果,而非出于价值判断和理论思考。

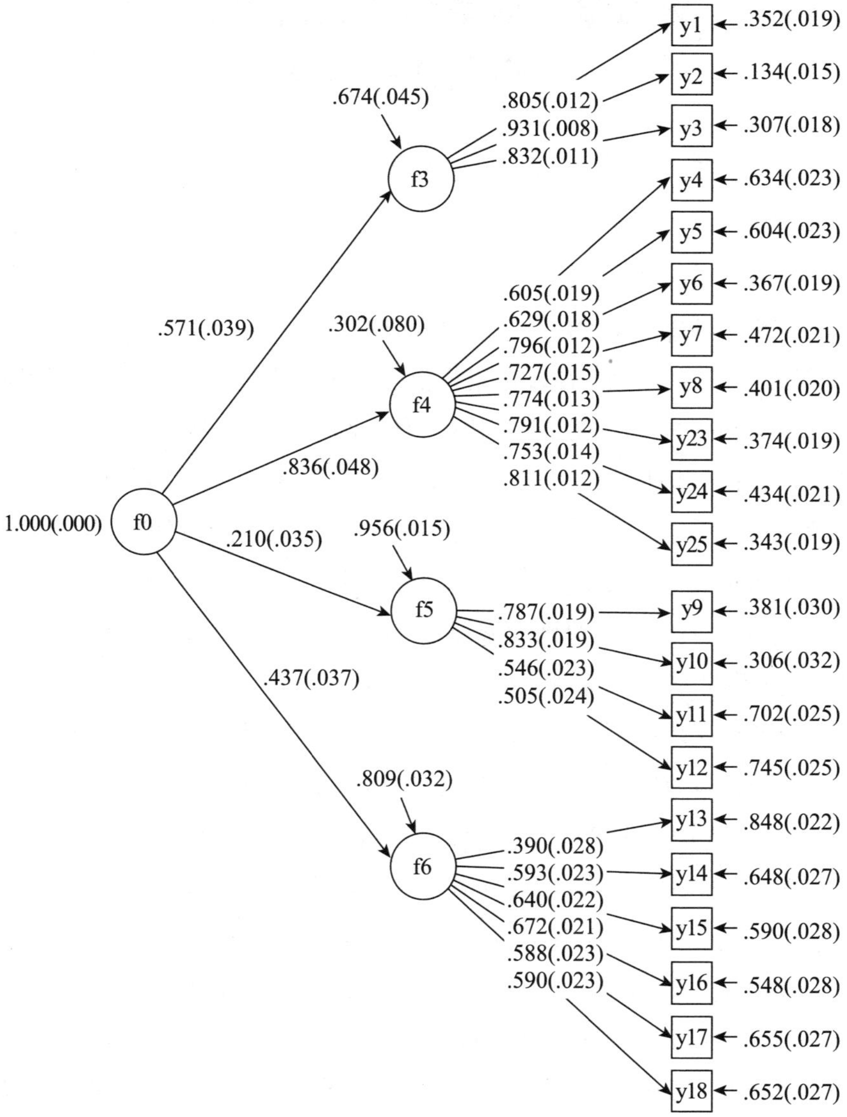

图 4－4　刑事司法公信力普通公众评估指数二阶单因素模型

第五章　刑事司法公信力专家评估指数计算

为准确计算刑事司法公信力专家评估指标权重，需要根据刑事司法公信力专家评估指数二阶单因素模型检验结果对模型进行重构。根据法律专家评估指数二阶单因素重构模型得到因素载荷系数，通过归一化处理，即可计算出刑事司法公信力法律专家评估 23 个三级指标权重和 5 个二级指标权重（见表 5－1）。以刑事司法公信力法律专家评估调查 1312 个样本数据为基础数据，根据 6 级李克特量表，对 1312 个调查对象基础数据进行无量纲化，可得到专家评估 23 个三级指标标准值。根据 23 个三级指标标准值及计算所得到的权重，可计算出刑事司法公信力法律专家评估 5 个二级指标得分；根据 5 个二级指标得分及计算所得到的权重，即可计算出调查对象刑事司法公信力一级评估指标得分。取评估对象内刑事司法公信力法律专家评估指标得分的均值，可得到刑事司法公信力法律专家评估指数。据此，可算出全国（n＝1312）和广东（n＝398）、黑龙江（n＝127）、湖南（n＝394）、浙江（n＝234）、四川（n＝159）等 5 个省以及广州（n＝213）、珠海（n＝124）、哈尔滨（n＝71）、永州（n＝124）、长沙（n＝145）、杭州（n＝108）、宁波（n＝101）、温州（n＝111）、成都（n＝83）、绵阳（n＝76）10 个城市刑事司法公信力专家评估指数、5 个二级评估指数和 23 个三级指标得分。

第一节　刑事司法公信力专家评估指标权重计算

一、刑事司法公信力专家评估指数二阶单因素模型重构

为准确计算刑事司法公信力专家评估23个三级指标、5个二级指标权重，需要根据刑事司法公信力专家评估指数二阶单因素修正模型结果对之进行重构(见图5－1)。整体来看，模型组成包括三个部分：其一，刑事司法公信力等1个二阶潜变量(一级指标)；其二，刑事司法廉洁、刑事司法公正、刑事司法效率、监狱罪犯教育改造效率、刑事司法效果等5个一阶潜变量(二级指标)；其三，5个一阶潜变量所涵盖的23个观测变量(三级指标)。经信度检验，模型的Cronbach's Alpha系数为0.827，说明模型的组合信度较高。根据模型拟合信息，卡方值($x^2=1054.105$)与自由度(df＝217)之比为4.86，符合小于5标准。模型卡方检验的显著性水平p＝0.000，符合小于0.0001标准。RMSEA为0.054，符合小于0.08标准；SRMR为0.042，符合小于0.05标准。CFI、TLI值分别为0.96、0.953，符合大于0.9标准。经重构后，中国刑事司法公信力专家评估指数二阶单因素模型拟合非常理想。

二、指标权重的计算

基于刑事司法公信力专家评估调查1312个样本数据，通过无量纲化，得到各题项标准值。标准值取值范围均在0—1之间，各题项梯度按照6级李克特量表进行无量纲化。根据刑事司法公信力专家评估指数二阶单因素模型重构结果，刑事司法公信力评估指标权重结果如下(见表5－1)：

首先，根据5个二级指标(潜变量)指向其所涵盖三级指标(观测变量)的因素载荷系数，分别计算出各三级指标的权重。三级指标权重计算方法为：二级指标名下各三级指标载荷系数与该二级指标名下三级指标

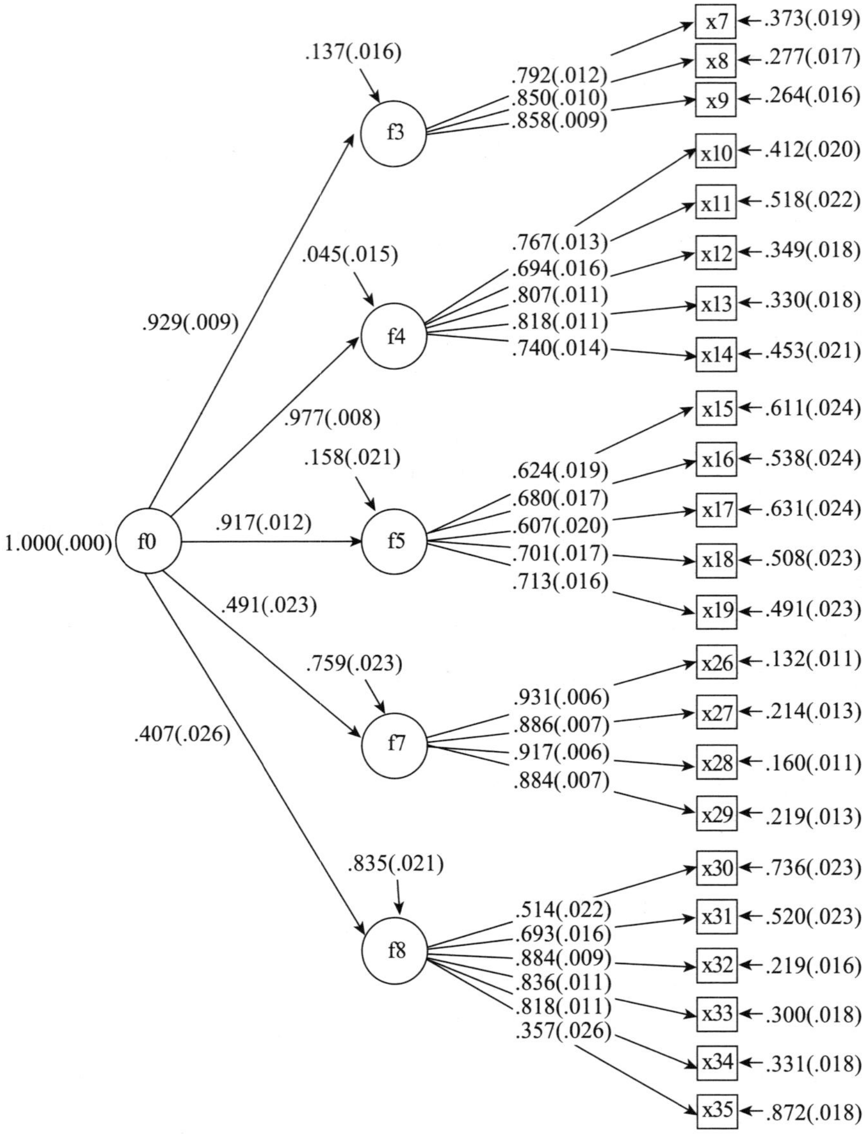

图 5－1　中国刑事司法公信力法律专家评估指数二阶单因素模型

注：为衔接上下文，刑事司法公信力专家评估各指标标号均采用最初标号。

载荷系数和之比。例如，“警察腐化程度（x7）”指标权重计算为：0.792/(0.792+0.85+0.858)=0.729/2.5=0.32。据此方法，可计算出23个三级指标的权重。

其次，根据 23 个三级指标权重及其标准值，分别计算出 5 个二级指标的得分。具体来说，首先计算出调查对象 23 个三级指标的标准值。按照刑事司法公信力评估指标标准值由低到高顺序，4 级题项各梯度的计量标准设定为：0、0. 333、0. 667、1；6 级题项各梯度的计量标准设定为 0、0. 2、0. 4、0. 6、0. 8、1。在此基础上，计算二级指标得分，具体为：二级指标所涵盖各三级指标权重与该三级指标标准值乘积之和，取值范围均在 0—1 之间。例如，某被调查对象“刑事司法廉洁”得分计算为：0. 32（x7 权重）×0. 6（x7 标准值）+0. 34（x8 权重）×0. 6（x8 标准值）+0. 34（x9 权重）×0. 8（x9 标准值）=0. 668。

最后，根据“刑事司法公信力”一级指标指向 5 个二级指标的载荷，计算出 5 个二级指标的权重。计算方法为：二级指标载荷系数与二级指标载荷系数和之比。例如，“刑事司法廉洁（f3）”二级指标权重计算为：0. 929/（0. 929 +0. 977 +0. 917 +0. 491 +0. 407）=0. 929/3. 721 =0. 25。据此方法，分别计算出 5 个二级指标的权重。

表 5－1　刑事司法公信力专家评估指标权重

二级指标	权重	三级指标	题项	权重
f3 刑事司法廉洁	0. 25	x7 警察腐化程度	Q1 在你所居住的城市，公安民警、监狱民警的腐化问题怎样？	0. 32
		x8 检察官腐化程度	Q2 在你所居住的城市，检察官腐化问题怎样？	0. 34
		x9 法官腐化程度	Q3 在你所居住的城市，法官腐化问题怎样？	0. 34
f4 刑事司法公正	0. 26	x10 超期羁押	Q4 在你所居住的城市，超期羁押问题怎样？	0. 20
		x11 诉讼时长	Q5 在你所居住的城市，刑事诉讼耗时过长的问题怎样？	0. 18
		x12 法官不能依法独立审判	Q6 在你所居住的城市，法官能否依法独立审判？	0. 21

续表

二级指标	权重	三级指标	题项	权重
f4 刑事司法公正	0.26	x13 法官偏见	Q7 在你所居住的城市，对于社会中的边缘群体，法官办案有偏见的问题怎样？	0.21
		x14 狱警滥用惩戒	Q8 你认为监狱民警滥用惩戒的问题怎样？	0.19
f5 刑事司法效率	0.25	x15 侦查部门间缺乏信息共享	Q9 你认为刑事侦查部门之间缺乏信息资源共享机制的问题怎样？	0.19
		x16 公、检、法、司间缺乏信息共享	Q10 你认为公、检、法、司之间缺乏信息资源共享机制的问题怎样？	0.20
		x17 办案检察官数量不足	Q11 在你所居住的城市中，你认为办案检察官数量不足的问题怎样？	0.18
		x18 公益律师培训与素养不足	Q12 公益律师缺乏足够培训与法学素养的问题怎样？	0.21
		x19 律师提供法律援助不足	Q13 在嫌疑人被羁押期间，公益律师不能提供法律援助的问题怎样？	0.21
f7 监狱罪犯教育改造效率	0.13	x26 监狱罪犯之间的暴力冲突问题	Q14 你认为监狱罪犯之间暴力冲突的问题怎样？	0.26
		x27 监狱在押犯再社会化与再犯预防投入不足	Q15 你认为监狱在押犯再社会化与再犯预防方面投入不足的问题怎样？	0.24
		x28 监狱缺乏单独羁押顽危犯设施	Q16 你认为监狱缺乏单独羁押顽危犯的设施这一问题怎样？	0.25
		x29 监狱监管安全问题	Q17 你认为监狱监管安全不足以防止罪犯逃脱这一问题怎样？	0.24
f8 刑事司法效果	0.11	x30 刑事案件最终判决结果受工作压力影响比率	Q18 根据你办理刑事案件的经验，最近一年来，刑事案件最终判决结果受工作压力影响的比率是多少？	0.13
		x31 刑事案件最终判决结果受腐败影响比率	Q19 根据你办理刑事案件的经验，最近一年来，刑事案件最终判决结果受腐败影响的比率是多少？	0.17

续表

二级指标	权重	三级指标	题项	权重
f8 刑事司法效果	0.11	x32 错控率	Q20 根据你办理刑事案件的经验,最近一年来,被错误指控犯罪的人占嫌疑人的比率是多少?	0.22
		x33 错判率	Q21 根据你办理刑事案件的经验,最近一年来,被法院错误判处有罪的人占被告人的比率是多少?	0.20
		x34 错捕率	Q22 被错误拘留的案件的比率是多少?	0.20
		x35 青少年犯罪率	Q23 你认为青少年犯罪占有罪判决比率是多少?	0.09

第二节 刑事司法公信力专家评估指数计算

刑事司法公信力专家评估指数计算包括刑事司法公信力专家评估一级指标计算和刑事司法廉洁、刑事司法公正、刑事司法效率、监狱罪犯教育改造效率和刑事司法效果等 5 个二级指标计算。兹就全国和广东、黑龙江、湖南、浙江、四川等 5 个省及广州、珠海、哈尔滨、永州、长沙、杭州、宁波、温州、成都、绵阳 10 个城市刑事司法公信力专家评估指数及 5 个二级指标计算结果论述如下。

一、刑事司法公信力专家评估指数

将刑事司法公信力专家评估 5 个二级指标各自所涵盖三级指标权重乘以其标准值,即可得到 5 个二级指标得分;将 5 个二级指标得分乘以其权重,即可得到任一调查对象刑事司法公信力得分;取评估对象中所有调查对象刑事司法公信力得分的均值,即为刑事司法公信力专家评估指数。例如,中国刑事司法公信力专家评估指数 =0.45(刑事司法廉洁专家评估指数)×0.25(权重)+0.43(刑事司法公正专家评估指数)×0.26(权重)+0.43(刑事司法效率专家评估指数)×0.25(权重)+0.46(监狱罪犯教育改造效率专家评估指数）×0.13（权重）+0.63（刑事司法效果专家评估指数）×0.11（权重）=0.46。

为科学认识刑事司法公信力评估指数的实质意义，按照指标得分或指数从低到高顺序，将刑事司法公信力划分为5种不同级别：(1)低（<0.2），即十分不具有公信力；(2)中低（<0.4），即不具有公信力；(3)中（<0.6），即基本具有公信力；(4)中高（<0.8），即具有公信力；(5)高（≤1），即十分具有公信力。与此相对应，刑事司法的信任和信赖程度亦可区分为5个不同级别：(1)强烈不信任和不信赖；(2)不信任和不信赖；(3)基本信任和信赖；(4)信任和信赖；(5)强烈信任和信赖。

（一）全国及5个省刑事司法公信力法律专家评估指数计算

按照上述算法，即可计算出全国及5省刑事司法公信力法律专家评估指数。根据计算，全国刑事司法公信力法律专家评估指数为0.46。根据表5-2，基于描述统计，如果将“强烈不信任和不信赖”与“不信任和不信赖”合并为一个梯度，将“强烈信任和信赖”与“信任和信赖”合并为一个梯度，则法律专家对我国刑事司法不信任和不信赖比率达37.5%，超过对我国刑事司法信任和信赖比率（26.1%）。

表5-2　全国及5省刑事司法公信力法律专家评估指数分级统计

评级	定义	含义	频率	百分比	有效百分比	累计百分比
1	低（<0.2）	强烈不信任和不信赖	146	11.1	11.1	11.1
2	中低（<0.4）	不信任和不信赖	346	26.4	26.4	37.5
3	中（<0.6）	基本信任和信赖	477	36.4	36.4	73.9
4	中高（<0.8）	信任和信赖	244	18.6	18.6	92.5
5	高（≤1）	强烈信任和信赖	99	7.5	7.5	100.0
合计			1312	100.0	100.0	

根据计算，广东、黑龙江、湖南、浙江、四川等5省刑事司法公信力专家评估指数分别为0.45、0.5、0.47、0.47、0.44（见图5-2）。其中黑龙江

刑事司法公信力专家评估指数最高,四川刑事司法公信力专家评估指数最低,其余3省按照公信力指数从高到低排序依次为湖南、浙江、广东。5省中黑龙江、湖南、浙江等3省刑事司法公信力专家评估指数高于全国,广东、四川等2省刑事司法公信力专家评估指数低于全国。根据前述刑事司法公信力评级标准,全国及5省刑事司法公信力评级均为"中",即法律专家对刑事司法基本具有信任和信赖感,我国刑事司法基本具有公信力。

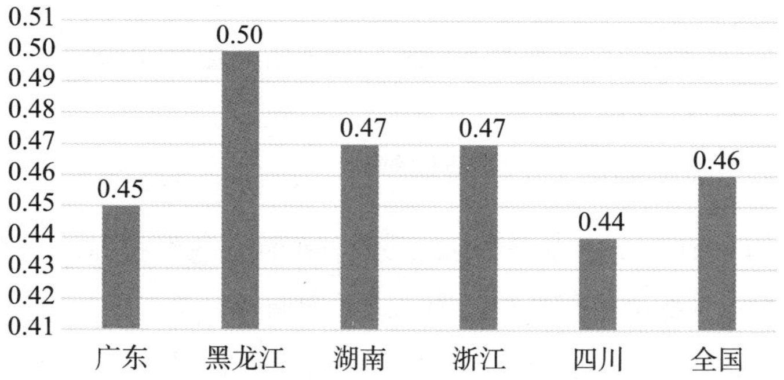

图5-2 全国及5省刑事司法公信力专家评估指数

(二)10个城市刑事司法公信力法律专家评估指数计算

经计算,如图5-3所示,10个城市中珠海、永州等2个城市刑事司法公信力专家评估指数最高,均为0.53;温州刑事司法公信力法律专家评估指数最低,为0.41;其余依据刑事司法公信力专家评估指数从高到低排序依次为宁波(0.52)、哈尔滨(0.47)、杭州(0.45)、绵阳(0.45)、长沙(0.44)、成都(0.43)、广州(0.42)。其中珠海、永州、宁波、哈尔滨等4个城市刑事司法公信力专家评估指数高于全国,杭州、绵阳、长沙、成都、广州、温州等6个城市低于全国。根据前述刑事司法公信力评级标准,10个城市评级均为"中"。根据评级结果,10个城市法律专家对刑事司法基本具有信任和信赖感。

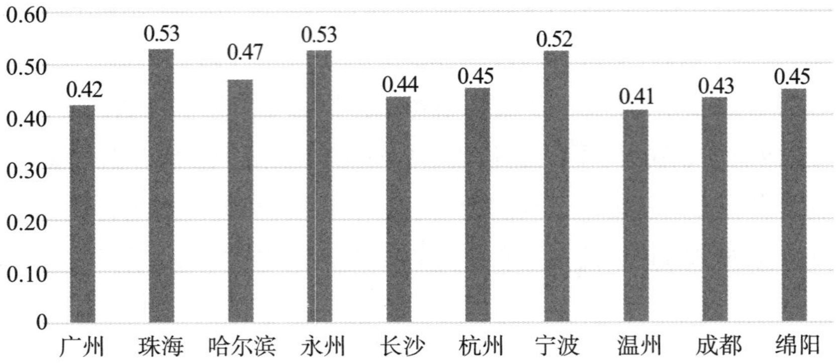

图 5－3　10 个城市刑事司法公信力专家评估指数

二、刑事司法廉洁专家评估指数

以刑事司法公信力专家评估二级指标所涵盖三级指标标准值为基础数据,三级指标标准值与其权重乘积之和即调查对象二级指标得分;然后取评估对象中所有调查对象二级指标得分的均值,即可得到刑事司法廉洁、刑事司法公正、刑事司法效率、监狱罪犯教育改造效率和刑事司法效果等 5 个二级指标法律专家评估指数。例如,中国刑事司法廉洁专家评估指数 =0. 40(警察腐化程度标准值的平均值) ×0. 32(权重) +0. 47(检察官腐化程度标准值的平均值) ×0. 34(权重) +0. 47(法官腐化程度标准值的平均值) ×0. 34 =0. 45。据此计算,中国刑事司法廉洁法律专家评估指数为 0. 45。

(一)5 个省刑事司法廉洁专家评估指数

经计算(见表 5 －3),湖南、浙江等 2 省刑事司法廉洁专家评估指数最高,均为 0. 46 分;黑龙江最低,仅为 0. 42;其余依据刑事司法廉洁专家评估指数从高到低排序依次为广东(0. 44 分)、四川(0. 43 分)。湖南、浙江等 2 省刑事司法廉洁指数高于全国,广东、黑龙江、四川等 3 省低于全国。根据前述刑事司法公信力评级标准,全国及 5 省刑事司法廉洁评级均为“中”。基于此,法律专家对刑事司法廉洁基本具有信任和信赖感,我国刑事司法廉洁基本具有公信力。

表5-3 全国及5省刑事司法廉洁专家评估指数

省份	刑事司法廉洁程度					刑事司法廉洁指数	排名
	非常不廉洁/%(<0.2)	不廉洁/%(<0.4)	一般/%(<0.6)	廉洁/%(<0.8)	非常廉洁/%(≤1)		
广东	19.4	17.6	27.8	24.8	10.2	0.44	3
黑龙江	24.2	24.2	14.8	22.7	14.1	0.42	5
湖南	16.1	21.5	26.4	23.5	12.5	0.46	1
浙江	24.8	12.4	21.8	25.2	15.8	0.46	1
四川	17.2	18.3	33.3	26.9	4.3	0.43	4
全国	19.2	18.2	26.1	24.4	12.0	0.45	

根据表5-3,如将“非常不廉洁”和“不廉洁”两项合并为“不廉洁”,则中国刑事司法专家评估不廉洁度为37.4%;如果将“廉洁”和“非常廉洁”两项合并为“廉洁”,则中国刑事司法专家评估廉洁度为36.4%;二者相较,中国刑事司法专家评估廉洁度低于不廉洁度。5省中浙江刑事司法廉洁专家评估不廉洁度较低(37.2%),其廉洁度为41.0%;二者相较,浙江刑事司法专家评估廉洁度高于不廉洁度。黑龙江刑事司法专家评估不廉洁度最高(48.4%),其廉洁度为36.8%;二者相比较,黑龙江刑事司法专家评估廉洁度明显低于不廉洁度。根据表5-3,广东、湖南、四川等3省刑事司法专家评估廉洁度分别为35.0%、36.0%、31.2%,不廉洁度分别为37.0%、37.6%、35.5%;基于此,广东、湖南、四川等3省刑事司法专家评估廉洁度均低于不廉洁度。

(二)10个城市刑事司法廉洁专家评估指数

经计算,如图5-4所示,所调查10个城市中珠海、宁波等2个城市刑事司法廉洁专家评估指数最高,分别为0.55、0.53;绵阳、哈尔滨等2个城市刑事司法廉洁专家评估指数最低,分别为0.41、0.40;其余依据刑事司法专家评估廉洁度从高到低排序依次为永州(0.51)、杭州(0.44)、成都(0.44)、长沙(0.43)、温州(0.43)、广州(0.42)。其中,珠海、宁波、永州等3个城市刑事司法专家评估廉洁指数高于全国,其余7个城市均低于全国。根据前述司法公信力评级划分标准,所调查10个城市刑事司法廉洁评级均为"中"。

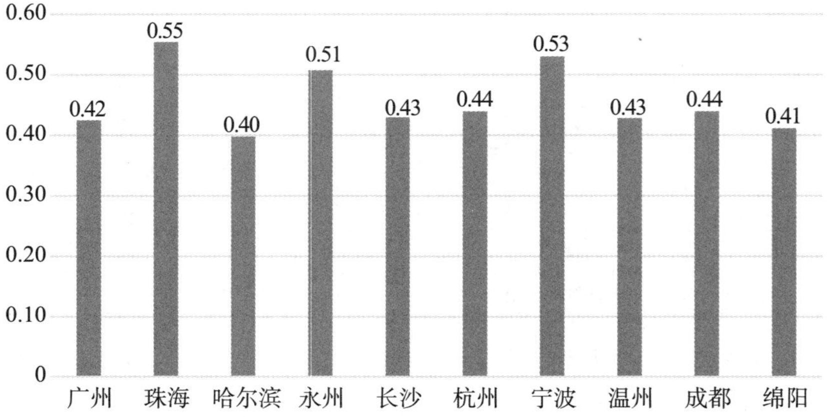

图5-4　10个城市刑事司法廉洁专家评估指数

三、刑事司法公正专家评估指数

采用上述相同计算方法,可得到全国和广东、黑龙江、湖南、浙江、四川等5省及所调查10个城市刑事司法公正专家评估指数(见表5-4)。例如,中国刑事司法公正专家评估指数=0.40(超期羁押标准值的平均值)×0.2(权重)+0.38(诉讼冗长标准值的平均值)×0.18(权重)+0.43(法官不能依法独立审判标准值的平均值)×0.21(权重)+0.47(法官偏见标准值的平均值)×0.21(权重)+0.48(狱警滥用惩戒标准值的平均值)×0.19(权重)=0.43。基于此,刑事司法公正法律专家评估指数为0.43。

(一)5省刑事司法公正专家评估指数

经计算(见表5-4),所调查5省中黑龙江刑事司法公正专家评估指数最高,为0.48;四川刑事司法公正专家评估指数最低,为0.41;其余按照刑事司法公正专家评估指数从高到低排序依次为湖南(0.43)、广东

(0.42)、浙江(0.42)。其中黑龙江、湖南等2省刑事司法公正专家评估指数高于或等于全国,广东、浙江、四川等3省低于全国。根据刑事司法公信力评级标准,全国及广东、黑龙江、湖南、浙江、四川等5省刑事司法公正评级均为“中”。基于此,法律专家对刑事司法公正基本具有信任和信赖感,我国刑事司法公正基本具有公信力。

表5-4　全国及5省刑事司法公正专家评估指数

省份	刑事司法公正程度					刑事司法公正指数	排名
	非常不公正/%(<0.2)	不公正/%(<0.4)	一般/%(<0.6)	公正/%(<0.8)	非常公正/%(≤1)		
广东	18.4	24.6	36.3	14.4	6.2	0.42	3
黑龙江	15.6	20.3	29.7	24.2	10.2	0.48	1
湖南	20.8	28.9	30.1	13.2	7.1	0.43	2
浙江	22.1	24.3	28.5	20.0	5.1	0.42	3
四川	12.6	30.5	40.0	15.8	1.1	0.41	5
全国	17.6	25.8	33.7	16.4	6.5	0.43	

根据表5-4,如果将“非常不公正”和“不公正”两项合并为“不公正”,“公正”和“非常公正”两项合并为“公正”,那么中国刑事司法专家评估公正度仅为22.9%,不公正度为43.4%;二者相较,我国刑事司法专家评估公正度远低于不公正度。所调查5省中黑龙江刑事司法专家评估公正度最高(34.4%),亦略低于不公正度35.9%。浙江、广东、湖南、四川等4省刑事司法专家评估公正度分别为25.1%、20.6%、20.3%、16.9%,不公正度分别为46.4%、43%、49.7%、43.1%;基于此,浙江、广东、湖南、四川等4省刑事司法专家评估公正度均明显低于不公正度。

(二)10个城市刑事司法公正专家评估指数

经计算,如图5-5所示,所调查10个城市中永州、珠海等2个城市刑事司法公正专家评估指数最高,分别为0.52、0.50;温州最低,为0.30;其余依据刑事司法公正专家评估指数从高到低排序依次为宁波(0.48)、哈尔滨(0.45)、绵阳(0.43)、成都(0.41)、杭州(0.41)、长沙(0.40)、广州(0.39)。其中,永州、珠海、宁波、哈尔滨、绵阳等5个城市刑事司法公正专家评估指数高于或等于全国,其余5个城市则低于全国。根据刑事司法公信力评级划分标准,广州、温州等2个城市刑事司法专家评估公正度为“中低”,其余8个城市刑事司法专家评估公正度为“中”。

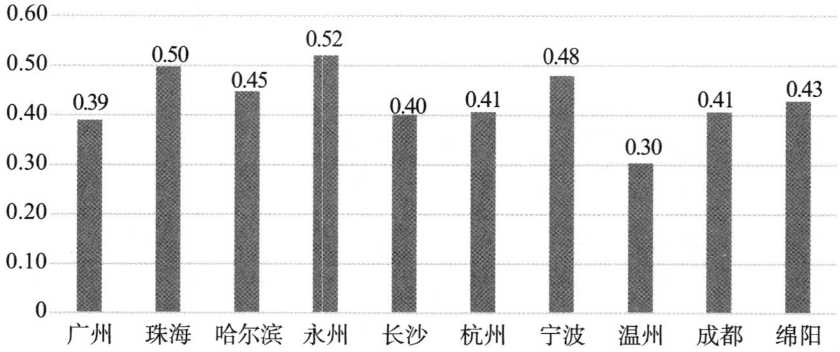

图5-5 10个城市刑事司法公正专家评估指数

四、刑事司法效率专家评估指数

采用相同计算方法,中国刑事司法效率专家评估指数=0.44(侦查部门间缺乏信息共享标准值的平均值)×0.19(权重)+0.39(公、检、法、司间缺乏信息共享标准值的平均值)×0.2(权重)+0.46(办案检察官数量不足程度标准值的平均值)×0.18(权重)+0.46(公益律师培训与素养不足程度标准值的平均值)×0.21(权重)+0.41(律师提供法律援助不足程度标准值的平均值)×0.21(权重)=0.43。据此,中国刑事司法效率法律专家评估指数为0.43,刑事司法效率专家评级为“中”。

(一)5省刑事司法效率专家评估指数

经计算(见表5-5),所调查5省中黑龙江刑事司法效率专家评估指数最高,为0.50;四川刑事司法效率专家评估指数最低,为0.40;其余依据刑事司法效率专家评估指数从高到低排序依次为湖南(0.44)、浙江

(0.44)、广东(0.41)。其中黑龙江、湖南、浙江等3省刑事司法效率法律专家评估指数高于全国,广东、四川等2省低于全国。根据刑事司法公信力评级标准,全国及5省刑事司法效率专家评级均为“中”。基于此,法律专家对刑事司法效率基本具有信任和信赖感,我国刑事司法效率基本具有公信力。

根据表5-5,如果将“非常没有效率”与“没有效率”两项合并为“没有效率”,“有效率”与“非常有效率”两项合并为“有效率”,则中国刑事司法专家评估有效率程度约为20.8%,远远低于无效率程度44.4%。所调查5个省中黑龙江刑事司法专家评估有效率程度最高(40.9%),高于没有效率程度(36.2%)。四川刑事司法有效率程度最低,为9.7%,远远低于没有效率程度52.7%。浙江、湖南、广东等3省刑事司法专家评估有效率程度分别为26.5%、18.8%、16.7%,没有效率程度分别为39.8%、43.3%、48.2%。据此,浙江、湖南、广东等3省刑事司法专家评估有效率程度明显低于没有效率程度。

表5-5 全国及5省刑事司法效率专家评估指数

省份	刑事司法效率程度					刑事司法效率指数	排名
	非常没有效率/%(<0.2)	没有效率/%(<0.4)	一般/%(<0.6)	有效率/%(<0.8)	非常有效率/%(≤1)		
广东	15.3	32.9	35.1	13.9	2.8	0.41	4
黑龙江	14.2	22.0	22.8	30.7	10.2	0.50	1
湖南	12.0	31.3	37.9	13.2	5.6	0.44	2
浙江	15.0	24.8	33.8	22.2	4.3	0.44	2
四川	7.5	45.2	37.6	7.5	2.2	0.40	5
全国	13.6	30.8	34.7	16.3	4.5	0.43	

(二)10个城市刑事司法效率专家评估指数

经计算,如图5-6所示,所调查10个城市中宁波、珠海等2个城市刑事司法效率专家评估指数最高，均为0.50；温州最低，为0.37；其余依据刑事司法效率专家评估指数从高到低排序依次为哈尔滨（0.48）、永州（0.46）、绵阳（0.44）、杭州（0.42）、长沙（0.41）、成都（0.38）、广州（0.38）。其中宁波、珠海、哈尔滨、永州、绵阳等5个城市刑事司法效率专家评估指数高于全国，其余5个城市低于全国。根据刑事司法公信力评级划分标准，广州、温州、成都等3个城市刑事司法效率专家评级为“中低”，其余7个城市评级为“中”。

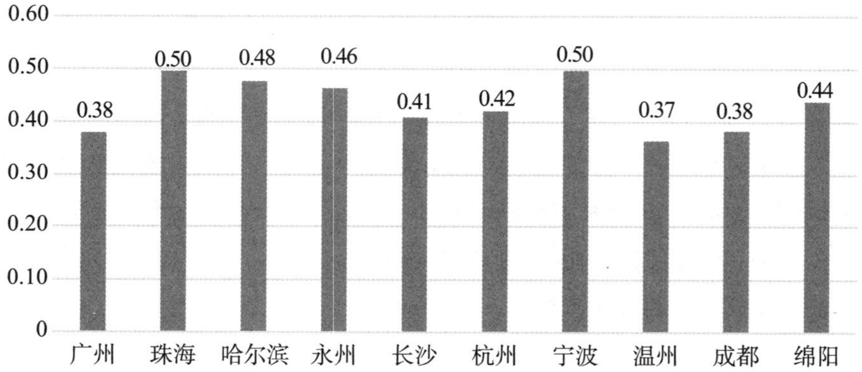

图5-6 10个城市刑事司法效率专家评估指数

五、监狱罪犯教育改造效率专家评估指数

采用上述相同计算方法，可得中国监狱罪犯教育改造效率专家评估指数=0.48（监狱罪犯之间的暴力冲突问题标准值的平均值）×0.26（权重）+0.40（监狱押犯再社会化与再犯预防投入不足标准值的平均值）×0.24（权重）+0.43（监狱缺乏单独羁押顽危犯设施标准值的平均值）×0.25（权重）+0.56（监狱监管安全问题标准值的平均值）×0.24（权重）=0.46。据此，中国监狱罪犯教育改造效率法律专家评估指数为0.46，评级为“中”。

（一）5省监狱罪犯教育改造效率专家评估指数

如表5-6所示，所调查5省中黑龙江监狱罪犯教育改造效率最高，为0.52;四川监狱罪犯教育改造效率最低,为0.44;其余按照监狱罪犯教育改造效率专家评估指数从高到低排序依次为湖南(0.47)、浙江(0.47)、广东(0.45)。其中黑龙江、湖南、浙江等3省监狱罪犯教育改造效率高于全国,广东、四川等2省低于全国。按照前述刑事司法公信力评级标准,全国及广东、黑龙江、湖南、浙江、四川等5省监狱罪犯教育改造效率法律专家评级均为“中”。基于此,法律专家对监狱罪犯教育改造效率基本具有信任和信赖感,我国监狱罪犯教育改造效率基本具有公信力。

表5－6　全国及5省监狱罪犯教育改造效率专家评估指数

省份	监狱罪犯教育改造效率程度					监狱罪犯教育改造效率指数	排名
	非常没有效率/%(<0.2)	没有效率/%(<0.4)	一般/%(<0.6)	有效率/%(<0.8)	非常有效率/%(≤1)		
广东	13.3	24.5	38	18.9	5.4	0.45	4
黑龙江	15.6	10.2	34.4	29.7	10.2	0.52	1
湖南	11.7	21.8	43.9	15.0	7.6	0.47	2
浙江	15.4	18.8	37.6	23.5	4.7	0.47	2
四川	7.5	28.0	45.2	18.3	1.2	0.44	5
全国	13.0	21.6	39.7	19.5	6.1	0.46	

根据表5－6,采用上文相同合并方法,可得中国监狱罪犯教育改造专家评估有效率程度为25.6%,低于无效率程度34.6%。所调查5省中黑龙江监狱罪犯教育改造有效率程度最高(39.9%),明显高于没有效率程度25.8%。浙江、广东、湖南、四川等4省监狱罪犯教育改造专家评估有效率程度分别为28.2%、24.3%、22.6%、19.5%,没有效率程度分别为34.2%、37.8%、33.5%、35.5%;据此,浙江、广东、湖南、四川等4省监狱罪犯教育改造专家评估有效率程度低于没有效率程度。

(二)10个城市监狱罪犯教育改造效率专家评估指数

经计算,如图5－7所示,10个城市中宁波、永州等2个城市监狱罪犯教育改造效率最高,均为0.53;温州罪犯教育改造效率最低,为0.4;其余依据监狱罪犯教育改造效率从高到低排序依次为珠海(0.52)、哈尔滨(0.50)、绵阳(0.46)、杭州(0.44)、长沙(0.44)、成都(0.43)、广州(0.43)。其中宁波、永州、珠海、哈尔滨、绵阳等5个城市监狱罪犯教育改造效率高于或者等于全国,其余5个城市则低于全国。根据评级标准,所调查10个城市监狱罪犯教育改造效率专家评级均为"中"。

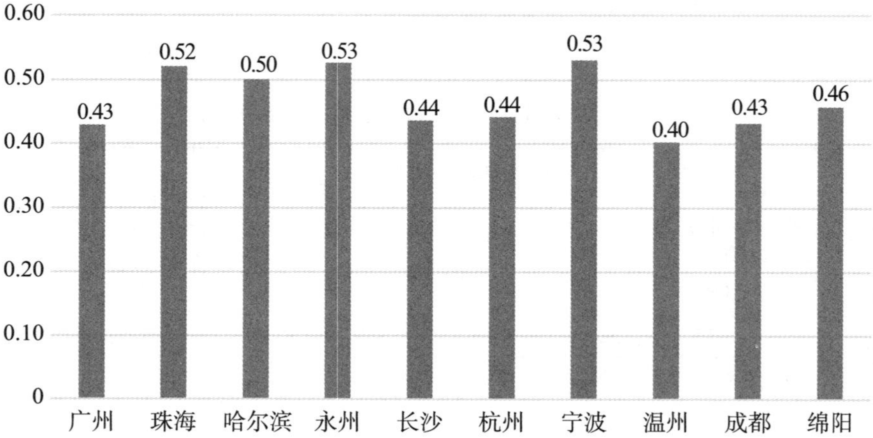

图5-7 10个城市监狱罪犯教育改造效率专家评估指数

六、刑事司法效果专家评估指数

采用前述相同计算方法,可得中国刑事司法效果专家评估指数=0.53(刑事案件最终判决结果受工作压力影响比率标准值的平均值)×0.13(权重)+0.61(刑事案件最终判决结果受腐败影响比率标准值的平均值)×0.17(权重)+0.66(错控率标准值的平均值)×0.22(权重)+0.72(错判率标准值的平均值)×0.2(权重)+0.62(错捕率标准值的平均值)×0.2(权重)+0.55(青少年犯罪率标准值的平均值)×0.09(权重)=0.64。据此,中国刑事司法效果专家评估指数为0.64。

(一)5省刑事司法效果专家评估指数

经计算(见表5-7),所调查5省中浙江刑事司法效果专家评估指数最高(0.69),四川刑事司法效果专家评估指数最低(0.60);其余依据刑事司法效果专家评估指数从高到低排序依次为黑龙江(0.68)、广东(0.62)、湖南(0.62)。其中浙江、黑龙江两省刑事司法效果专家评估指数高于全国,其余3省则低于全国。根据评级标准,全国及5省刑事司法效果评级均为“中高”。据此,法律专家对刑事司法效果具有信任和信赖感,我国刑事司法效果具有公信力。

表5－7　全国及5省刑事司法效果专家评估指数

省份	刑事司法效果程度					刑事司法效果指数	排名
	非常差/%(<0.2)	差/%(<0.4)	一般/%(<0.6)	好/%(<0.8)	非常好/%(≤1)		
广东	0.8	10.6	34.5	35.1	18.9	0.62	3
黑龙江	0.0	11.0	23.6	29.1	36.2	0.68	2
湖南	1.5	9.4	32.7	37.1	19.3	0.62	3
浙江	0.4	4.7	24.8	39.7	30.3	0.69	1
四川	1.1	1.1	49.5	34.4	14.0	0.60	5
全国	0.9	8.8	32.2	35.9	22.3	0.63	

根据表5－7,采用上述相同合并同类项方法,可得中国刑事司法效果评价为好的比率为58.2%,远远高于评价为差的比率9.7%。所调查5省中浙江刑事司法效果评价为好的比率最高,为70%,远远高于评价为差的比率5.1%。黑龙江、湖南、广东、四川等4省刑事司法效果评价为好的比率分别为65.3%、56.4%、54%、48.4%,均远远高于刑事司法效果评价为差的比率,后者分别为11%、10.9%、11.4%、2.2%。

(二)10个城市刑事司法效果专家评估指数

经计算,如图5－8所示,所调查10个城市中温州刑事司法效果专家评估指数最高(0.73),广州最低(0.58);其余依据刑事司法效果专家评估指数从高到低排序依次为永州(0.72)、杭州(0.68)、宁波(0.67)、哈尔滨(0.67)、珠海(0.64)、绵阳(0.61)、成都(0.60)、长沙(0.60)。其中温州、永州、杭州、宁波、哈尔滨、珠海等 6 个城市刑事司法效果专家评估指数高于全国,其余 4 个城市低于全国。根据评级标准,10 个城市中有 9 个城市的刑事司法效果评级为“中高”。

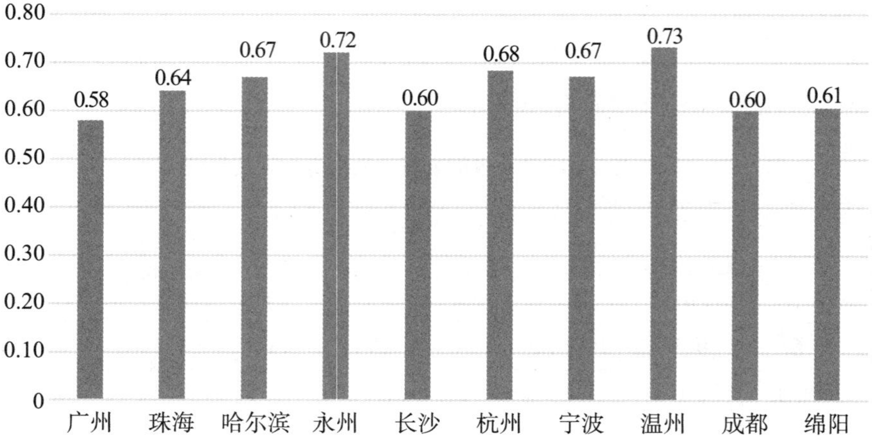

图 5－8　10 个城市刑事司法效果专家评估指数

第三节　刑事司法公信力专家评估三级指标计算

根据刑事司法公信力专家评估指数二阶单因素模型测量结果,中国刑事司法公信力专家评估共有 23 个三级指标,分别归属于 5 个相对应二级指标范畴。由于 23 个三级指标各题项属性不尽相同,故需要通过无量纲化处理才能比较不同属性之间的特征。通过无量纲化处理,可得到每个题项的标准值。如前文所述,无量纲化的标准化计量主要有两种方法:一是按照 6 级李克特量表计算各题项标准值,具体计量标准为 0、0. 2、0. 4、0. 6、0. 8、1;二是按照 4 级李克特量表计算各题项标准值,具体计量标准为 0、0. 333、0. 667、1。依据此计量标准,可得到 23 个刑事司法公信力专家评估三级指标各题项标准值。

依据各题项标准值,可将其划分为 5 个不同类别。为便于描述刑事司法公信力专家评估 23 个三级指标特征，故依据正向与反向两个方面来创设相应分类标准。一是反向标准，具体为：(1)很严重(<0.2)，即强烈不具有信任和信赖；(2)严重(<0.4)，即不具有信任和信赖；(3)一般(<0.6)，即基本具有信任和信赖；(4)不是很严重(<0.8)，即具有信任和信赖；(5)不严重(≤1)，即强烈具有信任和信赖。二是正向标准，其与前文关于刑事司法公信力的设定标准一致，于此不赘。兹基于刑事司法公信力专家评估 23 个三级指标标准值，依据上述标准展开具体计算。

一、刑事司法廉洁专家评估三级指标计算

刑事司法廉洁专家评估共有 3 个三级指标，涵盖侦查、起诉和审判 3 个测量维度。兹根据 3 个三级指标标准值，计算全国和 5 省及 10 个城市警察廉洁度、检察官廉洁度和法官廉洁度得分。

(一)全国和 5 省刑事司法廉洁专家评估 3 个三级指标计算

按照前述标准，可得到全国和 5 省警察廉洁度、检察官廉洁度和法官廉洁度等 3 个三级指标得分(见表 5-8)。

表 5-8　刑事司法廉洁专家评估三级指标计算

三级指标	评估范围	廉洁度低(<0.2)	廉洁度较低(<0.4)	廉洁度一般(<0.6)	廉洁度较高(<0.8)	廉洁度高(≤1)	廉洁度得分	廉洁度排名
X7 警察腐化严重程度	广东	26.5	13.6	22.2	25.7	12.0	0.38	4
	黑龙江	26.8	14.2	7.9	28.3	22.8	0.43	1
	湖南	14.7	22.1	25.4	21.6	16.2	0.42	2
	浙江	25.6	12.8	21.4	23.1	17.1	0.39	3
	四川	31.2	7.5	25.8	19.4	16.1	0.37	5
	全国	23.3	14.9	22.5	23.8	15.4	0.40	

续表

三级指标	评估范围	廉洁度低(<0.2)	廉洁度较低(<0.4)	廉洁度一般(<0.6)	廉洁度较高(<0.8)	廉洁度高(≤1)	廉洁度得分	廉洁度排名
X8 检察官腐化严重程度	广东	16.4	13.2	23.0	24.4	22.8	0.46	3
	黑龙江	28.3	10.2	15.0	20.5	26.0	0.44	5
	湖南	15.5	13.5	18.5	25.1	27.4	0.50	1
	浙江	15.5	13.5	18.5	25.1	27.4	0.50	1
	四川	12.9	8.6	26.9	43.0	8.6	0.45	4
	全国	18.5	11.7	19.5	25.2	25.1	0.47	
X9 法官腐化严重程度	广东	16.6	11.6	20.2	28.5	23.0	0.47	3
	黑龙江	25.2	15.0	18.8	21.3	19.7	0.41	5
	湖南	15.5	13.5	18.5	25.1	27.4	0.50	1
	浙江	21.8	7.3	16.2	23.9	30.8	0.49	2
	四川	17.2	10.8	18.3	31.2	22.6	0.46	4
	全国	18.0	11.7	20.7	25.9	23.7	0.47	

一是警察廉洁度最低。根据图5-9,全国警察廉洁度最低,仅为0.40;检察官廉洁度和法官廉洁度高于警察廉洁度,均为0.47。根据图5-9,广东、黑龙江、湖南、浙江、四川等5省中仅黑龙江省警察廉洁度高于法官廉洁度,低于检察官廉洁度,其余4省警察廉洁度均低于检察官廉洁度、法官廉洁度。

二是黑龙江警察廉洁度较高。根据表5-8,全国警察廉洁度为0.40。所调查5省中黑龙江警察廉洁度最高(0.43),四川警察廉洁度最低(0.37);余则依据警察廉洁度从高到低排序依次为湖南(0.42)、浙江(0.39)、广东(0.38)。其中黑龙江、湖南等2省警察廉洁度高于全国,广东、浙江、四川等3省警察廉洁度均低于全国。根据表5-8,采用合并同类项方法,可得全国警察腐败不严重程度为39.2%,高于警察腐败严重程度(38.2%)。广东、四川等2省警察腐败不严重程度分别为37.7%、

35.5%，低于警察腐败严重程度，后者分别为40.1%、38.7%；黑龙江、湖南、浙江等3省警察腐败不严重程度分别为51.1%、37.8%、40.2%，高于警察腐败严重程度，后者分别为41%、36.8%、38.7%。据此描述分析，黑龙江警察腐败程度也最严重，因为其警察廉洁状况一般的数量过少。根据刑事司法公信力评级标准，全国和黑龙江、湖南等2省警察廉洁度评级为“中”，广东、浙江、四川等3省警察廉洁度评级为“中低”。

三是湖南、浙江检察官廉洁度最高。根据表5－8，全国检察官廉洁度为0.47。湖南、浙江等2省检察官廉洁度最高（0.50），黑龙江检察官廉洁度最低（0.44）；余则依据检察官廉洁度从高到低排序依次为广东（0.46）、四川（0.45）。其中，湖南、浙江等2省检察官廉洁度高于全国，广东、黑龙江、四川等3省检察官廉洁度低于全国。根据表5－8，全国检察官腐败不严重程度为50.3%，明显高于腐败严重程度（30.2%）。广东、黑龙江、湖南、浙江、四川等5省检察官腐败不严重程度均高于腐败严重程度，前者分别为47.2%、46.5%、52.5%、52.5%、51.6%，后者分别为29.6%、38.5%、29.0%、29.0%、21.5%。根据刑事司法公信力评级标准，全国及所调查5省检察官廉洁度评级均为“中”。

四是湖南法官廉洁度最高。根据表5－8，全国法官廉洁度为0.47。湖南法官廉洁度最高（0.50），黑龙江法官廉洁度最低（0.41）；其余由高到低排序依次为浙江（0.49）、广东（0.47）、四川（0.46）。其中，广东、湖南、浙江等3省法官廉洁度等于或高于全国，黑龙江、四川等2省法官廉洁度则低于全国。根据表5－8，全国法官腐败不严重程度为49.6%，高于法官腐败严重程度，后者为29.7%。广东、黑龙江、湖南、浙江、四川等5省法官腐败不严重程度均高于腐败严重程度，前者分别为51.5%、41.0%、52.5%、54.7%、53.8%，后者分别为28.2%、40.2%、29.0%、29.1%、28.0%。根据刑事司法公信力评级标准，全国及所调查5省法官廉洁度评级均为“中”。

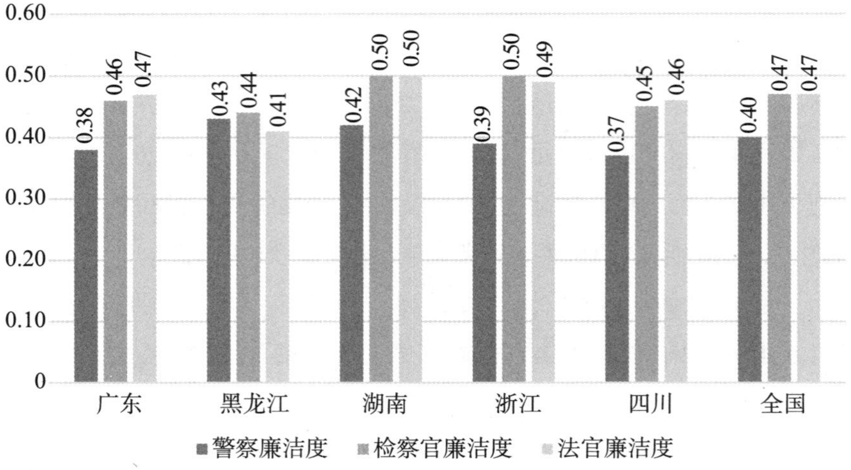

图 5－9　全国及 5 省刑事司法廉洁专家评估三级指标计算

(二)10 个城市刑事司法廉洁专家评估 3 个三级指标计算

根据计算结果(见图 5－10),所调查 10 个城市刑事司法廉洁三级指标得分状况如下:

一是珠海、宁波两个城市警察廉洁度最高。根据图 5－10,珠海、宁波等 2 个城市警察廉洁度得分最高,分别为 0.48、0.47;余则按照警察廉洁度得分从高到低排序依次为永州(0.41)、哈尔滨(0.40)、长沙(0.39)、杭州(0.39)、成都(0.37)、广州(0.36)、绵阳(0.36)、温州(0.34)。其中,珠海、宁波、永州、哈尔滨等 4 个城市警察廉洁度高于或者等于全国,其余则均低于全国。根据刑事司法公信力评级标准,珠海、宁波、永州、哈尔滨等 4 个城市警察廉洁度评级为“中”,长沙、杭州、成都、广州、绵阳、温州等 6 个城市警察廉洁度评级为“中低”。

二是永州、珠海两个城市检察官廉洁度最高。根据图 5－10,永州、珠海两个城市检察官廉洁度得分分别为 0.58、0.56;余则依据检察官廉洁度得分从高到低排序依次为宁波(0.55)、成都(0.48)、长沙(0.48)、温州(0.48)、杭州(0.46)、广州(0.44)、哈尔滨(0.43)、绵阳(0.40)。其中,永州、珠海、宁波、成都、长沙、温州等 6 个城市高于全国,其余 4 个城市低于全国。

根据刑事司法公信力评级标准,10个城市检察官廉洁度评级均为“中”。

三是珠海法官廉洁度最高。根据图5－10,珠海法官廉洁度最高,为0.63;哈尔滨法官廉洁度最低,为0.36;余则依据法官廉洁度得分从高到低排序依次为宁波(0.57)、永州(0.53)、绵阳(0.47)、杭州(0.47)、广州(0.46)、温州(0.46)、成都(0.46)、长沙(0.42)。其中珠海、宁波、永州、绵阳、杭州等5个城市法官廉洁度高于或者等于全国,其余5个城市低于全国。根据刑事司法公信力评级标准,珠海刑事法官廉洁度评级为“中高”,哈尔滨刑事法官廉洁度评级为“中低”,宁波、永州、绵阳、杭州、广州、温州、成都、长沙等8个城市刑事法官廉洁度评级为“中”。

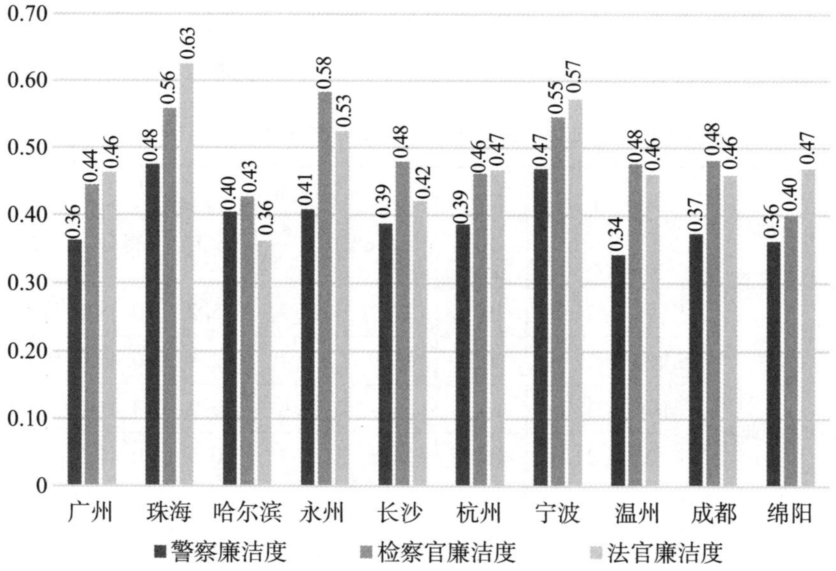

图5－10　10个城市刑事司法廉洁专家评估三级指标得分

二、刑事司法公正专家评估三级指标计算

刑事司法公正专家评估共有5个三级指标,内容涵盖侦查、起诉、审判和刑罚执行等4个维度,涉及法官依法独立审判、法官居中裁判和嫌疑人、被告人、囚犯基本权利保障等程序性正当程序和实体性正当程序基本

要素测量。其中法官依法独立审判主要测量独立审判程度,法官居中裁判主要测量审判公正度,嫌疑人权利保障主要测量羁押公正度,被告人权利保障主要测量审限公正度,囚犯权利保障主要测量狱警惩戒公正度。同样地,采用正向与反向两个向度对刑事司法公正法律专家评估5个三级指标得分进行分类(见表5-9)。

(一)全国及5省刑事司法公正专家评估三级指标计算

刑事司法公正专家评估5个三级指标反向评价包括超期羁押度、诉讼冗长度、法官不能依法独立审判程度、法官偏见程度和监狱滥用惩戒度等5个方面;与之相对应,正向评价包括羁押公正度、审限公正度、依法独立审判程度、审判公正度、监狱惩戒公正度等5个方面。根据计算结果(见表5-9),我国刑事司法公正度具有以下几个方面的特征。

表5-9 全国及5省刑事司法公正专家评估三级指标计算

三级指标	省份	很严重(<0.2)	严重(<0.4)	一般(<0.6)	不是很严重(<0.8)	不严重(≤1)	公正度得分	公正度排名
x10 超期羁押	广东	21.5	19.7	27.7	15.9	15.2	0.38	4
	黑龙江	12.6	20.5	18.9	25.2	22.8	0.46	1
	湖南	18.5	18.5	26.7	19.6	16.7	0.41	2
	浙江	21.8	16.2	24.8	16.7	20.5	0.41	2
	四川	17.2	17.2	39.8	15.1	10.7	0.37	5
	全国	19.5	18.7	26.9	17.9	17.0	0.40	
x11 诉讼冗长	广东	21.7	22.7	28.9	16.7	10.0	0.35	5
	黑龙江	13.4	25.2	22.0	17.3	22.1	0.43	1
	湖南	16.2	24.6	26.4	18.8	14.0	0.39	2
	浙江	16.7	23.9	29.9	15.8	13.7	0.38	3
	四川	18.3	25.8	31.2	12.9	11.8	0.36	4
	全国	18.2	23.9	17.9	17.0	13.1	0.38	

续表

三级指标	省份	很严重(<0.2)	严重(<0.4)	一般(<0.6)	不是很严重(<0.8)	不严重(≤1)	公正度得分	公正度排名
x12 法官不能依法独立审判	广东	19.5	15.6	19.9	25.3	19.7	0.43	2
	黑龙江	17.3	11.0	24.4	23.6	23.7	0.47	1
	湖南	17.5	21.6	23.8	19.8	17.3	0.41	4
	浙江	23.5	15.4	19.1	20.5	20.5	0.41	4
	四川	17.2	15.0	24.8	22.6	20.4	0.43	2
	全国	19.2	16.8	21.8	22.5	19.5	0.43	
x13 法官偏见	广东	14.7	12.4	22.3	25.9	24.7	0.49	1
	黑龙江	17.3	11.0	24.4	23.6	23.7	0.48	2
	湖南	11.9	18.3	25.9	20.8	23.1	0.47	3
	浙江	22.2	12.0	18.0	19.2	28.6	0.46	5
	四川	11.8	9.7	33.4	26.9	18.2	0.47	3
	全国	15.4	14.1	22.5	22.8	25.0	0.47	
x14 狱警滥用惩戒	广东	13.0	16.9	21.7	28.5	19.9	0.46	3
	黑龙江	13.0	16.9	21.7	28.5	19.9	0.60	1
	湖南	13.4	16.7	23.4	25.4	21.1	0.47	2
	浙江	18.8	12.0	20.5	26.1	22.6	0.46	3
	四川	11.8	17.2	26.9	26.9	17.2	0.45	5
	全国	14.5	15.1	21.2	25.9	23.3	0.48	

一是审限公正度最低，监狱惩戒公正度最高。根据表 5 - 9，通过比较刑事司法公正专家评估 5 个三级指标得分，全国及 5 省审限公正度均最低。其中广东省审限公正度低于其最高得分指标审判公正度得分 14 个百分点；全国审限公正度亦低于其最高得分指标监狱惩戒公正度 10 个百分点；5 个省平均审限公正度低于监狱惩戒公正度 11 个百分点，低于审判公正度 9 个百分点，低于依法独立审判程度 5 个百分点，低于羁押公

正度2个百分点。

二是羁押公正度较低,审判公正度较高。根据图5-11,5省平均羁押公正度低于监狱惩戒公正度8个百分点,低于审判公正度6个百分点,低于依法独立审判程度2个百分点。

三是黑龙江羁押公正度最高。根据图5-11,黑龙江羁押公正度为0.46,余则按照羁押公正度从高到低排序依次为湖南、浙江、广东、四川。其中黑龙江、湖南、浙江等3省羁押公正度高于全国,广东、四川等2省羁押公正度低于全国。根据表5-9,采用合并同类项方法,所调查5省中广东超期羁押程度最严重,高于超期羁押不严重程度,前者为41.2%,后者为31.1%;黑龙江超期羁押严重程度最低,低于超期羁押不严重程度,前者为33.1%,后者为48.0%。湖南、浙江、四川等3省超期羁押严重程度均高于超期羁押不严重程度,前者分别为37.0%、38.0%、34.4%,后者分别为36.3%、37.2%、25.8%。根据公信力评级标准,广东、四川等2省羁押公正度评级为"中低",全国及黑龙江、湖南、浙江等3省羁押公正度评级为"中"。

四是黑龙江审限公正度最高。根据图5-11,黑龙江省审限公正度为0.43,余则按照审限公正度从高到低排序依次为湖南、浙江、四川、广东。其中,黑龙江、湖南、浙江等3省审限公正度高于或等于全国,广东、四川等2省审限公正度低于全国。根据表5-9,5省中广东诉讼冗长程度最严重,远高于诉讼冗长不严重程度,前者为44.4%,后者为26.7%;黑龙江诉讼冗长严重程度最低,低于诉讼冗长不严重程度,前者为38.6%,后者为39.4%。湖南、浙江、四川等3省诉讼冗长严重程度均高于不严重程度,前者分别为40.8%、40.6%、44.1%,后者分别为32.8%、29.5%、24.7%。根据公信力评级标准,全国及广东、湖南、浙江、四川等4个省审限公正度评级为"中低",黑龙江审限公正度评级为"中"。

五是黑龙江依法独立审判程度最高。根据图5-11,黑龙江依法独立审判程度为0.47,余则按照依法独立审判程度从高到低排序依次为广东、四川、湖南、浙江。其中广东、黑龙江、四川等3省依法独立审判程度高于或等于全国,湖南、浙江2省依法独立审判程度则低于全国。根据表5-9,5省中湖南法官不能依法独立审判程度最严重,高于不严重程度,前者为39.1%,后者为37.1%。广东、黑龙江、湖南、四川等4省法官不能依法独立审判严重程度均低于不严重程度,前者分别为35.1%、28.3%、38.9%、32.2%,后者分别为45.0%、47.3%、41.0%、43.0%。根据公信力评级标准,全国及5省依法独立审判程度评级均为“中”。

六是广东审判公正度最高。根据图5-11,广东审判公正度为0.49,余则按照审判公正度从高到低排序依次为黑龙江、湖南、四川、浙江。其中广东、黑龙江、湖南、四川等4省审判公正度高于或者等于全国,只有浙江审判公正度低于全国。根据表5-9,广东、黑龙江、湖南、浙江、四川等5省法官偏见严重程度均明显低于法官偏见不严重程度,前者分别为27.1%、28.3%、30.2%、34.2%、21.5%,后者分别为50.6%、47.3%、43.9%、47.8%、45.1%,其中浙江法官偏见程度最高。根据公信力评级标准,全国及5省审判公正度评级为“中”。

七是黑龙江监狱惩戒公正度最高。根据图5-11,黑龙江监狱惩戒公正度为0.60,余则按照监狱惩戒公正度从高到低排序依次为湖南、广东、浙江、四川。其中广东、湖南、浙江、四川等4省监狱惩戒公正度低于全国,黑龙江监狱惩戒公正度高于全国。根据表5-9,广东、黑龙江、湖南、浙江、四川等5省监狱滥用惩戒严重程度均明显低于不严重程度,前者分别为29.9%、29.9%、30.1%、30.8%、29.0%,后者分别为48.4%、48.4%、46.5%、48.7%、44.1%。黑龙江监狱惩戒公正度评级为“中高”,全国及其余4个省监狱惩戒公正度评级为“中”。

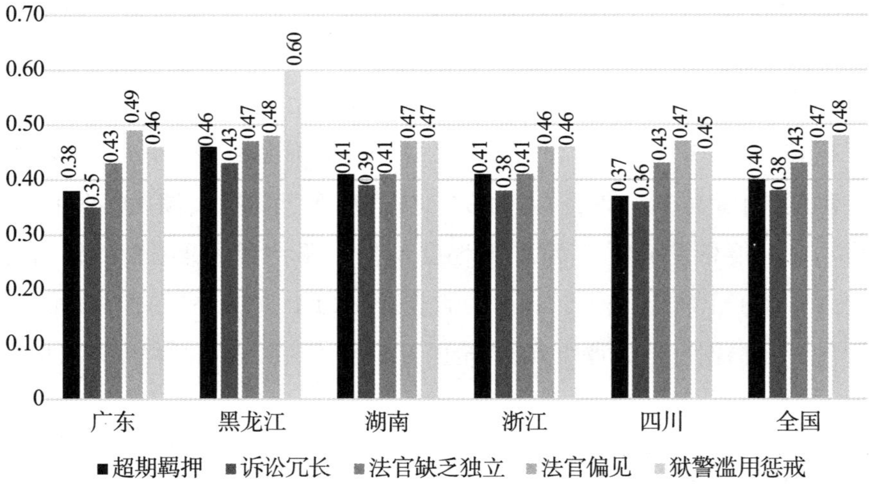

图 5－11　全国及 5 省刑事司法公正专家评估三级指标得分

(二)10 个城市刑事司法公正专家评估 5 个三级指标计算

根据计算结果(见图 5－12),10 个城市刑事司法公正 5 个三级指标得分状况如下:

一是永州、珠海等 2 个城市羁押公正度最高。根据图 5－12,永州、珠海等 2 个城市羁押公正度分别为 0. 51、0. 49;余则依据羁押公正度从高到低排序依次为宁波(0. 48)、哈尔滨(0. 45)、绵阳(0. 44)、长沙(0. 38)、杭州(0. 37)、成都(0. 34)、广州(0. 34)、温州(0. 29)。其中永州、珠海、宁波、哈尔滨、绵阳等 5 个城市羁押公正度高于全国,其余 5 个城市低于全国。根据公信力评级标准,永州、珠海、宁波、哈尔滨、绵阳等 5 个城市羁押公正度评级为“中”,其余 5 个城市羁押公正度评级为“中低”。

二是永州审限公正度最高。根据图 5－12,永州审限公正度为 0. 51,余则依据审限公正度从高到低排序依次为绵阳(0. 43)、珠海(0. 42)、宁波(0. 39)、杭州(0. 39)、哈尔滨(0. 39)、长沙(0. 37)、成都(0. 32)、广州(0. 31)、温州(0. 28)。其中永州、绵阳、珠海、宁波、杭州、哈尔滨等 6 个城市审限公正度高于全国,其余 4 个城市低于全国。根据公信力评级标准,永州、绵阳、珠海等3 个城市审限公正度评级为“中”,其余7 个城市评级为“中低”。

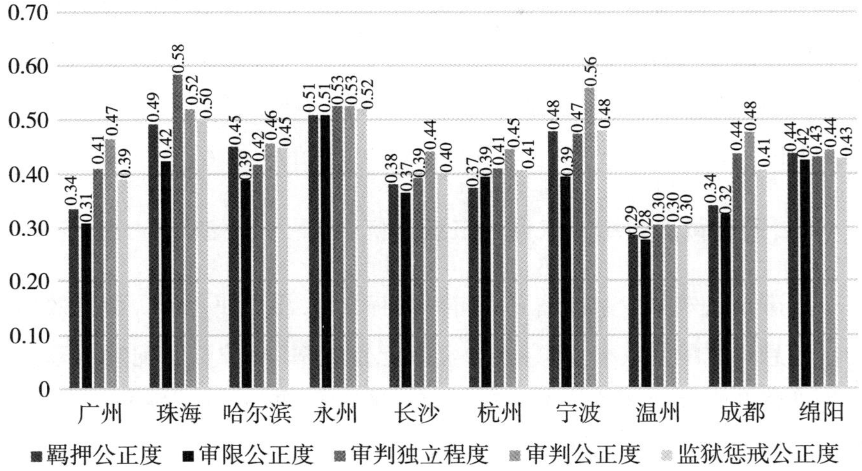

图 5－12　10 个城市刑事司法公正专家评估 5 个三级指标计算

三是珠海依法独立审判程度最高。根据图 5－12,珠海依法独立审判程度为0. 58,余则依据依法独立审判程度从高到低排序依次为永州(0. 53)、宁波(0. 47)、成都(0. 44)、绵阳(0. 43)、哈尔滨(0. 42)、广州(0. 41)、杭州(0. 41)、长沙(0. 39)、温州(0. 30)。其中,珠海、永州、宁波、成都、绵阳等5 个城市依法独立审判程度高于或等于全国,其余 5 个城市低于全国。根据公信力评级标准,长沙、温州等2 个城市依法独立审判程度评级为“中低”,其余8 个城市依法独立审判程度评级为“中”。

四是宁波审判公正度最高。根据图 5－12,宁波审判公正度为0. 56,余则依据审判公正度从高到低排序依次为永州(0. 53)、珠海(0. 52)、成都(0. 48)、广州(0. 47)、哈尔滨(0. 46)、杭州(0. 45)、绵阳(0. 44)、长沙(0. 44)、温州(0. 30)。其中,宁波、永州、珠海、成都、广州等5 个城市高于或者等于全国,其余5 个城市低于全国。根据公信力评级标准,温州审判公正度评级为“中低”,其余9 个城市审判公正度评级均为“中”。

五是永州监狱惩戒公正度最高。根据图 5－12，永州监狱惩戒公正度为0.56，余则依据监狱惩戒公正度从高到低排序依次为哈尔滨(0.55)、宁波(0.51)、珠海(0.48)、成都(0.47)、长沙(0.44)、广州(0.44)、杭州(0.43)、绵阳(0.43)、温州(0.36)。其中，永州、哈尔滨、宁波、珠海等4个城市高于或者等于全国，其余6个城市低于全国。根据公信力评级标准，温州监狱惩戒公正度评级为"中低"，其余9个城市评级均为"中"。

三、刑事司法效率专家评估三级指标计算

刑事司法效率专家评估三级指标共有5个，涵盖侦查资源配置效率、司法信息资源配置效率、检察人力资源配置效率、辩护资源配置效率、法律援助资源配置效率等5个方面。同样地，对于刑事司法效率5个三级指标亦设有正向与反向两个不同向度的统计标准。

(一)全国及5省刑事司法效率专家评估三级指标计算

根据计算结果(见表5－10)，全国及所调查5个省刑事司法效率主要具有以下几个方面特征：

表 5－10　刑事司法效率专家评估三级指标计算

三级指标	省份	很严重(＜0.2)	严重(＜0.4)	一般(＜0.6)	不是很严重(＜0.8)	不严重(≤1)	效率得分	效率排名
x15 侦查部门间缺乏信息共享	广东	16.5	19.9	24.9	22.3	16.4	0.42	4
	黑龙江	11.8	15.0	18.1	20.5	34.6	0.53	1
	湖南	12.0	18.0	27.8	23.4	18.8	0.46	2
	浙江	17.5	17.1	24.4	19.2	21.8	0.44	3
	四川	14.0	21.5	24.7	26.9	12.9	0.41	5
	全国	14.8	18.5	25.0	22.2	19.6	0.44	

续表

三级指标	省份	很严重（<0.2）	严重（<0.4）	一般（<0.6）	不是很严重（<0.8）	不严重（≤1）	效率得分	效率排名
x16 公、检、法、司间缺乏信息共享	广东	22.1	24.1	24.3	18.5	11.0	0.35	5
	黑龙江	16.5	15.0	17.3	22.0	29.2	0.48	1
	湖南	13.2	26.7	24.2	20.9	15.0	0.41	2
	浙江	20.1	18.8	21.4	23.5	16.2	0.40	3
	四川	11.8	31.2	29.0	22.6	5.4	0.36	4
	全国	17.9	23.6	23.4	20.7	14.5	0.39	
x17 办案检察官数量不足	广东	11.8	20.9	29.3	22.7	15.2	0.43	4
	黑龙江	11.8	16.5	21.3	18.1	32.3	0.51	1
	湖南	11.4	18.6	24.7	23.9	21.4	0.47	3
	浙江	7.3	18.4	24.4	25.6	24.3	0.50	2
	四川	6.5	24.7	35.6	24.7	8.6	0.42	5
	全国	10.5	19.6	26.7	23.3	19.8	0.46	
x18 公益律师培训与素养不足	广东	13.7	16.7	27.3	23.5	18.8	0.45	3
	黑龙江	15.7	12.6	18.1	22.1	31.5	0.52	1
	湖南	12.5	19.8	23.7	21.1	22.9	0.47	2
	浙江	16.7	17.9	18.4	23.1	23.9	0.45	3
	四川	5.4	20.4	38.7	23.7	11.8	0.44	5
	全国	13.4	17.7	24.6	22.6	21.7	0.46	
x19 律师提供法律援助不足	广东	19.9	20.7	21.1	21.5	16.8	0.40	3
	黑龙江	19.7	15.0	12.6	26.7	26.0	0.48	1
	湖南	19.1	22.4	23.2	19.8	15.5	0.40	3
	浙江	15.4	16.2	28.6	24.4	15.3	0.42	2
	四川	10.8	25.8	26.9	29.0	7.5	0.40	3
	全国	18.2	20.2	22.6	12.6	16.5	0.41	

一是辩护资源配置效率、检察人力资源配置效率较高，司法信息资源配置效率、法律援助资源配置效率较低。根据图 5－13，全国刑事司法效率专家评估 5 个三级指标中司法信息资源配置效率指标得分仅 0.39；同时广东、黑龙江、浙江、四川等 4 省司法信息资源配置效率指标得分亦最低。法律援助资源配置效率指标得分略高于司法信息资源配置效率，根据全国刑事司法效率 5 个三级指标得分，前者仅高于后者 2 个百分点。

二是黑龙江侦查资源配置效率最高，四川侦查资源配置效率最低。根据表 5－10，黑龙江、四川等 2 省侦查资源配置效率得分分别为 0.53、0.41；余则依据侦查资源配置效率从高到低排序依次为湖南、浙江、广东。其中，黑龙江、湖南、浙江等 3 省侦查资源配置效率高于或者等于全国，广东、四川等 2 省低于全国。根据表 5－10，广东、黑龙江、湖南、浙江、四川等 5 省刑事部门间缺乏信息共享严重程度均低于不严重程度，前者分别为 36.4%、26.8%、30.0%、34.6%、35.5%，后者分别为 38.7%、55.1%、42.2%、41.0%、39.8%。根据公信力评级标准，全国及 5 省刑事侦查配置效率评级均为“中”。

三是黑龙江司法信息资源配置效率最高，广东最低。根据表 5－10，黑龙江、广东等 2 省司法信息资源配置效率得分分别为 0.48、0.35，余则按照司法信息资源配置效率从高到低排序依次为湖南、浙江、四川。其中，黑龙江、湖南、浙江等省司法信息资源配置效率高于全国，而广东、四川等 2 省司法信息资源配置效率则低于全国。根据表 5－10，广东、湖南、四川等 3 省公、检、法、司间缺乏信息共享严重程度高于不严重程度，前者分别为 46.2%、39.9%、43.0%，后者分别为 29.5%、35.9%、28.0%；黑龙江、浙江等 2 省公、检、法、司间缺乏信息共享严重程度低于不严重程度，前者分别为 31.5%、38.9%，后者分别为 51.2%、39.7%。根据公信力评级标准，全国及广东、四川等 2 省司法信息资源配置效率评级为“中低”，黑龙江、湖南、浙江等 3 省司法信息资源配置效率评级为“中”。

四是黑龙江检察人力资源配置效率最高，四川最低。根据表5－10，黑龙江、四川等2省检察人力资源配置效率得分分别为0.51、0.42，余则按照检察人力资源配置效率从高到低排序依次为浙江、湖南、广东。其中黑龙江、湖南、浙江等3省检察人力资源配置效率高于全国，广东、四川等2省低于全国。根据表5－10，广东、黑龙江、湖南、浙江、四川等5省办案检察官数量不足的严重程度低于不严重程度，前者分别为37.9%、28.3%、30%、25.7%、31.2%，后者分别为32.7%、50.4%、45.3%、49.9%、33.3%；广东、四川等2省办案检察官数量不足的严重程度高于不严重程度，前者分别为32.7%、31.2%，后者分别为37.9%、33.3%。根据公信力评级标准，全国及5省检察人力资源配置效率评级均为"中"。

五是黑龙江辩护资源配置效率最高，四川最低。根据表5－10，黑龙江、四川等2省辩护资源配置效率得分分别为0.52、0.44，余则按照辩护资源配置效率从高到低排序依次为湖南、广东、浙江。其中黑龙江、湖南等2省辩护资源配置效率高于全国，广东、浙江、四川辩护资源配置效率低于全国。根据表5－10，广东、黑龙江、湖南、浙江、四川5个省公益律师培训与素养不足的严重程度均低于不严重程度，前者分别为30.4%、28.3%、32.3%、34.6%、25.8%，后者分别为42.3%、53.6%、44.0%、47.0%、35.5%。根据公信力评级标准，全国及5省辩护资源配置效率评级均为"中"。

六是黑龙江法律援助资源配置效率最高。根据表5－10，黑龙江、浙江、湖南、广东、四川等5省法律援助资源配置效率得分分别为0.48、0.42、0.40、0.40、0.40。黑龙江、浙江等2省法律援助资源配置效率高于全国，广东、湖南、四川等3省低于全国。根据表5－10，广东、湖南、四川等3省律师提供法律援助不足的严重程度高于不严重程度，前者分别为40.6%、41.5%、36.6%，后者分别为38.3%、35.3%、36.5%；黑龙江、四川等2省律师提供法律援助不足的严重程度低于不严重程度，前者分别为34.7%、31.6%，后者分别为52.7%、39.7%。根据公信力评级标准，全国及5省法律援助资源配置效率评级仅为“中”。

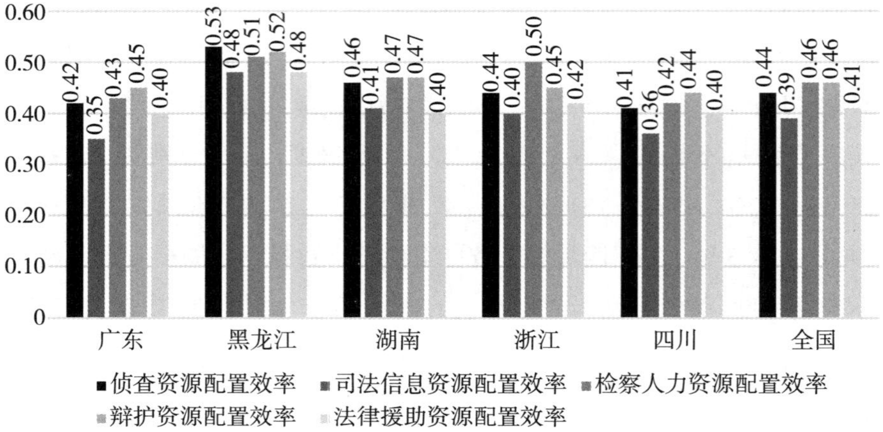

图5-13 全国及5省刑事司法效率专家评估三级指标得分

（二）10个城市刑事司法效率专家评估三级指标计算

经计算，如图5-14所示，所调查10个城市刑事司法效率5个三级指标得分主要特征有：

一是珠海侦查资源配置效率最高，温州最低。根据图5-14，珠海侦查资源配置效率为0.54，温州为0.36。10个城市中珠海、宁波、哈尔滨、永州、长沙等5个城市侦查资源配置效率高于或者等于全国，其余5个城市则低于全国。根据公信力评级标准，广州、温州等2个城市侦查资源配置效率评级为“中低”，其余8个城市评级为“中”。

二是宁波司法信息资源配置效率最高，温州最低。根据图5-14，宁波、温州等2个城市司法信息资源配置效率分别为0.48、0.29。10个城市中宁波、哈尔滨、珠海、杭州、绵阳等5个城市司法信息资源配置效率指标得分高于或者等于全国，其余5个城市低于全国。根据公信力评级标准，杭州、绵阳、长沙、永州、成都、广州、温州等7个城市司法信息资源配置效率评级为“中低”，只有宁波、哈尔滨、珠海等3个城市评级为“中”。

三是宁波检察人力资源配置效率最高，成都最低。根据图 5 – 14，宁波、成都等 2 个城市检察人力资源配置效率得分分别为 0. 57、0. 40。10 个城市中宁波、温州、珠海、哈尔滨、杭州等 5 个城市检察官人力资源配置效率高于或者等于全国，其余 5 个城市低于全国。根据公信力评级标准，10 个城市检察官人力资源配置效率评级均为“中”。

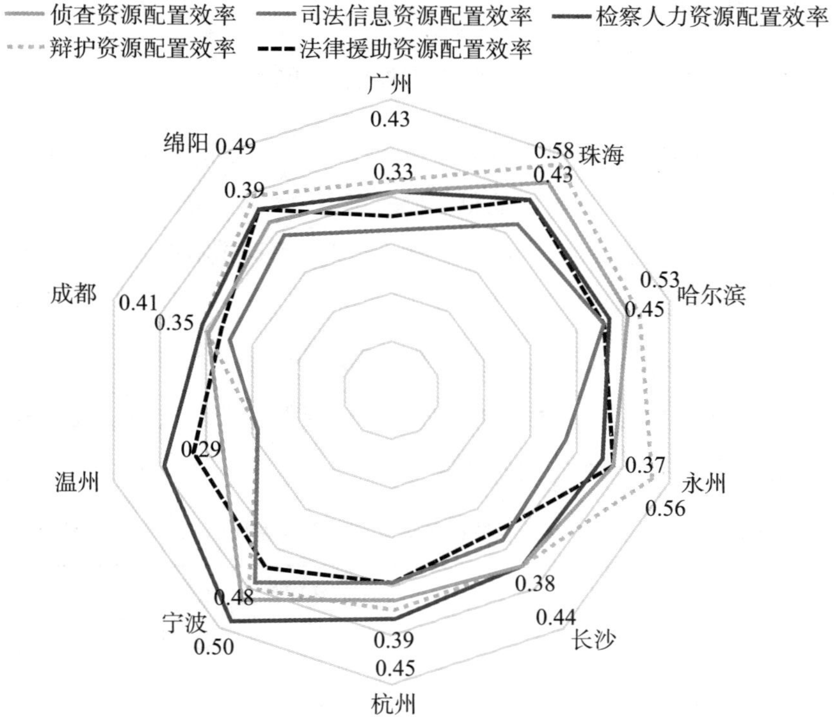

图 5 – 14　10 个城市刑事司法效率专家评估三级指标计算

四是珠海辩护资源配置效率最高，温州最低。根据图 5 – 14，珠海、温州等 2 个城市辩护资源配置效率指标得分分别为 0. 58、0. 29。10 个城市中珠海、永州、哈尔滨、宁波、绵阳等 5 个城市辩护资源配置效率高于全国，其余 5 个城市低于全国。根据公信力评级标准，温州辩护资源配置效率评级为“中低”，其余 9 个城市评级为“中”。

五是珠海、永州等2个城市法律援助资源配置效率较高，广州、长沙等2个城市法律援助资源配置效率较低。珠海、永州等2个城市法律援助资源配置效率指标得分均为0.48，广州、长沙等2个城市均为0.36。10个城市中珠海、永州、绵阳、哈尔滨、宁波、温州等6个城市法律援助资源配置效率指标得分高于全国，其余4个城市低于全国。根据公信力评级标准，杭州、成都、广州、长沙等4个城市法律援助资源配置效率评级为“中低”，其余6个城市评级为“中”。

四、监狱罪犯教育改造效率专家评估三级指标计算

监狱罪犯教育改造效率专家评估共有4个三级指标，涵盖普通罪犯监管效率、再犯预防效率、顽危犯监控效率、监狱安全防范效率等4个方面。同样地，依据前文所述，设计了监狱罪犯教育改造效率正向与反向两个向度统计标准。

（一）全国及5省监狱罪犯教育改造效率专家评估三级指标计算

根据计算结果（见表5－11），全国及所调查5省监狱罪犯教育改造效率主要具有以下几个方面的特征：

表5－11　全国及5省监狱罪犯教育改造效率专家评估三级指标计算

三级指标	省份	很严重（＜0.2）	严重（＜0.4）	一般（＜0.6）	不是很严重（＜0.8）	不严重（≤1）	效率得分	效率排名
x26 监狱罪犯之间的暴力冲突问题	广东	9.4	16.1	26.7	28.7	19.1	0.48	2
	黑龙江	14.8	7.8	11.7	32.1	33.6	0.55	1
	湖南	9.6	18.8	26.2	26.9	18.5	0.47	4
	浙江	13.7	12.8	21.3	31.2	21.0	0.48	2
	四川	8.6	12.9	31.2	34.4	12.9	0.47	4
	全国	10.7	15.3	24.4	29.4	20.2	0.48	

续表

三级指标	省份	很严重(＜0.2)	严重(＜0.4)	一般(＜0.6)	不是很严重(＜0.8)	不严重(≤1)	效率得分	效率排名
x27 监狱押犯再社会化与再犯预防投入不足	广东	21.3	23.1	22.1	23.3	10.2	0.36	4
	黑龙江	13.3	10.2	18.7	28.9	28.9	0.53	1
	湖南	16.0	21.1	23.6	24.6	14.7	0.41	2
	浙江	17.1	17.9	28.2	21.0	15.8	0.41	2
	四川	22.6	21.5	23.7	24.7	7.5	0.35	5
	全国	18.3	20.3	23.3	23.9	14.1	0.40	
x28 监狱缺乏单独羁押顽危犯设施	广东	16.9	18.3	24.3	26.1	14.4	0.42	3
	黑龙江	16.9	18.3	24.3	26.1	14.4	0.42	3
	湖南	12.2	19.5	24.6	25.6	18.1	0.45	1
	浙江	17.1	13.2	26.5	20.1	23.1	0.45	1
	四川	17.2	17.2	29.0	22.6	14.0	0.41	5
	全国	15.4	18.0	24.4	24.8	17.2	0.43	
x29 监狱监管安全问题	广东	9.6	13.6	20.5	17.5	38.8	0.56	2
	黑龙江	19.5	5.5	6.3	22.7	46.0	0.58	1
	湖南	9.9	11.9	17.8	26.7	33.7	0.56	2
	浙江	15.0	9.0	14.5	22.2	39.3	0.56	2
	四川	5.4	9.7	29.0	24.8	31.1	0.55	5
	全国	11.3	11.3	17.8	22.0	37.6	0.56	

一是再犯预防效率最低，监狱安防效率最高。根据图 5－15，全国及广东、湖南、浙江、四川等 4 个省再犯预防效率指标得分均最低，全国及 5 省监狱安防效率指标得分均最高，其中，四川再犯预防效率指标得分低于其最高指标监狱安防效率得分 20 个百分点。

二是黑龙江普通罪犯监管效率最高，湖南、四川等 2 省最低。其中广东、黑龙江、浙江等 3 省普通罪犯监管效率高于或等于全国，湖南、四川等

2省普通罪犯监管效率低于全国。根据表5-11，全国及广东、黑龙江、湖南、浙江、四川等5省监狱罪犯之间的暴力冲突问题严重程度明显低于不严重程度，前者分别为26.0%、25.5%、22.6%、28.4%、26.5%、21.5%，后者分别为49.6%、47.8%、65.7%、45.4%、52.2%、47.3%。根据公信力评级标准，全国及所调查5省普通罪犯监管效率评级均为“中”。

三是黑龙江再犯预防效率最高，四川最低。其中黑龙江、湖南、浙江等3省再犯预防效率高于全国，广东、四川等2省低于全国。根据表5-11，广东、四川等2省监狱押犯再社会化与再犯预防投入不足严重程度高于不严重程度，前者分别为44.4%、44.1%，后者分别为33.5%、32.2%；黑龙江、湖南、浙江等3省监狱押犯再社会化与再犯预防投入不足严重程度低于不严重程度，前者分别为23.5%、37.1%、35.0%，后者分别为57.8%、39.3%、36.8%。根据公信力评级标准，广东、四川等2省再犯预防效率评级为“中低”，全国及黑龙江、湖南、浙江等3省评级为“中”。

四是湖南、浙江等2省顽危犯监控效率最高，四川最低。根据表5-11，湖南、浙江等2省顽危犯监控效率高于全国，广东、黑龙江、四川等3省顽危犯监控效率低于全国。全国及5省监狱缺乏单独羁押顽危犯设施的严重程度均低于不严重程度，前者分别为33.4%、35.2%、35.2%、31.7%、30.3%、34.4%，后者分别为42.0%、40.5%、40.5%、43.7%、43.2%、36.6%。根据公信力评级标准，全国及5省顽危犯监控效率评级均为“中”。

五是黑龙江监狱安防效率最高，四川最低。根据表5-11，广东、黑龙江、湖南、浙江等4省监狱安防效率高于或者等于全国，四川监狱安防效率低于全国。全国及广东、黑龙江、湖南、浙江、四川等5省监狱监管安全问题严重程度均明显低于不严重程度，前者分别为22.6%、23.2%、25.0%、21.8%、24.0%、15.1%，后者分别为59.6%、56.3%、68.7%、60.4%、61.5%、55.9%。根据公信力评级标准，全国及5省监狱安防效率评级均为“中”。

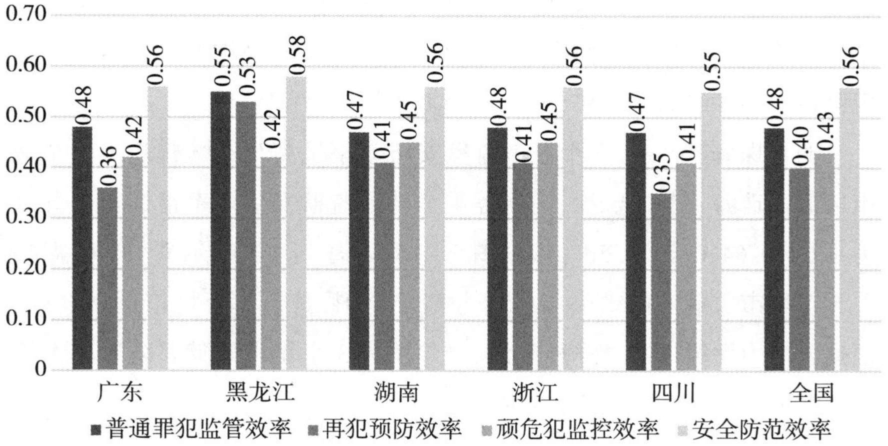

图 5－15　全国及 5 省监狱罪犯教育改造效率专家评估三级指标得分

（二）10 个城市监狱罪犯教育改造效率三级指标得分计算

经计算（见图 5－16），所调查 10 个城市监狱罪犯教育改造效率 4 个三级指标得分主要有以下特征：

一是永州普通罪犯监管效率最高，温州最低。永州、温州等 2 个城市普通罪犯监管效率指标得分分别为 0.58、0.39。根据图 5－16，永州、宁波、哈尔滨、珠海、绵阳等 5 个城市普通罪犯监管效率指标得分高于或者等于全国，其余 5 个城市低于全国。根据公信力评级标准，10 个城市中有 9 个城市的普通罪犯监管效率评级为“中”。

二是哈尔滨再犯预防效率最高，成都、温州等 2 个城市最低。哈尔滨、成都、温州等 3 个城市再犯预防效率指标得分分别为 0.48、0.33、0.30。根据图 5－16，哈尔滨、永州、珠海、宁波、杭州、长沙等 6 个城市再犯预防效率指标得分高于或者等于全国，其余 4 个城市低于全国。根据公信力评级标准，绵阳、广州、成都、温州等 4 个城市再犯预防效率评级为“中低”，其余 6 个城市评级为“中”。

三是宁波顽危犯监控效率最高，温州最低。宁波、温州等 2 个城市顽危犯监控效率指标得分分别为 0.51、0.37。根据图 5－16，宁波、永州、珠海、绵阳、杭州等5个城市顽危犯监控效率指标得分高于全国，其余5个城市低于全国。根据公信力评级标准，成都、广州、温州等3个城市顽危犯监控效率评级为“中低”，其余7个城市评级为“中”。

四是珠海、宁波等2个城市监狱安防效率最高，长沙、杭州等2个城市最低。珠海、宁波、长沙、杭州等4个城市监狱安防效率指标得分分别为0.67、0.64、0.51、0.50。根据图5-16，珠海、宁波、哈尔滨、永州、温州等5个城市监狱安防效率指标得分高于全国，其余5个城市低于全国。根据公信力评级标准，珠海、宁波、哈尔滨等3个城市监狱安防效率评级为“中高”，其余7个城市评级为“中”。

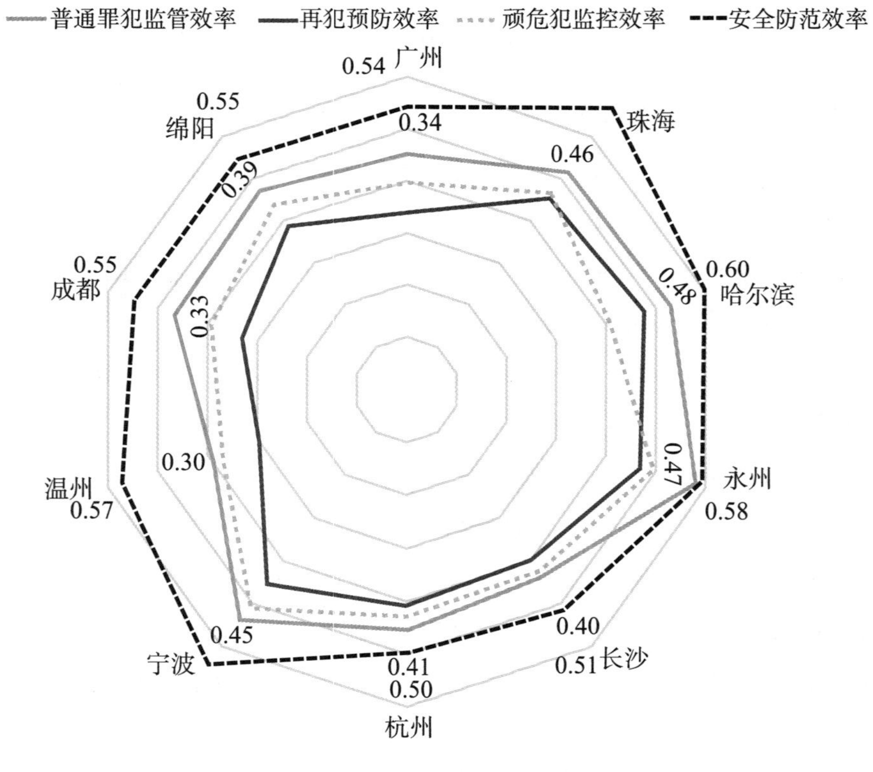

图5-16 10个城市监狱罪犯教育改造效率专家评估三级指标得分

五、刑事司法效果专家评估三级指标计算

刑事司法效果专家评估共设6个三级指标，具体包括刑事案件审理质量、刑事个案结果准确度、刑事指控准确度、刑事裁判准确度、逮捕准确度、青少年犯罪预防效果等6个方面。同样地，采用正向和反向两个向度来描述刑事司法效果6个指标得分状况。

（一）全国及5省刑事司法效果专家评估三级指标计算

采用上述相同方法，取评估对象中所有调查对象各指标标准值的均值，即可得评估对象刑事司法效果专家评估6个三级指标得分。根据计算结果（见表5－12），全国及5省刑事司法效果专家评估三级指标得分主要有以下特征：

表5－12　刑事司法效果专家评估三级指标计算

三级指标	省份	很严重（＜0.2）	严重（＜0.4）	一般（＜0.6）	不是很严重（＜0.8）	不严重（≤1）	效果得分	效果排名
x30 刑事案件最终判决结果受工作压力影响比率	广东	4.2	18.7	32.7	21.9	22.5	0.50	4
	黑龙江	2.4	18.9	20.5	11.0	47.2	0.62	1
	湖南	3.6	18.5	29.7	26.9	21.3	0.51	3
	浙江	2.1	11.5	25.2	30.3	30.8	0.58	2
	四川	4.3	16.1	30.1	29.0	20.4	0.50	4
	全国	3.5	17.2	20.9	24.3	25.8	0.53	
x31 刑事案件最终判决结果受腐败影响比率	广东	1.4	11.4	28.9	22.9	25.4	0.59	3
	黑龙江	0.8	13.4	22.0	19.7	43.1	0.63	2
	湖南	1.0	11.4	23.4	33.0	31.2	0.59	3
	浙江	1.3	4.3	14.5	30.3	49.6	0.69	1
	四川	2.2	9.7	25.8	29.0	33.3	0.58	5
	全国	1.3	10.2	34.2	17.0	37.3	0.61	

续表

三级指标	省份	很严重(<0.2)	严重(<0.4)	一般(<0.6)	不是很严重(<0.8)	不严重(≤1)	效果得分	效果排名
x32 错控率	广东	1.0	6.0	22.1	27.9	43.0	0.65	3
	黑龙江	0.0	6.3	14.2	20.5	59.0	0.72	1
	湖南	1.0	6.1	20.6	30.2	42.1	0.65	3
	浙江	0.4	3.0	13.7	35.4	47.5	0.70	2
	四川	1.1	6.5	23.7	34.4	34.3	0.62	5
	全国	0.8	5.6	19.5	29.6	44.4	0.66	
x33 错判率	广东	1.0	6.0	22.1	27.9	43.0	0.65	5
	黑龙江	0.8	5.5	11.8	15.0	66.9	0.74	2
	湖南	1.8	6.1	11.7	28.4	52.0	0.70	3
	浙江	1.3	2.1	8.5	22.2	65.8	0.77	1
	四川	1.1	2.2	8.6	38.7	39.5	0.70	3
	全国	1.2	4.6	12.4	24.3	57.5	0.72	
x34 错捕率	广东	0.8	11.4	23.5	27.9	36.4	0.60	4
	黑龙江	0.8	7.9	13.4	25.2	52.7	0.69	1
	湖南	1.5	7.9	23.9	29.7	37.0	0.62	3
	浙江	0.4	6.0	20.9	31.6	41.1	0.65	2
	四川	1.1	10.8	24.7	29.1	34.4	0.59	5
	全国	1.0	9.1	22.3	28.9	38.8	0.62	
x35 青少年犯罪率	广东	1.2	11.0	28.5	42.0	17.3	0.53	3
	黑龙江	2.4	15.7	23.6	27.6	30.7	0.56	2
	湖南	1.0	13.2	29.5	37.3	19.0	0.53	3
	浙江	0.4	5.6	20.1	46.6	27.4	0.60	1
	四川	2.2	8.6	30.1	44.1	15.0	0.52	5
	全国	1.2	11.0	27.0	40.2	20.7	0.55	

一是刑事裁判准确度最高,刑事案件审理质量最低。根据图 5－17,全国及 5 省刑事司法效果 6 个三级指标得分中刑事裁判准确度得分均最高,其中四川刑事裁判准确度指标得分均高于刑事案件审理质量指标得分 20 个百分点;全国及浙江、湖南两省刑事裁判准确度指标得分高于刑事案件审理质量指标得分 19 个百分点。刑事司法效果 6 个三级指标得分中全国及广东、湖南、浙江、四川 4 省刑事案件审理质量指标得分最低,只有黑龙江刑事案件审理质量高于青少年犯罪预防效果指标得分。

二是黑龙江刑事案件审理质量最高,广东、四川等 2 省刑事案件审理质量最低。根据表 5－12,黑龙江、广东、四川刑事案件审理质量指标得分分别为 0.62、0.50、0.50。其中黑龙江、浙江两省刑事案件审理质量高于全国,广东、湖南、四川等 3 省刑事案件审理质量低于全国。根据表 5－11,全国及广东、黑龙江、湖南、浙江、四川等 5 省刑事案件最终判决结果受工作压力影响的严重程度均明显低于不严重程度,前者分别为 20.7%、22.9%、21.3%、22.1%、13.6%、20.4%,后者分别为 50.1%、44.4%、58.2%、48.2%、61.1%、49.4%。据此统计,浙江刑事案件最终判决结果受工作压力影响最小,广东刑事案件最终判决结果受工作压力影响最大。根据公信力评级标准,黑龙江刑事案件审理质量评级为“中高”,全国及广东、湖南、浙江、四川 4 省刑事案件审理质量评级为“中”。

三是浙江刑事个案结果准确度最高,四川最低。根据表 5－12,浙江、四川等 2 省刑事个案结果准确度指标得分分别为 0.69、0.58。黑龙江、浙江等 2 省刑事个案结果准确度高于全国,广东、湖南、四川等 3 省刑事个案结果准确度低于全国。全国及广东、黑龙江、湖南、浙江、四川等 5 省刑事案件最终判决结果受腐败影响严重程度明显低于不严重程度,前者分别为 11.5%、12.8%、14.2%、12.4%、5.6%、11.9%,后者分别为 54.3%、48.3%、62.8%、64.2%、79.9%、62.3%。据此统计分析,浙江刑事案件最终判决结果受腐败影响最小,黑龙江刑事案件最终判决结果受腐败影响最大。根据公信力评级标准,全国及浙江、黑龙江等2省刑事个案结果准确度评级为“中高”,广东、湖南、四川等3省评级为“中”。

四是黑龙江刑事指控准确度最高,四川最低。根据表5-12,黑龙江、四川两省刑事指控准确度指标得分分别为0.72、0.62。其中,黑龙江、浙江两省刑事指控准确度高于全国,广东、湖南、四川3省刑事指控准确度低于全国。全国及广东、黑龙江、湖南、浙江、四川5省错误指控的严重程度均大幅低于不严重程度,前者分别为6.4%、7.0%、6.3%、7.1%、3.4%、7.6%,后者分别为74.0%、70.9%、79.5%、72.3%、82.9%、68.7%。据此统计分析,浙江错误指控率最低,四川错误指控率最高。根据公信力评级标准,全国及5省刑事指控准确度评级均为“中高”。

五是浙江刑事裁判准确度最高,广东刑事裁判准确度最低。根据表5-12,浙江、广东等2省刑事裁判准确度指标得分分别为0.77、0.65。所调查5省中黑龙江、浙江等2省刑事裁判准确度高于全国,广东、湖南、四川等3省刑事裁判准确度低于全国。全国及广东、黑龙江、湖南、浙江、四川等5省刑事案件错判严重程度大幅低于不严重程度,前者分别为5.8%、7.0%、6.3%、7.9%、3.4%、3.3%,后者分别为81.8%、70.9%、81.9%、80.4%、88.0%、78.2%。据此统计分析,四川刑事案件错判率最低,湖南刑事案件错判率最高。根据公信力评级标准,全国及5省刑事裁判准确度评级均为“中高”。

六是黑龙江逮捕准确度最高,四川最低。根据表5-12,黑龙江、四川两省逮捕准确度指标得分分别为0.69、0.59。黑龙江、湖南、浙江等3省逮捕准确度高于或等于全国,广东、四川两省低于全国。全国及广东、黑龙江、湖南、浙江、四川5省逮捕错误严重程度均大幅低于不严重程度,前者分别为10.1%、12.2%、8.7%、9.4%、6.4%、11.9%,后者分别为67.7%、64.3%、77.9%、66.7%、72.7%、63.5%。据此统计分析,浙江错误逮捕率最低,广东错误逮捕率最高。根据公信力评级标准,四川逮捕准确度评级为“中”,全国及其余4省评级均为“中高”。

七是浙江青少年犯罪预防效果最好，四川最差。根据表 5－12，浙江、四川两省青少年犯罪预防效果指标得分分别为 0.60、0.52。黑龙江、浙江两省青少年犯罪预防效果好于全国，广东、湖南、四川 3 省青少年犯罪预防效果差于全国。全国及广东、黑龙江、湖南、浙江、四川 5 省青少年犯罪严重程度均大幅低于不严重程度，前者分别为 12.2%、12.2%、18.1%、14.2%、6.0%、10.8%，后者分别为 60.9%、59.3%、58.3%、56.3%、74.0%、59.1%。据此统计分析，浙江青少年犯罪程度最轻，黑龙江青少年犯罪最严重。根据公信力评级标准，浙江青少年犯罪预防效果评级为“中高”，全国及其余 4 省评级为“中”。

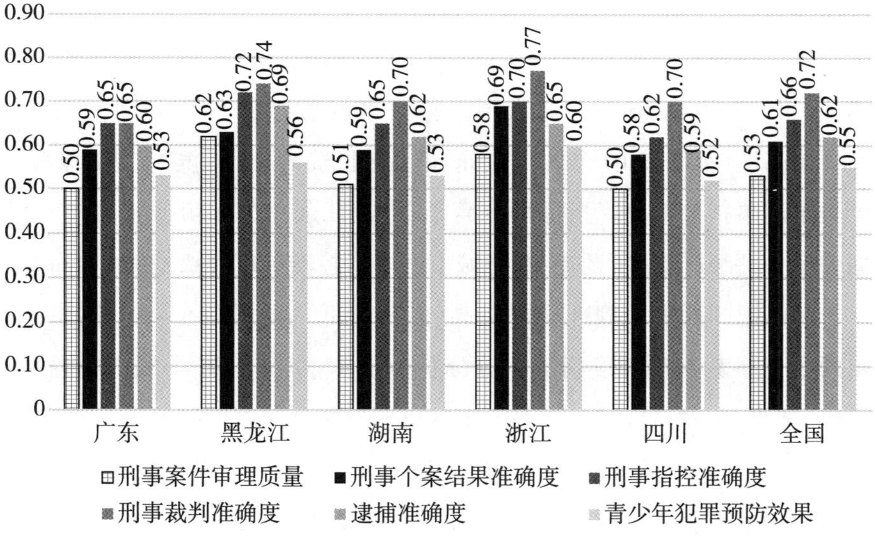

图 5－17　全国及 5 省刑事司法效果专家评估三级指标得分

（二）10 个城市刑事司法效果专家评估三级指标得分

采用相同计算方法，可得到广州、成都等 10 个城市刑事司法效果 6 个三级指标得分（见图 5－18）。根据计算结果，10 个城市刑事司法效果专家评估 6 个三级指标得分主要有以下特征：

一是哈尔滨刑事案件审理质量最高，广州、成都两个城市最低。根据

图 5 - 18,哈尔滨刑事案件审理质量指标得分为 0. 59,广州、成都两市均为0. 47。哈尔滨、永州、杭州、宁波、温州、绵阳、珠海7 个城市刑事案件审理质量指标得分高于全国,其余 3 个城市低于全国。根据公信力评级标准,10 个城市刑事案件审理质量评级均为“中”。

二是温州刑事个案结果准确度最高,广州最低。根据图 5 - 18,温州、广州两市刑事个案结果准确度指标得分分别为 0. 74、0. 55。所调查10 个城市中温州、杭州、宁波、永州、哈尔滨、珠海 6 个城市刑事个案结果准确度指标得分高于全国,其余 4 个城市低于全国。根据公信力评级标准,温州、杭州、宁波、永州、哈尔滨、珠海、绵阳 7 个城市刑事个案结果准确度评级为“中高”,其余 3 个城市评级为“中”。

三是永州刑事指控准确度最高,广州、绵阳两市最低。根据图 5 - 18,永州、广州、绵阳 3 个城市刑事指控准确度指标得分分别为 0. 77、0. 61、0. 61。所调查 10 个城市中永州、温州、杭州、哈尔滨、宁波、珠海 6 个城市刑事指控准确度指标得分高于全国,其余 4 个城市低于全国。根据公信力评级标准,所调查 10 个城市刑事指控准确度评级均为“中高”。

四是温州刑事裁判准确度最高,广州最低。根据图 5 - 18,温州、广州两市刑事裁判准确度指标得分分别为 0. 87、0. 66。10 个城市中温州、永州、杭州、宁波、哈尔滨、珠海 6 个城市刑事裁判准确度指标得分高于全国,其余 4 个城市低于全国。根据公信力评级标准,温州、永州两个城市刑事裁判准确度评级为“高”,其余 8 个城市评级为“中高”。

五是永州逮捕准确度最高,广州最低。根据图 5 - 18,永州、广州两市逮捕准确度指标得分分别为 0. 73、0. 56。10 个城市中永州、温州、哈尔滨、杭州、宁波、珠海 6 个城市逮捕准确度指标得分高于或等于全国,其余4 个城市低于全国。根据公信力评级标准,绵阳、广州两市逮捕准确度评级为“中”,其余 8 个城市评级为“中高”。

六是温州青少年犯罪预防效果最佳,珠海最差。根据图 5 - 18,温州、珠海青少年犯罪预防效果指标得分分别为 0. 67、0. 49。10 个城市中温州、宁波、杭州、哈尔滨、绵阳5个城市青少年犯罪预防效果好于或者等于全国，其余5个城市差于全国。根据公信力评级标准，温州、宁波、杭州3个城市青少年犯罪预防效果评级为“中高”，其余7个城市评级为“中”。

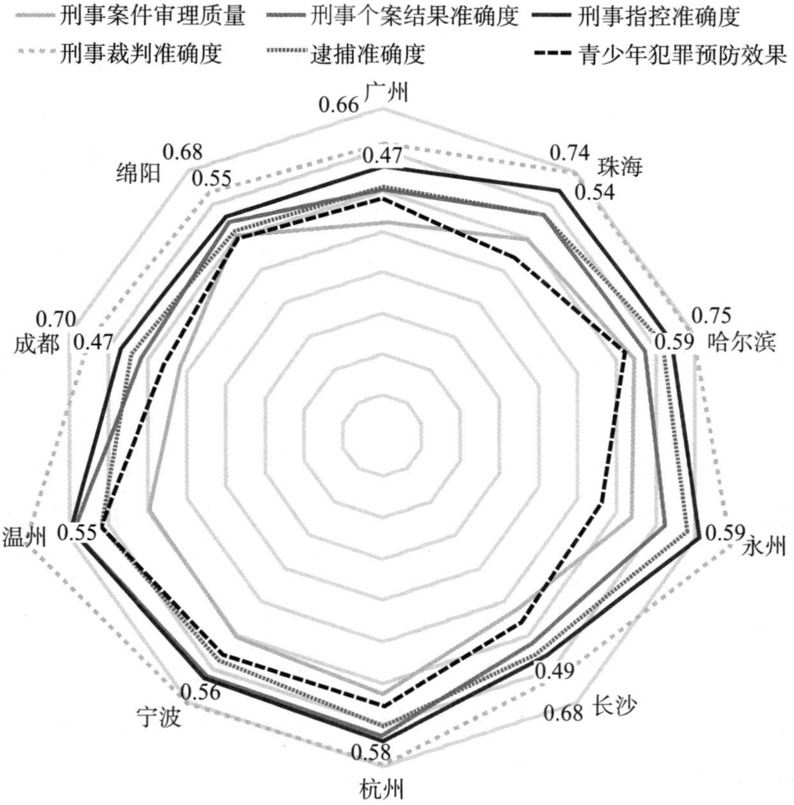

图5-18　10个城市刑事司法效果专家评估三级指标得分

第四节　分析与结论

综合上述，通过对所调查5省及10个城市刑事司法公信力专家评估样本数据的统计及计算（见表5-13），根据刑事司法公信力专家评估1个一级指标、5个二级指标和23个三级指标得分结果，可得出以下结论：

1. 法律专家对刑事司法基本具有信任和信赖感,我国刑事司法基本具有公信力。

广东等5省及广州等10个城市刑事司法公信力专家评估指数均位于0.40—0.59区间,司法公信力评级均为“中”,即“基本信任和信赖”。

2. 法律专家对刑事司法效果具有信任和信赖感,我国在刑事司法效果方面具有公信力。

除广州刑事司法效果专家评估指数评级为“中”,即“基本信任和信赖”外,广东等5省及其余9个城市刑事司法效果专家评估指数均在0.60—0.79区间,司法效果公信力评级为“中高”,即“信任和信赖”。

3. 法律专家对刑事司法廉洁、刑事司法公正、刑事司法效率、监狱罪犯教育改造效率基本具有信任和信赖感,我国在刑事司法廉洁、刑事司法公正、刑事司法效率、监狱罪犯教育改造效率方面基本具有公信力。

广东等5省刑事司法廉洁、刑事司法公正、刑事司法效率、监狱罪犯教育改造效率专家评估指数均位于0.40—0.59区间,公信力评级均为“中”,即“基本信任和信赖”。所调查广州等10个城市除广州、温州等2个城市刑事司法公正、刑事司法效率等2项专家评估指数和成都刑事司法效率等1项专家评估指数位于0.20—0.39区间外,其余7个城市刑事司法廉洁、刑事司法公正、刑事司法效率、监狱罪犯教育改造效率等4项专家评估指数和广州、温州、成都3个城市除前述外其余专家评估指数均位于0.40—0.59区间,公信力评级均为“中”,即“基本信任和信赖”。

4. 法律专家对刑事个案结果准确度、刑事指控准确度、刑事裁判准确度、逮捕准确度等4个方面具有信任和信赖感,我国在刑事个案结果准确度、刑事指控准确度、刑事裁判准确度、逮捕准确度等4个方面具有公信力。

黑龙江、浙江两省和珠海、哈尔滨、永州、杭州、宁波、温州、绵阳7个城市刑事个案结果准确度三级指标得分均在0.60以上,公信力评级均为“中高”。广东等5省及广州等10个城市刑事指控准确度三级指标得分均在 0.60 以上,公信力评级均为“中高”。广东等 5 省及广州等 10 个城市刑事裁判准确度三级指标得分均在0.60 以上,公信力评级均在“中高”及以上。除四川和广州、成都、绵阳 3 个城市逮捕准确度在 0.40—0.59 区间外,其余 4 省和 7 个城市逮捕准确度都在 0.60—0.79 区间,评级为“中高”。

5. 法律专家对检察官廉洁、法官廉洁、羁押公正、法官依法独立审判程度、审判公正、狱警惩戒公正、侦查资源配置效率、检察人力资源配置效率、辩护资源配置效率、法律援助资源配置效率、普通罪犯监管效率、再犯预防效率、顽危犯监控效率、监狱安全防范效率、刑事案件审理质量、青少年犯罪预防效果等 16 个方面基本具有信任和信赖感,我国在检察廉洁、法官廉洁、羁押公正、法官依法独立审判程度、审判公正、狱警惩戒公正、侦查资源配置效率、检察人力资源配置效率、辩护资源配置效率、法律援助资源配置效率、普通罪犯监管效率、再犯预防效率、顽危犯监控效率、监狱安全防范效率、刑事案件审理质量、青少年犯罪预防效果等 16 个方面基本具有公信力。

6. 法律专家对警察廉洁、审限公正、司法信息资源配置效率等 3 个方面不具有信任和信赖感,我国在警察廉洁、审限公正、司法信息资源配置效率等 3 个方面不具有公信力。

广东、浙江、四川 3 个省和广州、长沙、杭州、温州、成都、绵阳 6 个城市警察廉洁三级指标得分位于 0.20—0.39 区间,公信力评级为“中低”,即“不信任和不信赖”。广东、湖南、浙江、四川 4 个省和广州、哈尔滨、长沙、杭州、宁波、温州、成都 7 个城市审限公正三级指标得分位于 0.20—0.39 区间,公信力评级为“中低”。广东、四川两省和广州、永州、长沙、杭州、温州、成都、绵阳 7 个城市司法信息资源配置效率三级指标得分位于 0.20—0.39 区间,公信力评级为“中低”。

表 5－13　全国和 5 省及 10 个城市刑事司法公信力专家评估指数统计

	广东	黑龙江	湖南	浙江	四川	广州	珠海	哈尔滨	永州	长沙	杭州	宁波	温州	成都	绵阳	全国
警察廉洁	0.38	0.43	0.42	0.39	0.37	0.36	0.48	0.40	0.41	0.39	0.39	0.47	0.34	0.37	0.36	0.40
评级	2.00	3.00	3.00	2.00	2.00	2.00	3.00	3.00	3.00	2.00	2.00	3.00	2.00	2.00	2.00	3.00
检察廉洁	0.46	0.44	0.50	0.50	0.45	0.44	0.56	0.43	0.58	0.48	0.46	0.55	0.48	0.48	0.40	0.47
评级	3.00	3.00	3.00	3.00	3.00	3.00	3.00	3.00	3.00	3.00	3.00	3.00	3.00	3.00	3.00	3.00
法官廉洁	0.47	0.41	0.50	0.49	0.46	0.46	0.63	0.36	0.53	0.42	0.47	0.57	0.46	0.46	0.47	0.47
评级	3.00	3.00	3.00	3.00	3.00	3.00	4.00	2.00	3.00	3.00	3.00	3.00	3.00	3.00	3.00	3.00
刑事司法廉洁	0.44	0.42	0.46	0.46	0.43	0.42	0.55	0.40	0.51	0.43	0.44	0.53	0.43	0.44	0.41	0.45
评级	3.00	3.00	3.00	3.00	3.00	3.00	3.00	3.00	3.00	3.00	3.00	3.00	3.00	3.00	3.00	3.00
羁押公正	0.38	0.46	0.41	0.41	0.37	0.34	0.49	0.45	0.51	0.38	0.37	0.48	0.29	0.34	0.44	0.40
评级	2.00	3.00	3.00	3.00	2.00	2.00	3.00	3.00	3.00	2.00	2.00	3.00	2.00	2.00	3.00	3.00
审限公正	0.35	0.43	0.39	0.38	0.36	0.31	0.42	0.39	0.51	0.37	0.39	0.39	0.28	0.32	0.43	0.38
评级	2.00	3.00	2.00	2.00	2.00	2.00	3.00	2.00	3.00	2.00	2.00	2.00	2.00	2.00	3.00	2.00
依法独立审判	0.43	0.47	0.41	0.41	0.43	0.41	0.58	0.42	0.53	0.39	0.41	0.47	0.30	0.44	0.43	0.43
评级	3.00	3.00	3.00	3.00	3.00	3.00	3.00	3.00	3.00	2.00	3.00	3.00	2.00	3.00	3.00	3.00
审判公正	0.49	0.48	0.47	0.46	0.47	0.47	0.52	0.46	0.53	0.44	0.45	0.56	0.30	0.48	0.44	0.47
评级	3.00	3.00	3.00	3.00	3.00	3.00	3.00	3.00	3.00	3.00	3.00	3.00	2.00	3.00	3.00	3.00
监狱惩戒公正	0.46	0.60	0.47	0.46	0.45	0.44	0.48	0.55	0.56	0.44	0.43	0.51	0.36	0.47	0.43	0.48
评级	3.00	4.00	3.00	3.00	3.00	3.00	3.00	3.00	3.00	3.00	3.00	3.00	2.00	3.00	3.00	3.00

续表

	广东	黑龙江	湖南	浙江	四川	广州	珠海	哈尔滨	永州	长沙	杭州	宁波	温州	成都	绵阳	全国
刑事司法公正	0.42	0.48	0.43	0.42	0.41	0.39	0.50	0.45	0.52	0.40	0.41	0.48	0.30	0.41	0.43	0.43
评级	3.00	3.00	3.00	3.00	3.00	2.00	3.00	3.00	3.00	3.00	3.00	3.00	2.00	3.00	3.00	3.00
侦查资源	0.42	0.53	0.46	0.44	0.41	0.39	0.54	0.51	0.48	0.44	0.43	0.52	0.36	0.41	0.43	0.44
评级	3.00	3.00	3.00	3.00	3.00	2.00	3.00	3.00	3.00	3.00	3.00	3.00	2.00	3.00	3.00	3.00
司法效率	0.35	0.48	0.41	0.40	0.36	0.33	0.43	0.45	0.37	0.38	0.39	0.48	0.29	0.35	0.39	0.39
评级	2.00	3.00	3.00	3.00	2.00	2.00	3.00	3.00	2.00	2.00	2.00	3.00	2.00	2.00	2.00	2.00
检察效率	0.43	0.51	0.47	0.50	0.42	0.41	0.48	0.47	0.45	0.44	0.46	0.57	0.50	0.40	0.45	0.46
评级	3.00	3.00	3.00	3.00	3.00	3.00	3.00	3.00	3.00	3.00	3.00	3.00	3.00	3.00	3.00	3.00
辩护资源	0.45	0.52	0.47	0.45	0.44	0.43	0.58	0.53	0.56	0.44	0.45	0.50	0.29	0.41	0.49	0.46
评级	3.00	3.00	3.00	3.00	3.00	3.00	3.00	3.00	3.00	3.00	3.00	3.00	2.00	3.00	3.00	3.00
法律援助	0.40	0.48	0.40	0.42	0.40	0.36	0.48	0.45	0.48	0.36	0.39	0.44	0.43	0.37	0.46	0.41
评级	3.00	3.00	3.00	3.00	3.00	2.00	3.00	3.00	3.00	2.00	2.00	3.00	3.00	2.00	3.00	3.00
刑事司法效率	0.41	0.50	0.44	0.44	0.40	0.38	0.50	0.48	0.46	0.41	0.42	0.50	0.37	0.38	0.44	0.43
评级	3.00	3.00	3.00	3.00	3.00	2.00	3.00	3.00	3.00	3.00	3.00	3.00	2.00	2.00	3.00	3.00
普通罪犯监管	0.48	0.55	0.47	0.48	0.47	0.45	0.52	0.53	0.58	0.43	0.46	0.54	0.39	0.47	0.48	0.48
评级	3.00	3.00	3.00	3.00	3.00	3.00	3.00	3.00	3.00	3.00	3.00	3.00	2.00	3.00	3.00	3.00
再犯预防效率	0.36	0.53	0.41	0.41	0.35	0.34	0.46	0.48	0.47	0.40	0.41	0.45	0.30	0.33	0.39	0.40
评级	2.00	3.00	3.00	3.00	2.00	2.00	3.00	3.00	3.00	3.00	3.00	3.00	2.00	2.00	2.00	3.00

续表

	广东	黑龙江	湖南	浙江	四川	广州	珠海	哈尔滨	永州	长沙	杭州	宁波	温州	成都	绵阳	全国
顽危犯监控效率	0.42	0.42	0.45	0.45	0.41	0.39	0.47	0.41	0.49	0.42	0.43	0.51	0.37	0.39	0.44	0.43
评级	3.00	3.00	3.00	3.00	3.00	2.00	3.00	3.00	3.00	3.00	3.00	3.00	2.00	2.00	3.00	3.00
安全防范效率	0.56	0.58	0.56	0.56	0.55	0.54	0.67	0.60	0.58	0.51	0.50	0.64	0.57	0.55	0.55	0.56
评级	3.00	3.00	3.00	3.00	3.00	3.00	4.00	4.00	3.00	3.00	3.00	4.00	3.00	3.00	3.00	3.00
监狱罪犯教育改造	0.45	0.52	0.47	0.47	0.44	0.43	0.52	0.50	0.53	0.44	0.44	0.53	0.40	0.43	0.46	0.46
评级	3.00	3.00	3.00	3.00	3.00	3.00	3.00	3.00	3.00	3.00	3.00	3.00	3.00	3.00	3.00	3.00
案件审理质量	0.50	0.62	0.51	0.58	0.50	0.47	0.54	0.59	0.59	0.49	0.58	0.56	0.55	0.47	0.55	0.53
评级	3.00	4.00	3.00	3.00	3.00	3.00	3.00	3.00	3.00	3.00	3.00	3.00	3.00	3.00	3.00	3.00
个案结果准确度	0.59	0.63	0.59	0.69	0.58	0.55	0.62	0.62	0.68	0.58	0.69	0.68	0.74	0.57	0.60	0.61
评级	3.00	4.00	3.00	4.00	3.00	3.00	4.00	4.00	4.00	3.00	4.00	4.00	4.00	3.00	4.00	4.00
刑事指控准确度	0.65	0.72	0.65	0.70	0.62	0.61	0.68	0.69	0.77	0.62	0.70	0.68	0.75	0.62	0.61	0.66
评级	4.00	4.00	4.00	4.00	4.00	4.00	4.00	4.00	4.00	4.00	4.00	4.00	4.00	4.00	4.00	4.00
刑事裁判准确度	0.65	0.74	0.70	0.77	0.70	0.66	0.74	0.75	0.84	0.68	0.76	0.76	0.87	0.70	0.68	0.72
评级	4.00	4.00	4.00	4.00	4.00	4.00	4.00	4.00	5.00	4.00	4.00	4.00	5.00	4.00	4.00	4.00

续表

	广东	黑龙江	湖南	浙江	四川	广州	珠海	哈尔滨	永州	长沙	杭州	宁波	温州	成都	绵阳	全国
逮捕准确度	0.60	0.69	0.62	0.65	0.59	0.56	0.62	0.67	0.73	0.60	0.66	0.63	0.68	0.60	0.57	0.62
评级	4.00	4.00	4.00	4.00	3.00	3.00	4.00	4.00	4.00	4.00	4.00	4.00	4.00	4.00	3.00	4.00
青少年犯罪预防	0.53	0.56	0.53	0.60	0.52	0.53	0.49	0.57	0.51	0.52	0.61	0.61	0.67	0.51	0.55	0.55
评级	3.00	3.00	3.00	4.00	3.00	3.00	3.00	3.00	3.00	3.00	4.00	4.00	4.00	3.00	3.00	3.00
刑事司法效果	0.62	0.68	0.62	0.69	0.60	0.58	0.64	0.67	0.72	0.60	0.68	0.67	0.73	0.60	0.61	0.63
评级	4.00	4.00	4.00	4.00	4.00	3.00	4.00	4.00	4.00	4.00	4.00	4.00	4.00	4.00	4.00	4.00
专家评估指数	0.45	0.50	0.47	0.47	0.44	0.42	0.53	0.47	0.53	0.44	0.45	0.52	0.41	0.43	0.45	0.46
评级	3.00	3.00	3.00	3.00	3.00	3.00	3.00	3.00	3.00	3.00	3.00	3.00	3.00	3.00	3.00	3.00

通过对上述结论的分析可以发现，我国刑事司法可谓一种效果导向型司法，而非一种过程导向型司法。也就是说，我国刑事司法所追求的是裁判结果的正确性，而非裁判过程的正当性。根据本书得出的刑事司法公信力专家评估指数二阶单因素模型测量结果，刑事司法效果仅占刑事司法公信力11%权重，而刑事司法公正（程序公正）却占刑事司法公信力26%权重。因此为提高刑事司法公信力，我国刑事司法改革应从深层次改变重实体、轻程序，重结果、轻过程的司法理念，向实体与程序并重，结果和过程并行的司法观念根本转型。根据本书所得出的结论，司法改革的当务之急是切实解决审理期限冗长、警察廉洁和公检法司四机关缺乏司法信息资源共享3个方面的问题。

第六章　刑事司法公信力公众评估指数计算

为准确计算刑事司法公信力公众评估指标权重，需要根据刑事司法公信力公众评估指数二阶单因素模型检验结果对模型进行重构(见图6－1)。以1289个普通公众调查样本数据为基础数据，根据重构的公众评估指数二阶单因素模型因素载荷值，采用归一化处理方法，分别计算出刑事司法公信力普通公众评估17个三级指标权重和3个二级指标权重。根据17个三级指标权重及其标准值，即可计算出3个二级指标得分；根据3个二级指标权重及其得分，即可计算出任一调查对象刑事司法公信力一级指标得分。以单位内所有调查对象刑事司法公信力得分和3个二级指标得分为基础，取其平均值，即可得到刑事司法公信力公众评估指数和刑事司法廉洁、刑事司法公正、警察平等执法3个二级公众评估指数。据此，可计算出全国和广东(n＝249)、黑龙江(n＝256)、湖南(n＝229)、浙江(n＝293)、四川(n＝262)等5个省及广州(n＝109)、珠海(n＝107)、哈尔滨(n＝112)、永州(n＝105)、长沙(n＝111)、杭州(n＝136)、宁波(n＝107)、温州(n＝77)、成都(n＝129)、绵阳(n＝103)等10个城市刑事司法公信力公众评估指数、3项二级指数及17项三级指标得分。

第一节　刑事司法公信力公众评估指标权重计算

根据刑事司法公信力公众评估指数二阶单因素模型检验结果，可据以测量中国刑事司法公信力的三级指标共有17个(见表6－1)。为区分

17 个三级指标的归属，首先采用探索性因素分析方法探索其所归属的具体类别。然后根据探索性因素分析检验结果，采用验证性因素分析法，对刑事司法公信力公众评估指数二阶单因素模型进行重构。依据重构模型因素载荷，采用归一法进行处理，可计算出 17 个三级指标权重和 3 个二级指标权重。

一、刑事司法公信力公众评估指数二阶单因素模型重构

采用探索性因素分析法，通过最大方差旋转，以因素载荷值大于或等于 0.5 为标准，探索 17 个观测变量（三级指标）究竟是如何聚合的。经探索性检验分析，KMO 值为 0.899，说明数据可据以进行探索性因素分析；特征值大于 1 的因素共有 3 个，说明共可析出 3 个因素；解释的总方差为 60.848%，说明所析出的 3 个因素可解释总变异的 60.848%。根据探索性因素分析结果，因素 1 包括 y1—y3，涵盖“刑事司法廉洁”潜变量中的 3 个观测变量；因素 2 包括 y4—y8、y23—y25，涵盖“刑事司法公正”潜变量中的 5 个观测变量和“刑事司法机关依法独立行使职权”潜变量中的 3 个观测变量；因素 3 包括 y13—y18，涵盖“警察平等执法”潜变量中的 6 个观测变量。根据所探索出的 3 个因素的基本特征，因素 1、因素 3 仍可分别命名为“刑事司法廉洁”“警察平等执法”。因素 2 包括“刑事司法公正”“刑事司法机关依法独立行使职权”两个层面；根据刑事法治一般性理论，刑事司法机关依法独立行使职权乃刑事司法公正的前提条件，故因素 2 仍可命名为“刑事司法公正”。

根据探索性因素分析检验结果，以 1289 个普通公众调查样本数据为基础数据，采用验证性因素分析方法，展开对中国刑事司法公信力公众评估指数二阶单因素模型的重构。如图 6－1 所示，重构模型的组成包括三个部分：其一，1 个二阶潜变量（一级指标），即“刑事司法公信力”。其二，3 个一阶潜变量（二级指标），即“刑事司法廉洁”“刑事司法公正”“警察平等执法”；该 3 个一阶潜变量共同反映了一个更高级的潜变量“刑事

司法公信力”的共同属性。其三,17 个观测变量(三级指标)。

经信度检验,模型的 Cronbach’s Alpha 系数为 0.875,说明模型的组合信度较高。根据模型拟合度信息,卡方值(x^2 = 524.793)与自由度(df = 109)之比为 4.8,符合小于 5 标准。模型卡方检验的显著性水平 p = 0.000,符合小于 0.0001 标准。RMSEA 为 0.054,符合小于 0.08 标准;SRMR 为 0.044,符合小于 0.05 标准。CFI、TLI 值分别为 0.963、0.954,符合大于 0.9 标准。据此,中国刑事司法公信力普通公众评估指数二阶单因素计量模型的拟合度非常理想。

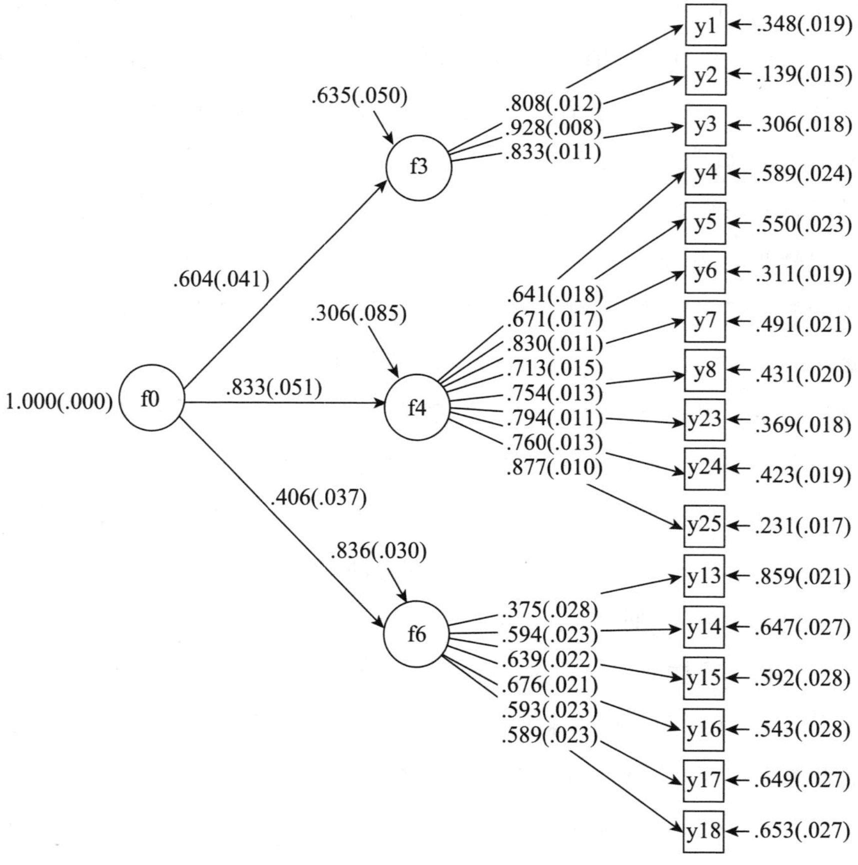

图 6-1 中国刑事司法公信力公众评估指数二阶单因素重构模型

注:为衔接上下文,刑事司法公信力公众评估各指标标号与前文一致,均采用最初标号。

二、指标权重的计算

根据中国刑事司法公信力普通公众评估指数二阶单因素重构模型，可计算出中国刑事司法公信力公众评估 3 个二级指标和 17 个三级指标的权重（见表 6－1）。

首先，根据一阶潜变量（二级指标）指向反映其意义的观测变量（三级指标）的载荷系数，计算出三级指标的权重。计算方法为：一阶潜变量指向反映其意义的任一观测变量的载荷系数与反映该一阶潜变量意义的载荷系数和之比。例如，根据图 6－1，三级指标"警察腐败的广度"的权重计算为：潜变量"刑事司法廉洁"指向观测变量"警察腐败的广度"的载荷系数即 0.808/(0.808 + 0.928 + 0.833) = 0.808/2.569 = 0.31。根据相同计算方法，即可计算出 17 个三级指标的权重。

其次，根据计算得到的三级指标权重与其标准值，计算 3 个二级指标的得分。计算方法为：三级指标权重与相应三级指标标准值乘积之和（取值范围均在 0—1 之间）。例如，某被调查对象"刑事司法廉洁（f3）"指标得分可计算为：0.31（y1 权重）× 0.333（y1 标准值）+ 0.36（y2 权重）× 0.333（y2 标准值）+ 0.32（y3 标准值）× 0.667（y3 标准值）= 0.44。根据相同方法，即可计算出调查对象各二级指标的得分。

最后，根据二阶潜变量"刑事司法公信力"（一级指标）指向一阶潜变量（二级指标）的因素载荷值，计算出二级指标的权重。计算方法为：二阶潜变量指向一阶潜变量的因素载荷值与一阶潜变量因素载荷值和之比。例如，"刑事司法廉洁（f3）"二级指标权重计算为：0.604/(0.604 + 0.833 + 0.406) = 0.33。据此方法，即可计算出 3 个二级指标的权重。

表 6－1 刑事司法公信力普通公众评估指标权重计算

二级指标	权重	三级指标	题项	权重
f3 刑事司法廉洁	0.33	y1 警察腐败的广度	Q1 腐败以不同形式存在于所有国家和社会中，你认为我国公安民警中有没有人有腐败行为？	0.31
		y2 检察官腐败的广度	Q2 腐败以不同形式存在于所有国家和社会中，你认为我国检察官队伍中有没有人有腐败行为？	0.36
		y3 法官腐败的广度	Q3 腐败以不同形式存在于所有国家和社会中，你认为我国法官队伍中有没有人有腐败行为？	0.32
f4 刑事司法公正	0.45	y4 法院公正司法	Q4 法院会保障每一个案件都得到公正审理吗？	0.11
		y5 公安机关公正执法	Q5 公安机关会保障每一个案件都得到公正处理吗？	0.11
		y6 检察机关公正适法	Q6 检察院会保障每一个案件都得到公正处理吗？	0.14
		y7 被告人权利保障	Q7 被告人的权利会得到法官的尊重吗？	0.12
		y8 嫌疑人权利保障	Q8 犯罪嫌疑人的权利会得到公安民警的尊重吗？	0.12
		y23 法官依法独立办案	Q9 负责刑事案件审理的法官不受非法干预	0.13
		y24 侦查人员依法独立办案	Q10 负责侦查犯罪的侦查人员不受非法干预	0.13
		y25 检察官依法独立办案	Q11 负责审查起诉的检察官不受非法干预	0.15
f6 警察平等执法	0.22	y13 平等对待贫穷的嫌疑人	Q12 假设公安机关拘留了两个被怀疑具有同等严重犯罪的人，又假设两个人中有一个是穷人，那么你认为穷人会处于不利境地吗？	0.11
		y14 平等对待妇女嫌疑人	Q13 假设公安机关拘留了两个被怀疑具有同等严重犯罪的人，又假设两个人中有一个是女性，那么你认为女性嫌疑人会处于不利境地吗？	0.17

续表

二级指标	权重	三级指标	题项	权重
f6 警察平等执法	0.22	y15 平等对待少数民族嫌疑人	Q14 假设公安机关拘留了两个被怀疑具有同等严重犯罪的人,又假设两个人中有一个来自同办案民警不相同的民族,那么你认为这个不相同民族的嫌疑人会处于不利境地吗?	0.18
		y16 平等对待有宗教信仰的嫌疑人	Q15 假设公安机关拘留了两个被怀疑具有同等严重犯罪的人,又假设两个人中有一个具有宗教信仰,那么你认为有宗教信仰的嫌疑人会处于不利境地吗?	0.20
		y17 平等对待具有外国国籍的嫌疑人	Q16 假设公安机关拘留了两个被怀疑具有同等严重犯罪的人,又假设两个人中有一个是外国人,那么你认为外国籍嫌疑人会处于不利境地吗?	0.17
		y18 平等对待同性恋嫌疑人	Q17 假设公安机关拘留了两个被怀疑具有同等严重犯罪的人,又假设两个人中有一个是同性恋者,那么你认为同性恋嫌疑人会处于不利境地吗?	0.17

第二节 刑事司法公信力公众评估指数计算

刑事司法公信力公众评估指数计算步骤包括:一是计算出所有调查对象 3 个二级指标的得分。具体计算为:二级指标所涵盖各三级指标的标准值与其权重乘积之和。例如,刑事司法廉洁得分 = 0.333(警察廉洁度)×0.31(权重)+0.667(检察官廉洁度)×0.36(权重)+1(法官廉洁度)×0.33(权重)=0.67。据此,可计算出刑事司法公信力公众评估 3 个二级指标得分。二是计算出一级评估指标刑事司法公信力得分。计算方法为:二级指标权重和二级指标得分乘积之和。例如,某被调查对象刑事司法公信力得分计算为:0.33(刑事司法廉洁指标权重)×0.44(刑事司法廉洁指标得分)+0.45(刑事司法公正指标权重)×0.71(刑事司法公正指标得分)+0.22(警察平等执法指标权重)×1.00(警察平等执法指标得分）=0.68。据此方法，可计算出所有调查对象刑事司法公信力公众评估得分。三是取所有调查对象刑事司法公信力公众评估得分的均值，此即为刑事司法公信力公众评估指数。

为科学划定刑事司法公信力的实质状况，采用与前文相同的分类方法，根据普通公众调查问卷中调查题项标准值的设计梯度，依照评估指标得分从低到高顺序，将刑事司法公信力区分为5个不同级别：（1）低（<0.2），即十分不具有公信力；（2）中低（<0.4），即不具有公信力；（3）中（<0.6），即基本具有公信力；（4）中高（<0.8），即具有公信力；（5）高（≤1），即十分具有公信力。与此相对应，公众对刑事司法的信任和信赖程度亦可区分为5个不同级别：（1）强烈不信任和不信赖；（2）不信任和不信赖；（3）基本信任和信赖；（4）信任和信赖；（5）强烈信任和信赖。兹基于1289个普通公众调查样本数据，就全国和广东、黑龙江、湖南、浙江、四川5省及10个城市刑事司法公信力公众评估指数及3个二级公众评估指数计算结果论述如下。

一、刑事司法公信力公众评估指数

根据上述计算方法，可得到1289个调查对象的刑事司法公信力得分，然后取其平均值，即可得到刑事司法公信力公众评估指数。根据计算，我国刑事司法公信力公众评估指数为0.67。依据前述评级标准，基于公众调查结果，我国刑事司法公信力评级为“中高”。根据描述统计（见表6-2），1289个调查对象中刑事司法公信力评级为“低”和“中低”的样本数之和占样本总体比率为5.6%；评级为“中”的样本数占样本总体比率为22.0%；评级为“中高”的样本数占样本总体比率为56.9%；评级为“高”的样本数占样本总体比率为15.4%。总的来说，中国刑事司法公信力普通公众评级为“中高”“高”的比率之和大幅超过评级为“中”“中低”“低”的比率之和。

表 6－2　刑事司法公信力普通公众评估指数分级统计

分类	定义	含义	频率	百分比	有效百分比	累计百分比
1.00	低（<0.2）	强烈不信任和不信赖	7	0.5	0.5	0.5
2.00	中低（<0.4）	不信任和不信赖	66	5.1	5.1	5.6
3.00	中（<0.6）	基本信任和信赖	283	22.0	22.0	27.6
4.00	中高（<0.8）	信任和信赖	734	56.9	56.9	84.5
5.00	高（≤1）	强烈信任和信赖	199	15.4	15.4	99.9
合计			1289	99.9	99.9	

如图 6－2 所示，所调查 5 省中广东、浙江两省刑事司法公信力公众评估指数最高，均为 0.68，高于全国 1 个百分点；四川刑事司法公信力公众评估指数最低，为 0.62，低于全国 5 个百分点；湖南、黑龙江两省刑事司法公信力公众评估指数分别为 0.66、0.65。其中，广东、浙江两省刑事司法公信力公众评估指数高于全国，黑龙江、湖南、四川 3 省刑事司法公信力公众评估指数低于全国。根据刑事司法公信力评级标准，全国及广东、黑龙江、湖南、浙江、四川 5 省刑事司法公信力公众评估指数均为"中高"。

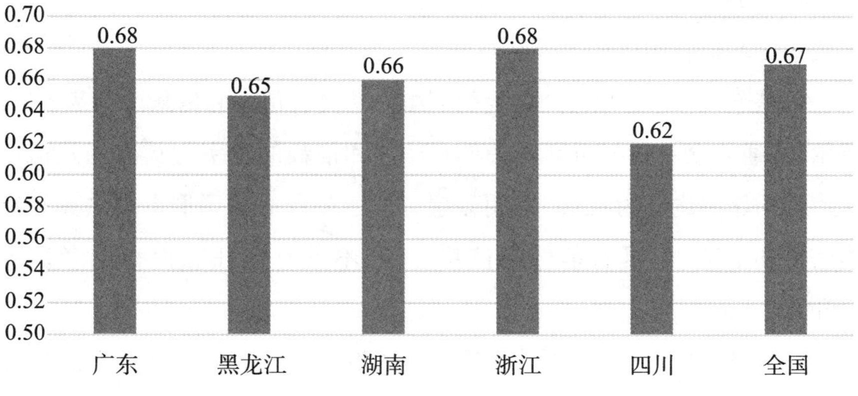

图 6－2　全国和 5 省刑事司法公信力公众评估指数

如图 6－3 所示，10 个城市中宁波、温州两市刑事司法公信力公众评估指数最高,分别为0.73、0.72;绵阳、成都两市刑事司法公信力公众评估指数最低,分别为0.62、0.61。余则按照刑事司法公信力公众评估指数从高到低排序依次为珠海(0.68)、广州(0.66)、长沙(0.66)、永州(0.64)、杭州(0.64)、哈尔滨(0.64)。其中宁波、温州、珠海3个城市刑事司法公信力公众评估指数高于全国,广州、长沙、永州、杭州、哈尔滨、绵阳、成都7个城市刑事司法公信力公众评估指数低于全国。

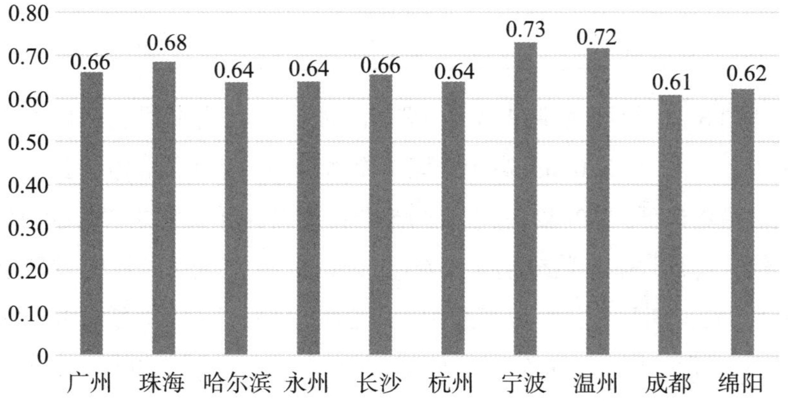

图6-3 10个城市刑事司法公信力公众评估指数

根据刑事司法公信力公众评估指数计算结果,我国普通公众对刑事司法信任和信赖程度的主要特点有:

一是绝大多数普通公众对我国刑事司法具有信任和信赖。如表6-2所示,普通公众对我国刑事司法具有信任和信赖的比率与具有强烈信任和信赖的比率之和为72.3%,明显超过普通公众对我国刑事司法具有基本信任和信赖、不具有信任和信赖、强烈不具有信任和信赖三者比率之和。

二是极少数普通公众对我国刑事司法不具有信任和信赖。如表6-2所示,普通公众对我国刑事司法具有强烈不信任和不信赖、不信任和不信赖的比率之和仅为5.6%,明显低于普通公众对我国刑事司法具有信任和信赖、强烈具有信任和信赖的比率之和。

二、刑事司法廉洁公众评估指数

根据前述计算,可得到1289个普通公众调查对象刑事司法廉洁公众评估指标得分,然后取其平均值,即可得到刑事司法廉洁公众评估指数。根据计算,全国刑事司法廉洁公众评估指数为0.64。根据前述刑事司法公信力评级标准,我国刑事司法廉洁评级为"中高"。根据描述统计(见表6-3),1289个调查对象刑事司法廉洁评级为"低"和"中低"的样本数占样本总体的比率为8.8%;评级为"中"的样本数占样本总体的比率为9.0%,评级为"中高"的样本数占样本总体的比率为75.8%;评级为"高"的样本数占样本总体的比率为6.4%。总的来说,我国刑事司法廉洁公众评级为"中高""高"的比率之和明显大幅超过公众评级为"中"、"中低"和"低"的比率之和。

表6-3　刑事司法廉洁普通公众评估指数分级统计

分类	定义	含义	频率	百分比	有效百分比	累计百分比
1.00	低(<0.2)	强烈不信任和不信赖	9	0.7	0.7	0.7
2.00	中低(<0.4)	不信任和不信赖	104	8.1	8.1	8.8
3.00	中(<0.6)	基本信任和信赖	116	9.0	9.0	17.8
4.00	中高(<0.8)	信任和信赖	977	75.8	75.8	93.6
5.00	高(≤1)	强烈信任和信赖	83	6.4	6.4	100.0
合计			1289	100.0	100.0	

如图6-4所示,所调查5省中浙江刑事司法廉洁公众评估指数最高,为0.65,高于全国1个百分点;四川最低,为0.60,低于全国4个百分点;余则依据刑事司法廉洁指数从高到低排序依次为广东(0.64)、湖南(0.64)、黑龙江(0.61)。其中广东、湖南、浙江3省刑事司法廉洁公众评估指数高于或者等于全国,黑龙江、四川两省低于全国。根据前述评级标准,全国和5省刑事司法廉洁评级均为"中高"。

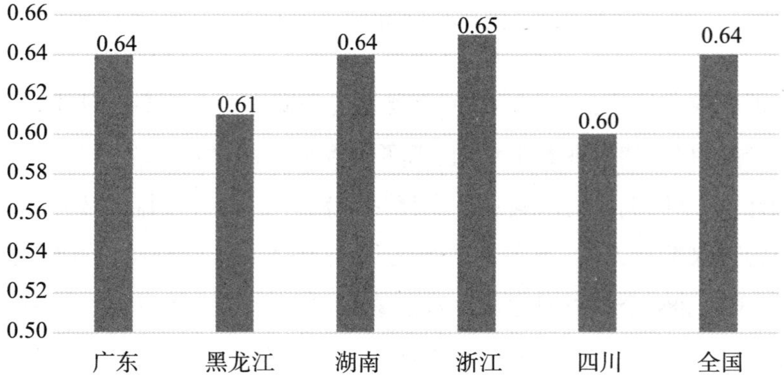

图 6 –4　全国和 5 省刑事司法廉洁公众评估指数

如图 6 –5 所示,所调查 10 个城市中温州、宁波两市刑事司法廉洁公众评估指数最高,分别为 0.70、0.69;成都、长沙两市刑事司法廉洁公众评估指数最低,分别为 0.59、0.58;余则依据刑事司法廉洁公众评估指数从高到低排序依次为永州(0.66)、珠海(0.65)、广州(0.63)、杭州(0.63)、绵阳(0.62)、哈尔滨(0.60)。其中温州、宁波、永州、珠海 4 个城市刑事司法廉洁公众评估指数高于全国,广州、杭州、绵阳、哈尔滨、成都、长沙 6 个城市刑事司法廉洁公众评估指数低于全国。

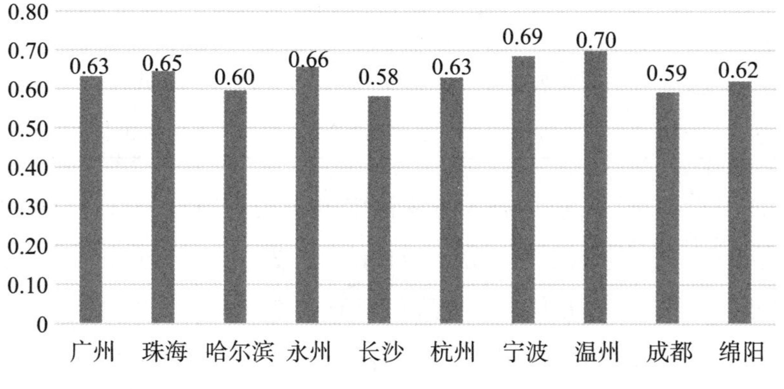

图 6 –5　10 个城市刑事司法廉洁公众评估指数

根据刑事司法廉洁公众评估指数计算结果,普通公众对我国刑事司法廉洁信任和信赖程度的主要特点有：

一是绝大多数普通公众对我国刑事司法廉洁具有信任和信赖。根据表6－3，普通公众对我国刑事司法廉洁具有强烈信任和信赖与具有信任和信赖的比率之和为82.2%，明显超过普通公众对我国刑事司法廉洁具有基本信任和信赖、不具有信任和信赖、强烈不具有信任和信赖三者比率之和。

二是极少数普通公众对我国刑事司法廉洁不具有信任和信赖。根据表6－3，普通公众对我国刑事司法廉洁强烈不具有信任和信赖、不具有信任和信赖的比率之和仅为8.8%。

三、刑事司法公正公众评估指数

根据前述相同方法，可计算出1289个普通公众调查对象的刑事司法公正指标得分；然后取其平均值，即可得到评估对象刑事司法公正公众评估指数。根据计算结果，我国刑事司法公正公众评估指数为0.59。根据刑事司法公信力评级标准，我国刑事司法公正评级为“中”。根据描述统计（见表6－4），我国刑事司法公正评级为“低”“中低”的样本数占样本总体比率分别为4.0%、15.6%；评级为“中”的样本数占样本总体比率为28.5%；评级为“中高”“高”的样本数占样本总体比率分别为37.9%、14.0%。据此，我国刑事司法公正评级为“中高”“高”的比率之和高于评级为“中低”“低”的比率之和。

表6－4　刑事司法公正普通公众评估指数分级统计

分类	定义	含义	频率	百分比	有效百分比	累计百分比
1.00	低（<0.2）	强烈不信任和不信赖	51	4.0	4.0	4.0
2.00	中低（<0.4）	不信任和不信赖	201	15.6	15.6	19.6
3.00	中（<0.6）	基本信任和信赖	368	28.5	28.5	48.1
4.00	中高（<0.8）	信任和信赖	488	37.9	37.9	86.0
5.00	高（≤1）	强烈信任和信赖	181	14.0	14.0	100.0
总计			1289	100.0	100.0	

如图 6－6 所示，5 省中广东、浙江等 2 省刑事司法公正公众评估指数最高，均为 0.61，超过全国 2 个百分点；四川刑事司法公正公众评估指数最低，为 0.54，低于全国 5 个百分点；余则按照刑事司法公正公众评估指数从高到低排序依次为湖南（0.59）、黑龙江（0.58）。其中广东、湖南、浙江等 3 省刑事司法公正公众评估指数高于或等于全国，黑龙江、四川等 2 省刑事司法公正公众评估指数低于全国。根据前述刑事司法公信力评级标准，广东、浙江等 2 省刑事司法公正评级为“中高”，全国及黑龙江、湖南、四川等 3 省刑事司法公正评级均为“中”。

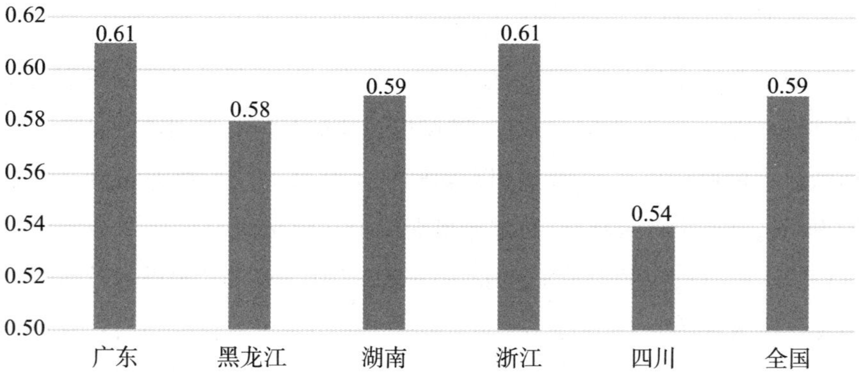

图 6－6　全国和 5 省刑事司法公正公众评估指数

如图 6－7 所示，10 个城市中，宁波、珠海两城市刑事司法公正公众评估指数最高，分别为 0.68、0.64；绵阳、成都两城市刑事司法公正公众评估指数最低，分别为 0.53、0.51；余则依据刑事司法公正公众评估指数从高到低排序依次为温州（0.63）、长沙（0.61）、广州（0.57）、哈尔滨（0.56）、杭州（0.54）、永州（0.54）。其中宁波、珠海、温州、长沙 4 个城市刑事司法公正公众评估指数高于全国，广州、哈尔滨、杭州、永州、绵阳、成都 6 个城市刑事司法公正公众评估指数低于全国。根据前述刑事司法公信力评级划分标准，宁波、珠海、温州、长沙 4 个城市刑事司法公正评级为“中高”，广州、哈尔滨、杭州、永州、绵阳、成都 6 个城市刑事司法公正评级为“中”。

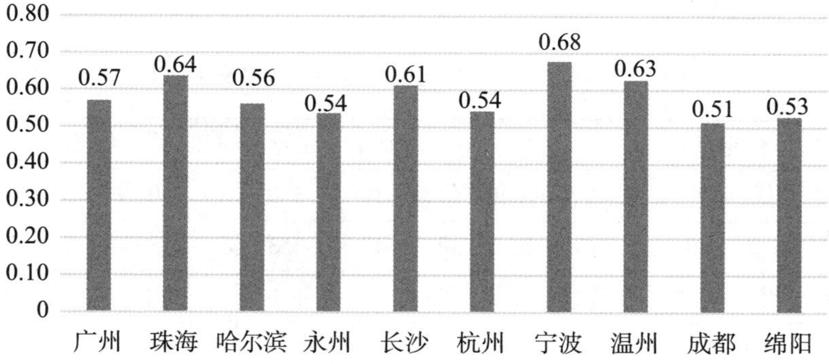

图 6－7　10 个城市刑事司法公正公众评估指数

根据刑事司法公正公众评估指数计算结果,我国普通公众对刑事司法公正信任和信赖程度的主要特点有:

一是我国多数普通公众对刑事司法公正具有信任和信赖。如表 6－4 所示,普通公众对我国刑事司法公正具有信任和信赖与具有强烈信任和信赖的比率之和为 51.9%,略高于普通公众对我国刑事司法公正具有基本信任和信赖、不具有信任和信赖、强烈不具有信任和信赖的比率之和(48.1%)。

二是我国普通公众对刑事司法公正不具有信任和信赖的比率较高。如表 6－4 所示,普通公众对我国刑事司法不具有信任和信赖、强烈不具有信任和信赖的比率之和达 19.6%。

四、警察平等执法公众评估指数

根据相同算法,可得出全国警察平等执法公众评估指数为 0.86。根据刑事司法公信力评级划分标准,我国警察平等执法程度评级为“高”。根据描述统计(见表 6－5),警察平等执法评级为“低”“中低”的样本数量之和占样本总体比率为 6.3%;评级为“中”的样本数量占样本总体比率为 5.0%;评级为“中高”“高”的样本数量占样本总体比率分别为

10.1%、78.6%。据此,警察平等执法评级为“中高”“高”的比率之和明显大于评级为“中”“中低”“低”的比率之和。

表6-5 警察平等执法普通公众评估指数分级统计

分类	定义	含义	频率	百分比	有效百分比	累计百分比
1.00	低(<0.2)	强烈不信任和不信赖	39	3.0	3.0	3.0
2.00	中低(<0.4)	不信任和不信赖	43	3.3	3.3	6.3
3.00	中(<0.6)	基本信任和信赖	64	5.0	5.0	11.3
4.00	中高(<0.8)	信任和信赖	130	10.1	10.1	21.4
5.00	高(≤1)	强烈信任和信赖	1013	78.6	78.6	100.0
合计			1289	100.0	100.0	

如图6-8所示,5省中广东警察平等执法公众评估指数最高,为0.89;四川警察平等执法公众评估指数最低,为0.83;余则依据警察平等执法公众评估指数从高到低排序依次为黑龙江(0.85)、湖南(0.85)、四川(0.83)。其中广东、浙江2省警察平等执法公众评估指数高于或者等于全国,湖南、黑龙江、四川3省警察平等执法公众评估指数低于全国。根据刑事司法公信力评级标准,全国和5省警察平等执法评级均为“高”。

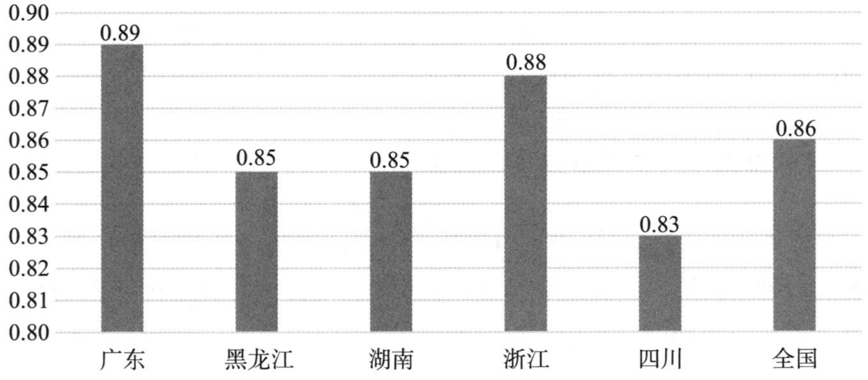

图6-8 全国和5省警察平等执法公众评估指数

如图6－9所示，10个城市中温州、宁波两市警察平等执法公众评估指数最高，分别为0.93、0.91；永州、绵阳两市警察平等执法公众评估指数最低，均为0.82；余则依据警察平等执法公众评估指数从高到低排序依次为广州（0.89）、长沙（0.86）、哈尔滨（0.86）、杭州（0.85）、珠海（0.84）、成都（0.83）。其中温州、宁波、广州、长沙、哈尔滨5个城市警察平等执法公众评估指数高于或者等于全国，杭州、珠海、成都、永州、绵阳5个城市低于全国。依据前述刑事司法公信力评级划分标准，10个城市警察平等执法评级均为“高”。

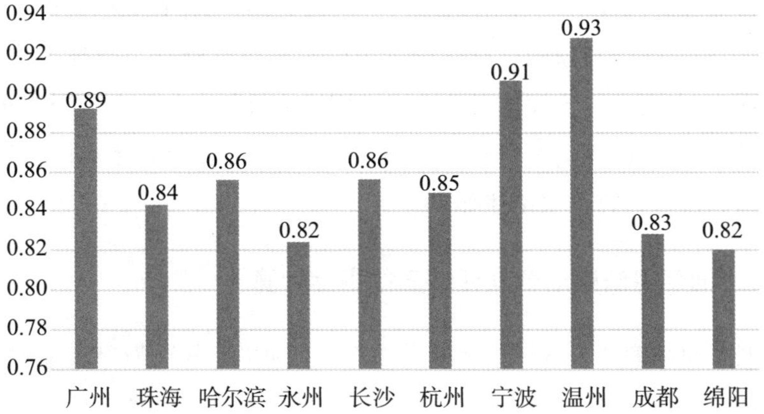

图6－9　10个城市警察平等执法公众评估指数

根据警察平等执法公众评估指数计算结果，我国普通公众对警察平等执法信任和信赖程度的主要特点有：

一是绝大多数普通公众对我国警察平等执法具有强烈信任和信赖。根据表6－5，我国普通公众对警察平等执法具有强烈信任和信赖的比率高达78.6%，明显超过公众对警察平等执法具有基本信任和信赖、不具有信任和信赖、强烈不具有信任和信赖三者比率之和（11.3%）。

二是极少数普通公众对我国警察平等执法不具有信任和信赖度。根据表6－5，我国普通公众对警察平等执法不具有信任和信赖、强烈不具有信任和信赖的比率之和为6.3%。

第三节 刑事司法公信力公众评估三级指标计算

根据刑事司法公信力公众评估指数二阶单因素模型测量结果，刑事司法公信力公众评估共涵盖 17 个三级指标，分别归属于 3 个相应二级指标。根据 17 个三级指标各题项不同特征，采用 4 级李克特量表对其进行无量纲化处理，取值范围在 0—1。按照刑事司法公信力评估指标标准值由低到高顺序，各题项梯度的计量标准设定为：0、0. 333、0. 667、1。刑事司法公信力公众评估三级指标计算方法为：首先，根据各题项梯度计量标准，计算所有调查对象的标准化得分；其次，取所有调查对象标准化得分的平均值，即可计算出评估对象三级指标标准得分。兹就全国与广东、黑龙江、湖南、浙江、四川 5 省及 10 个城市刑事司法公信力公众评估 17 项三级指标得分计算结果论述如下。

一、刑事司法廉洁公众评估三级指标计算

刑事司法廉洁公众评估共涵盖 3 个三级指标，分别为警察腐败的广度、检察官腐败的广度、法官腐败的广度。依据被调查对象各题项标准化得分，然后取评估对象所有被调查对象标准化得分的均值，即可得到评估对象三级指标得分。依据前述方法，即可计算出全国与广东、黑龙江、湖南、浙江、四川 5 省及 10 个城市警察腐败的广度、检察官腐败的广度和法官腐败的广度等 3 项三级指标得分。

（一）全国和 5 省刑事司法廉洁公众评估 3 个三级指标计算

表 6－6 全国和 5 省刑事司法廉洁公众评估 3 个三级指标计算

三级指标	评估范围	所有人/%	大部分人/%	有些人/%	没有一人/%	廉洁度得分	廉洁度排名
y1 警察腐败的广度	广东	2. 3	10. 1	80. 0	7. 6	0. 62	3
	黑龙江	2. 1	15. 6	78. 1	4. 2	0. 59	4

续表

三级指标	评估范围	所有人/%	大部分人/%	有些人/%	没有一人/%	廉洁度得分	廉洁度排名
y1 警察腐败的广度	湖南	3.1	17.9	78.6	0.4	0.63	2
	浙江	0.3	13.3	81.0	5.3	0.64	1
	四川	2.5	20.6	73.1	3.8	0.59	4
	全国	1.4	15.6	78.4	4.7	0.62	
y2 检察官腐败的广度	广东	0	6.7	82.7	10.6	0.67	1
	黑龙江	2.1	14.3	80.2	3.4	0.63	4
	湖南	0	10.7	82.1	7.2	0.66	2
	浙江	0	9.7	83.6	6.7	0.66	2
	四川	1.9	11.9	83.1	3.1	0.63	4
	全国	0.9	10.6	82.7	5.8	0.65	
y3 法官腐败的广度	广东	1.3	10.7	82.1	5.9	0.64	3
	黑龙江	0.8	10.2	77.8	11.2	0.63	4
	湖南	1.5	10.7	82.1	5.7	0.66	1
	浙江	0.2	9.6	81.9	8.3	0.66	1
	四川	3.1	18.8	76.9	1.3	0.59	5
	全国	1.1	12.1	79.9	6.8	0.64	

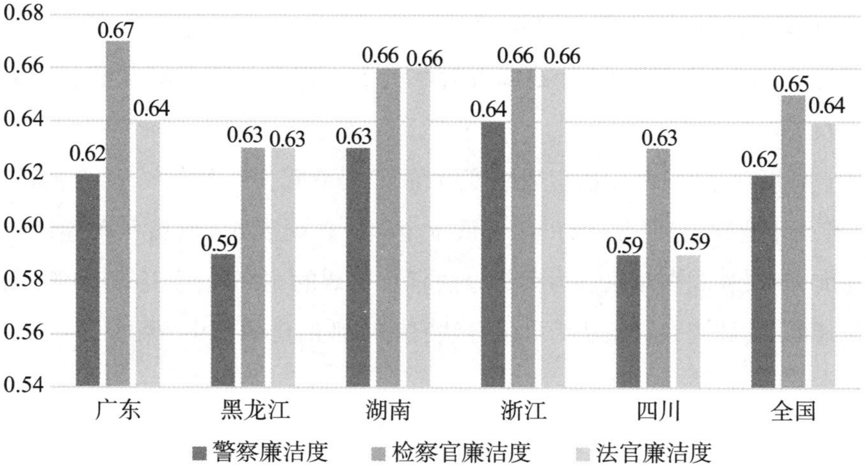

图 6－10　全国和 5 省刑事司法廉洁公众评估三级指标得分

根据全国和5省刑事司法廉洁3个三级指标计算结果(见表6-6、图6-10),我国普通公众对于警察廉洁、检察官廉洁和法官廉洁的信任和信赖程度调查结果如下:

1. 普通公众对警察廉洁的信任和信赖度最低,对检察官廉洁的信任和信赖度最高,对法官廉洁的信任和信赖度居中。根据表6-6,全国和5省警察廉洁度均最低;全国和5省检察官廉洁度均高于或者等于法官廉洁度。

2. 浙江警察廉洁度最高,黑龙江、四川两省警察廉洁度最低,湖南、广东两省警察廉洁度居于中间。其中广东、湖南、浙江3省警察廉洁度高于或者等于全国,黑龙江、四川两省低于全国。根据表6-6,如果将被调查对象认为"所有人有腐败"和"大部分人有腐败"2个梯度合并为1个梯度,四川被调查对象认为大部分警察有腐败的比率最高,达23.1%;黑龙江高居第二,其被调查对象认为大部分警察有腐败的比率达17.7%;广东被调查对象认为大部分警察有腐败的比率最低,为12.4%。

3. 广东检察官廉洁度最高,黑龙江、四川两省最低。其中广东、湖南、浙江3省高于全国,黑龙江、四川两省低于全国。根据表6-6,按照前述相同统计标准,黑龙江被调查对象认为大部分检察官有腐败的比率最高,达16.4%;四川高居第二,其被调查对象认为大部分检察官有腐败的比率为13.8%;广东最低,其被调查对象认为大部分检察官有腐败的比率为6.7%。

4. 浙江、湖南两省法官廉洁度最高,四川最低。其中广东、湖南、浙江3省高于全国,黑龙江、四川两省低于全国。根据表6-6,按照前述统计标准,四川被调查对象认为大部分法官有腐败的比率最高,达21.9%;浙江最低,其被调查对象认为大部分法官有腐败的比率为9.8%。

(二)10个城市刑事司法廉洁公众评估3个三级指标计算

表6-7　10个城市刑事司法廉洁公众评估3个三级指标计算

城市	警察廉洁度	排名	检察官廉洁度	排名	法官廉洁度	排名
广州	0.61	6	0.65	4	0.65	5
珠海	0.64	4	0.69	2	0.62	6
哈尔滨	0.57	9	0.63	6	0.60	9
永州	0.73	1	0.60	9	0.67	3
长沙	0.55	10	0.61	8	0.61	8
杭州	0.62	5	0.63	6	0.66	4
宁波	0.68	3	0.69	2	0.71	1
温州	0.71	2	0.71	1	0.71	1
成都	0.61	6	0.60	9	0.59	10
绵阳	0.59	8	0.65	4	0.62	6

根据计算结果(见表6-7),通过描述统计,我国普通公众对警察廉洁、检察官廉洁和法官廉洁的信任和信赖程度主要特点有:

1. 根据普通公众对警察廉洁的信任和信赖程度计算结果,10个城市中永州、温州两市警察廉洁度最高,分别为0.73、0.71;哈尔滨、长沙两市警察廉洁度最低,分别为0.57、0.55;余则依据警察廉洁度从高到低排序依次为宁波(0.68)、珠海(0.64)、杭州(0.62)、广州(0.61)、成都(0.61)、绵阳(0.59)。

2. 根据普通公众对检察官廉洁的信任和信赖程度计算结果,10个城市中温州检察官廉洁度最高,为0.71;永州、成都等2个城市检察官廉洁度最低,均为0.60;余则依据检察官廉洁度从高到低排序依次为珠海(0.69)、宁波(0.69)、广州(0.65)、绵阳(0.65)、哈尔滨(0.63)、杭州(0.63)、长沙(0.61)。

3. 根据普通公众对法官廉洁的信任和信赖程度计算结果,10个城市中宁波、温州两市法官廉洁度最高,均为0.71;哈尔滨、成都两市法官廉洁度最低，分别为0.60、0.59；余则依据法官廉洁度从高到低排序依次为永州（0.67）、杭州（0.66）、广州（0.65）、绵阳（0.62）、珠海（0.62）、长沙（0.61）。

二、刑事司法公正公众评估三级指标计算

刑事司法公正公众评估共包括8个三级指标，涵盖侦查、起诉、审判3个维度，分别测量法院公正司法、公安机关公正执法、检察机关公正适法、被告人权利保障、嫌疑人权利保障、法官依法独立办案、侦查人员独立办案和检察官独立办案8个方面。依据刑事司法公正公众评估各题项标准化得分，采用前述相同方法，即可计算出全国与5省及10个城市刑事司法公正公众评估8项三级指标得分。

（一）全国和5省刑事司法公正公众评估8个三级指标计算

表6-8　全国和5省刑事司法公正公众评估三级指标计算

三级指标	省份	从不/%	有时候/%	常常/%	总是/%	公正度得分	公正度排名
y4 法院公正司法	广东	3.60	28.50	32.10	35.80	0.67	2
	黑龙江	3.50	30.60	39.30	26.60	0.63	4
	湖南	1.80	35.70	30.60	31.90	0.65	3
	浙江	1.70	27.80	34.20	36.30	0.68	1
	四川	0.60	33.10	45.00	21.30	0.63	4
	全国	2.20	31.20	34.20	32.40	0.66	
y5 公安机关公正执法	广东	6.70	32.30	39.60	21.40	0.60	1
	黑龙江	4.60	40.60	40.20	14.60	0.56	4
	湖南	3.80	32.10	38.20	25.90	0.57	3
	浙江	2.20	36.90	39.80	21.20	0.60	1
	四川	4.40	49.40	33.10	13.10	0.52	5
	全国	3.20	38.90	39.30	19.10	0.58	

续表

三级指标	省份	从不/%	有时候/%	常常/%	总是/%	公正度得分	公正度排名
y6 检察机关公正适法	广东	5.60	13.30	50.20	30.90	0.62	1
	黑龙江	9.30	28.20	44.20	18.30	0.59	4
	湖南	6.80	29.40	57.10	6.70	0.60	3
	浙江	6.10	21.30	55.80	16.70	0.61	2
	四川	10.00	32.50	48.70	8.80	0.58	5
	全国	6.50	23.90	53.00	16.50	0.60	
y7 被告人权利保障	广东	6.60	38.50	36.40	18.50	0.58	2
	黑龙江	7.80	38.90	32.40	20.90	0.56	4
	湖南	7.80	34.10	38.10	20.00	0.57	3
	浙江	4.60	36.50	33.80	25.10	0.60	1
	四川	8.10	48.10	30.10	13.80	0.50	5
	全国	5.70	38.40	32.60	23.40	0.58	
y8 嫌疑人权利保障	广东	6.70	26.70	52.40	14.20	0.56	2
	黑龙江	22.20	23.20	48.10	6.50	0.52	5
	湖南	7.10	26.20	50.20	16.50	0.55	3
	浙江	9.20	23.40	54.10	13.30	0.57	1
	四川	9.40	29.40	55.10	6.30	0.53	4
	全国	10.20	25.80	51.60	12.40	0.55	
y23 法官依法独立办案	广东	3.10	23.30	50.20	23.40	0.62	1
	黑龙江	6.40	29.50	51.50	12.60	0.59	4
	湖南	4.30	24.30	54.80	16.60	0.60	3
	浙江	4.40	25.10	53.90	16.60	0.61	2
	四川	10.60	34.40	47.50	7.50	0.51	5
	全国	5.50	26.70	52.60	15.20	0.59	

续表

三级指标	省份	从不/%	有时候/%	常常/%	总是/%	公正度得分	公正度排名
y24 侦查人员独立办案	广东	6.20	29.20	49.80	14.80	0.58	2
	黑龙江	6.70	31.10	49.60	12.60	0.56	4
	湖南	7.20	28.20	50.40	14.20	0.57	3
	浙江	5.80	27.10	51.80	15.00	0.59	1
	四川	5.60	32.50	53.80	8.10	0.55	5
	全国	6.10	29.20	50.50	14.20	0.58	
y25 检察官独立办案	广东	6.70	28.30	52.20	12.80	0.58	2
	黑龙江	4.60	28.10	53.70	13.60	0.57	3
	湖南	7.10	27.10	52.10	13.70	0.57	3
	浙江	5.30	26.60	53.40	14.70	0.59	1
	四川	8.80	28.10	55.60	7.50	0.54	5
	全国	6.40	27.40	52.80	13.40	0.58	

根据全国和5省刑事司法公正公众评估8个三级指标计算结果(见表6-8),我国普通公众对法院公正司法、公安机关公正执法、检察机关公正适法、被告人权利保障、嫌疑人权利保障、法官依法独立办案、侦查人员独立办案、检察官独立办案8个方面的信任和信赖程度主要特征有:

1. 我国普通公众对法院公正司法的信任和信赖程度最高,对嫌疑人权利保障的信任和信赖程度最低。如图6-11所示,全国和5省法院公正司法程度均最高;5省中除四川外,其余4省及全国嫌疑人权利保障程度最低。

2. 我国普通公众对法官依法独立办案的信任和信赖程度较高,对检察人员、侦查人员依法独立办案的信任和信赖程度较低。如图6-11所示,除四川外,其余4省及全国法官依法独立办案程度均高于检察人员、侦查人员依法独立办案程度。

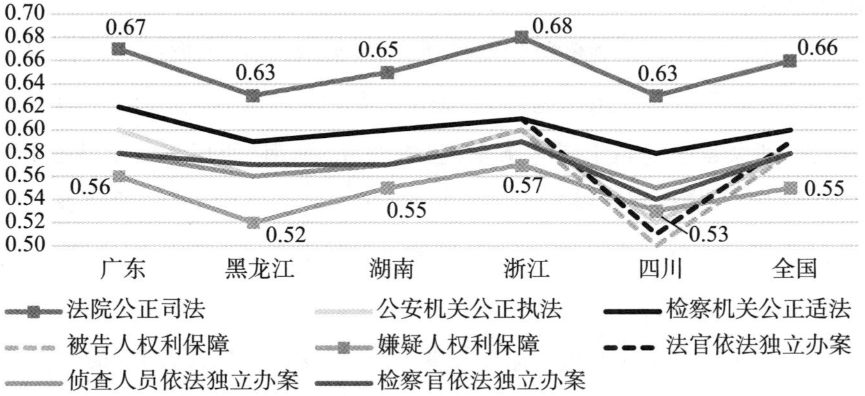

图 6－11　全国和 5 省刑事司法公正 8 项三级指标得分

3. 浙江法院公正司法程度最高,黑龙江、四川两省最低,广东、湖南居于中间。其中广东、浙江两省法院公正司法程度高于全国,黑龙江、湖南、四川 3 省低于全国。如果将“常常”和“总是”两个频度合并为一个频度,那么在对“法院保障每一个案件都能得到公正审理”频度的调查中,浙江被调查对象认为法院常常(包括总是)能保障每一个案件得到公正审理的比率最高(70. 5%),湖南最低(62. 5%)。

4. 广东、浙江两省公安机关公正执法程度最高,四川最低,湖南、黑龙江两省居于中间。其中广东、浙江两省公安机关公正执法程度高于全国,黑龙江、湖南、四川 3 省低于全国。在对“公安机关保障每一个案件都能得到公正处理”频度的调查中,湖南被调查对象认为公安机关常常(包括总是)能保障每一个案件得到公正处理的比率最高(64. 1%),四川最低(46. 2%)。

5. 广东检察机关公正适法程度最高,四川最低,余则依据检察机关公正适法程度从高到低排序依次为浙江、湖南、黑龙江。其中广东、湖南、浙江 3 省检察机关公正适法程度高于或等于全国,黑龙江、四川两省低于全国。在对“检察机关保障每一个案件都能得到公正处理”频度的调查中,广东被调查对象认为检察机关常常(包括总是)能保障每一个案件得到公正处理的比率最高(81.1%),四川最低(57.5%)。

6. 浙江被告人权利保障程度最高,四川最低,余则依据被告人权利保障程度从高到低排序依次为广东、湖南、黑龙江。其中广东、浙江两省被告人权利保障程度高于或等于全国,黑龙江、湖南、四川3省低于全国。在对“被告人的权利会得到法官的尊重”频度的调查中,浙江被调查对象认为被告人的权利常常(包括总是)会得到法官尊重的比率最高(58.9%),四川最低(43.9%)。

7. 浙江犯罪嫌疑人权利保障程度最高,黑龙江最低,余则依据犯罪嫌疑人权利保障程度从高到低排序依次为广东、湖南、四川。其中广东、湖南、浙江等3省犯罪嫌疑人权利保障程度高于或等于全国,黑龙江、四川等2省低于全国。在对“犯罪嫌疑人的权利会得到公安民警的尊重”的频度调查中,浙江被调查对象认为犯罪嫌疑人权利常常(包括总是)得到公安民警尊重的比率最高(67.4%),黑龙江最低(54.6%)。

8. 广东法官依法独立办案程度最高,四川最低,余则依据法官依法独立办案程度从高到低排序依次为浙江、湖南、黑龙江。其中广东、黑龙江、湖南、浙江4省法官依法独立办案程度高于或者等于全国,四川低于全国。在对“负责刑事案件审理的法官依法独立进行审判,而不受非法干预”频度的调查中,广东法官常常(包括总是)以独立方式进行审判工作,而不受来自政府领导的任何影响的比率最高(73.6%),四川最低(55%)。

9. 浙江侦查人员依法独立办案程度最高,四川最低,余则依据侦查人员依法独立办案程度从高到低排序依次为广东、湖南、黑龙江。其中广东、浙江高于或等于全国,黑龙江、湖南、四川低于全国。在对“负责侦查犯罪的侦查人员依法独立展开对犯罪的调查工作,而不受非法干预”频度的调查中,浙江被调查对象认为侦查人员常常(包括总是)不受政府领导的任何影响的比率最高(66.8%),四川最低(61.9%)。

10. 浙江检察官依法独立办案程度最高,四川最低,余则依据检察官依法独立办案程度从高到低排序依次为广东、黑龙江、湖南。其中广东、浙江高于或者等于全国，黑龙江、湖南、四川低于全国。在对“负责审查起诉的检察官依法独立展开审查起诉工作，而不受非法干预”频度的调查中，浙江被调查对象认为检察官常常（包括总是）依法独立展开审查起诉工作，而不受非法干预的比率最高（68.1%），四川最低（63.1%）。

（二）10个城市刑事司法公正公众评估8个三级指标计算

表6-9　10个城市刑事司法公正公众评估8个三级指标计算

城市	法院公正司法	排名	公安机关公正执法	排名	检察机关公正适法	排名	被告人权利保障	排名
广州	0.54	10	0.63	4	0.65	3	0.68	2
珠海	0.64	5	0.69	2	0.72	1	0.54	5
哈尔滨	0.60	7	0.53	7	0.57	7	0.53	6
永州	0.60	7	0.53	7	0.60	5	0.53	6
长沙	0.70	3	0.55	5	0.67	2	0.55	4
杭州	0.60	7	0.55	5	0.54	8	0.49	8
宁波	0.72	1	0.71	1	0.64	4	0.72	1
温州	0.71	2	0.67	3	0.60	5	0.65	3
成都	0.62	6	0.48	10	0.49	9	0.48	9
绵阳	0.67	4	0.52	9	0.49	9	0.46	10

城市	嫌疑人权利保障	排名	法官依法独立办案	排名	侦查人员依法独立办案	排名	检察官依法独立办案	排名
广州	0.42	10	0.58	6	0.54	5	0.47	9
珠海	0.59	2	0.60	3	0.56	4	0.69	1
哈尔滨	0.47	9	0.59	4	0.53	6	0.60	3
永州	0.53	5	0.47	9	0.53	6	0.47	9
长沙	0.58	3	0.64	2	0.64	1	0.55	5

续表

城市	嫌疑人权利保障	排名	法官依法独立办案	排名	侦查人员依法独立办案	排名	检察官依法独立办案	排名
杭州	0.52	6	0.55	7	0.51	10	0.55	5
宁波	0.64	1	0.67	1	0.63	2	0.66	2
温州	0.58	3	0.59	4	0.60	3	0.59	4
成都	0.51	8	0.44	10	0.52	8	0.54	7
绵阳	0.52	6	0.49	8	0.52	8	0.53	8

根据计算结果(见表6－9),所调查10个城市普通公众对法院公正司法、公安机关公正执法、检察机关公正适法、被告人权利保障、嫌疑人权利保障、法官依法独立办案、侦查人员依法独立办案、检察官依法独立办案等8个方面的信任和信赖程度主要特征有:

1. 根据法院公正司法公众评估指标得分,10个城市中宁波、温州法院公正司法程度最高,分别为0.72、0.71;广州法院公正司法程度最低,为0.54;余则依据法院公正司法得分从高到低排序依次为长沙(0.70)、绵阳(0.67)、珠海(0.64)、成都(0.62)、哈尔滨(0.60)、永州(0.60)、杭州(0.60)。

2. 根据公安机关公正执法公众评估指标得分,10个城市中宁波、珠海等2个城市公安机关公正执法程度最高,分别为0.71、0.69;绵阳、成都等2个城市公安机关公正执法程度最低,分别为0.52、0.48;余则依据公安机关公正执法得分从高到低排序依次为温州(0.67)、广州(0.63)、杭州(0.55)、长沙(0.55)、哈尔滨(0.53)、永州(0.53)。

3. 根据检察机关公正适法公众评估指标得分,10个城市中珠海、长沙检察机关公正适法程度最高,分别为0.72、0.67;成都、绵阳检察机关公正适法程度最低,均为0.49;余则依据检察机关公正适法得分从高到低排序依次为广州(0.65)、宁波(0.64)、温州(0.60)、永州(0.60)、哈尔滨(0. 57)、杭州(0. 54)。

4. 根据被告人权利保障公众评估指标得分,10 个城市中宁波、广州被告人权利保障程度最高,分别为 0. 72、0. 68;成都、绵阳被告人权利保障程度最低,分别为 0. 48、0. 46;余则依据被告人权利保障程度从高到低排序依次为温州(0. 65)、长沙(0. 55)、珠海(0. 54)、哈尔滨(0. 53)、永州(0. 53)、杭州(0. 49)。

5. 根据嫌疑人权利保障公众评估指标得分,10 个城市中宁波、珠海嫌疑人权利保障程度最高,分别为 0. 64、0. 59;哈尔滨、广州嫌疑人权利保障程度最低,分别为 0. 47、0. 42;余则依据嫌疑人权利保障从高到低排序依次为温州(0. 58)、长沙(0. 58)、永州(0. 53)、杭州(0. 52)、绵阳(0. 52)、成都(0. 51)。

6. 根据法官依法独立办案公众评估指标得分,10 个城市中宁波、长沙两市法官依法独立办案程度最高,分别为 0. 67、0. 64;永州、成都两市法官依法独立办案程度最低,分别为 0. 47、0. 44;余则依据法官依法独立办案得分从高到低排序依次为珠海(0. 60)、哈尔滨(0. 59)、温州(0. 59)、广州(0. 58)、杭州(0. 55)、绵阳(0. 49)。

7. 根据侦查人员依法独立办案公众评估指标得分,10 个城市中长沙、宁波两市侦查人员独立办案程度最高,分别为 0. 64、0. 63;杭州侦查人员依法独立办案程度最低,为 0. 51;余则依据侦查人员依法独立办案得分从高到低排序依次为温州(0. 60)、珠海(0. 56)、广州(0. 54)、哈尔滨(0. 53)、永州(0. 53)、绵阳(0. 52)、成都(0. 52)。

8. 根据检察官依法独立办案公众评估指标得分,10 个城市中珠海、宁波两市检察官依法独立办案程度最高,分别为 0. 69、0. 66;广州、永州两市检察官依法独立办案程度最低,均为 0. 47;余则依据检察官依法独立办案得分从高到低排序依次为哈尔滨(0. 60)、温州(0. 59)、杭州(0. 55)、长沙(0. 55)、成都(0. 54)、绵阳(0. 53)。

三、警察平等执法公众评估三级指标计算

警察平等执法公众评估共涵盖6个三级指标,包括平等对待贫穷的嫌疑人、妇女嫌疑人、少数民族嫌疑人、有宗教信仰的嫌疑人、外国籍嫌疑人、同性恋嫌疑人等6个方面。依据评估指标各题项标准化得分,采用前述相同方法,即可计算出全国与5省及10个城市警察平等执法6个三级指标得分。

(一)全国和5省警察平等执法公众评估6个三级指标计算

表6-10 警察平等执法公众评估6个三级指标计算

三级指标	省份	不是的/%	是的/%	平等执法度得分	平等执法度排名
y13 平等对待贫穷的嫌疑人	广东	46.7	53.3	0.53	4
	黑龙江	44.4	55.6	0.56	2
	湖南	46.4	53.6	0.54	3
	浙江	43.1	56.9	0.57	1
	四川	50.3	49.7	0.50	5
	全国	45.3	54.7	0.55	
y14 平等对待妇女嫌疑人	广东	6.7	93.3	0.93	1
	黑龙江	11.1	88.9	0.89	4
	湖南	7.1	92.9	0.93	1
	浙江	6.9	93.1	0.93	1
	四川	10.9	89.1	0.89	4
	全国	8.5	91.5	0.91	
y15 平等对待少数民族嫌疑人	广东	13.3	86.7	0.87	3
	黑龙江	20.0	80.0	0.80	5
	湖南	10.7	89.3	0.89	1
	浙江	11.8	88.2	0.88	2
	四川	16.3	83.8	0.84	4
	全国	13.8	86.2	0.86	

续表

三级指标	省份	不是的/%	是的/%	平等执法度得分	平等执法度排名
y16 平等对待有宗教信仰的嫌疑人	广东	2.3	97.7	0.98	1
	黑龙江	11.1	88.9	0.89	4
	湖南	14.3	85.7	0.86	5
	浙江	6.9	93.1	0.93	2
	四川	8.1	91.9	0.92	3
	全国	7.8	92.2	0.92	
y17 平等对待具有外国国籍的嫌疑人	广东	6.7	93.3	0.93	2
	黑龙江	11.1	88.9	0.89	5
	湖南	7.1	92.9	0.93	2
	浙江	6.4	93.6	0.94	1
	四川	7.4	92.6	0.93	2
	全国	7.1	92.9	0.93	
y18 平等对待同性恋嫌疑人	广东	6.7	93.3	0.93	1
	黑龙江	11.1	88.9	0.89	2
	湖南	14.3	85.7	0.86	4
	浙江	10.8	89.2	0.89	2
	四川	18.5	81.5	0.82	5
	全国	12.1	87.9	0.88	

根据计算结果(见表6－10),我国普通公众对警察平等对待贫穷的嫌疑人、妇女嫌疑人、少数民族嫌疑人、有宗教信仰的嫌疑人、外国籍嫌疑人、同性恋嫌疑人的信任和信赖程度主要有以下几个方面特征:

1. 我国普通公众对警察平等对待外国籍嫌疑人的信任和信赖程度最高,对警察平等对待贫穷的嫌疑人的信任和信赖程度最低。如图6－12所示,除广东外,黑龙江、湖南、浙江、四川4省及全国警察平等对待外国籍嫌疑人的程度最高;全国和5省警察平等对待贫穷的嫌疑人的程度均最低。

2. 我国普通公众对警察平等对待有宗教信仰的嫌疑人的信任和信赖程度较高，对警察平等对待少数民族嫌疑人的信任和信赖程度较低。如图 6－12 所示，广东、黑龙江、浙江、四川 4 省及全国警察平等对待有宗教信仰的嫌疑人程度较高，广东、黑龙江、浙江 3 省及全国警察平等对待少数民族嫌疑人程度较低。

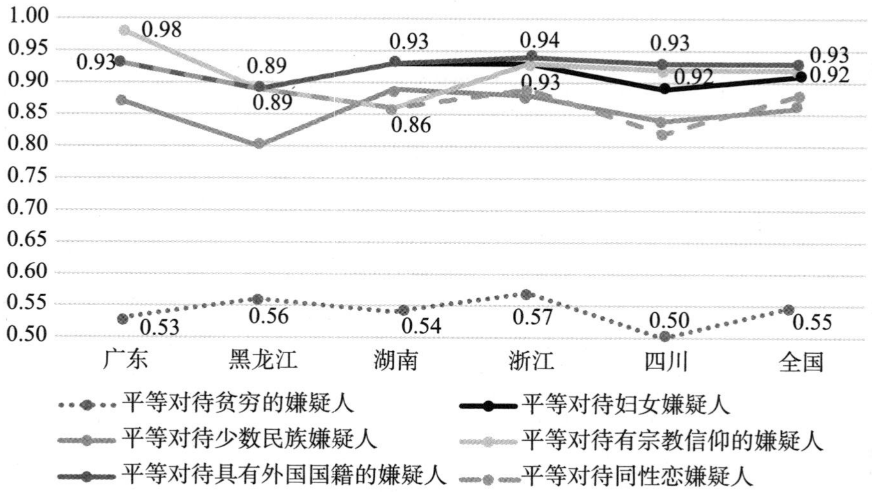

图 6－12　警察平等执法公众评估 6 项三级指标得分

3. 浙江警察对待贫穷的嫌疑人平等执法程度最高，四川最低，其余依照指标得分从高到低排序依次为黑龙江、湖南、广东。其中黑龙江、浙江两省警察对待贫穷的嫌疑人平等执法程度高于全国，广东、湖南、四川 3 省低于全国。

4. 广东、湖南、浙江 3 省警察对待妇女嫌疑人平等执法程度最高，高于全国；黑龙江、四川两省最低，低于全国。

5. 湖南警察对待少数民族嫌疑人平等执法程度最高，黑龙江最低，余则依照指标得分从高到低排序依次为浙江、广东、四川。其中广东、湖南、浙江 3 省警察对待少数民族嫌疑人平等执法程度高于全国，黑龙江、四川两省低于全国。

6. 广东警察对待有宗教信仰的嫌疑人平等执法的程度最高,湖南最低,余则依照指标得分从高到低排序依次为浙江、四川、黑龙江。其中广东、浙江、四川3省警察对待有宗教信仰的嫌疑人平等执法的程度高于或者等于全国,黑龙江、湖南两省低于全国。

7. 浙江警察对待外国籍嫌疑人平等执法的程度最高,黑龙江最低,广东、湖南、四川3省相同,均为0.93。其中广东、湖南、浙江、四川4省警察对待外国籍嫌疑人平等执法的程度高于或者等于全国,黑龙江低于全国。

8. 所调查5省中广东警察对待同性恋嫌疑人平等执法的程度最高,四川最低,余则依照指标得分从高到低排序依次为黑龙江、浙江、湖南。其中广东、黑龙江、浙江3省警察对待同性恋嫌疑人平等执法程度高于全国,湖南、四川等2省低于全国。

(二)10个城市警察平等执法公众评估6个三级指标计算

表6－11　10个城市警察平等执法公众评估6个三级指标计算

城市	平等对待贫穷的嫌疑人	排名	平等对待妇女嫌疑人	排名	平等对待少数民族嫌疑人	排名	平等对待有宗教信仰的嫌疑人	排名	平等对待具有外国国籍的嫌疑人	排名	平等对待同性恋嫌疑人	排名
广州	0.53	5	1.00	1	0.84	9	1.00	1	0.89	9	0.95	2
珠海	0.46	7	0.92	6	0.85	8	0.85	8	1.00	1	0.85	6
哈尔滨	0.50	6	0.90	7	0.90	4	0.90	5	0.90	8	0.90	5
永州	0.40	9	1.00	1	0.80	10	0.80	10	1.00	1	0.80	8
长沙	0.45	8	1.00	1	0.91	3	0.82	9	0.91	7	0.91	4
杭州	0.56	3	0.90	7	0.90	4	0.88	6	0.96	3	0.79	9
宁波	0.68	1	0.94	5	0.94	1	0.94	3	0.94	4	0.94	3
温州	0.65	2	0.96	4	0.92	2	1.00	1	0.92	6	1.00	1
成都	0.55	4	0.90	7	0.86	7	0.86	7	0.93	5	0.76	10
绵阳	0.37	10	0.88	10	0.88	6	0.91	4	0.86	10	0.84	7

根据计算结果(见表6－11),我国10个城市普通公众对警察平等对待贫穷的嫌疑人、妇女嫌疑人、少数民族嫌疑人、有宗教信仰的嫌疑人、外国籍嫌疑人、同性恋嫌疑人的信任和信赖程度的特征主要有:

1. 根据警察平等对待贫穷的嫌疑人三级评估指标计算结果,10个城市中宁波、温州两市普通公众对警察平等对待贫穷的嫌疑人的信任和信赖程度最高,分别为0.68、0.65;永州、绵阳两市普通公众对警察平等对待贫穷的嫌疑人的信任和信赖程度最低,分别为0.40、0.37;余则依据普通公众对于警察平等对待贫穷的嫌疑人的信任和信赖程度从高到低排序依次为杭州(0.56)、成都(0.55)、广州(0.53)、哈尔滨(0.50)、珠海(0.46)、长沙(0.45)。

2. 根据警察平等对待妇女嫌疑人三级评估指标计算结果,10个城市中广州、永州、长沙普通公众对于警察平等对待妇女嫌疑人的信任和信赖程度最高,均为1.0;绵阳最低,为0.88;余则依据公众对警察平等对待妇女嫌疑人的信任和信赖程度从高到低排序依次为温州(0.96)、宁波(0.94)、珠海(0.92)、哈尔滨(0.90)、杭州(0.90)、成都(0.90)。

3. 根据警察平等对待少数民族嫌疑人三级评估指标计算结果,10个城市中宁波、温州两市普通公众对于警察平等对待少数民族嫌疑人的信任和信赖程度最高,分别为0.94、0.92;广州、永州两市最低,分别为0.84、0.80,余则依据公众信任和信赖程度从高到低排序依次为长沙(0.91)、哈尔滨(0.90)、杭州(0.90)、绵阳(0.88)、成都(0.86)、珠海(0.85)。

4. 根据警察平等对待有宗教信仰的嫌疑人三级评估指标计算结果,10个城市中广州、温州两市普通公众对警察平等对待有宗教信仰的嫌疑人的信任和信赖程度最高,均为1.0;长沙、永州两市最低,分别为0.82、0.80;余则依据公众信任和信赖程度从高到低排序依次为宁波(0.94)、绵阳(0.91)、哈尔滨(0.90)、杭州(0.88)、成都(0.86)、珠海(0.85)。

5. 根据警察平等对待外国籍嫌疑人三级评估指标计算结果,10个城市中珠海、永州普通公众对于警察平等对待外国籍嫌疑人的信任和信赖程度最高,均为1.0;绵阳最低,为0.86;余则依据公众信任和信赖程度从高到低排序依次为杭州(0.96)、宁波(0.94)、成都(0.93)、温州(0.92)、长沙(0.91)、哈尔滨(0.90)、广州(0.89)。

6. 根据警察平等对待同性恋嫌疑人三级评估指标计算结果,10个城市中温州普通公众对警察平等对待同性恋嫌疑人的信任和信赖程度最高,为1.0;成都最低,为0.76;余则依据公众信任和信赖程度从高到低排序依次为广州(0.95)、宁波(0.94)、长沙(0.91)、哈尔滨(0.90)、珠海(0.85)、绵阳(0.84)、永州(0.80)、杭州(0.79)。

第四节　分析与结论

综合上述,通过对1289个调查样本数据的无量纲化,创建了刑事司法公信力普通公众评估指数二阶单因素模型。基于公众评估指数二阶单因素模型,采用归一化处理方法,计算出刑事司法公信力公众评估17个三级指标权重和3个二级指标权重。基于指标权重和17个三级指标标准值,计算出刑事司法廉洁、刑事司法公正、警察平等执法3项公众评估指数和刑事司法公信力公众评估指数。根据刑事司法公信力公众评估计算结果(见表6-12),主要可从以下两个方面来进行总结。

(一)普通公众对我国刑事司法的信任和信赖程度

根据刑事司法公信力公众评估计算结果,我国刑事司法公信力主要有以下几个方面特征:

1. 普通公众对刑事司法具有信任和信赖感,我国刑事司法具有公信力。

根据表6-12,全国和广东、黑龙江、湖南、浙江、四川5省及广州、珠海、哈尔滨、永州、长沙、杭州、宁波、温州、成都、绵阳10个城市刑事司法公信力公众评估指数均在0.6以上,公信力评级均为“信任和信赖”。

2.普通公众对刑事司法廉洁具有信任和信赖感,我国刑事司法廉洁具有公信力。

根据表6－12,除长沙、成都两市刑事司法廉洁指数小于0.6之外,全国和5省及其余8个城市刑事司法廉洁公众评估指数均在0.6以上,公信力评级为“信任和信赖”。

3.普通公众对刑事司法公正基本具有信任和信赖感,我国刑事司法公正基本具有公信力。

根据表6－12,全国和黑龙江、湖南、四川3省及广州、哈尔滨、永州、杭州、成都、绵阳6个城市的刑事司法公正公众评估指数在0.6以下,公信力评级为“基本信任和信赖”。

4.普通公众对警察平等执法具有强烈信任和信赖感,我国警察平等执法十分具有公信力。

根据表6－12,全国和5省及10个城市警察平等执法公众评估指数均在0.8以上,公信力评级均为“强烈信任和信赖”。

5.普通公众对警察廉洁、检察官廉洁、法官廉洁具有信任和信赖感,我国警察廉洁、检察官廉洁、法官廉洁具有公信力。

根据表6－12,全国和广东、湖南、浙江3省及广州、珠海、永州、杭州、宁波、温州、成都7个城市警察廉洁公众评估得分在0.6以上,公信力评级为“信任和信赖”。

根据表6－12,全国和广东等5省及广州等10个城市检察官廉洁公众评估得分均在0.6以上,公信力评级均为“信任和信赖”。

根据表6－12,除四川和成都外,全国和其余4省及9个城市法官廉洁公众评估得分在0.6以上,公信力评级为“信任和信赖”。

6.普通公众对法院公正司法、检察机关公正适法具有信任和信赖感,我国法院公正司法、检察机关公正适法具有公信力。

根据表6－12,除广州外,全国和5省及其余9个城市法院公正司法公众评估得分在 0.6 以上,公信力评级为“信任和信赖”。

根据表 6-12,全国和广东、湖南、浙江 3 省及广州、珠海、永州、长沙、宁波、温州 6 个城市检察机关公正适法公众评估得分在 0.6 以上,公信力评级为“信任和信赖”。

7. 普通公众对公安机关公正执法、被告人权利保障、嫌疑人权利保障基本具有信任和信赖感,我国公安机关公正执法、被告人权利保障、嫌疑人权利保障基本具有公信力。

根据表 6-12,全国和黑龙江、湖南、四川 3 省及哈尔滨、永州、长沙、杭州、成都、绵阳 6 个城市公安机关公正执法公众评估得分在 0.6 以下,公信力评级为“基本信任和信赖”。

根据表 6-12,广东、黑龙江、湖南、四川 4 省及珠海、哈尔滨、永州、长沙、杭州、成都、绵阳 8 个城市被告人权利保障公众评估得分在 0.6 以下,公信力评级为“基本信任和信赖”。

根据表 6-12,除宁波外,全国和所调查 5 省及其余 9 个城市嫌疑人权利保障评估得分均在 0.6 以下,公信力评级为“基本信任和信赖”。

8. 普通公众对法官依法独立办案、侦查人员依法独立办案、检察官依法独立办案具有基本信任和信赖感,我国法官依法独立办案、侦查人员依法独立办案、检察官依法独立办案基本具有公信力。

根据表 6-12,全国和黑龙江、四川两省及广州、哈尔滨、永州、杭州、温州、成都、绵阳 7 个城市法官依法独立办案评估指标得分在 0.6 以下,公信力评级为“基本信任和信赖”。

根据表 6-12,除长沙、宁波、温州 3 个城市外,全国和 5 省及其余 7 个城市侦查人员依法独立办案评估得分在 0.6 以下,公信力评级为“基本信任和信赖”。

根据表 6-12,除珠海、哈尔滨、宁波 3 个城市外,全国和 5 省及其余 7 个城市检察官依法独立办案评估得分在 0.6 以下,公信力评级为“基本信任和信赖”。

9. 普通公众对警察平等对待贫穷的嫌疑人具有基本信任和信赖感，我国警察平等对待贫穷的嫌疑人执行法律基本具有公信力。

根据表6－12，绵阳普通公众对警察平等对待贫穷的嫌疑人执法不具有信任和信赖感；宁波、温州两市普通公众对警察平等对待贫穷的嫌疑人执法具有信任和信赖感；全国和5省及其余7个城市普通公众对于警察平等对待贫穷的嫌疑人执法基本具有信任和信赖感。

10. 普通公众对警察平等对待妇女嫌疑人、少数民族嫌疑人、外国籍嫌疑人、有宗教信仰的嫌疑人、同性恋嫌疑人执法具有强烈信任和信赖感，我国警察平等对待妇女嫌疑人、少数民族嫌疑人、外国籍嫌疑人、有宗教信仰的嫌疑人、同性恋嫌疑人执法十分具有公信力。

根据表6－12，全国和5省及10个城市警察平等对待妇女嫌疑人、少数民族嫌疑人、外国籍嫌疑人、有宗教信仰的嫌疑人公众评估得分均在0.8以上，公信力评级均为“强烈信任和信赖”。

根据表6－12，除杭州、成都两市警察平等对待同性恋嫌疑人公众评估得分在0.60—0.79外，全国和5省及其余8个城市评估得分均在0.8以上。

表6－12　全国、5省和10个城市刑事司法公信力公众评估指标得分及评价

评估指标	广东	黑龙江	湖南	浙江	四川	广州	珠海	哈尔滨	永州	长沙	杭州	宁波	温州	成都	绵阳	全国
司法公信力	0.68	0.65	0.66	0.68	0.62	0.66	0.68	0.64	0.64	0.66	0.64	0.73	0.72	0.61	0.62	0.67
评级	4	4	4	4	4	4	4	4	4	4	4	4	4	4	4	4
司法廉洁	0.64	0.61	0.64	0.65	0.60	0.63	0.65	0.60	0.66	0.58	0.63	0.69	0.70	0.59	0.62	0.64
评级	4	4	4	4	4	4	4	4	4	3	4	4	4	3	4	4
司法公正	0.61	0.58	0.59	0.61	0.54	0.57	0.64	0.56	0.54	0.61	0.54	0.68	0.63	0.51	0.53	0.59
评级	4	3	3	4	3	3	4	3	3	4	3	4	4	3	3	3

续表

评估指标	广东	黑龙江	湖南	浙江	四川	广州	珠海	哈尔滨	永州	长沙	杭州	宁波	温州	成都	绵阳	全国
平等执法	0.89	0.85	0.85	0.88	0.83	0.89	0.84	0.86	0.82	0.86	0.85	0.91	0.93	0.83	0.82	0.86
评级	5	5	5	5	5	5	5	5	5	5	5	5	5	5	5	5
警察廉洁	0.62	0.59	0.63	0.64	0.59	0.61	0.64	0.57	0.73	0.55	0.62	0.68	0.71	0.61	0.59	0.62
评级	4	3	4	4	3	4	4	3	4	3	4	4	4	4	3	4
检察官廉洁	0.67	0.63	0.66	0.66	0.63	0.65	0.69	0.63	0.60	0.61	0.63	0.69	0.71	0.60	0.65	0.65
评级	4	4	4	4	4	4	4	4	4	4	4	4	4	4	4	4
法官廉洁	0.64	0.63	0.66	0.66	0.59	0.65	0.62	0.60	0.67	0.61	0.66	0.71	0.71	0.59	0.62	0.64
评级	4	4	4	4	3	4	4	4	4	4	4	4	4	3	4	4
公正司法	0.67	0.63	0.65	0.68	0.63	0.54	0.64	0.60	0.60	0.70	0.60	0.72	0.71	0.62	0.67	0.66
评级	4	4	4	4	4	3	4	4	4	4	4	4	4	4	4	4
公正执法	0.60	0.56	0.57	0.60	0.52	0.63	0.69	0.53	0.53	0.55	0.55	0.71	0.67	0.48	0.52	0.58
评级	4	3	3	4	3	4	4	3	3	3	3	4	4	3	3	3
公正适法	0.62	0.59	0.60	0.61	0.58	0.65	0.72	0.57	0.60	0.67	0.54	0.64	0.60	0.49	0.49	0.60
评级	4	3	4	4	3	4	4	3	4	4	3	4	4	3	3	4
被告人权利保障	0.58	0.56	0.57	0.60	0.50	0.68	0.54	0.53	0.53	0.55	0.49	0.72	0.65	0.48	0.46	0.58
评级	3	3	3	4	3	4	3	3	3	3	3	4	4	3	3	3
嫌疑人权利保障	0.56	0.52	0.55	0.57	0.53	0.42	0.59	0.47	0.53	0.58	0.52	0.64	0.58	0.51	0.52	0.55
评级	3	3	3	3	3	3	3	3	3	3	3	4	3	3	3	3
法官依法独立办案	0.62	0.59	0.60	0.61	0.51	0.58	0.60	0.59	0.47	0.64	0.55	0.67	0.59	0.44	0.49	0.59
评级	4	3	4	4	3	3	4	3	3	4	3	4	3	3	3	3

续表

评估指标	广东	黑龙江	湖南	浙江	四川	广州	珠海	哈尔滨	永州	长沙	杭州	宁波	温州	成都	绵阳	全国
侦查人员依法独立办案	0.58	0.56	0.57	0.59	0.55	0.54	0.56	0.53	0.53	0.64	0.51	0.63	0.60	0.52	0.52	0.58
评级	3	3	3	3	3	3	3	3	3	4	3	4	4	3	3	3
检察官依法独立办案	0.58	0.57	0.57	0.59	0.54	0.47	0.69	0.60	0.47	0.55	0.55	0.66	0.59	0.54	0.53	0.58
评级	3	3	3	3	3	3	4	4	3	3	3	4	3	3	3	3
平等对待贫穷的嫌疑人	0.53	0.56	0.54	0.57	0.50	0.53	0.46	0.50	0.40	0.45	0.56	0.68	0.65	0.55	0.37	0.55
评级	3	3	3	3	3	3	3	3	3	3	3	4	4	3	2	3
平等对待妇女嫌疑人	0.93	0.89	0.93	0.93	0.89	1.00	0.92	0.9	1.00	1.00	0.90	0.94	0.96	0.90	0.88	0.91
评级	5	5	5	5	5	5	5	5	5	5	5	5	5	5	5	5
平等对待少数民族嫌疑人	0.87	0.80	0.89	0.88	0.84	0.84	0.85	0.90	0.80	0.91	0.90	0.94	0.92	0.86	0.88	0.86
评级	5	5	5	5	5	5	5	5	5	5	5	5	5	5	5	5
平等对待有宗教信仰的嫌疑人	0.98	0.89	0.86	0.93	0.92	1.00	0.85	0.90	0.80	0.82	0.88	0.94	1.00	0.86	0.91	0.92
评级	5	5	5	5	5	5	5	5	5	5	5	5	5	5	5	5
平等对待外国籍嫌疑人	0.93	0.89	0.93	0.94	0.93	0.89	1.00	0.90	1.00	0.91	0.96	0.94	0.92	0.93	0.86	0.93
评级	5	5	5	5	5	5	5	5	5	5	5	5	5	5	5	5

续表

评估指标	广东	黑龙江	湖南	浙江	四川	广州	珠海	哈尔滨	永州	长沙	杭州	宁波	温州	成都	绵阳	全国
平等对待同性恋嫌疑人	0.93	0.89	0.86	0.89	0.82	0.95	0.85	0.90	0.80	0.91	0.79	0.94	1.00	0.76	0.84	0.88
评级	5	5	5	5	5	5	5	5	5	5	4	5	5	4	5	5

(二)提高刑事司法公信力的路径

根据刑事司法公信力评估指数计算结果,可提出以下几点提高我国刑事司法公信力的具体建议。

一是提高法律专家,尤其是职业律师,对我国社会主义法治理念的认识。我国普通公众对于刑事司法的信任和信赖感高于法律专家。根据刑事司法公信力评估指数,普通公众对刑事司法具有信任和信赖感,法律专家则为“基本信任和信赖”;根据刑事司法廉洁评估指数,普通公众对刑事司法廉洁具有信任和信赖感,法律专家则为“基本信任和信赖”;根据刑事司法公正评估指数,普通公众对刑事司法公正的信任和信赖感与法律专家一致,均为“基本信任和信赖”,但是全国刑事司法公正普通公众评估指数高于后者 16 个百分点。

二是保障嫌疑人、被告人基本权利。通过比较和分析刑事司法公信力专家评估指数和公众评估指数可以发现,保障嫌疑人、被告人基本权利主要是指保障其程序性权利,尤其是保障嫌疑人、被告人及时获得裁决和审理的权利。

三是提高警察执法的公正度。通过比较和分析刑事司法公信力法律专家评估指数和公众评估指数可以发现,提高警察执法的公正度主要包括强化警察廉洁执法和平等对待贫穷的嫌疑人。

四是提高司法人员依法独立办案程度。提高司法人员依法独立办案程度既包括法官,也包括检察官和侦查人员。

第七章　刑事司法公信力指数计算

刑事司法公信力指数计算包括刑事司法公信力一级指标、二级指标和三级指标综合得分等三个方面的运算。根据前文所得出的刑事司法公信力法律专家评估指数结构方程模型、二阶单因素模型和刑事司法公信力普通公众评估指数结构方程模型、二阶单因素模型的测量结果，按照法律专家评估和普通公众评估各占50%比例，计算刑事司法公信力各级指标的综合得分。刑事司法公信力指数是指评估单位中所有调查对象一级指标综合得分的均值；刑事司法公信力二级综合指数则为评估单位中所有调查对象二级指标综合得分的均值，具体包括刑事司法廉洁综合指数、刑事司法公正综合指数、刑事司法效率综合指数、警察平等执法综合指数、监狱罪犯教育改造效率综合指数、刑事司法效果综合指数等6项。兹就所调查5个省及10个城市刑事司法公信力指数、6项二级综合指数和三级指标综合得分计算论述如下。

第一节　刑事司法公信力指数计算规则与特征

指数包括法律专家评估指数和普通公众评估指数两部分。基于理论构想，法律专家评估涵盖43个三级指标，归属于相应10个二级指标范畴；普通公众评估涵盖25个三级指标，归属于相应6个二级指标范畴。经实证调查和统计分析，根据刑事司法公信力法律专家评估指数结构方程模型和二阶单因素模型检验结果，法律专家评估三级指标共23个，归属于相应5个二级指标范畴；根据刑事司法公信力普通公众评估指数结构方程模型和二阶单因素模型检验结果，普通公众评估三级指标共17个，归属于相应3个二级指标范畴。根据刑事司法公信力法律专家评估23个三级指标、5个二级指标、1个一级指标计算得分和刑事司法公信力普通公众评估17个三级指标、3个二级指标、1个一级指标计算得分，依据相应规则，计算刑事司法公信力各指标综合得分。在此基础上，计算刑事司法公信力指数和6项二级综合指数。

一、刑事司法公信力指数计算规则

按照刑事司法公信力专家评估和公众评估各占50%比例，计算刑事司法公信力指数、6项二级综合指数和7项三级指标综合得分。具体来说，主要计算规则包括：

一是刑事司法公信力指数的计算。按照刑事司法公信力法律专家评估指数和普通公众评估指数各占50%比例（见表7-1），计算评估对象刑事司法公信力指数。例如，广东刑事司法公信力指数 $=0.45\times0.5+0.68\times0.5=0.57$。

二是刑事司法公信力二级综合指数和三级指标综合得分的计算。按照刑事司法公信力法律专家评估和普通公众评估相对应二级指标和三级指标得分各占50%比例，计算评估对象刑事司法公信力二级综合指数和三级指标综合得分。根据刑事司法公信力法律专家评估和普通公众评估各个二级指标计算结果，依照专家评估与公众评估各占50%比例（见表7-1），可计算出刑事司法廉洁和刑事司法公正等2项二级综合指数。例如，广东刑事司法廉洁综合指数 $=0.44\times0.5+0.64\times0.5=0.54$。同样地，刑事司法廉洁、刑事司法公正等2个二级指标内相对应三级指标综合得分亦可依照前述方法来计算。具体来说，主要包括警察廉洁、检察官廉洁、法官廉洁、公安机关公正执法、被告人权利保障、法官依法独立办案、法院公正司法等7项三级指标综合得分计算。例如,广东公安机关公正执法指标综合得分 =0.38(羁押公正)×0.5+0.62(公正执法)×0.5=0.50。

三是二级综合指数或者三级指标综合得分仅依据刑事司法公信力法律专家评估或普通公众评估中某一计算结果得出。如果二级综合指数构成中缺失其中一个调查评估数据,则二级综合指数和三级指标综合得分仅依据其中已有的调查评估数据计算结果得出。根据理论构想和计量模型计算结果,刑事司法公信力公众评估指数计算中缺失刑事司法效率、监狱罪犯教育改造效率、刑事司法效果等 3 个二级指标,刑事司法公信力专家评估指数计算中缺失警察平等执法等 1 个二级指标。鉴于此,刑事司法效率、监狱罪犯教育改造效率、刑事司法效果等 3 项二级综合指数仅依据刑事司法公信力专家评估相对应二级指标计算得出,警察平等执法等 1 项二级综合指数亦依据刑事司法公信力公众评估相对应二级指标计算得出。例如,广东刑事司法效率综合指数只依据法律专家评估计算结果得出,即为 0.41。

需要特别指出的是,刑事司法公信力指数与其二级综合指数和三级指标综合得分的计算之间并不存在递进关系。详言之,刑事司法公信力指数、刑事司法公信力二级综合指数和刑事司法公信力三级指标综合得分的计算相互之间是独立的,刑事司法公信力指数根据法律专家评估指数与普通公众评估指数各占 50% 比例即可直接计算得出。

表 7－1　刑事司法公信力指数构成

理论构想		理论假设	假设检验	综合指数构成	
潜变量	观测变量			专家评估	公众评估
f1 禁止刑讯逼供	x1 轻微逼供	H1:禁止刑讯逼供对刑事司法公正具有显著性正向影响	H1 未验证	0%	0%
	x2 严重逼供				
	x3 重罪逼供				

续表

理论构想		理论假设	假设检验	综合指数构成	
潜变量	观测变量			专家评估	公众评估
f2 无罪推定	x4 审判阶段假定无罪率	H2：无罪推定对刑事司法公正具有显著性正向影响	H2 未验证	0%	0%
	x5 侦查阶段假定无罪率				
	x6 被告挑战不利证据率				
f3 刑事司法廉洁	x7 警察腐化的严重程度	H3：刑事司法廉洁对刑事司法公正具有显著性正向影响	H3 成立	50%	50%
	x8 检察官腐化的严重程度				
	x9 法官腐化的严重程度				
	y1 警察腐败的广度				
	y2 检察官腐败的广度				
	y3 法官腐败的广度				
f4 刑事司法公正	x10 超期羁押	H4：刑事司法公正对刑事司法公信力具有最强解释力	H4 成立	50%	50%
	x11 诉讼时长				
	x12 法官不能依法独立办案				
	x13 法官没有偏见				
	x14 囚犯权利				
	y4 法院公正司法				
	y5 公安机关公正执法				
	y6 检察机关公正适法				
	y7 被告人权利保障				
	y8 嫌疑人权利保障				
	y23 法官依法独立办案				
	y24 侦查人员依法独立办案				
	y25 检察官依法独立办案				

续表

理论构想		理论假设	假设检验	综合指数构成	
潜变量	观测变量			专家评估	公众评估
f5 刑事司法效率	x15 刑事侦查部门之间信息资源共享	H5：刑事司法效率对刑事司法公正具有显著性正向影响	H5 法律专家调查部分成立	100%	0%
	x16 公、检、法、司之间信息资源共享				
	x17 办案检察官数量				
	x18 公益律师				
	x19 法律援助				
	y9 入室盗窃犯罪案件侦破的及时性				
	y10 入室盗窃犯罪案件起诉、审理的及时性				
	y11 抢劫犯罪案件侦破的及时性				
	y12 抢劫犯罪案件起诉、审理的及时性				
f6 警察平等执法	x20、y13 平等对待贫穷的嫌疑人	H6：警察平等执法对刑事司法公正具有显著性正向影响	H6 普通公众调查部分成立	0%	100%
	x21、y14 平等对待妇女嫌疑人				
	x22、y15 平等对待少数民族嫌疑人				
	x23、y16 平等对待有宗教信仰的嫌疑人				
	x24、y17 平等对待具有外国国籍的嫌疑人				
	x25、y18 平等对待同性恋嫌疑人				

续表

理论构想		理论假设	假设检验	综合指数构成	
潜变量	观测变量			专家评估	公众评估
f7 监狱罪犯教育改造效率	x26 监狱罪犯之间的暴力冲突 x27 监狱在罪犯再社会化与再犯预防方面的投入 x28 监狱单独羁押顽危犯的设施 x29 监狱监管安全	H7：监狱罪犯教育改造效率对刑事司法公正具有显著性正向影响	H7 法律专家调查部分成立	100%	0%
f8 刑事司法效果	x30 刑事案件最终判决结果受工作压力影响的比率 x31 刑事案件最终判决结果受腐败影响的比率 x32 错控率 x33 错判率 x34 错捕率 x35 青少年犯罪率	H8：刑事司法效果对刑事司法公正具有显著性正向影响	H8 法律专家调查部分成立	100%	0%
f9 刑事司法公开	x36 法律权利普及 x37 采用各民族通用语言公开出版发行基本法律 x38 刑法普及 y19 公安机关案件信息公开 y20 检察机关案件信息公开 y21 法院案件信息公开 y22 司法机关案件信息公开	H9：刑事司法公开对刑事司法公正具有显著性正向影响	H9 未验证	0%	0%
f10 刑事司法机关依法独立行使职权	x39 警察办案不受犯罪组织影响 x40 检察官办案不受犯罪组织影响 x41 法官办案不受犯罪组织影响 x42 最高人民法院审理不受政府不当干预比率 x43 地方各级法院审理不受政府不当干预比率	H10：刑事司法机关依法独立行使职权对刑事司法公正具有显著性正向影响	H10 普通公众调查部分成立	0%	纳入刑事司法公正指标

二、刑事司法公信力指数计算特征

根据上述,刑事司法公信力指数的计算主要具有以下几个方面特征:

一是指数计算的客观性。刑事司法公信力法律专家评估 23 个三级指标和普通公众评估 17 个三级指标的创设并非来自理论者的主观构想,而是来自客观的统计分析,此其一。刑事司法公信力法律专家评估 23 个三级指标权重、5 个二级指标权重和普通公众评估 17 个三级指标权重、3 个二级指标权重的确立并非基于理论者的主观评价,而是建立在计量模型基础之上,此其二。总的来说,刑事司法公信力指数计算均建立在客观的数理统计分析基础之上,故而其准确性有可靠保证。

二是评估调查的合理性。刑事司法公信力指数由法律专家评估和普通公众评估两个部分构成。法律专家调查评估数据主要来自律师,普通公众调查评估数据主要来自监狱中服刑的罪犯。一般地,律师与公安干警、监狱民警、法官、检察官、法学教师相比,对刑事司法公信力的感觉经验更为全面,因为律师办理刑事案件时一般经历了从案件侦查、起诉、审判到执行的全过程,而后者则一般只经历某一刑事诉讼过程,此其一。监狱中服刑的罪犯与社会普通公众相比,不仅亲身经历了刑事诉讼全过程,而且因其曾经处于被追诉及现时被惩罚境遇,故对刑事司法公信力的感觉经验不仅全面,而且可被视为普通公众对刑事司法信任和信赖程度的最低反映,此其二。

三是计量维度的全面性。法律专家评估和普通公众评估均涉及刑事诉讼全过程,涵盖侦查、起诉、审理诸维度,其评估维度的全面性自不待言。具体来说,法律专家评估 10 个二级指标和普通公众评估 6 个二级指标均涉及刑事诉讼全过程,涵盖侦查、起诉、审理和执行 4 个维度,此其一。法律专家评估 10 个二级指标中有 6 个二级指标所涵盖的三级指标涉及侦查、起诉和审判全过程;普通公众评估 6 个二级指标中有 5 个二级指标所涵盖的三级指标涉及侦查、起诉和审判全过程,此其二。

四是指数构成的科学性。构成刑事司法公信力指数的法律专家评估指数和普通公众评估指数均是通过客观调查和数理统计分析得出的,故而具有科学性。刑事司法公信力指数计算中法律专家评估得分和普通公众评估得分究竟各占多少比例,确需基于经验得出。当然,按照法律专家评估和普通公众评估各占50%计算综合得分亦有前例可循。例如,世界正义工程法治指数即采用此比例计算。同时其所创设8个二级指标综合得分亦均按照法律专家评估和普通公众评估各占50%比例计算。如果所创设二级指标欠缺普通公众评估数据,则法律专家评估占比100%;如果欠缺法律专家评估数据,则普通公众评估占比100%。当然,在没有更为准确的方法计算两个成分占总体比例时,按照各占50%比例计算亦不失为一种较为科学的处理方式。

第二节　刑事司法公信力指数计算

按照刑事司法公信力法律专家评估指数和普通公众评估指数各占50%比例,即可算出全国和广东等5个省与广州等10个城市刑事司法公信力指数、6项二级综合指数和7项三级指标综合得分。为实质观察刑事司法公信力状况,按照前述相同标准,根据刑事司法公信力指数或指标综合得分,将刑事司法公信力区分为五级:(1)低(<0.2),即“强烈不具有信任和信赖感”;(2)中低(<0.4),即“不具有信任和信赖感”;(3)中(<0.6),即“基本具有信任和信赖感”;(4)中高(<0.8),即“具有信任和信赖感”;(5)高(≤1),即“强烈具有信任和信赖感”。

一、刑事司法公信力指数计算

根据刑事司法公信力法律专家评估和普通公众评估指数计算结果,按照二者各占50%比例,计算出全国及广东、黑龙江、湖南、浙江、四川等5省刑事司法公信力指数。具体来说,全国刑事司法公信力指数 =0.46 ×

0. 5 +0. 67 ×0. 5 =0. 57；广东刑事司法公信力指数 =0. 45 ×0. 5 +0. 68 ×0. 5 =0. 56；黑龙江刑事司法公信力指数 =0. 5 ×0. 5 +0. 65 ×0. 5 =0. 58；湖南刑事司法公信力指数 =0. 47 ×0. 5 +0. 66 ×0. 5 =0. 56；浙江刑事司法公信力指数 =0. 47 ×0. 5 +0. 68 ×0. 5 =0. 58；四川刑事司法公信力指数 =0. 44 ×0. 5 +0. 62 ×0. 5 =0. 53。

根据上述计算结果，黑龙江、浙江两省刑事司法公信力指数最高，均为 0. 58；四川刑事司法公信力指数最低，为 0. 53；湖南居中，均为 0. 57。黑龙江、浙江两省刑事司法公信力指数高于全国，广东、四川、湖南 3 省刑事司法公信力指数低于全国。根据前述刑事司法公信力评级标准，全国及广东、黑龙江、湖南、浙江、四川 5 省刑事司法公信力评级均为“中”。也就是说，公众对刑事司法基本具有信任和信赖感，我国刑事司法基本具有公信力（见图 7 –1）。

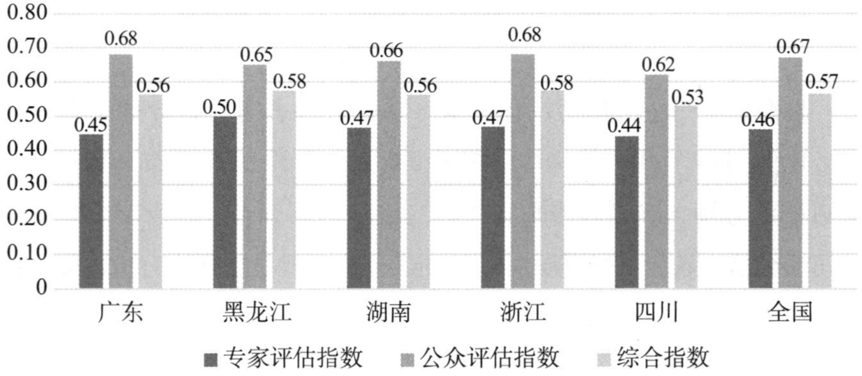

图 7 –1　全国及 5 省刑事司法公信力指数

依据广州、珠海、哈尔滨、永州、长沙、杭州、宁波、温州、成都、绵阳 10 个城市刑事司法公信力法律专家评估指数和普通公众评估指数计算结果，按照二者各占 50% 比例，即可计算出其刑事司法公信力指数（见图 7 –2）。具体来说，广州刑事司法公信力指数 =0. 42 ×0. 5 +0. 66 ×0. 5 =0. 54；珠海刑事司法公信力指数 =0. 53 ×0. 5 +0. 68 ×0. 5 =0. 6；哈尔滨刑事司法公信力指数 =0. 47 ×0. 5 +0. 64 ×0. 5 =0. 56；永州刑事司

法公信力指数 =0. 53 ×0. 5 +0. 64 ×0. 5 =0. 58；长沙刑事司法公信力指数 =0. 44 ×0. 5 +0. 66 ×0. 5 =0. 55；杭州刑事司法公信力指数 =0. 45 ×0. 5 +0. 64 ×0. 5 =0. 55；宁波刑事司法公信力指数 =0. 52 ×0. 5 +0. 73 ×0. 5 =0. 63；温州刑事司法公信力指数 =0. 41 ×0. 5 +0. 71 ×0. 5 =0. 56；成都刑事司法公信力指数 =0. 43 ×0. 5 +0. 61 ×0. 5 =0. 52；绵阳刑事司法公信力指数 =0. 45 ×0. 5 +0. 62 ×0. 5 =0. 54。①

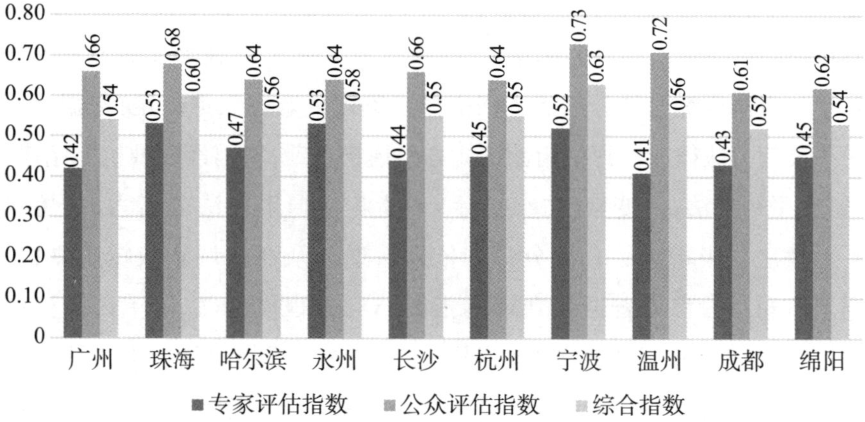

图 7 –2　10 个城市刑事司法公信力指数

根据上述计算结果(见图 7 –2),10 个城市中宁波、珠海刑事司法公信力指数排名第一、二,分别为 0. 63、0. 60;成都刑事司法公信力指数最低,为 0. 52;余则依据刑事司法公信力指数从高到低排序,依次为永州(0. 58)、哈尔滨(0. 56)、温州(0. 56)、长沙(0. 55)、杭州(0. 55)、广州(0. 54)、绵阳(0. 54)。其中宁波、珠海、永州 3 个城市刑事司法公信力指数高于全国,哈尔滨等其余 7 个城市则低于全国。根据司法公信力评级标准,10 个城市中只有宁波、珠海两市刑事司法公信力指数评级为“中高”,广州、哈尔滨、永州、长沙、杭州、温州、成都、绵阳 8 个城市刑事司法公信力指数评级均为“中”。质言之,宁波、珠海两市社会公众对刑事司

① 数据计算结果根据 Excel 统计,保留 2 位小数,按四舍五入规则计算。

法具有信任和信赖感；广州等其余8个城市社会公众对刑事司法基本具有信任和信赖感。

二、刑事司法公信力二级综合指数计算

按照刑事司法公信力专家评估二级指标得分和普通公众评估二级指标得分各占50%比例，计算刑事司法公信力二级指标综合得分。如前所述，由于刑事司法公信力普通公众评估理论构想中未设有刑事司法效率、监狱罪犯教育改造效率2个指标，故而刑事司法效率、监狱罪犯教育改造效率二级指标综合得分只能依据法律专家评估调查数据确定；根据刑事司法公信力法律专家评估指数结构方程模型、二阶单因素模型检验结果，"警察平等执法"潜变量（二级指标）不能解释刑事司法公信力，故警察平等执法二级指标综合得分只能依据普通公众评估调查数据确立；根据刑事司法公信力普通公众评估指数结构方程模型、二阶单因素模型测量结果，"刑事司法效果"潜变量（二级指标）不能解释刑事司法公信力，故刑事司法效果二级指标综合得分只能依据法律专家评估调查数据确立。具体来说，刑事司法廉洁综合指数、刑事司法公正综合指数需要通过综合计算得出；刑事司法效率综合指数、监狱罪犯教育改造效率综合指数、刑事司法效果综合指数只需依据刑事司法公信力法律专家评估计算结果得出；警察平等执法只需依据刑事司法公信力普通公众评估计算结果得出。

（一）全国及5省刑事司法公信力二级综合指数计算

根据上述规则，兹就全国及广东、黑龙江、湖南、浙江、四川5省刑事司法廉洁、刑事司法公正两项二级综合指数计算结果和刑事司法效率、监狱罪犯教育改造效率、警察平等执法、刑事司法效果4项二级综合指数计算结果论述如下。

1. 刑事司法廉洁综合指数计算

全国刑事司法廉洁综合指数（二级指标综合得分的均值）$=0.45\times$

0.5 +0.64 ×0.5 =0.55；广东刑事司法廉洁综合指数 =0.44 ×0.5 +0.64 ×0.5 =0.54；黑龙江刑事司法廉洁综合指数 =0.42 ×0.5 +0.61 ×0.5 =0.52；湖南刑事司法廉洁综合指数 =0.46 ×0.5 +0.64 ×0.5 =0.55；浙江刑事司法廉洁综合指数 =0.46 ×0.5 +0.65 ×0.5 =0.55；四川刑事司法廉洁综合指数 =0.43 ×0.5 +0.6 ×0.5 =0.52。

根据计算（见图 7 –3），湖南、浙江两省刑事司法廉洁指数最高，均为 0.55；四川刑事司法廉洁综合指数最低，为 0.51；余则按刑事司法廉洁指数从高到低排序依次为广东（0.54）、黑龙江（0.52）。其中湖南、浙江、广东 3 省刑事司法廉洁综合指数高于或者等于全国，黑龙江、四川两省刑事司法廉洁综合指数低于全国。根据前述刑事司法公信力评级标准，我国刑事司法廉洁度以及广东、黑龙江、湖南、浙江、四川 5 省刑事司法廉洁度评级均为“中”。也就是说，社会公众对刑事司法廉洁基本具有信任和信赖感，我国刑事司法廉洁基本具有公信力。

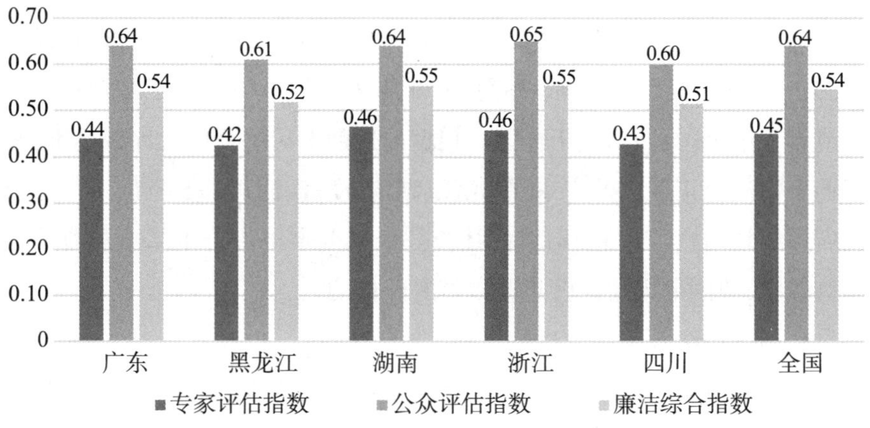

图 7 –3　全国及 5 省刑事司法廉洁综合指数

2. 刑事司法公正综合指数计算

全国刑事司法公正综合指数（二级指标综合得分的均值）=0.43 ×0.5 +0.59 ×0.5 =0.51；广东刑事司法公正综合指数 =0.42 ×0.5 +0.61 ×0.5 =0.52；黑龙江刑事司法公正综合指数 =0.48 ×0.5 +0.58 ×0.5 =

0.53;湖南刑事司法公正综合指数 =0.43×0.5 +0.59×0.5 =0.51;浙江刑事司法公正综合指数 =0.42×0.5 +0.61×0.5 =0.52;四川刑事司法公正综合指数 =0.41×0.5 +0.54×0.5 =0.48。

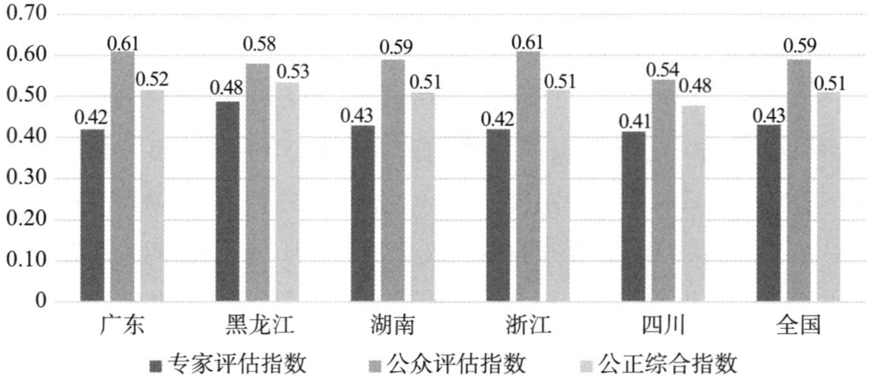

图 7-4 全国及 5 省刑事司法公正综合指数

根据计算(见图 7-4),黑龙江刑事司法公正综合指数最高(0.53);四川刑事司法公正综合指数最低(0.48);广东(0.52)、浙江(0.51)、湖南(0.51)居中。黑龙江、广东、湖南、浙江等 4 省刑事司法公正综合指数高于或者等于全国,四川低于全国。根据前述刑事司法公信力评级标准,我国刑事司法公正度以及广东、黑龙江、湖南、浙江、四川等 5 省刑事司法公正度评级均为“中”。也就是说,社会公众对刑事司法公正基本具有信任和信赖感,我国刑事司法公正基本具有公信力。

3. 刑事司法效率综合指数

由于刑事司法效率较为专业,普通公众缺乏这方面的感觉经验,故刑事司法公信力普通公众评估理论构想中未设有刑事司法效率指标。基于此,刑事司法效率综合指数仅依据刑事司法专家评估调查数据确立。根据刑事司法公信力专家评估指数结构方程模型、二阶单因素模型检验结果,经计算,全国刑事司法效率综合指数为 0.43。所调查 5 省中黑龙江刑事司法效率专家评估指数最高,为 0.50;四川刑事司法效率专家评估指数最低,为 0.40。余则依据刑事司法效率专家评估指数从高到低排序,依次为湖南(0.44)、浙江(0.44)、广东(0.41)。全国及5省刑事司法效率综合指数如图7-5所示。依据刑事司法公信力评级标准,全国及广东、黑龙江、湖南、浙江、四川5省刑事司法效率评级均为“中”。也就是说,社会公众对刑事司法效率基本具有信任和信赖感,我国刑事司法效率基本具有公信力。

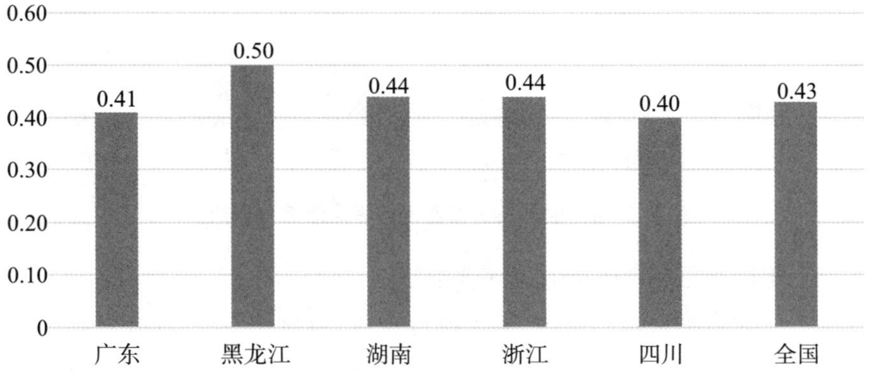

图7-5　全国及5省刑事司法效率综合指数

4. 警察平等执法综合指数

根据刑事司法公信力法律专家评估指数结构方程模型、二阶单因素模型,“警察平等执法”潜变量不能有效解释刑事司法公信力;根据刑事司法公信力普通公众评估指数结构方程模型、二阶单因素模型,“警察平等执法”潜变量能够有效解释刑事司法公信力。基于此,警察平等执法综合指数只能依据普通公众评估调查数据确立。根据刑事司法公信力普通公众评估指数结构方程模型、二阶单因素模型检验结果,经计算,全国警察平等执法综合指数为0.86。所调查5省中广东警察平等执法综合指数最高,为0.89;四川警察平等执法综合指数最低,为0.83。黑龙江、湖南、浙江3省警察平等执法综合指数分别为0.85、0.85、0.88。全国及5省警察平等执法综合指数如图7-6所示。依据刑事司法公信力评级标准,全国及5省警察平等执法程度评级均为“高”。也就是说,社会公众对警察平等执法强烈具有信任和信赖感,我国警察平等执法强烈具有公信力。

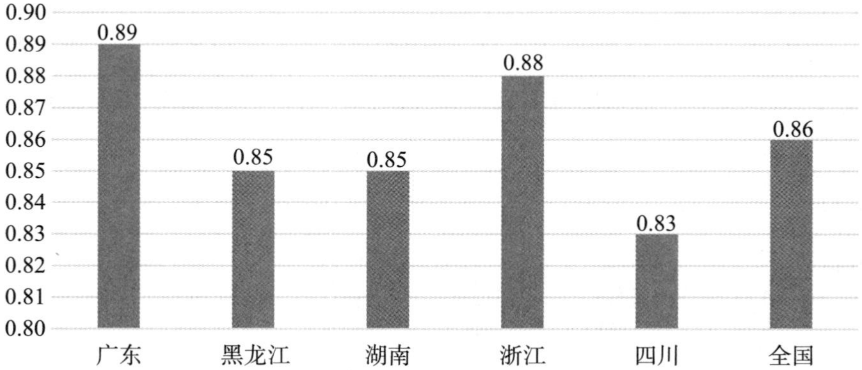

图 7－6　全国及 5 省警察平等执法综合指数

5. 监狱罪犯教育改造效率综合指数

监狱罪犯教育改造效率评估较为专业，故刑事司法公信力普通公众评估理论构想中未设有罪犯教育改造效率指标。基于此，监狱罪犯教育改造效率综合指数只能依据法律专家调查评估数据确立。根据刑事司法公信力专家评估指数结构方程模型、二阶单因素模型检验结果，经计算，全国监狱罪犯教育改造效率综合指数为 0. 46。所调查 5 省中黑龙江监狱罪犯教育改造效率综合指数最高，为 0. 52；四川监狱罪犯教育改造效率综合指数最低，为 0. 44；广东、湖南、浙江 3 省分别为 0. 45、0. 47、0. 47。全国及 5 省监狱罪犯教育改造效率如图 7－7 所示。按照刑事司法公信力评级划分标准，全国及广东、黑龙江、湖南、浙江、四川 5 省监狱罪犯教育改造效率评级均为“中”。也就是说，社会公众对监狱罪犯教育改造效率基本具有信任和信赖感，我国监狱罪犯教育改造效率基本具有公信力。

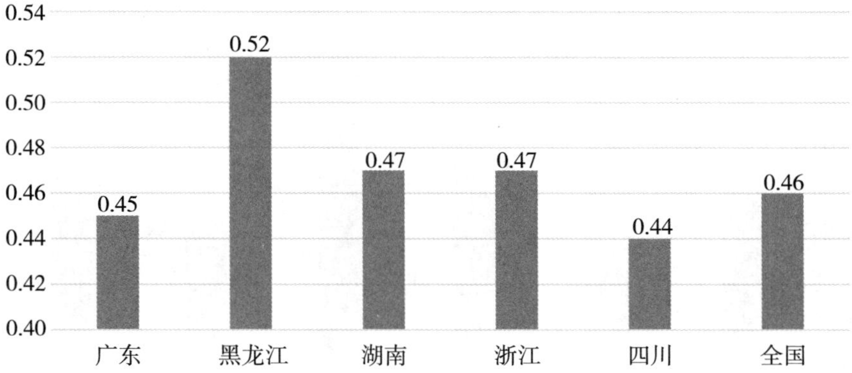

图 7－7 全国及 5 省监狱罪犯教育改造效率综合指数

6. 刑事司法效果综合指数

根据刑事司法公信力普通公众评估指数结构方程模型、二阶单因素模型检验结果，“刑事司法效果”潜变量对刑事司法公信力不具有解释力；根据刑事司法公信力法律专家评估指数结构方程模型、二阶单因素模型检验结果，“刑事司法效果”潜变量对刑事司法公信力具有解释力。因此刑事司法效果综合指数只能依据法律专家评估调查数据确立。经计算，全国刑事司法效果综合指数为 0.63。所调查 5 省中浙江刑事司法效果综合指数最高，为 0.69；四川刑事司法效果综合指数最低，为 0.60；广东、黑龙江、湖南 3 省刑事司法效果综合指数分别为 0.62、0.68、0.62。全国及 5 省刑事司法效果综合指数如图 7－8 所示。按照刑事司法公信力评级标准，全国及广东、黑龙江、湖南、浙江、四川 5 省刑事司法效果评级均为“中高”。也就是说，社会公众对刑事司法效果具有信任和信赖感，我国刑事司法效果具有公信力。

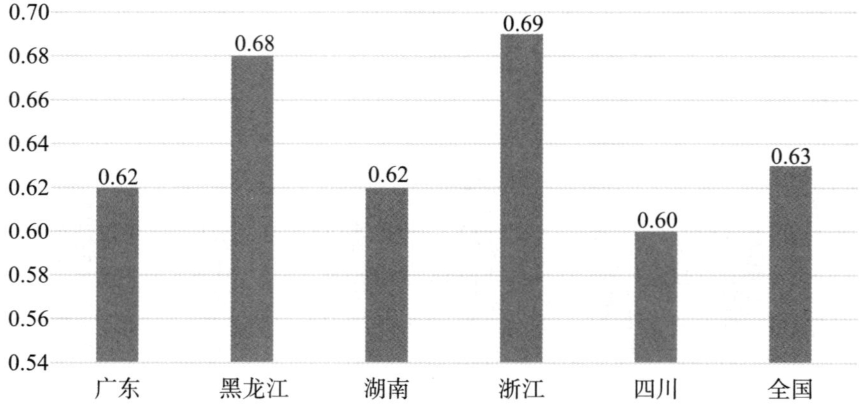

图 7－8　全国及 5 省刑事司法效果综合指数

（二）10 个城市刑事司法公信力二级综合指数计算

采用上述相同方法，可得到广州、珠海、哈尔滨、永州、长沙、杭州、宁波、温州、成都、绵阳 10 个城市刑事司法公信力 6 项二级综合指数。

1. 刑事司法廉洁综合指数计算

根据刑事司法公信力法律专家评估和普通公众评估刑事司法廉洁二级指标得分结果，按照各占 50% 比例，可计算出 10 个城市刑事司法廉洁综合指数（见图 7－9）。具体来说，广州刑事司法廉洁指数（二级指标综合得分）＝0.42×0.5＋0.63×0.5＝0.53；珠海刑事司法廉洁指数＝0.55×0.5＋0.65×0.5＝0.60；哈尔滨刑事司法廉洁指数＝0.4×0.5＋0.6×0.5＝0.50；永州刑事司法廉洁指数＝0.51×0.5＋0.66×0.5≈0.59；长沙刑事司法廉洁指数＝0.43×0.5＋0.58×0.5≈0.51；杭州刑事司法廉洁指数＝0.44×0.5＋0.63×0.5≈0.54；宁波刑事司法廉洁指数＝0.53×0.5＋0.69×0.5＝0.61；温州刑事司法廉洁指数＝0.43×0.5＋0.7×0.5≈0.57；成都刑事司法廉洁指数＝0.44×0.5＋0.59×0.5≈0.52；绵阳刑事司法廉洁指数＝0.41×0.5＋0.62×0.5≈0.52。

根据计算结果（见图 7－9），10 个城市中宁波、珠海刑事司法廉洁综合指数排名为第一、二，分别为 0.61、0.60；哈尔滨、长沙两市刑事司法廉洁综合指数最低,均为 0. 50;余则依据刑事司法廉洁综合指数从高到低排序,依次为永州(0. 58)、温州(0. 56)、杭州(0. 53)、广州(0. 53)、绵阳(0. 52)、成都(0. 51)。其中珠海、永州、宁波、温州 4 个城市的刑事司法廉洁综合指数高于全国,杭州、广州、绵阳、成都、哈尔滨、长沙 6 个城市刑事司法廉洁综合指数低于全国。按照前述刑事司法公信力评级标准,宁波、珠海两市刑事司法廉洁评级均为“中高”,永州、温州、杭州、广州、绵阳、成都、哈尔滨、长沙等 8 个城市刑事司法廉洁评级均为“中”。也就是说,宁波、珠海两市社会公众对刑事司法廉洁具有信任和信赖感,其余 8 个城市社会公众对刑事司法廉洁基本具有信任和信赖感。

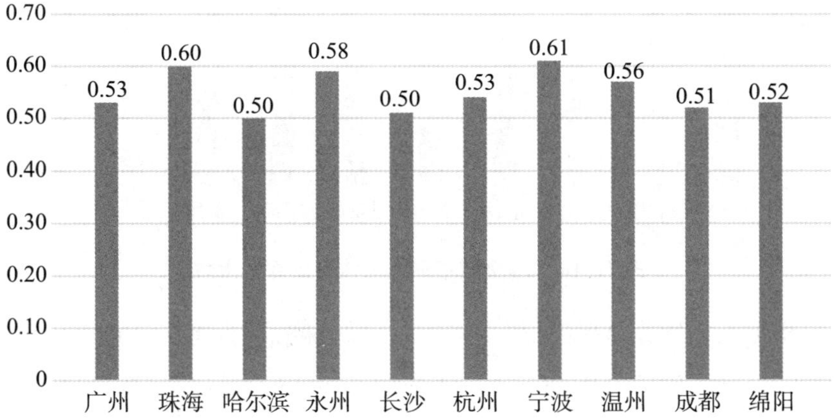

图 7 –9　10 个城市刑事司法廉洁综合指数

2. 刑事司法公正综合指数计算

根据刑事司法公信力法律专家评估和普通公众评估刑事司法公正二级指标得分,按照各占 50% 比例,可计算出 10 个城市刑事司法公正综合指数(见图 7 – 10)。具体计算为:广州刑事司法公正综合指数(二级指标综合得分的均值) $=0.39\times0.5+0.57\times0.5=0.48$;珠海刑事司法公正综合指数 $=0.5\times0.5+0.64\times0.5=0.57$;哈尔滨刑事司法公正综合指数 $=0.45\times0.5+0.56\times0.5\approx0.51$;永州刑事司法公正综合指数 $=0.52\times0.5+$

0.54×0.5=0.53；长沙刑事司法公正综合指数=0.4×0.5+0.61×0.5≈0.51；杭州刑事司法公正综合指数=0.41×0.5+0.54×0.5≈0.48；宁波刑事司法公正综合指数=0.48×0.5+0.68×0.5=0.58；温州刑事司法公正综合指数=0.3×0.5+0.63×0.5≈0.47；成都刑事司法公正综合指数=0.41×0.5+0.51×0.5=0.46；绵阳刑事司法公正综合指数=0.43×0.5+0.53×0.5=0.48。

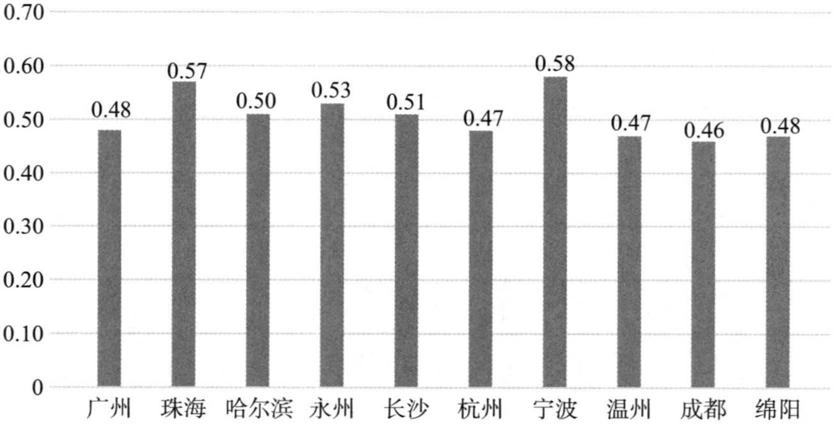

图7－10　10个城市刑事司法公正综合指数

根据上述计算结果（见图7－10），宁波、珠海刑事司法公正综合指数排名第一、二，分别为0.58、0.57；成都刑事司法公正综合指数排名第十，为0.46；余则依据刑事司法公正综合指数从高到低排序，依次为永州（0.53）、长沙（0.51）、哈尔滨（0.50）、广州（0.48）、绵阳（0.48）、杭州（0.47）、温州（0.47）。其中宁波、珠海、永州、长沙4个城市刑事司法公正综合指数高于或等于全国，哈尔滨、广州、杭州、绵阳、温州、成都6个城市刑事司法公正综合指数低于全国。按照前述刑事司法公信力评级标准，上述10个城市刑事司法公正评级均为“中”。也就是说，广州等10个城市社会公众对刑事司法公正基本具有信任和信赖感。

3. 刑事司法效率综合指数

依据刑事司法公信力法律专家评估结果（见图7－11），所调查10个城市中珠海、宁波刑事司法效率综合指数排名第一，均为0.50；成都、温州刑事司法效率综合指数排名第九、十，分别为0.38、0.37；余则依据刑事司法效率综合指数从高到低排序，依次为哈尔滨(0.48)、永州(0.46)、杭州(0.42)、长沙(0.41)、绵阳(0.40)、广州(0.38)。其中珠海、宁波、哈尔滨、永州4个城市刑事司法效率综合指数高于全国，杭州、长沙、绵阳、广州、成都、温州6个城市刑事司法效率综合指数低于全国。按照前述刑事司法公信力评级标准，上述10个城市中珠海、宁波、哈尔滨、永州、杭州、长沙、绵阳等7个城市刑事司法效率评级为“中”，广州、成都、温州3个城市刑事司法效率评级为“中低”。也就是说，珠海等7个城市社会公众对刑事司法效率基本具有信任和信赖感，广州等3个城市社会公众对刑事司法效率不具有信任和信赖感。

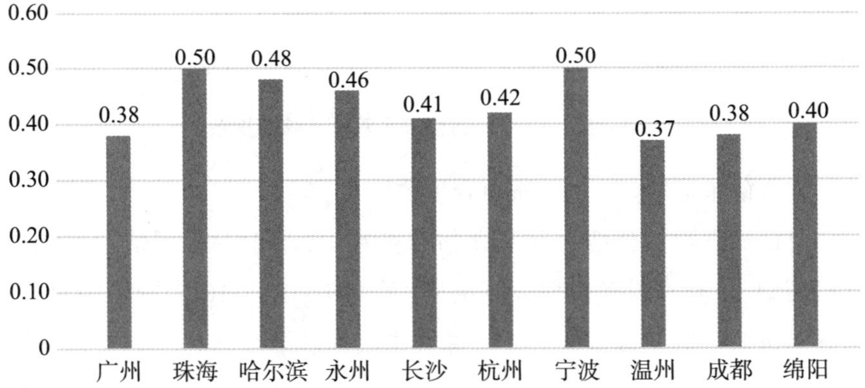

图7-11　10个城市刑事司法效率综合指数

4. 警察平等执法综合指数

依据刑事司法公信力普通公众评估指数结构方程模型、二阶单因素模型测量结果(见图7-12)，温州、宁波警察平等执法综合指数排名第一、二，分别为0.93、0.91；永州、绵阳两市警察平等执法综合指数排名最后，均为0.82；余则依据警察平等执法综合指数从高到底排序，依次为广州(0.89)、哈尔滨(0.86)、长沙(0.86)、杭州(0.85)、珠海

(0.84)、成都(0.83)。其中温州、宁波、广州、哈尔滨、长沙5个城市警察平等执法综合指数高于或者等于全国,杭州、珠海、成都、永州、绵阳5个城市警察平等执法综合指数低于全国。按照前述刑事司法公信力评级标准,上述10个城市警察平等执法评级均为“高”。也就是说,广州等10个城市社会公众对警察平等执法强烈具有信任和信赖感。

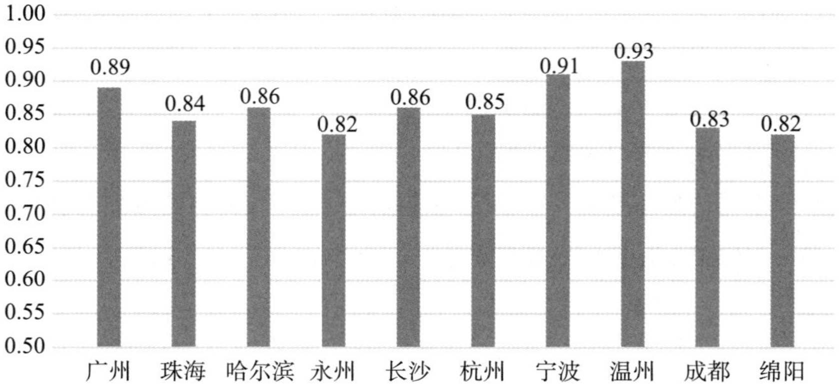

图7-12 10个城市警察平等执法综合指数

5. 监狱罪犯教育改造效率综合指数

根据刑事司法公信力专家评估调查数据,基于专家评估指数结构方程模型、二阶单因素模型计算结果(见图7-13),10个城市中永州、宁波两市监狱罪犯教育改造效率综合指数排名第一,均为0.53;温州排名第十,为0.40;余则依据监狱罪犯教育改造效率综合指数从高到低排序,依次为珠海(0.52)、哈尔滨(0.50)、长沙(0.44)、杭州(0.44)、绵阳(0.44)、广州(0.43)、成都(0.43)。其中永州、宁波、珠海、哈尔滨4个城市监狱罪犯教育改造效率高于全国,长沙、杭州、绵阳、广州、成都、温州6个城市低于全国。按照前述刑事司法公信力评级标准,上述10个城市监狱罪犯教育改造效率评级均为“中”。也就是说,广州等10个城市社会公众对监狱罪犯教育改造效率基本具有信任和信赖感。

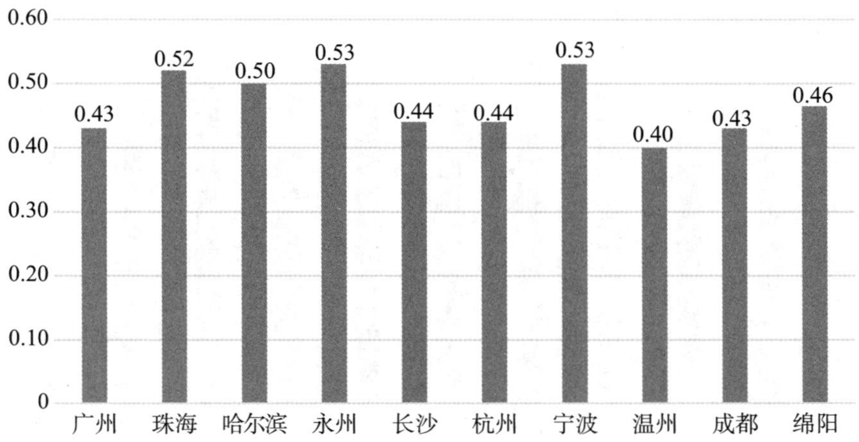

图 7－13　10 个城市监狱罪犯教育改造效率综合指数

6. 刑事司法效果综合指数

依据专家评估指数结构方程模型、二阶单因素模型计算结果(见图 7－14),10 个城市中永州、杭州刑事司法效果综合指数排名第一、二,分别为 0. 72、0. 68;广州排名最后,为 0. 58;余则依据刑事司法效果综合指数从高到低排序,依次为哈尔滨(0. 67)、宁波(0. 67)、温州(0. 67)、珠海(0. 64)、长沙(0. 60)、成都(0. 60)、绵阳(0. 60)。其中永州、杭州、哈尔滨、宁波、温州、珠海 6 个城市刑事司法效果综合指数高于全国,长沙、成都、绵阳、广州 4 个城市低于全国。按照前述刑事司法公信力评级标准,广州刑事司法效果评级为“中”,其余 9 个城市评级均为“中高”。也就是说,广州社会公众对刑事司法效果基本具有信任和信赖感,杭州等其余 9 个城市社会公众对刑事司法效果具有信任和信赖感。

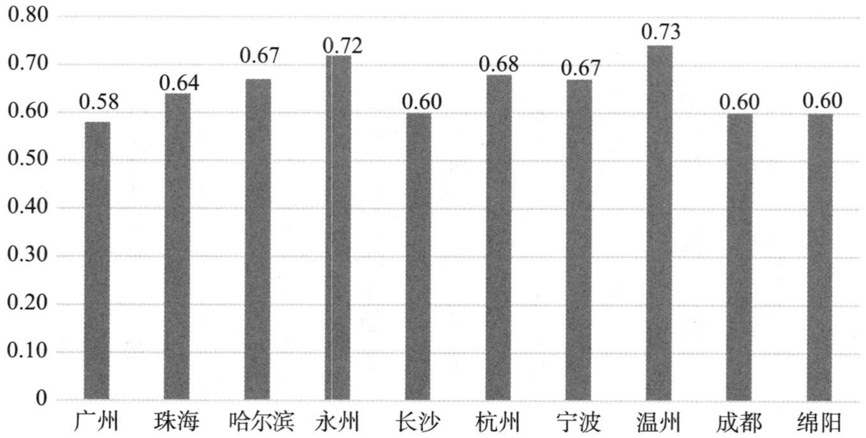

图 7－14　10 个城市刑事司法效果综合指数

第三节　刑事司法公信力三级指标综合得分计算

刑事司法公信力三级指标综合得分计算仅包括警察廉洁、检察官廉洁、法官廉洁、公安机关公正执法、被告人权利保障、法官依法独立办案、法院公正司法等 7 项三级指标综合得分的计算。根据综合计算结果，兹就所调查广东等 5 省和广州等 10 个城市前述 7 项三级指标综合得分状况论述如下。

一、全国及 5 省 7 项三级指标综合得分计算

按照前述相同计算规则，可计算出警察廉洁等 7 项三级指标综合得分。兹就全国和广东等 5 省警察廉洁等 7 项三级指标综合得分情况论述如下：

1. 法院公正司法程度最高，被告人权利保障程度最低。根据图 7－15，全国及广东、黑龙江、四川 3 省法院公正司法三级指标综合得分均高于其余 6 项；全国及 5 省被告人权利保障三级指标综合得分均低于其余 6 项。

但是全国及广东等5省警察廉洁、检察官廉洁、法官廉洁、公安机关公正执法、被告人权利保障、法官依法独立办案、法院公正司法等7项三级指标综合得分均在0.40—0.59,公信力评级均为“中”。

2.湖南警察廉洁度高于广东等其余4省。根据图7－15,全国及湖南、浙江、黑龙江、广东、四川5省警察廉洁三级指标综合得分分别为0.51、0.53、0.52、0.51、0.50、0.48。全国及广东等5省警察廉洁三级指标得分均在0.40—0.59区间,司法公信力评级均为“中”,即社会公众对警察廉洁基本具有信任和信赖感,我国警察廉洁基本具有公信力。

3.湖南检察官廉洁度高于广东等其余4省。根据图7－15,全国、湖南、浙江、广东、四川、黑龙江等5省检察官廉洁三级指标综合得分分别为0.56、0.58、0.57、0.57、0.54、0.53。全国及广东等5省检察官廉洁三级指标综合得分均在0.40—0.59,司法公信力评级为“中”。质言之,社会公众对检察官廉洁基本具有信任和信赖感,我国检察官廉洁基本具有公信力。

4.浙江法官廉洁度高于广东等其余4省。根据图7－15,全国、浙江、湖南、广东、四川、黑龙江法官廉洁三级指标综合得分为0.55、0.58、0.56、0.56、0.53、0.52。全国及广东等5省法官廉洁三级指标综合得分均在0.40—0.59区间,司法公信力评级为“中”。质言之,社会公众对法官廉洁基本具有信任和信赖感,我国法官廉洁基本具有公信力。

5.黑龙江公安机关执法公正度高于广东等其余4省。根据图7－15,全国、黑龙江、浙江、湖南、广东、四川公安机关公正执法三级指标综合得分分别为0.49、0.51、0.50、0.49、0.49、0.45。全国及广东等5省公安机关公正执法三级指标综合得分均在0.40—0.59区间,司法公信力评级为“中”。质言之,社会公众对公安机关公正执法基本具有信任和信赖感,我国公安机关公正执法基本具有公信力。

6.黑龙江被告人权利保障程度高于广东等其余4省。根据图7－15,全国、黑龙江、浙江、湖南、广东、四川被告人权利保障三级指标综合得分分别为0.48、0.50、0.49、0.48、0.47、0.43。全国及广东等5省被告人权利保障评级为“中”,说明社会公众对被告人权利保障基本具有信任和信赖感,我国被告人权利保障基本具有公信力。

7.黑龙江、广东法官依法独立办案程度高于浙江等其余3省。根据图7-15,全国、黑龙江、广东、浙江、湖南、四川法官依法独立办案三级指标综合得分分别为0.51、0.53、0.53、0.51、0.51、0.47。全国及广东等5省法官依法独立办案公信力评级为“中”,说明社会公众对法官依法独立办案基本具有信任和信赖感,我国法官依法独立办案基本具有公信力。

8.广东法院公正司法程度高于黑龙江等其余4省。根据图7-15,全国、广东、浙江、湖南、黑龙江、四川法官公正司法三级指标综合得分分别为0.57、0.58、0.57、0.56、0.56、0.55。全国及广东等5省法院公正司法评级为“中”,说明社会公众对法院公正司法基本具有信任和信赖感,我国法院公正司法基本具有公信力。

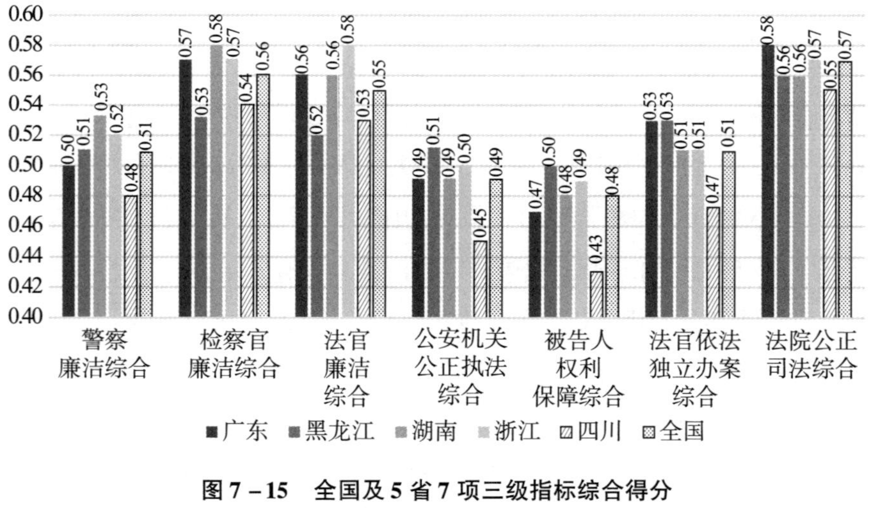

图7-15 全国及5省7项三级指标综合得分

二、10个城市7项三级指标综合得分计算

依据前述相同计算方法,可得到广州等10个城市警察廉洁等7项三

级指标综合得分（见图 7 – 16）。总的来看，根据计算结果，广州等 10 个城市警察廉洁等 7 项三级指标综合得分有如下特征：

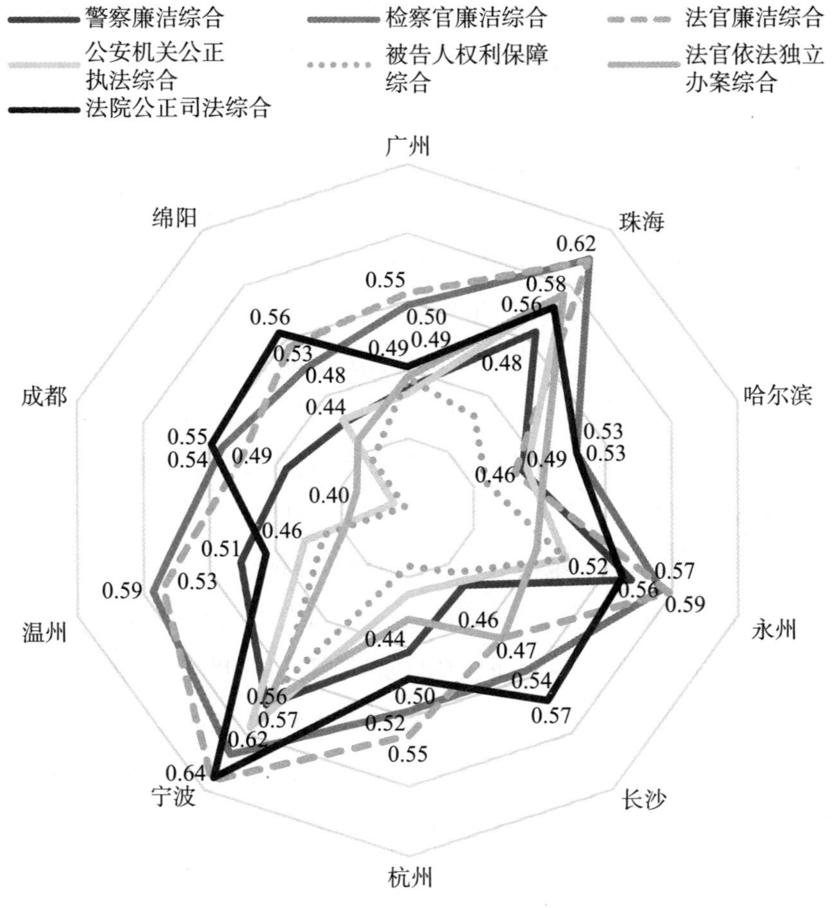

图 7 – 16　10 个城市 7 项三级指标综合得分

1. 宁波、永州两市警察廉洁度高于其余 8 个城市。经计算，宁波、永州、珠海、温州、杭州、成都、哈尔滨、广州、绵阳、长沙 10 个城市警察廉洁三级指标综合得分分别为 0.57、0.57、0.56、0.53、0.50、0.49、0.49、0.49、0.48、0.47。据此，宁波等 10 个城市警察廉洁公信力评级均为“中”，说明宁波等 10 个城市社会公众对警察廉洁具有基本信任和信赖感。

2. 珠海、宁波两市检察官廉洁度高于其余 8 个城市。经计算，珠海、宁波、温州、永州、广州、杭州、长沙、成都、哈尔滨、绵阳 10 个城市检察官廉洁三级指标综合得分分别为 0. 62、0. 62、0. 59、0. 59、0. 55、0. 55、0. 54、0. 54、0. 53、0. 53。其中宁波、珠海等 2 个城市检察官廉洁公信力评级为“中高”，说明宁波、珠海两市社会公众对检察官廉洁具有信任和信赖感；温州等其余 8 个城市检察官廉洁公信力评级为“中”，说明温州等其余 8 个城市社会公众对检察官廉洁基本具有信任和信赖感。

3. 宁波、珠海等 2 个城市法官廉洁度高于其余 8 个城市。经计算，宁波、珠海、永州、温州、杭州、广州、绵阳、成都、长沙、哈尔滨 10 个城市法官廉洁三级指标综合得分分别为 0. 64、0. 62、0. 60、0. 59、0. 56、0. 56、0. 54、0. 52、0. 52、0. 48。其中宁波、珠海、永州 3 个城市法官廉洁公信力评级为“中高”，说明宁波、珠海、永州 3 个城市社会公众对法官廉洁具有信任和信赖感；温州等其余 7 个城市法官廉洁公信力评级为“中”，说明温州等 7 个城市社会公众对法官廉洁基本具有信任和信赖感。

4. 宁波、珠海两市公安机关执法公正度高于其余 8 个城市。经计算，宁波、珠海、永州、哈尔滨、广州、绵阳、温州、长沙、杭州、成都 10 个城市公安机关公正执法三级指标综合得分分别为 0. 59、0. 59、0. 52、0. 49、0. 48、0. 48、0. 48、0. 47、0. 46、0. 41。宁波等 10 个城市公安机关公正执法公信力评级均为“中”，说明宁波等 10 个城市社会公众对公安机关公正执法基本具有信任和信赖感。

5. 宁波被告人权利保障程度高于其余 9 个城市。经计算，宁波、永州、广州、珠海、温州、哈尔滨、长沙、绵阳、杭州、成都 10 个城市被告人权利保障三级指标综合得分分别为 0. 56、0. 52、0. 49、0. 48、0. 46、0. 46、0. 46、0. 44、0. 44、0. 40。宁波等 10 个城市被告人权利保障公信力评级均为“中”，说明宁波等 10 个城市社会公众对被告人权利保障基本具有信任和信赖感。

6. 珠海法官依法独立办案程度高于其余 9 个城市。经计算，珠海、宁波、长沙、哈尔滨、永州、广州、杭州、绵阳、温州、成都 10 个城市法官依法独立办案三级指标综合得分分别为 0.59、0.57、0.52、0.50、0.50、0.49、0.48、0.46、0.45、0.44。珠海等 10 个城市法官依法独立办案三级指标综合得分均在 0.40—0.59，司法公信力评级均为“中”，说明珠海等 10 个城市社会公众对法官依法独立办案基本具有信任和信赖感。

7. 宁波法院公正司法程度高于其余 9 个城市。经计算，宁波、珠海、长沙、永州、绵阳、成都、哈尔滨、杭州、温州、广州 10 个城市法院公正司法三级指标综合得分分别为 0.64、0.58、0.57、0.56、0.56、0.55、0.53、0.52、0.51、0.50。宁波法院公正司法公信力评级为“中高”，说明宁波社会公众对法院公正司法具有信任和信赖感；珠海等其余 9 个城市法院公正司法公信力评级为“中”，说明珠海等其余 9 个城市对法院公正司法基本具有信任和信赖感。

第四节　分析与结论

根据全国和广东、黑龙江、湖南、浙江、四川 5 省与广州、珠海、哈尔滨、永州、长沙、杭州、宁波、温州、成都、绵阳 10 个城市刑事司法公信力指数，刑事司法廉洁、刑事司法公正、刑事司法效率、警察平等执法、监狱罪犯教育改造效率、刑事司法效果 6 项二级综合指数与警察廉洁、检察官廉洁、法官廉洁、公安机关公正执法、被告人权利保障、法官依法独立办案、法院公正司法 7 项三级指标综合得分，可主要从以下几个方面进行分析和总结。

一、刑事司法公信力指数创建特征

通过实证调查，收集了刑事司法公信力法律专家调查样本 1312 个、普通公众调查样本 1289 个；通过对法律专家调查样本和普通公众调查样本的数理统计，创建了刑事司法公信力法律专家评估指数结构方程模型、二阶单因素模型和普通公众评估指数结构方程模型、二阶单因素模型；根据刑事司法公信力法律专家评估指数、普通公众评估指数二阶单因素模型和测量结果，客观计算刑事司法公信力评估指标的权重值；按照法律专家评估和普通公众评估各占 50% 比例，客观计算刑事司法公信力各指标综合得分；在此基础上，成功首创了中国刑事司法公信力指数。总的来看，刑事司法公信力指数主要有以下两个方面的特征。

一是刑事司法公信力指数是对我国刑事司法公信力基本状况全面、客观的反映。

首先，刑事司法公信力指数全面反映了刑事诉讼全过程。一方面，刑事司法公信力法律专家评估和普通公众评估理论构想全面、客观。如前文所述，中国刑事司法公信力理论构想涵盖侦查、起诉、审理和执行 4 个维度，包括禁止刑讯逼供、无罪推定、刑事司法廉洁、刑事司法公正、刑事司法效率、警察平等执法、监狱罪犯教育改造效率、刑事司法效果、刑事司法公开、刑事司法机关依法独立行使职权 10 个方面。就此而言，我国刑事司法公信力指数是基于我国刑事诉讼全过程，而非基于某一诉讼阶段、某一单个维度得出的。另一方面，刑事司法公信力评估调查全面、客观。本次普通公众调查对象为监狱中正在服刑的罪犯，其亲身经历了刑事司法全过程，具有关于刑事司法各个方面的感觉经验，因此在对监狱罪犯对我国刑事司法信任和信赖程度的调查基础上得出的结论较为全面。本次法律专家调查对象主要是职业律师，职业律师约占样本总量的 89.5%。一般来说，办理刑事案件的律师经历了刑事诉讼的全过程，而法官、检察官、警察则只经历刑事诉讼中某一过程，故而职业律师对刑事司法过程的感觉经验更为全面。就此而言，基于对职业律师对我国刑事司法信任和信赖程度的调查而得出的结论亦较为全面。

其次，刑事司法公信力法律专家评估指标客观反映了刑事司法公信力总体运行规律。总的来说，刑事司法公信力指数客观、科学地解决了究竟有哪些因素可用来评估社会公众对刑事司法的信任和信赖程度的问题。通过全面的理论构设和全面、可靠的实证调查,创建刑事司法公信力评估指数结构方程模型和二阶单因素模型。一方面,通过创建刑事司法公信力法律专家评估指数和普通公众评估指数两个结构方程模型,检验了究竟哪些因素对刑事司法公正具有显著性正向影响,进而可以用来测量刑事司法公信力。根据检验结果,得出以下结论:其一,禁止刑讯逼供、刑事司法公开、刑事司法机关依法独立行使职权和警察平等执法等 4 个因素对刑事司法公正不具有直接的显著性影响。其二,无罪推定、刑事司法廉洁、刑事司法效率、监狱罪犯教育改造效率和刑事司法效果等 5 个因素对刑事司法公正具有显著性正向影响,但是无罪推定影响很小。另一方面,通过刑事司法公信力法律专家评估指数和普通公众评估指数二阶单因素模型的创建,客观发现究竟有哪些因素可据以评估刑事司法公信力。其一,禁止刑讯逼供、无罪推定、刑事司法公开、刑事司法机关依法独立行使职权等 4 个因素对刑事司法公信力不具有直接解释力。其二,刑事司法公正、刑事司法廉洁、刑事司法效率、监狱罪犯教育改造效率、警察平等执法、刑事司法效果等 6 个因素对刑事司法公信力具有直接解释力。质言之,刑事司法公正、刑事司法廉洁、刑事司法效率、监狱罪犯教育改造效率、警察平等执法和刑事司法效果等 6 个因素可据以测量刑事司法公信力。

综合上述,基于全面的理论构想和实证调查,通过刑事司法公信力法律专家评估指数、普通公众评估指数结构方程模型和二阶单因素模型的创建,客观发现了可据以测量我国刑事司法公信力的 6 个因素,从而科学创建了刑事司法公信力法律专家评估指数、普通公众评估指数;在此基础上,科学创建刑事司法公信力指数。

二是刑事司法公信力指数是对我国刑事司法公信力基本状况准确、真实的反映。

首先,刑事司法公信力评估调查的基础数据科学合理。由于理论构想所创设各个题项的计量单位和方向不尽相同，故需要对其进行标准化。一方面，按照正向关系对各题项进行标准化处理；另一方面，无论采用何种等级的李克特量表，各题项取值均在0—1。举例来说，如果采用4级李克特量表，则标准化取值分别为0、0.333、0.667、1；如果采用6级李克特量表，则标准化取值为0、0.2、0.4、0.6、0.8、1。之所以说各题项标准化取值在0—1是科学的，是因为只有基础数据的取值在0—1或者说0—100，比较指标得分的大小才具有意义。如果标准化取值不在0—1或者0—100，如有学者将各题项标准化取值确立为50、60、70、80、90，[①]则仅仅比较指标得分的大小是完全没有意义的，因为按照这一标准，指标得分最小值为50，那么纯粹比较得分就失去了实质意义。

其次，刑事司法公信力法律专家评估指标的权重依据计量模型客观确定。一方面，刑事司法公信力法律专家评估23个三级指标（测量指标）的权重依据二阶单因素模型中的一阶因素载荷值确定；刑事司法公信力法律专家评估5个二级指标的权重依据一阶单因素模型中的二阶因素载荷值确定。另一方面，采用归一化处理方法，将分别归属于5个二级评估指标的相应三级指标载荷值进行归一化处理；同时对归属于刑事司法公信力一级指标的5个二级评估指标载荷值进行归一化处理。经归一化处理后，可客观得出分别归属于5个二级指标的相应三级指标权重以及5个二级指标权重。

再次，刑事司法公信力普通公众评估指标的权重亦依据计量模型客观确定。一方面，刑事司法公信力普通公众评估17个三级指标的权重皆依据二阶单因素模型中的一阶因素载荷值确定。具体来说，根据一阶因素载荷值，对分别归属于3个二级指标的相对应三级指标采用归一化处理方法计算三级指标权重。另一方面，刑事司法公信力普通公众评估3个二级指标的权重皆依据一阶单因素模型的二阶因素载荷值确定。简言

---

① 参见朱景文：《中国法治评估指标体系及总体状况分析》，载《人民论坛·学术前沿》2018年第4期。

之,根据二阶因素载荷值,通过归一化处理方法,计算 3 个二级指标的权重。

最后,刑事司法公信力指数的构成比例合理科学。一方面,按照法律专家评估和普通公众评估各占 50% 比例,计算调查对象的刑事司法公信力综合得分、6 项二级指标综合得分和 7 项三级指标综合得分,然后取相应平均值作为评估对象刑事司法公信力指数、6 项二级综合指数。另一方面,本次评估调查得出的刑事司法公信力指数反映了社会公众对我国刑事司法信任和信赖的最低程度。其一,根据刑事司法公信力法律专家评估影响因素结构方程模型检验结果,法律职业对于刑事司法公信力具有显著性正向影响,即检察官、法官、警察对于刑事司法公信力的影响效应大于律师,故而职业律师对于刑事司法的信任和信赖程度可视为法律专家对我国刑事司法信任和信赖的最低程度。其二,本次普通公众调查对象较为特殊,为监狱中正在服刑的罪犯。众所周知,监狱罪犯乃被惩罚对象,具有抵触刑事司法的直觉认知,故而监狱中正在服刑的罪犯对于刑事司法的信任和信赖程度亦可被视为普通公众对于我国刑事司法信任和信赖的最低程度。

二、刑事司法公信力指数特征

根据全国和广东等 5 省与广州等 10 个城市刑事司法公信力法律专家评估指数、普通公众评估指数和刑事司法公信力指数,通过比较国内外已有研究成果,本书认为中国刑事司法公信力指数主要有以下三个方面特征。

一是我国普通公众对刑事司法的信任和信赖高于法律专家。首先,刑事司法公信力法律专家评估指数明显低于普通公众评估。根据计算结果(见表 7-2),全国和广东等 5 省与广州等 10 个城市刑事司法公信力法律专家评估指数与普通公众评估间差的均值约为 -0.194,中值为 -0.19,众数为 -0.21,标准差为 0.047;其中极小值为 -0.30,极大值为

-0.11。质言之,我国刑事司法公信力法律专家评估指数比普通公众评估平均低约19.4个百分点。

其次,刑事司法廉洁法律专家评估二级指数明显低于普通公众评估。根据计算结果(见表7-2),全国和广东等5省和广州等10个城市刑事司法廉洁法律专家评估二级指数与普通公众评估间差的均值约为-0.181,中值为-0.19,众数为-0.19,标准差为0.036;其中极小值为-0.27,极大值为-0.10。具体来说,我国刑事司法廉洁法律专家评估指数平均低于普通公众评估约18.1个百分点。

最后,刑事司法公正法律专家评估二级指数明显低于普通公众评估。根据计算结果(见表7-2),全国和广东等5省与广州等10个城市刑事司法公正法律专家评估指数与普通公众评估间差的均值约为-0.154,中值为-0.15,众数为-0.19、-0.13和-0.16,标准差为0.069;其中极小值为-0.33,极大值为-0.02。总的来看,我国刑事司法公正法律专家评估指数平均低于普通公众评估约15.4个百分点。

表7-2　刑事司法公信力专家评估与公众评估指数比较

省/市	刑事司法廉洁专家评估指数	刑事司法公正专家评估指数	刑事司法公信力专家评估指数	刑事司法廉洁公众评估指数	刑事司法公正公众评估指数	刑事司法公信力公众评估指数	刑事司法廉洁指数二者差	刑事司法公正指数二者差	刑事司法公信力指数二者差
广东	0.44	0.42	0.45	0.64	0.61	0.68	-0.20	-0.19	-0.23
黑龙江	0.42	0.48	0.50	0.61	0.58	0.65	-0.19	-0.10	-0.15
湖南	0.46	0.43	0.47	0.64	0.59	0.66	-0.18	-0.16	-0.19
浙江	0.46	0.42	0.47	0.65	0.61	0.68	-0.19	-0.19	-0.21
四川	0.43	0.41	0.44	0.60	0.54	0.62	-0.17	-0.13	-0.18
广州	0.42	0.39	0.42	0.63	0.57	0.66	-0.21	-0.18	-0.24
珠海	0.55	0.50	0.53	0.65	0.64	0.68	-0.10	-0.14	-0.15
哈尔滨	0.40	0.45	0.47	0.60	0.56	0.64	-0.20	-0.11	-0.17
永州	0.51	0.52	0.53	0.66	0.54	0.64	-0.15	-0.02	-0.11

续表

省/市	刑事司法廉洁专家评估指数	刑事司法公正专家评估指数	刑事司法公信力专家评估指数	刑事司法廉洁公众评估指数	刑事司法公正公众评估指数	刑事司法公信力公众评估指数	刑事司法廉洁指数二者差	刑事司法公正指数二者差	刑事司法公信力指数二者差
长沙	0.43	0.40	0.44	0.58	0.61	0.66	-0.15	-0.21	-0.22
杭州	0.44	0.41	0.45	0.63	0.54	0.64	-0.19	-0.13	-0.19
宁波	0.53	0.48	0.52	0.69	0.68	0.73	-0.16	-0.20	-0.21
温州	0.43	0.30	0.41	0.70	0.63	0.72	-0.27	-0.33	-0.31
成都	0.44	0.41	0.43	0.59	0.51	0.61	-0.15	-0.10	-0.18
绵阳	0.41	0.43	0.45	0.62	0.53	0.62	-0.21	-0.10	-0.17
全国	0.45	0.43	0.46	0.64	0.59	0.67	-0.19	-0.16	-0.21

二是刑事司法公信力指数明显高于世界正义工程、世界银行及其他国际组织对中国的刑事法治评分。刑事司法公信力指数高于国外一些主要研究对中国的刑事法治评分或者法治指数。根据表 7-3，本书得出的刑事司法公信力指数高 2012—2019 年世界正义工程中国刑事法治指数 6 年均值 11 个百分点；①高 2009—2017 年世界银行中国法治指数 9 年均分 15 个百分点；高 2009—2017 年经济学人智库中国法治指数 9 年均分 7 个百分点。

表 7-3　刑事司法公信力指数、二级综合指数与其他刑事司法评估得分比较

项目	刑事司法廉洁综合指数	刑事司法公正综合指数	刑事司法效率综合指数	警察平等执法综合指数	监狱罪犯教育改造效率综合指数	刑事司法效果综合指数	刑事司法公信力指数
广东	0.54	0.51	0.41	0.89	0.45	0.62	0.56
黑龙江	0.52	0.53	0.50	0.85	0.52	0.68	0.57
湖南	0.55	0.51	0.44	0.85	0.47	0.62	0.56

① 2012—2019 年世界正义工程共发布了 6 份世界法治指数研究报告，其中 2012—2013 年为 1 个年度、2017—2018 年为 1 个年度。

续表

项目	刑事司法廉洁综合指数	刑事司法公正综合指数	刑事司法效率综合指数	警察平等执法综合指数	监狱罪犯教育改造效率综合指数	刑事司法效果综合指数	刑事司法公信力指数
浙江	0. 55	0. 51	0. 44	0. 88	0. 47	0. 69	0. 57
四川	0. 51	0. 48	0. 40	0. 83	0. 44	0. 60	0. 53
广州	0. 53	0. 48	0. 38	0. 89	0. 43	0. 58	0. 54
珠海	0. 60	0. 57	0. 50	0. 84	0. 52	0. 64	0. 60
哈尔滨	0. 50	0. 50	0. 48	0. 86	0. 50	0. 67	0. 56
永州	0. 59	0. 53	0. 46	0. 82	0. 53	0. 72	0. 58
长沙	0. 51	0. 51	0. 41	0. 86	0. 44	0. 60	0. 55
杭州	0. 54	0. 47	0. 42	0. 85	0. 44	0. 68	0. 55
宁波	0. 61	0. 58	0. 50	0. 91	0. 53	0. 67	0. 63
温州	0. 57	0. 47	0. 37	0. 93	0. 40	0. 73	0. 56
成都	0. 52	0. 46	0. 38	0. 83	0. 43	0. 60	0. 52
绵阳	0. 53	0. 48	0. 44	0. 82	0. 46	0. 61	0. 53
全国	0. 55	0. 51	0. 43	0. 86	0. 46	0. 63	0. 57
2010—2014 年最高人民法院案件质量评估指数(均值)	/	0. 89	0. 89	/	/	/	0. 89[1]
2014 年上海法治满意度指数	/	0. 79	0. 76	/	/	0. 78	0. 77
2015—2017 年中国法治满意度评估(均值)	/	0. 71	0. 69	/	/	/	0. 68[2]
2012—2019 年世界正义工程刑事司法指数(均值)	0. 58	0. 49	0. 57	0. 38	0. 47	0. 55	0. 46
2009—2017 年世界银行法治指数(均值)							0. 42
2009—2017 年经济学人智库法治指数(均值)							0. 50

〔1〕该数据为最高人民法院发布的 2010—2014 年案件质量指数的均值,原取值在 0—100。详细数据参见佟季、黄彩相:《2010 年全国法院案件质量评估分析报告》,载《人民司法》2011 年第 13 期;佟季、袁春湘:《全国法院 2011 年案件质量评估情况报告》,载《人民司法》2012 年第 11 期;严戈、袁春湘:《2012 年全国法院案件质量评估分析报告》,载《人民司法》2013 年第 13 期;严戈、袁春湘:《2014 年全国法院案件质量评估分析报告》,载《人民司法》2015 年第 9 期。

〔2〕该数据为 2015—2017 年中国法治满意度评估"司法适用"指标 3 年得分均值,原取值范围为 0—100。

三是刑事司法公信力指数低于国内一些主要研究成果的法治满意度得分或者刑事法治满意度得分。根据表 7-3，刑事司法公信力指数低 2015—2017 年中国法治满意度评估“司法适用”指标 3 年均分 11 个百分点；低 2014 年上海法治满意度指数 20 个百分点；低 2010—2014 年最高人民法院案件质量评估指数 32 个百分点。需要特别指出的是，如果从评估得分的实际意义方面理解，本书得出的中国刑事司法公信力指数与中国法治满意度评估“司法适用”指标 3 年均值基本一致，因为根据本书得出的中国刑事司法公信力评级与根据中国法治满意度评估“司法适用”指标 3 年均分得出的评级相同。按照中国法治满意度评估各题项标准化分值划分标准，即 50、60、70、80、90 划分标准，得分为 68 分的法治满意度可评级为“中”，而根据本书对于中国刑事司法公信力的评级亦为“中”。

通过上述比较，我们可以发现，我国刑事司法公信力既不像国际一些主要组织的评估研究一样得出的分数那么低，也不像国内一些主要评估研究一样得出的分数那么高。我国公众对我国刑事司法公信力的信任和信赖程度目前尚处在一个中值区间，如要达到公众对刑事司法强烈信任和信赖，则需经历一段较为艰难的刑事法治实践历程。因为将目前公众对刑事司法的“基本信任和信赖”这一状态提升至“强烈信任和信赖”，需经历信任和信赖刑事司法这样一个“中高”级阶段。

三、刑事司法公信力评估测量结论

根据全国和广东等 5 省与广州等 10 个城市刑事司法公信力法律专家评估指数、普通公众评估指数和刑事司法公信力指数（见表 7-4），可得出以下结论。

一是社会公众对刑事司法基本具有信任和信赖感，我国刑事司法基本具有公信力。全国及广东、黑龙江、湖南、浙江、四川等 5 省刑事司法公信力指数均在 0.50—0.59 区间，公信力评级为“中”。珠海、宁波两市刑事司法公信力指数在 0.60—0.79 区间，公信力评级为“中高”；广州等其余 8 个城市刑事司法公信力指数在 0.50—0.59 区间，公信力评级为“中”。珠海、宁波等 2 个城市刑事司法具有公信力，社会公众对刑事司法具有信任和信赖感。

二是社会公众对警察平等执法强烈具有信任和信赖感，我国警察平等执法十分具有公信力。全国和广东等 5 省与广州等 10 个城市警察平等执法综合指数均在 0.80—1.00 区间，公信力评级为“高”。

三是社会公众对刑事司法效果具有信任和信赖感，我国刑事司法效果具有公信力。除广州外，全国和广东等 5 省与珠海等其余 9 个城市刑事司法效果二级综合指数均在 0.60—0.79 区间，司法公信力评级为“中高”。

四是社会公众对刑事司法廉洁、刑事司法公正、刑事司法效率、监狱罪犯教育改造效率基本具有信任和信赖感，我国刑事司法廉洁、刑事司法公正、刑事司法效率、监狱罪犯教育改造效率基本具有公信力。

首先，除珠海、宁波两市刑事司法廉洁二级综合指数在 0.60—0.79 区间，公信力评级为“中高”外，全国及广东等 5 省与广州等其余 8 个城市刑事司法廉洁二级综合指数均在 0.40—0.59 区间，公信力评级为“中”。

其次，全国和广东等 5 省与广州等 10 个城市刑事司法公正二级综合指数均在 0.40—0.59 区间，公信力评级均为“中”。

再次，除温州、成都、广州 3 个城市刑事司法效率二级综合指数在 0.30—0.49 区间，公信力评级为“中低”外，全国和广东等 5 省与哈尔滨等其余 7 个城市刑事司法效率二级综合指数均在 0.40—0.59 区间，公信力评级为“中”。

最后，全国和广东等 5 省与广州等 10 个城市监狱罪犯教育改造效率二级综合指数均在 0.40—0.59 区间，公信力评级为“中”。

五是社会公众对警察廉洁、检察官廉洁、法官廉洁、公安机关公正执法、被告人权利保障、法官依法独立办案、法院公正司法基本具有信任和信赖感,我国警察廉洁、检察官廉洁、法官廉洁、公安机关公正执法、被告人权利保障、法官依法独立办案、法院公正司法基本具有公信力。

首先,警察廉洁、公安机关公正执法、被告人权利保障、法官依法独立办案等 4 项三级指标综合得分均在 0.40—0.59 区间,公信力评级均为“中”。

其次,除宁波、珠海等城市检察官廉洁、法官廉洁三级指标综合得分在 0.60—0.79 区间,公信力评级为“中高”外,全国和广东等 5 省与广州等其余 8 个城市检察官廉洁、法官廉洁三级指标综合得分均在 0.40—0.59 区间,公信力评级为“中”。

最后,除宁波法院公正司法三级指标综合得分在 0.60—0.79 区间,公信力评级为“中高”外,全国和广东等 5 省与广州等其余 9 个城市法院公正司法三级指标综合得分均在 0.40—0.59 区间,公信力评级为“中”。

六是我国刑事司法效率公信力低于警察平等执法、刑事司法效果、刑事司法廉洁、刑事司法公正、监狱罪犯教育改造效率等其余 5 项公信力。根据表 7-4,全国和广东等 5 省与广州等 10 个城市刑事司法效率二级综合指数均低于警察平等执法等其余 5 项。其中全国刑事司法效率二级综合指数低警察平等执法 43 个百分点,低监狱罪犯教育改造效率 3 个百分点。

七是被告人权利保障公信力低于警察廉洁、检察官廉洁、法官廉洁、法官依法独立办案、公安机关公正执法、法院公正司法等其余 6 项公信力。根据表 7-4,除广州、温州、永州等 3 个城市外,全国和广东等 5 省与其余 7 个城市被告人权利保障三级指标综合得分均低于其余 6 项三级指标综合得分。

表 7-4 刑事司法公信力指数、6 项二级综合指数和 7 项三级指标综合得分

省/市	警察廉洁综合得分	检察官廉洁综合得分	法官廉洁综合得分	公安机关公正执法综合得分	被告人权利保障综合得分	法官依法独立办案综合得分	法院公正司法综合得分	刑事司法廉洁综合指数	刑事司法公正综合指数	刑事司法效率综合指数	警察平等执法综合指数	监狱罪犯教育改造效率综合指数	刑事司法效果综合指数	刑事司法公信力指数
广东	0.50	0.57	0.56	0.49	0.47	0.53	0.58	0.54	0.51	0.41	0.89	0.45	0.62	0.56
黑龙江	0.51	0.53	0.52	0.51	0.50	0.53	0.56	0.52	0.53	0.50	0.85	0.52	0.68	0.57
湖南	0.53	0.58	0.56	0.49	0.48	0.51	0.56	0.55	0.51	0.44	0.85	0.47	0.62	0.56
浙江	0.52	0.57	0.58	0.50	0.49	0.51	0.57	0.55	0.51	0.44	0.88	0.47	0.69	0.57
四川	0.48	0.54	0.53	0.45	0.43	0.47	0.55	0.51	0.48	0.40	0.83	0.44	0.60	0.53
广州	0.49	0.55	0.56	0.48	0.49	0.49	0.50	0.53	0.48	0.38	0.89	0.43	0.58	0.54
珠海	0.56	0.62	0.62	0.59	0.48	0.59	0.58	0.60	0.57	0.50	0.84	0.52	0.64	0.60
哈尔滨	0.49	0.53	0.48	0.49	0.46	0.50	0.53	0.50	0.50	0.48	0.86	0.50	0.67	0.56
永州	0.57	0.59	0.60	0.52	0.52	0.50	0.56	0.59	0.53	0.46	0.82	0.53	0.72	0.58
长沙	0.47	0.54	0.52	0.47	0.46	0.52	0.57	0.51	0.51	0.41	0.86	0.44	0.60	0.55
杭州	0.50	0.55	0.56	0.46	0.44	0.48	0.52	0.54	0.48	0.42	0.85	0.44	0.68	0.55
宁波	0.57	0.62	0.64	0.59	0.56	0.57	0.64	0.61	0.58	0.50	0.91	0.53	0.67	0.63
温州	0.53	0.59	0.59	0.48	0.46	0.45	0.51	0.57	0.47	0.37	0.93	0.40	0.67	0.56
成都	0.49	0.54	0.52	0.41	0.40	0.44	0.55	0.52	0.46	0.38	0.83	0.43	0.60	0.52
绵阳	0.48	0.53	0.54	0.48	0.44	0.46	0.56	0.53	0.47	0.40	0.82	0.44	0.60	0.53
全国	0.51	0.56	0.55	0.49	0.48	0.51	0.57	0.55	0.51	0.43	0.86	0.46	0.63	0.57

第八章　全国与5省、10市刑事司法公信力评估指数统计

第五、六、七章主要以评估指标为统计单位来计算全国和广东、黑龙江、湖南、浙江、四川等5省与广州、珠海、哈尔滨、长沙、永州、杭州、宁波、温州、成都、绵阳等10个城市刑事司法公信力法律专家评估指数和普通公众评估指数。本章则以全国和广东等5省与广州等10个城市为统计单位，计算各个评估对象刑事司法公信力法律专家评估指数、5项二级指数、23项三级指标得分和普通公众评估指数、3项二级指数、17项三级指标得分。

一、全国和 5 省刑事司法公信力指数统计

(一)全国

1. 全国刑事司法公信力法律专家评估指数统计(见图 8 －1)

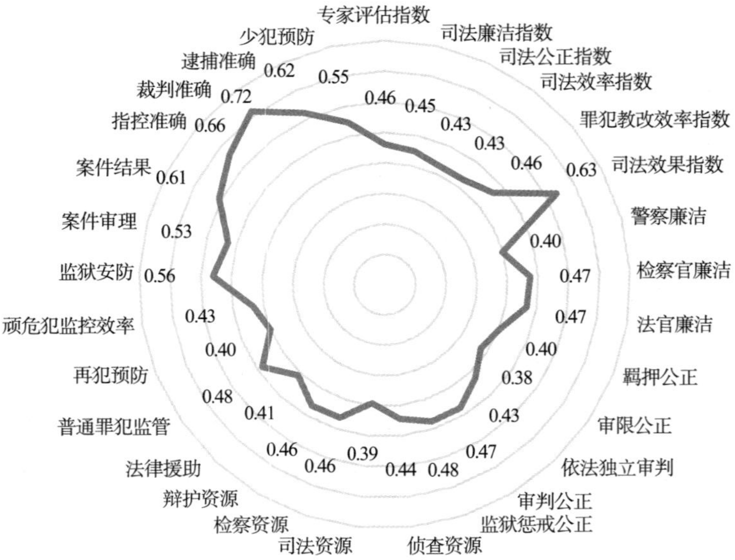

图 8 －1　全国刑事司法公信力法律专家评估指数

2. 全国刑事司法公信力普通公众评估指数统计(见图 8 －2)

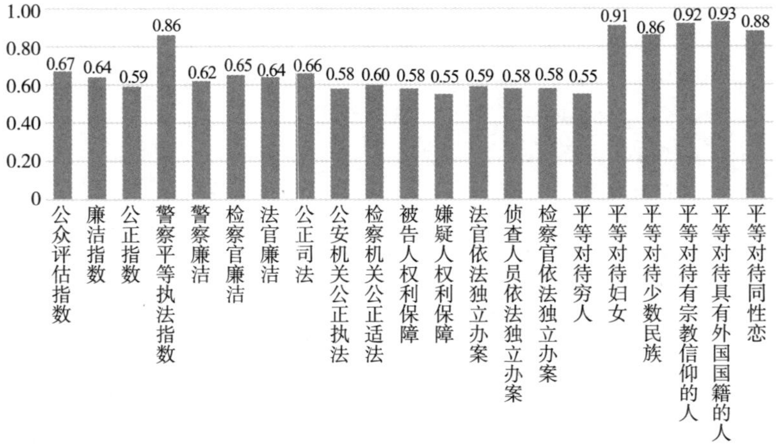

图 8 －2　全国刑事司法公信力普通公众评估指数

（二）广东省

1. 广东省刑事司法公信力法律专家评估指数统计（见图8－3）

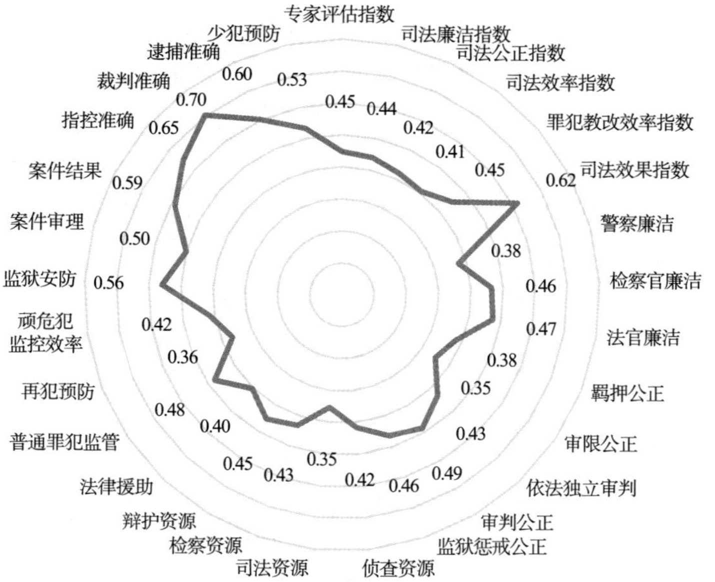

图8－3　广东省刑事司法公信力法律专家评估指数

2. 广东省刑事司法公信力普通公众评估指数统计（见图8－4）

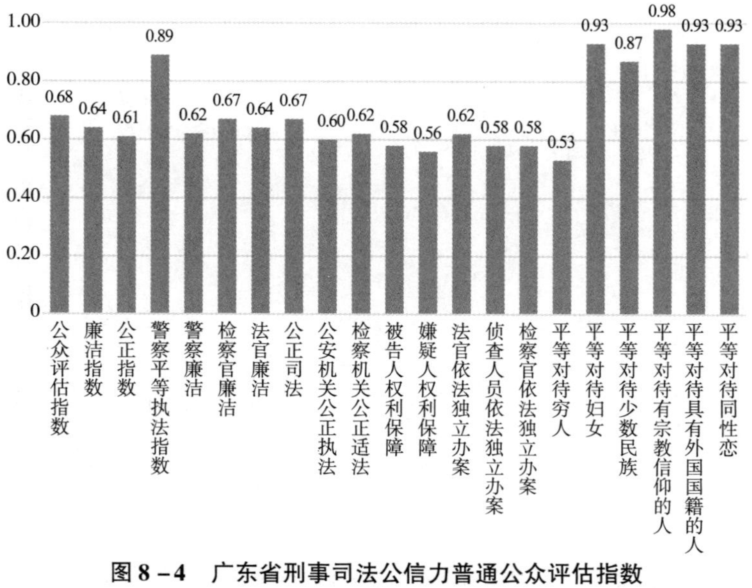

图8－4　广东省刑事司法公信力普通公众评估指数

（三）黑龙江省

1. 黑龙江省刑事司法公信力法律专家评估指数统计（见图8－5）

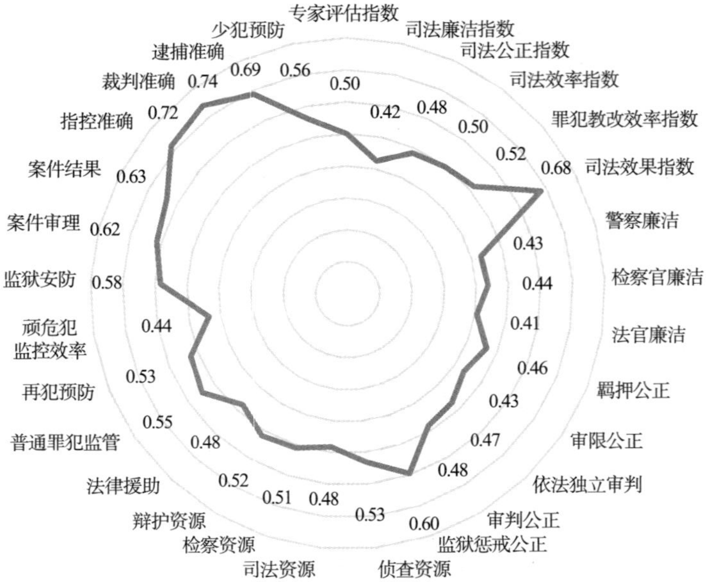

图8－5　黑龙江省刑事司法公信力法律专家评估指数

2. 黑龙江省刑事司法公信力普通公众评估指数统计（见图8－6）

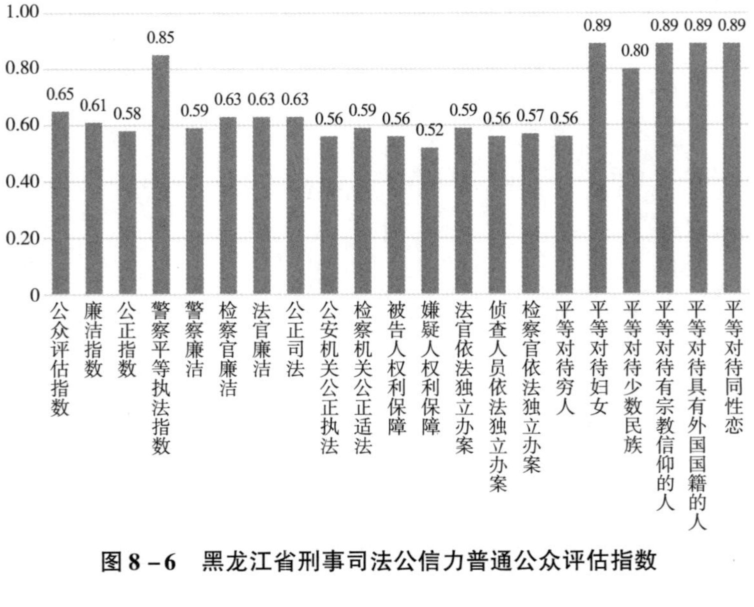

图8－6　黑龙江省刑事司法公信力普通公众评估指数

(四)湖南省

1. 湖南省刑事司法公信力法律专家评估指数统计(见图8-7)

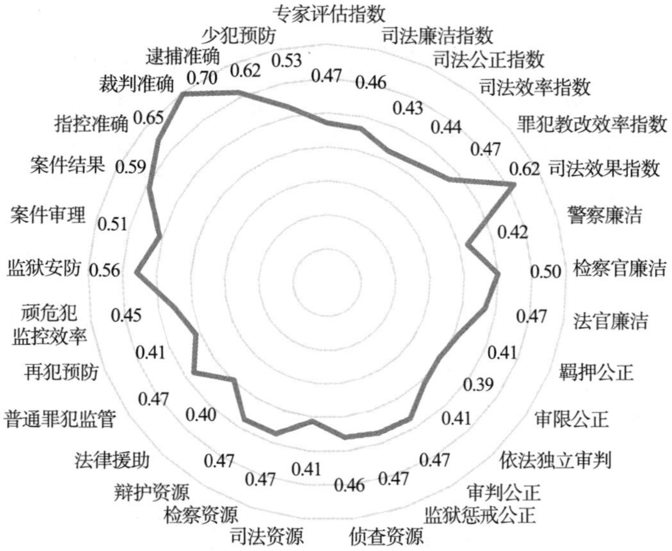

图8-7　湖南省刑事司法公信力法律专家评估指数

2. 湖南省刑事司法公信力普通公众评估指数统计(见图8-8)

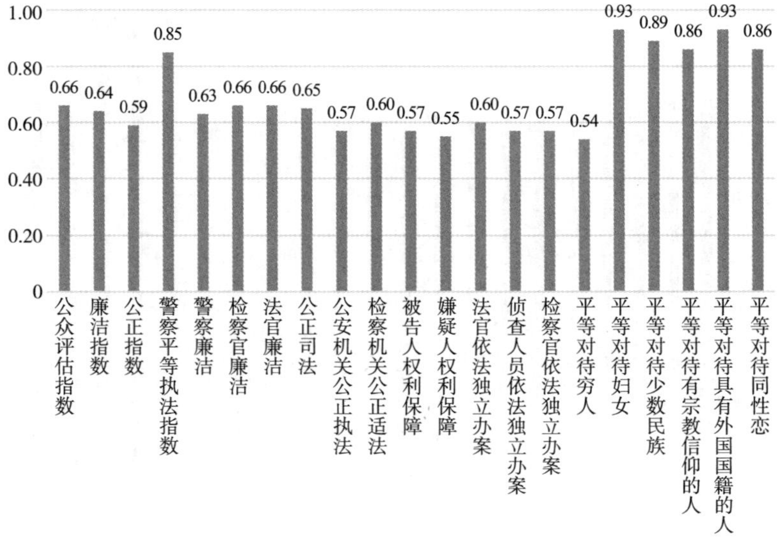

图8-8　湖南省刑事司法公信力普通公众评估指数

(五)浙江省

1. 浙江省刑事司法公信力法律专家评估指数统计(见图8-9)

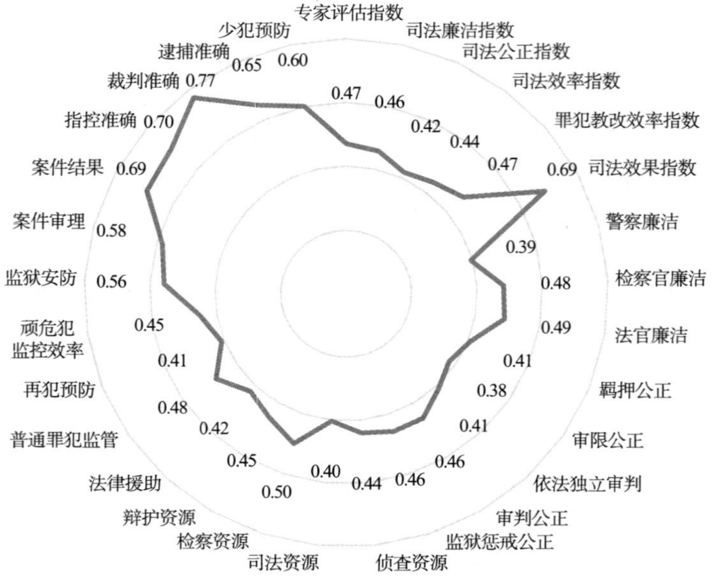

图8-9　浙江省刑事司法公信力法律专家评估指数

2. 浙江省刑事司法公信力普通公众评估指数统计(见图8-10)

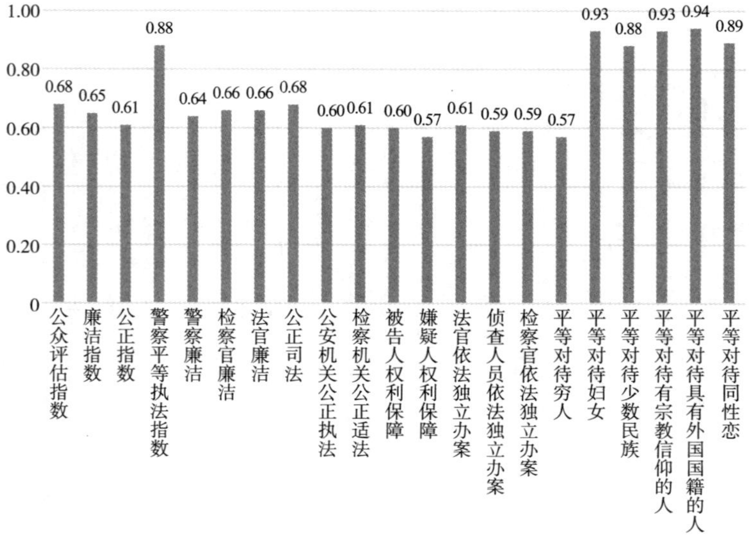

图8-10　浙江省刑事司法公信力普通公众评估指数

(六)四川省

1. 四川省刑事司法公信力法律专家评估指数统计(见图8-11)

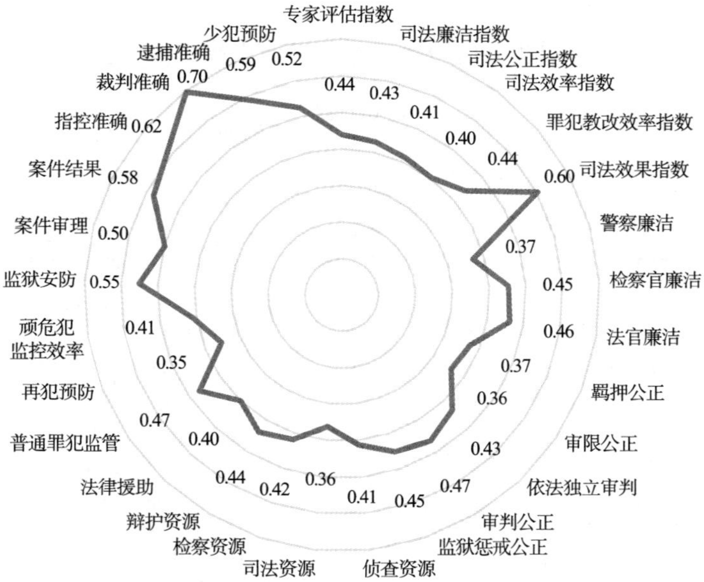

图8-11　四川省刑事司法公信力法律专家评估指数

2. 四川省刑事司法公信力普通公众评估指数统计(见图8-12)

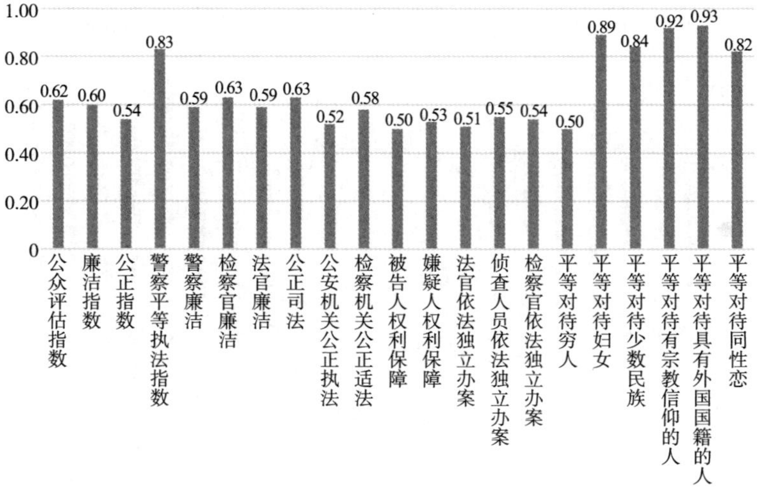

图8-12　四川省刑事司法公信力普通公众评估指数

二、10个城市刑事司法公信力指数统计

（一）广州市

1. 广州市刑事司法公信力法律专家评估指数统计（见图8－13）

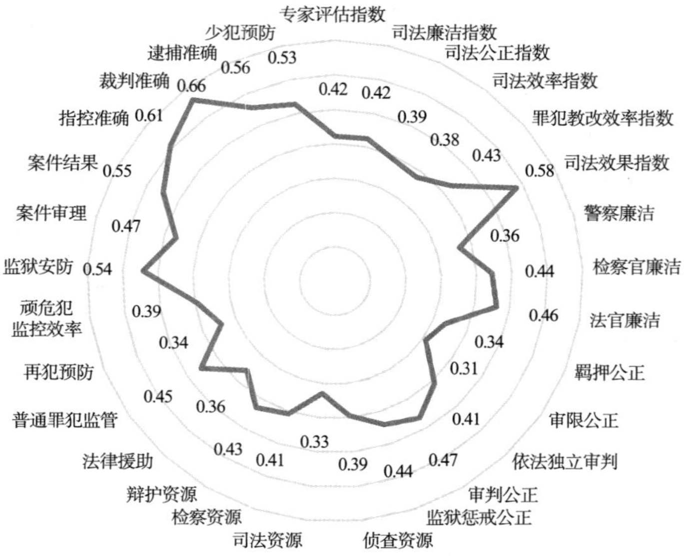

图8－13　广州市刑事司法公信力法律专家评估指数

2. 广州市刑事司法公信力普通公众评估指数统计（见图8－14）

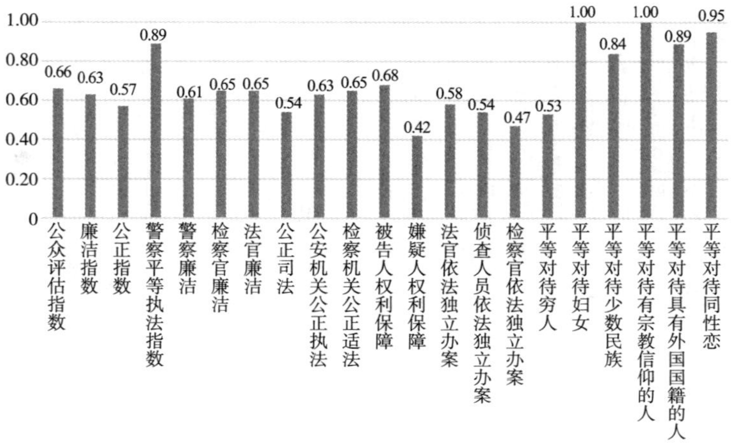

图8－14　广州市刑事司法公信力普通公众评估指数

(二)珠海市

1. 珠海市刑事司法公信力法律专家评估指数统计(见图8-15)

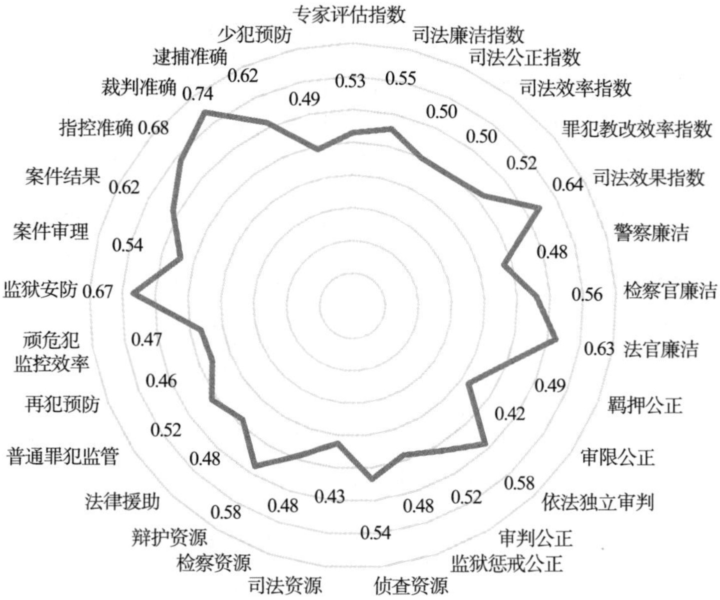

图8-15 珠海市刑事司法公信力法律专家评估指数

2. 珠海市刑事司法公信力普通公众评估指数统计(见图8-16)

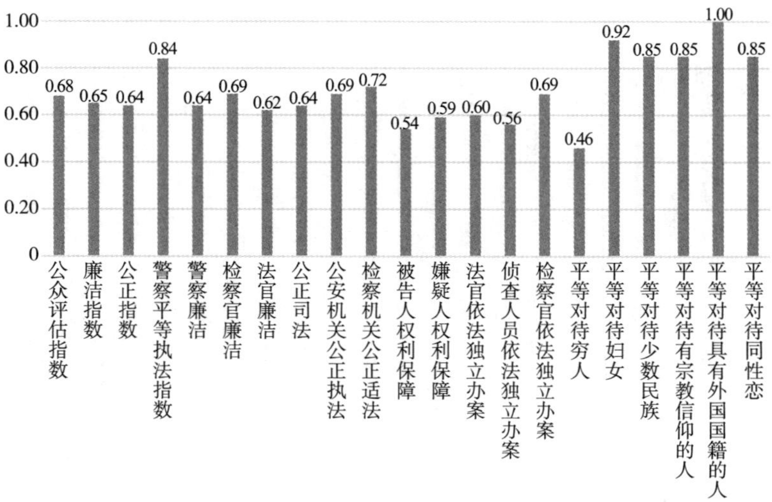

图8-16 珠海市刑事司法公信力普通公众评估指数

（三）哈尔滨市

1. 哈尔滨市刑事司法公信力法律专家评估指数统计（见图 8－17）

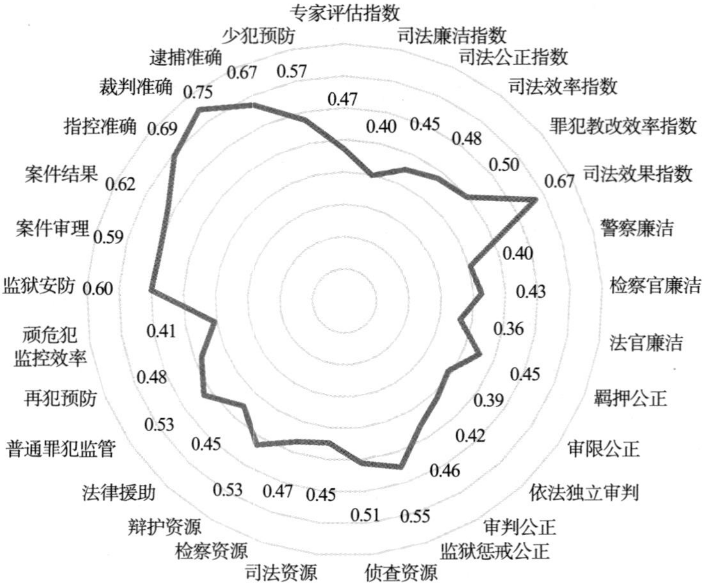

图 8－17　哈尔滨市刑事司法公信力法律专家评估指数

2. 哈尔滨市刑事司法公信力普通公众评估指数统计（见图 8－18）

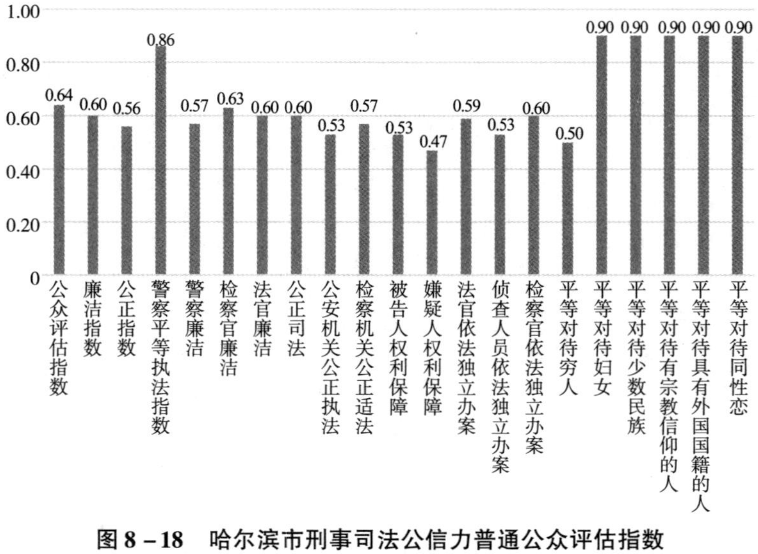

图 8－18　哈尔滨市刑事司法公信力普通公众评估指数

(四)永州市

1. 永州市刑事司法公信力法律专家评估指数统计(见图8-19)

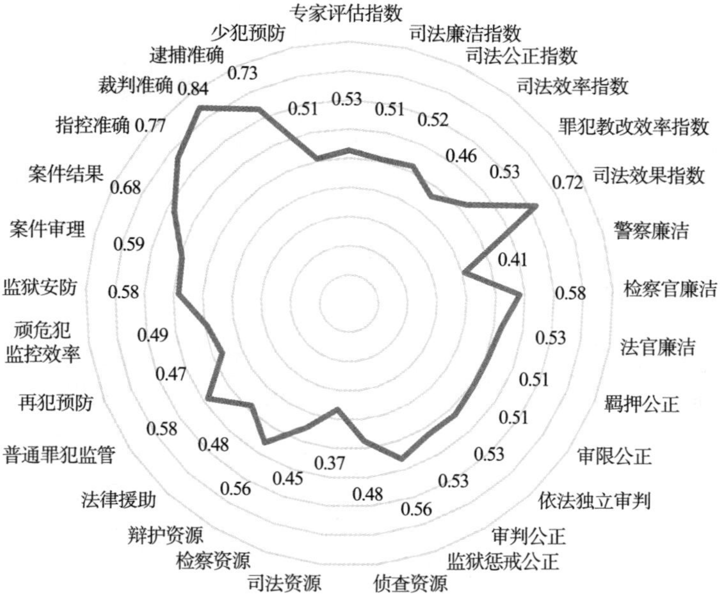

图8-19　永州市刑事司法公信力法律专家评估指数

2. 永州市刑事司法公信力普通公众评估指数统计(见图8-20)

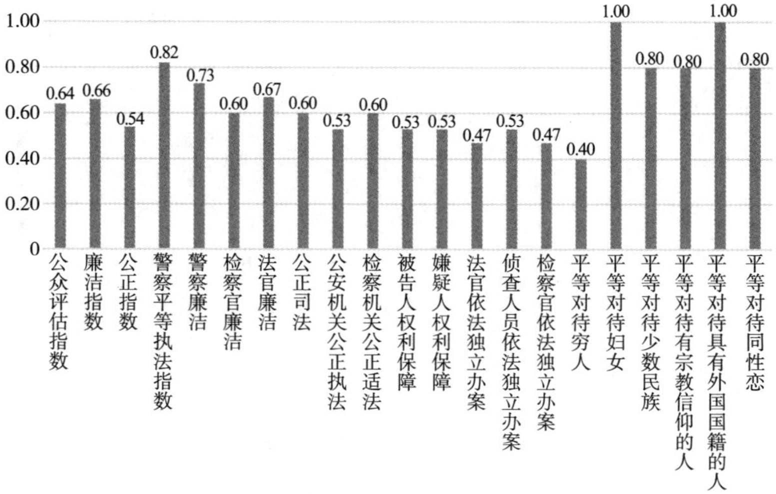

图8-20　永州市刑事司法公信力普通公众评估指数

（五）长沙市

1. 长沙市刑事司法公信力法律专家评估指数统计（见图 8－21）

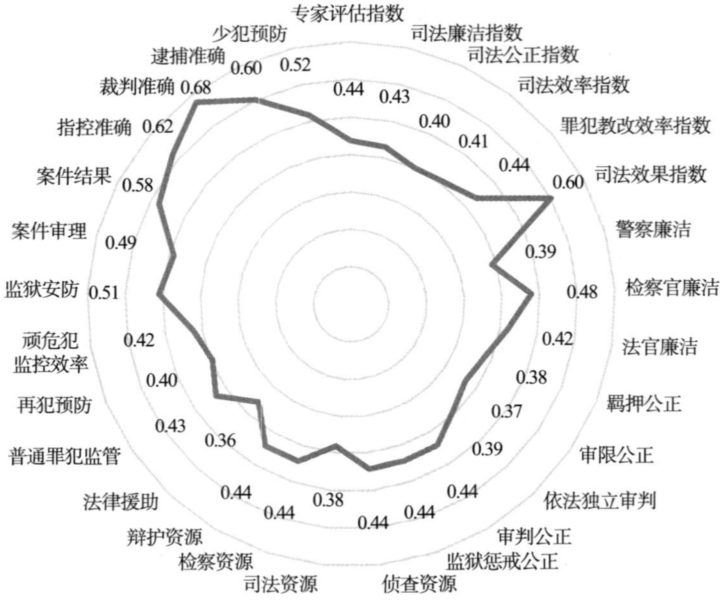

图 8－21　长沙市刑事司法公信力法律专家评估指数

2. 长沙市刑事司法公信力普通公众评估指数统计（见图 8－22）

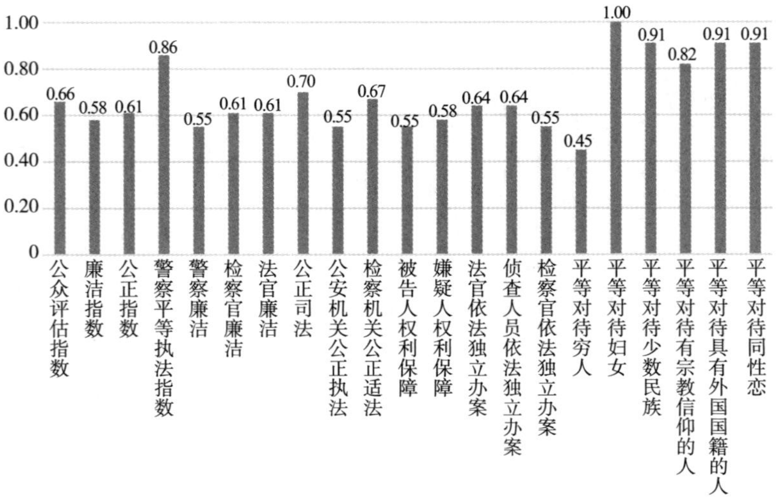

图 8－22　长沙市刑事司法公信力普通公众评估指数

(六)杭州市

1. 杭州市刑事司法公信力法律专家评估指数统计(见图8-23)

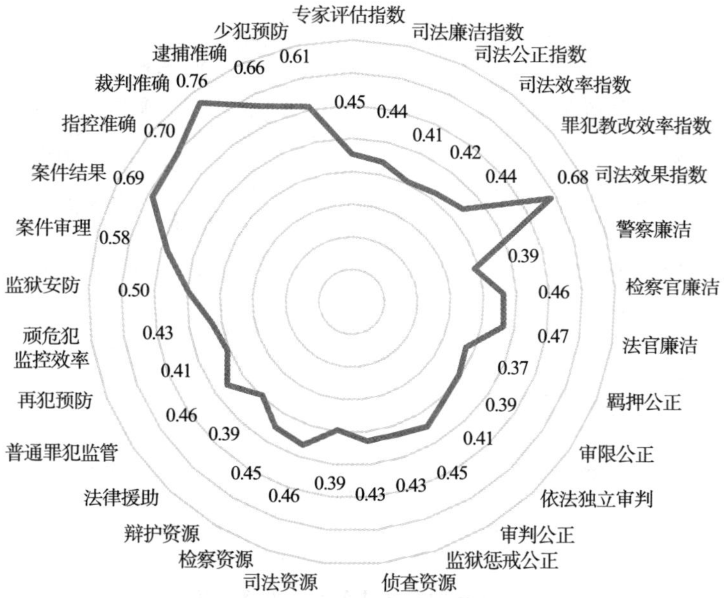

图8-23　杭州市刑事司法公信力法律专家评估指数

2. 杭州市刑事司法公信力普通公众评估指数统计(见图8-24)

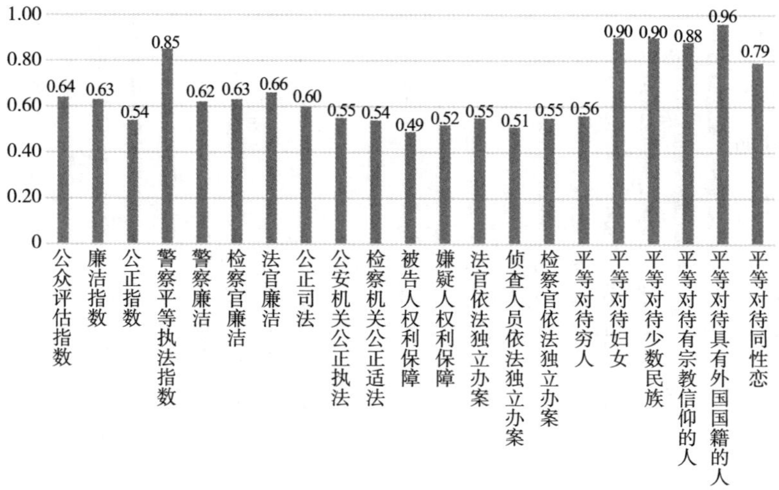

图8-24　杭州市刑事司法公信力普通公众评估指数

（七）宁波市

1. 宁波市刑事司法公信力法律专家评估指数统计（见图 8－25）

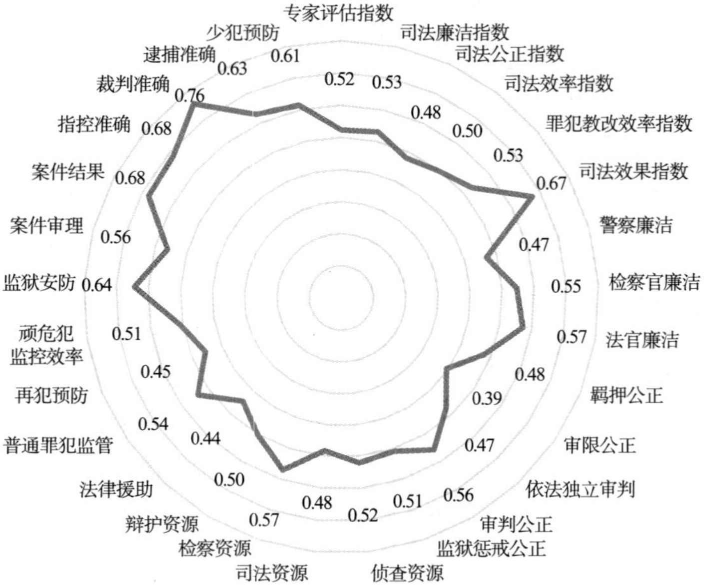

图 8－25　宁波市刑事司法公信力法律专家评估指数

2. 宁波市刑事司法公信力普通公众评估指数统计（见图 8－26）

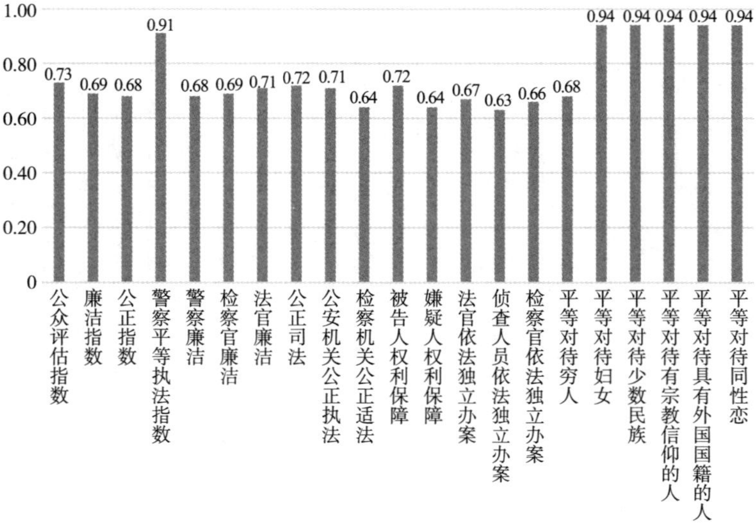

图 8－26　宁波市刑事司法公信力普通公众评估指数

(八)温州市

1. 温州市刑事司法公信力法律专家评估指数统计(见图 8－27)

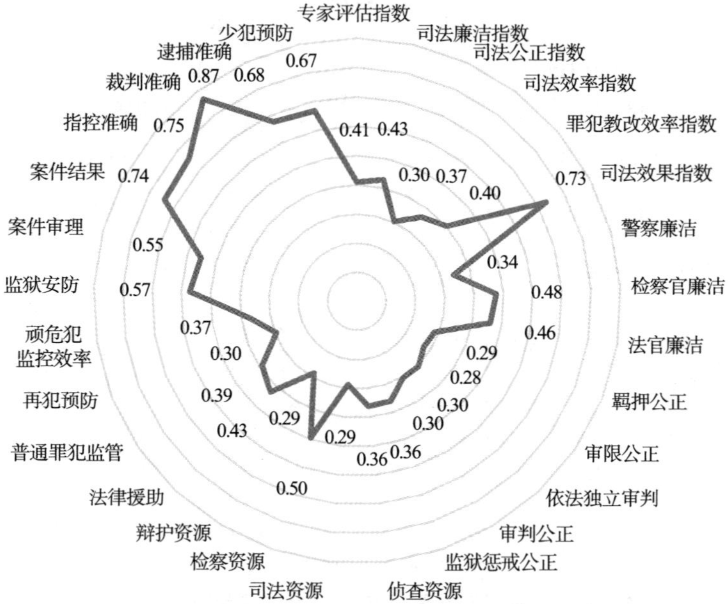

图 8－27　温州市刑事司法公信力法律专家评估指数

2. 温州市刑事司法公信力普通公众评估指数统计(见图 8－28)

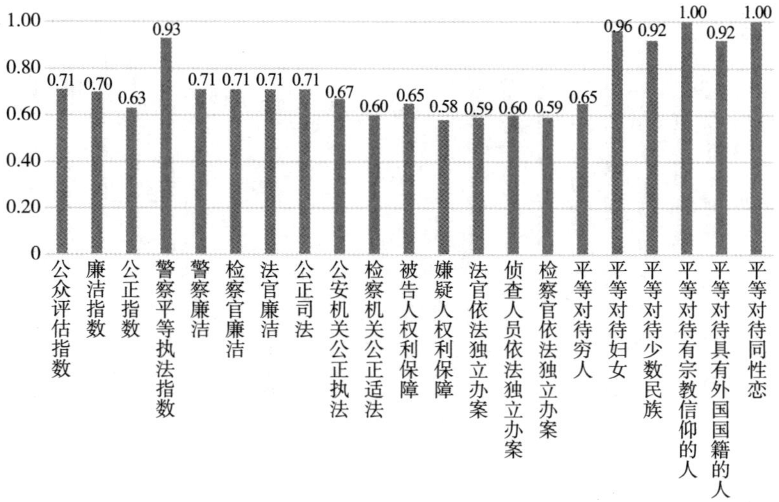

图 8－28　温州市刑事司法公信力普通公众评估指数

（九）成都市

1. 成都市刑事司法公信力法律专家评估指数统计（见图 8－29）

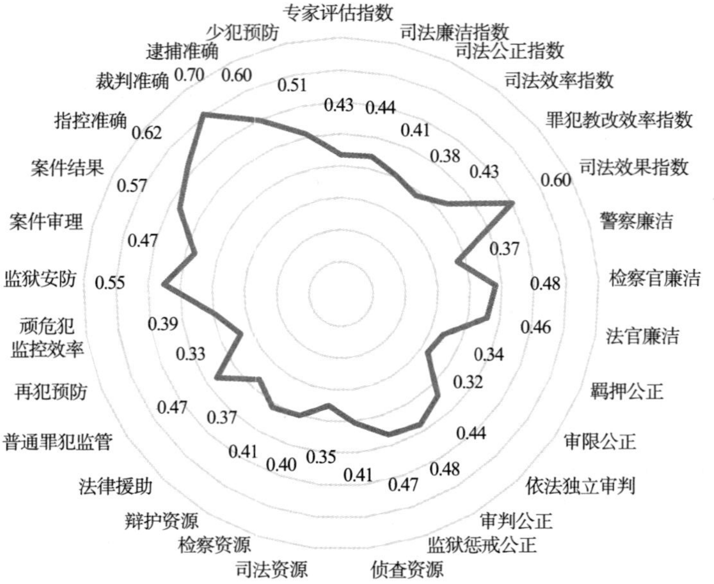

图 8－29　成都市刑事司法公信力法律专家评估指数

2. 成都市刑事司法公信力普通公众评估指数统计（见图 8－30）

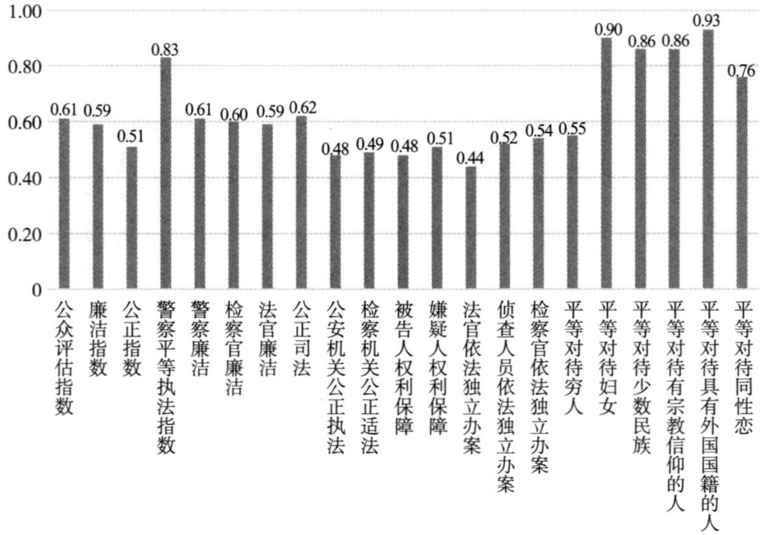

图 8－30　成都市刑事司法公信力普通公众评估指数

（十）绵阳市

1. 绵阳市刑事司法公信力法律专家评估指数统计（见图8－31）

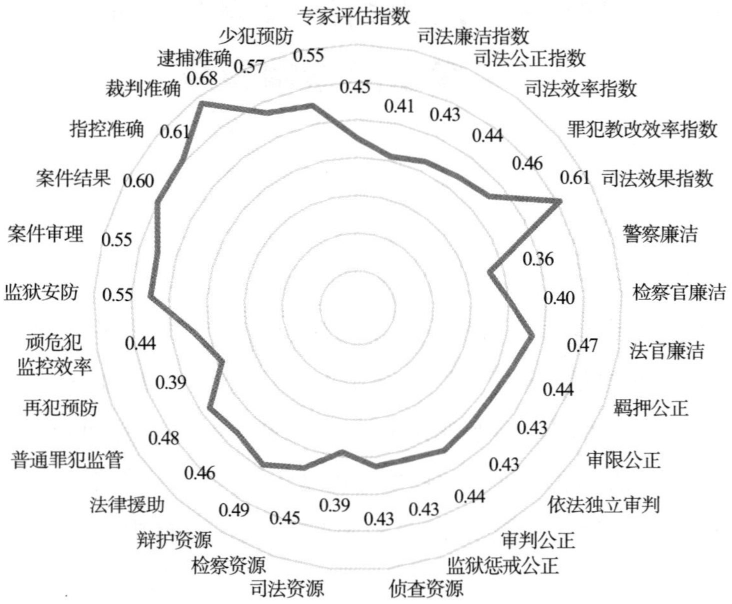

图8－31　绵阳市刑事司法公信力法律专家评估指数

2. 绵阳市刑事司法公信力普通公众评估指数统计（见图8－32）

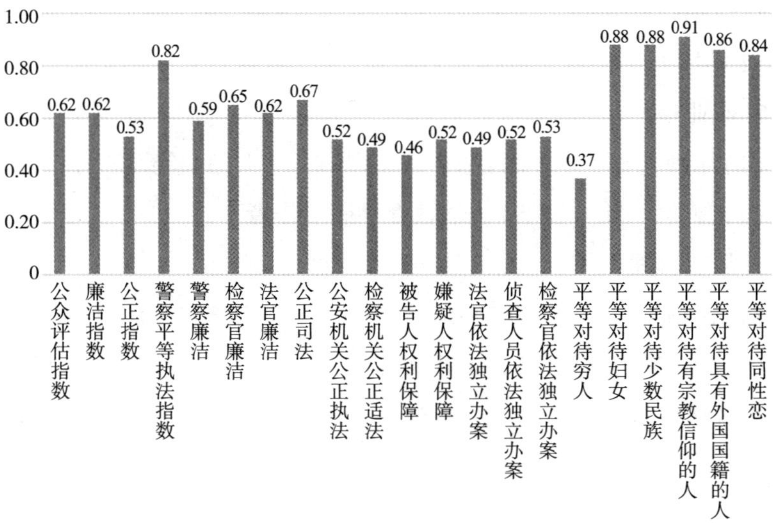

图8－32　绵阳市刑事司法公信力普通公众评估指数

附录一　刑事司法公信力法律专家问卷调查表

大家好！为科学评估我国刑事司法公信力状况，同时也为给我国刑事法治实践提供科学依据，兹制定如下问卷调查表，真诚希望您能对以下16个方面调查问题作出真实的回答。题中所有问题的答案均无对错之分，请选择最符合你真实想法和最符合实际情况的答案。限选一个答案，请在所选择答案的题号前或者空格内打“√”。非常感谢！

请填写本人以下基本情况：

1. 性别：

(1)男　(2)女

2. 职业：

(1)律师　(2)法官　(3)检察官

(4)警察　(5)法学教育科研工作者

3. 从业时间：

(1)1—3年　(2)3—5年　(3)5—10年

(4)10—20年　(5)20年以上

4. 现居住地：＿＿＿＿＿＿省(自治区、直辖市)＿＿＿＿＿＿市(地级市)

请回答以下问题：

Q1　为获取口供，侦查人员会对犯罪嫌疑人身体造成轻微的伤害吗？

(1)很可能　　(2)可能　　(3)不可能　　(4)很不可能

Q2　为获取口供，侦查人员会对犯罪嫌疑人身体造成严重的伤害吗？

(1)很可能　　(2)可能　　(3)不可能　　(4)很不可能

Q3　假设公安机关逮捕了一个犯罪嫌疑人，而这个嫌疑人属于一个危险的犯罪组织(例如毒品贩卖集团)的成员，那么在侦查阶段这个嫌疑人会受到严重的身体伤害吗？

(1)很可能　　(2)可能　　(3)不可能　　(4)很不可能

Q4　对于被羁押的犯罪嫌疑人，在检察院提起公诉前，被羁押在看守所的时间会怎样？

	(1)很可能	(2)可能	(3)不可能	(4)很不可能
3. 一年以内				

Q5　对于被羁押的犯罪嫌疑人，在检察院提起公诉后，人民法院作出判决前，被羁押在看守所的时间会怎样？

	(1)很可能	(2)可能	(3)不可能	(4)很不可能
3. 一年以内				
4. 三年以内				

Q6　假设公安机关拘捕了一个被怀疑犯罪的人，那么这个嫌疑人可能会因为具有以下情况而处于不利境地吗？

	(1)很可能	(2)可能	(3)不可能	(4)很不可能
1. 经济窘迫的人				
2. 妇女				

续表

	(1)很可能	(2)可能	(3)不可能	(4)很不可能
3. 少数民族				
4. 宗教信仰				
5. 外国人				
6. 同性恋人				

Q7 刑事侦查过程中会存在一些问题，请回答以下问题的严重性有多大，10 表示很严重，1 表示不是很严重：

	10	9	8	7	6	5	4	3	2	1
1. 犯罪侦查部门缺乏犯罪数据统计分析技术的问题严重吗？										
2. 刑事侦查部门之间缺乏信息资源共享机制的问题严重吗？										
3. 办案民警数量不足问题严重吗？										
4. 公安民警腐化问题严重吗？										
5. 公、检、法、司之间缺乏信息资源共享机制的问题严重吗？										

Q8 刑事起诉过程中会存在一些问题，请回答以下问题的严重性有多大，10 表示很严重，1 表示不是很严重：

	10	9	8	7	6	5	4	3	2	1
1. 检察官腐化问题严重吗？										
2. 办案检察官数量不足问题怎样？										

Q9 刑事制度运行过程中会存在一些问题，请回答以下问题的严重性有多大，10 表示很严重，1 表示不是很严重：

	10	9	8	7	6	5	4	3	2	1
1. 公益律师(值班律师)缺乏足够的培训与法学素养这一问题怎样?										
2. 公益律师数量不够的问题严重吗?										
3. 为贫穷被告人提供法律援助的公益律师,他们缺乏法庭辩护的能力这一问题严重吗?										
4. 在嫌疑人被拘留期间,公益律师无法提供法律援助这一问题严重吗?										

Q10　我国刑事审判实践中不可避免会存在一些问题,请回答以下问题的严重性有多大,10 表示很严重,1 表示不是很严重:

	10	9	8	7	6	5	4	3	2	1
1. 审前超期羁押问题严重吗?										
2. 刑事诉讼整个过程花费时间太长这一问题严重吗?										
3. 办案法官的数量不足这一问题严重吗?										
4. 法官腐化问题严重吗?										
5. 法官不能依法独立审判										
6. 针对社会边缘群体,法官办案有偏见这一问题严重吗?										

Q11　我国监狱管理与教育改造罪犯实践中不可避免会存在一些问题,请回答以下问题的严重性有多大,10 表示很严重,1 表示不是很严重:

	10	9	8	7	6	5	4	3	2	1
1. 监管条件艰苦、囚室拥挤的问题严重吗?										
2. 罪犯营养和健康不良的问题严重吗?										

续表

	10	9	8	7	6	5	4	3	2	1
3. 监管民警滥用惩戒问题严重吗？										
4. 罪犯之间暴力冲突问题严重吗？										
5. 监狱在罪犯再社会化与再犯罪预防方面投入不足的问题严重吗？										
6. 监狱监管中缺乏独立羁押顽危犯设施的问题严重吗？										
7. 监管安全设施不足以防止罪犯逃脱问题严重吗？										

Q12 根据你对刑事案件实际情况的了解，在过去的一年中具有以下情形的犯罪嫌疑人（被告人）的比率是多少？

	(1) 100%	(2) 75%	(3) 50%	(4) 25%	(5) 5%	(6) 0%
1. 在所有证据证明其有罪前，被法官假定无罪的被告人的比率						
2. 在刑事侦查期间被假定无罪的嫌疑人的比率						
3. 在法庭上被允许就对自己不利证据提出疑问的被告人的比率						

Q13 根据你的经验，在过去的一年中，刑事案件存在以下情形的比率是多少？

	(1) 100%	(2) 75%	(3) 50%	(4) 25%	(5) 5%	(6) 0%
1. 刑事案件最终判决结果受工作压力影响的案件的比率						
2. 刑事案件最终判决结果受腐败影响的案件的比率						

Q14 根据你的经验，在过去一年中，刑事案件存在以下情形的比率是多少？

	(1) 100%	(2) 75%	(3) 50%	(4) 25%	(5) 5%	(6) 0%
1. 被错误逮捕的案件的比率						
2. 被法院错误判处有罪的案件的比率						
3. 被错误拘留的案件的比率						

Q15　请回答以下问题：

	(1) 100%	(2) 75%	(3) 50%	(4) 25%	(5) 5%	(6) 0%
1. 你认为刑满释放人员重新犯罪的比率是多少？						
2. 你认为青少年犯罪占有罪判决的比率是多少？						

Q16　请回答以下问题：

	(1)总是	(2)经常	(3)有时候	(4)从不
1. 对于犯罪嫌疑人所享有的法律保障的权利，政府提供了通俗易懂的信息资料				
2. 对于国家的基本法律，政府采用了各个民族通用的语言公开出版发行				
3. 对于社会公众来说，刑法是确定什么行为是禁止的，什么行为是允许的法律依据				
4. 法院庭审经过向公众开放的情况				
5. 刑事案件全部经过有官方复印件或者录音录像资料可供查阅的情况				

谢谢您给予的支持，再次表示感谢！

附录二　刑事司法公信力普通公众问卷调查表

大家好！为科学评估我国刑事司法公信力状况，同时也为给我国刑事法治实践提供科学依据，兹制定如下问卷调查表，真诚希望您能对以下28个方面调查问题作出真实的回答。题中所有问题的答案均无对错之分，请选择最符合你真实想法和最符合实际情况的答案。限选一个答案，请在所选择答案的题号前或者空格内打"√"。非常感谢！

请填写本人以下基本情况：

1. 性别：(1)男　　(2)女

2. 此前职业：____________

3. 此前居住地：____________省（自治区、直辖市）____________市（地级市）

Q1　法院会保障每一个案件都得到公正审理。

(1)十分同意　　(2)同意　　(3)不同意　　(4)十分不同意

Q2　公安机关会保障每一个案件都得到公正处理。

(1)十分同意　　(2)同意　　(3)不同意　　(4)十分不同意

Q3　检察院会保障每一个案件都得到公正处理。

(1)十分同意　　(2)同意　　(3)不同意　　(4)十分不同意

Q4　被告人的权利得到了法官的尊重。

(1)十分同意　　(2)同意　　(3)不同意　　(4)十分不同意

Q5　犯罪嫌疑人的权利得到了公安民警的尊重。

(1)十分同意　　(2)同意　　(3)不同意　　(4)十分不同意

Q6　负责刑事案件审理的法官依法独立办案,而不受非法干预。

(1)十分同意　　(2)同意　　(3)不同意　　(4)十分不同意

Q7　负责侦查犯罪的侦查人员依法独立办案,而不受非法干预。

(1)十分同意　　(2)同意　　(3)不同意　　(4)十分不同意

Q8　负责审查起诉的检察官依法独立办案,而不受非法干预。

(1)十分同意　　(2)同意　　(3)不同意　　(4)十分不同意

Q9　在此前的三年中,如果曾要求公安机关提供有关案件方面的信息,那么你是否获得了这方面的信息?

(1)是的　　(2)不是的　　(3)不适合回答或者没有要求提供

Q10　在此前的三年中,如果曾要求检察机关提供有关案件方面的信息,那么你是否获得了这方面的信息?

(1)是的　　(2)不是的　　(3)不适合回答或者没有要求提供

Q11　在此前的三年中,如果曾要求法院提供有关案件方面的信息,那么你是否获得了这方面的信息?

(1)是的　　(2)不是的　　(3)不适合回答或者没有要求提供

Q12　在此前的三年中,如果曾要求司法行政机关提供有关案件方面的信息,那么你是否获得了这方面的信息?

(1)是的　　(2)不是的　　(3)不适合回答或者没有要求提供

Q13　腐败以不同形式存在于所有国家和社会中,那么你认为我国公安民警中有没有人存在腐败行为?

(1)没有一人　　(2)有些人　　(3)大部分人　　(4)所有人

Q14　腐败以不同形式存在于所有国家和社会中,那么你认为我国检察官队伍中有没有人存在腐败行为?

(1)没有一人　　(2)有些人　　(3)大部分人　　(4)所有人

Q15　腐败以不同形式存在于所有国家和社会中,那么你认为我国法官队伍中有没有人存在腐败行为?

(1)没有一人　　(2)有些人　(3)大部分人　(4)所有人

Q16　假设公安机关拘留了两个被怀疑具有同等严重犯罪的人,又假设两个人中有一个是穷人,那么你认为穷人会处于不利境地吗?

(1)是的　　(2)不是的

Q17　假设公安机关拘留了两个被怀疑具有同等严重犯罪的人,又假设两个人中有一个是女性,那么你认为女性嫌疑人会处于不利境地吗?

(1)是的　　(2)不是的

Q18　假设公安机关拘留了两个被怀疑具有同等严重犯罪的人,又假设两个人中有一个来自同办案民警不相同的民族,那么你认为这个不相同民族的嫌疑人会处于不利境地吗?

(1)是的　　(2)不是的

Q19　假设公安机关拘留了两个被怀疑具有同等严重犯罪的人,又假设两个人中有一个具有宗教信仰,那么你认为有宗教信仰的嫌疑人会处于不利境地吗?

(1)是的　　(2)不是的

Q20　假设公安机关拘留了两个被怀疑具有同等严重犯罪的人,又假设两个人中有一个是外国人,那么你认为外国籍嫌疑人会处于不利境地吗?

(1)是的　　(2)不是的

Q21　假设公安机关拘留了两个被怀疑具有同等严重犯罪的人,又假设两个人中有一个是同性恋者,那么你认为同性恋嫌疑人会处于不利境地吗?

(1)是的　　(2)不是的

Q22　在此前的三年中,如果有人闯进过你家进行偷窃或者试图进行偷窃,那么这个犯罪的人是不是被抓获了?

(1)是的 (2)不是的 (3)不知道或者没有这样的事

Q23 在此前的三年中,如果有人闯进过你家进行偷窃或者试图进行偷窃,那么这个犯罪的人是不是被起诉和定罪了?

(1)是的 (2)不是的 (3)不知道或者没有这样的事

Q24 在此前的三年中,如果有人携带凶器对你实施抢劫,那么这个犯罪的人是不是被抓获了?

(1)是的 (2)不是的 (3)不知道或者没有这样的事

Q25 在此前的三年中,如果有人携带凶器对你实施抢劫,那么这个犯罪的人是不是被起诉和定罪了?

(1)是的 (2)不是的 (3)不知道或者没有这样的事

Q26 在此前的三年中,有人闯进过你家进行偷窃或者试图进行偷窃吗?

(1)有 (2)没有 (3)不知道

Q27 在此前的三年中,有人携带凶器对你实施抢劫吗?

(1)有 (2)没有

Q28 在此前的三年中,有没有与你住在一起的亲戚或者朋友被犯罪人杀害?

(1)有 (2)没有 (3)不知道

谢谢您给予的支持,再次表示感谢!

后　　记

本书是2014年度国家社科基金项目“刑事司法公信力评估指数研究”(14BFX059)的最终成果,按理在结项之后早该出版。然而受新冠疫情的影响,以及疲于工作调动,故时至今日才得以刊印。尽管在时间的树下等了很久,但回望实证调查过程中的辗转奔波,模型创建的艰辛与困惑,心中仍不免泛起丝丝喜悦。

以实证法学为业。实证法学是科学,故凡以实证法学为业者,也是以科学为业。若我们将“实证”一词从经验科学领域扩展至数据科学领域,则实证法学认识论上的缺陷就可以得到克服。实证法学的基本方法是经验归纳,即从假设出发,基于数据,创建数据模型,然后根据对数据模型的计算结果修正模型,并据此检验假设是否成立。数据法学的基本方法是大数据方法,即数据法学是通过数据科学方法的运用,创造法律数据产品和发现法学知识的科学。由于法律大数据方法是全样本计算,所以也就不存在将个别上升为一般、从特殊上升为普遍的问题。实证法学与计算法学、法教义学方法明显不同。计算法学方法是理性演绎,即计算法学是指从法律理论模型的真实出发,通过计算机模拟(虚拟)计算,揭示法律现象的本质的科学。无独有偶,法教义学的基本方法也是理性演绎,即从法律规范的真实出发,通过理性演绎,论证其结论的成立。由是观之,法教义学也是一门科学。从法教义学方法的基本特征考察,“科学”二字前面可冠以“规范”的称谓,即法教义学是一门规范科学。

以实证法学为乐。开展实证法学研究是快乐的,其中最快乐的时刻其实并不是论文发表的那一刻,而是经万般艰难收集数据,将数据数字化之后,创建模型并根据模型计算结果检验假设是否成立的那一刻。一旦假设得以验证,一种长久压制的快乐就会立刻释放出来。实证法学研究的快乐与规范法学研究的快乐是不同的,那么后者的快乐安放于何处呢?也许是其结论得到法学者普遍认同的那一刻,也许是在台上演说的那一刻。

以实证法学为生。实证法学研究走的是一条狭窄小道。在我国,行走在这条小道上格外艰辛,因为我国司法数据公开的程度较低,在中国裁判文书网问世之前,主要可据以利用的资料是各年度的《中国法律年鉴》。而今,中国裁判文书网上的司法数据似再难圆实证法学研究全样本的梦想。鉴于此,目前有效的公开司法数据很难支撑开展法律大数据研究。当然,即便具有司法大数据样本这一物质基础,普通的研究者也因缺乏算力支持而无从开展大数据研究。职是之故,我们还需回归经验科学的方法,以实证法学研究为生。

刑事司法公信力评估指数研究采用经验科学的实证方法。研究的顺利完成凝结了各位领导、老师和同仁辛勤的付出。特别感谢湖南师范大学法学院倪洪涛教授、哈尔滨金融学院韩劲松教授、浙江省司法厅杨建处长、浙江工业大学法学院汪勇教授、广州市司法局法制研究中心黄倩主任、华南师范大学陈永鸿教授以及四川省司法部门的有关领导。尤其要感谢广州大学经济与统计学院院长傅元海教授,每当我碰到数理统计方面的困难与问题时,总能得到他不厌其烦、细致入微的指教和帮助。还要特别感谢广州大学科研处李星蕾老师的帮助和支持。本书的出版得到了法律出版社周丽君编审的鼎力支持,张珺编辑对本书进行了仔细、精准的编修校改,在此一并感谢。最后,感谢广东外语外贸大学为本书的出版提供资助,特别感谢广东外语外贸大学党委书记石佑启教授、法学院院长陈云良教授的帮助和支持。当然,本书中存在的任何错缪、不足,责任均由本人承担。

曾　赟

2024 年 10 月于广州白云山